決定版

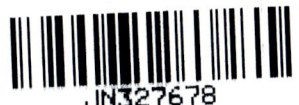

やさしいおりがみ

オールカラーの折り図で
スラスラ折れる！

主婦の友社編

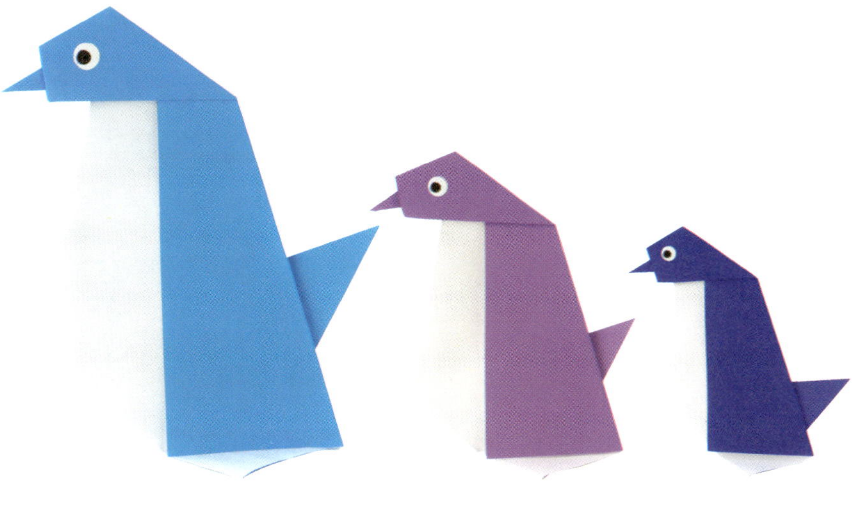

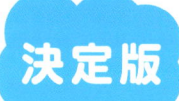

決定版

やさしいおりがみ

もくじ ● Index

●もくじの作品名《さくひんめい》のうしろの★マークは、ほかの作品《さくひん》の折《お》り方《かた》のもとになる作品《さくひん》です。

●作品名《さくひんめい》のうしろのハートマークは難易度《なんいど》（8ページ）を表《あらわ》しています。

かんたん：はじめてでも図《ず》のとおりにおると、かんたんにおれます

ふつう：何回《なんかい》かおりがみをやったことがあれば、だいたいおりかたがわかります

がんばれ：ちょっとむずかしいかもしれません。大人《おとな》にてつだってもらいましょう

PART1

きほんのおりがみ … 11

PART 2

あそべる おりがみ

PART3

つかえるおりがみ

PART4

いきもの

折《お》り方《かた》記《き》号《ごう》の約束《やくそく》

この本《ほん》に出《で》てくる、折《お》り方《かた》記号《きごう》の意味《いみ》をまとめました。作品《さくひん》を折《お》るのに必要《ひつよう》な約束《やくそく》ごとです。折《お》る前《まえ》に見《み》ておきましょう。

おるほうこうをしめす

たにおりのとき

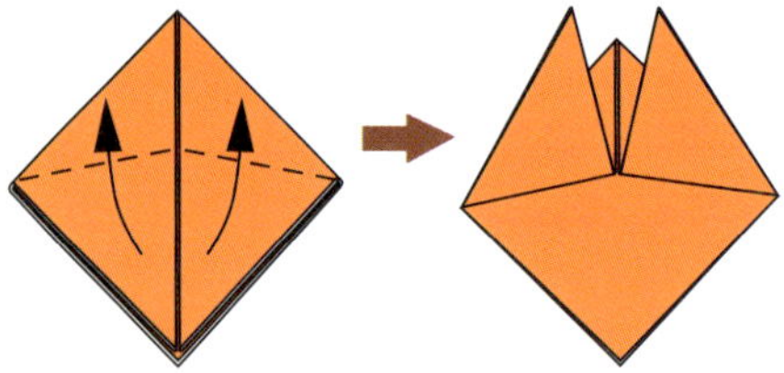

おりめのせんが、うちがわになるようにおるときの、やじるしです。

やまおりのとき

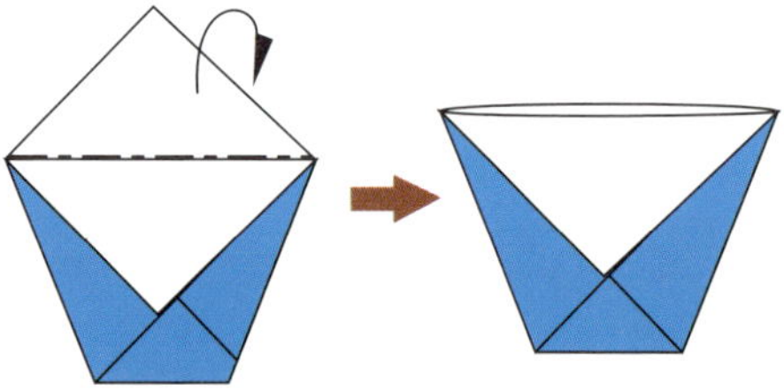

おりめのせんが、そとがわになるようにおるときの、やじるしです。

たにおりせん

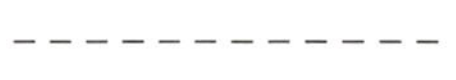

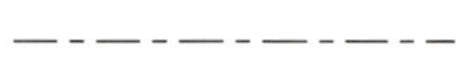

せんが、うちがわになるようにおるときの、おりめのせんです。

やまおりせん

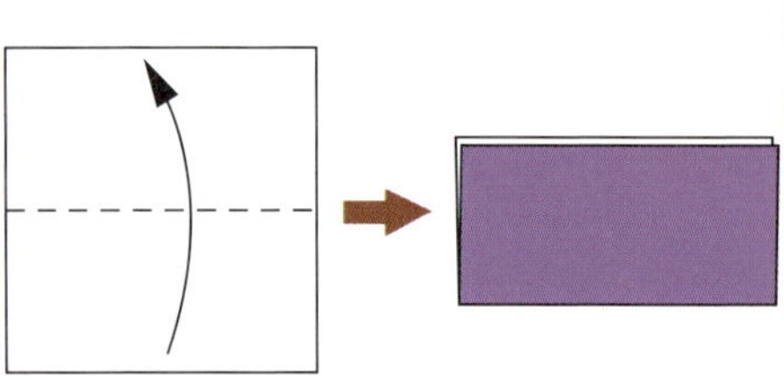

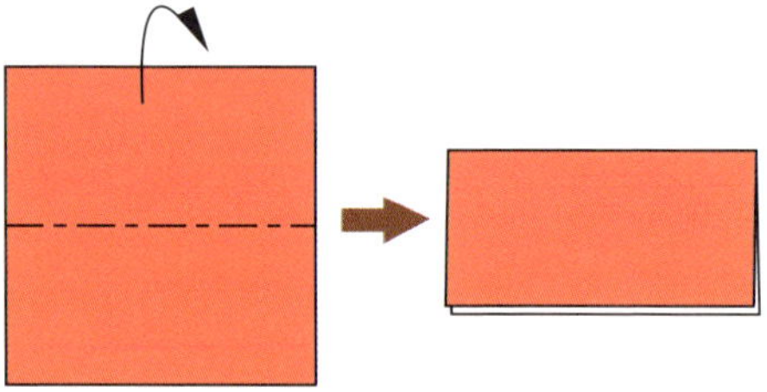

せんが、そとがわになるようにおるときの、おりめのせんです。

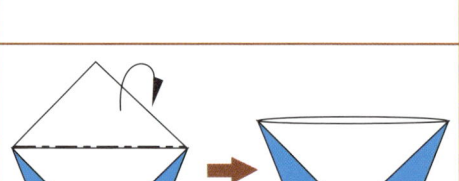

おりめをつける

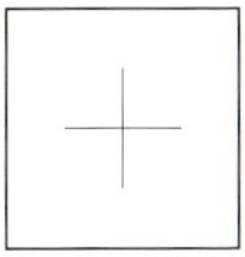

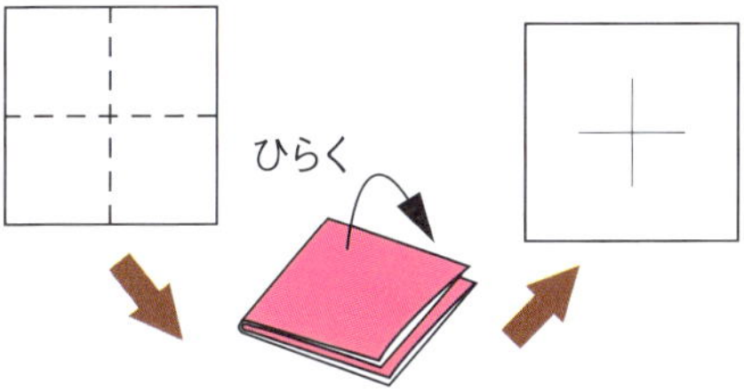

おりめをつけるときは、ずのようにいちどおってから、ひらきます。

おなじながさにする

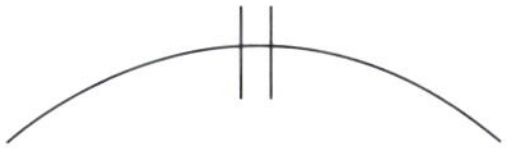

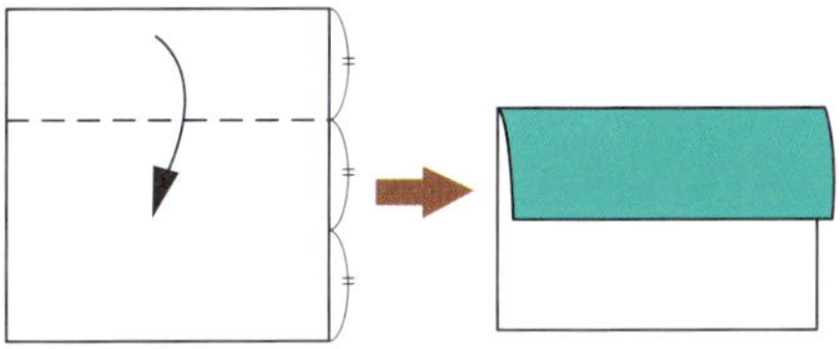

おなじながさになるようにおるときの、きごうです。

はさみできる

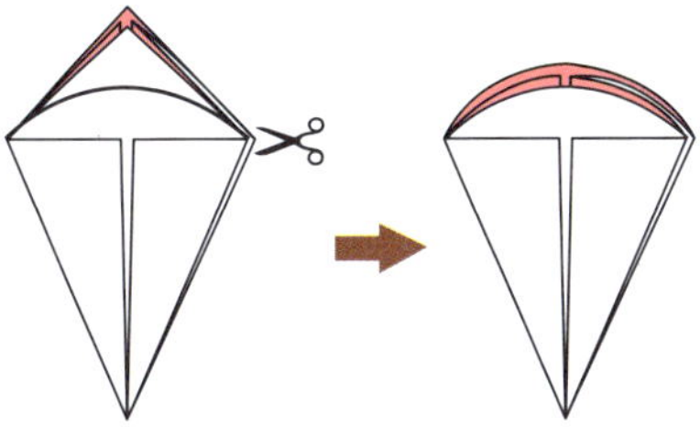

ずのように、ふといせんにそって、はさみできります。

くうきをいれる

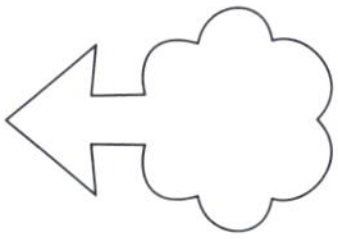

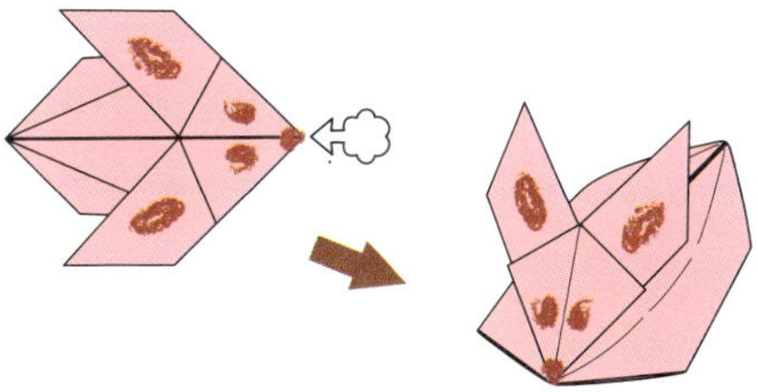

ふくらませるときに、くうきをいれるばしょです。

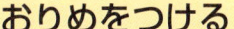

やさしい？ むずかしい？

難易度《なんいど》マークについて

この本《ほん》に出《で》てくる作品《さくひん》のむずかしさを、「かんたん」「ふつう」「がんばれ」の３段階《だんかい》に分《わ》けました。参考《さんこう》にしてください。また、簡《かん》単《たん》な作品《さくひん》から折《お》りたいとき、むずかしい作《さく》品《ひん》に挑戦《ちょうせん》したいときなど、難易度別作品《なんいどべつさくひん》リストから選《えら》ぶといいでしょう。

◆難易度別作品《なんいどべつさくひん》リスト◆

かんたん

ふつう

がんばれ

いろいろな折《お》り紙《がみ》

折《お》り紙《がみ》には、両面《りょうめん》に色《いろ》がついているものや、ぴかぴか光《ひか》る紙《かみ》、きれいな模様《もよう》の千代紙《ちよがみ》や和紙《わし》などがあります。子《こ》どもだけでなく、大人《おとな》も楽《たの》しめる紙《かみ》も、たくさんあります。折《お》りたい作品《さくひん》に合《あ》う紙《かみ》を選《えら》ぶのも、折《お》り紙《がみ》の楽《たの》しさです。

両面《りょうめん》カラーの折《お》り紙《がみ》で

いんこ (134ページ)

表《おもて》は黄色《きいろ》から緑《みどり》へ変《か》わるぼかし模様《もよう》で、裏《うら》が水色《みずいろ》の紙《かみ》で折《お》りました。

さいふ② (76ページ)

表《おもて》が黄緑色《きみどりいろ》、裏《うら》がオレンジ色《いろ》の紙《かみ》で折《お》りました。

つばき (182ページ)

表《おもて》はオレンジ色《いろ》のぼかし模様《もよう》で、裏《うら》が黄《き》色《いろ》の紙《かみ》で折《お》りました。

新聞紙《しんぶんし》で

かぶと (18ページ)

新聞紙《しんぶんし》を真四角《ましかく》に切《き》って折《お》ると、ちょうど子《こ》どもがかぶれる大《おお》きさになります。真四角《ましかく》の紙《かみ》の作《つく》り方《かた》は、87ページにあります。

ぼかし模様《もよう》の紙《かみ》で

チューリップ (166ページ)

花《はな》は、中心《ちゅうしん》がピンクで外側《そとがわ》が赤《あか》のぼかし模様《もよう》の紙《かみ》で折《お》りました。

和紙《わし》で

かしばち (102ページ)

柄《がら》のついた和紙《わし》を大《おお》きめに切《き》って折《お》りました。和紙《わし》は強《つよ》いので、実際《じっさい》に使《つか》う作品《さくひん》にぴったりです。

PART 1

きほんのおりがみ

つる

ふるくからつたわる、みんなが
よくしっているおりがみだよ。

ふつう

「つる」をもとにおるさくひん

●おばけ…………24ページ
●ハンドバッグ②…80ページ
●つのこうばこ…100ページ
●かしばち………102ページ
●オットセイ……142ページ
●かに……………152ページ
●あさがお………158ページ
●なでしこ………159ページ
●おしろいばな…159ページ
●あじさい………159ページ
●つきみそう……160ページ
●つりがねそう…162ページ
●あやめ…………186ページ

1 てんせんのところで、やじるしのほうへ、さんかくにおります。

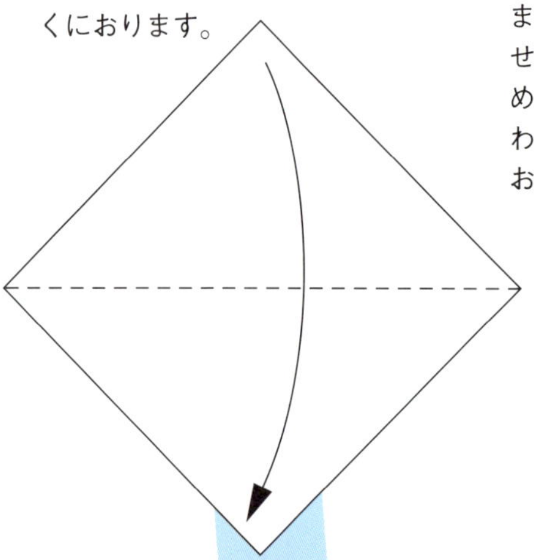

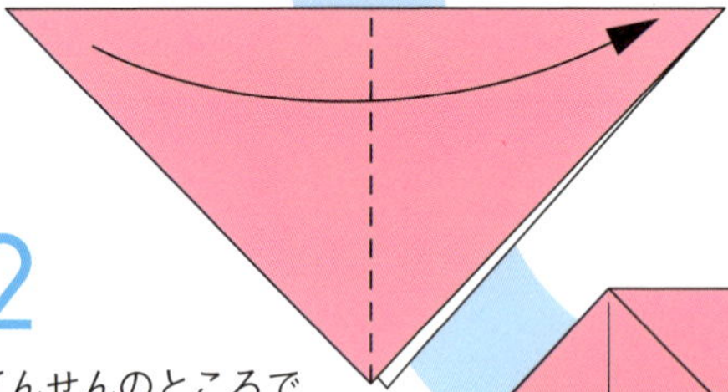

2 てんせんのところで、もういちどやじるしのほうへ、さんかくにおります。

3 ずのように、さんかくのふくろをひらき、かどとかどをあわせております。

4 3をおったかたちです。うらがわも、おなじようにおります。

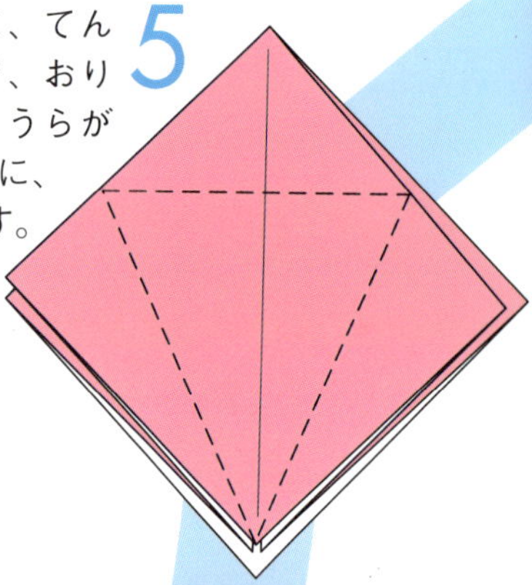

5 まえのしかくに、てんせんのところで、おりめをつけます。うらがわも、おなじように、おりめをつけます。

6 まえのしかくのふくろを、ずのようにひらき、おりめのところで、やじるしのほうへおり、かたちをととのえます。うらがわも、おなじようにおります。

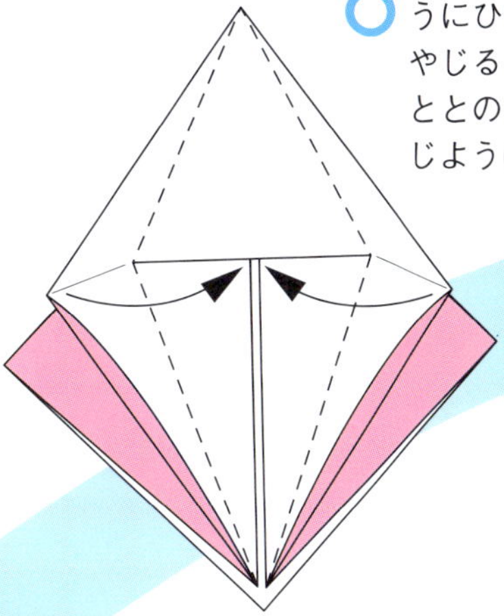

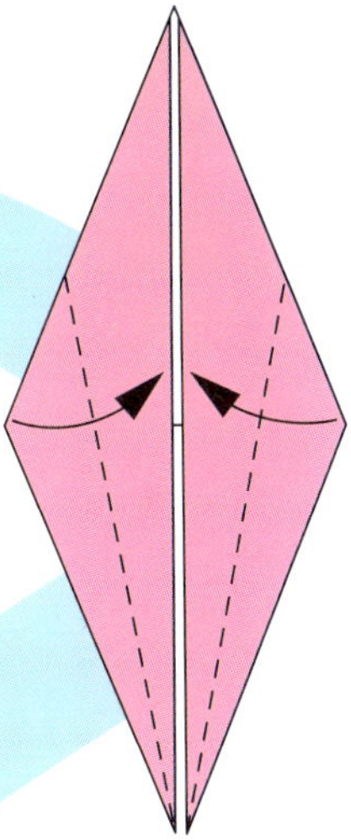

7 てんせんのところで、もういちどやじるしのほうへおります。うらがわも、おなじようにおります。

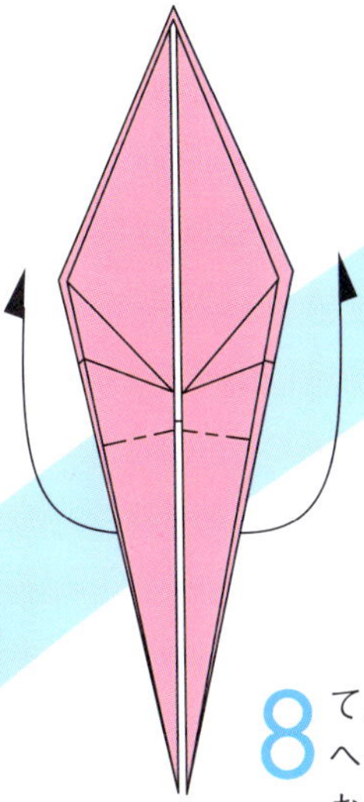

8 てんせんのところで、うちがわへおりこみ、やじるしのほうへおりあげます（なかわりおり）。

9 くちばしを、やじるしのほうへ、うちがわへおりこみます（なかわりおり）。

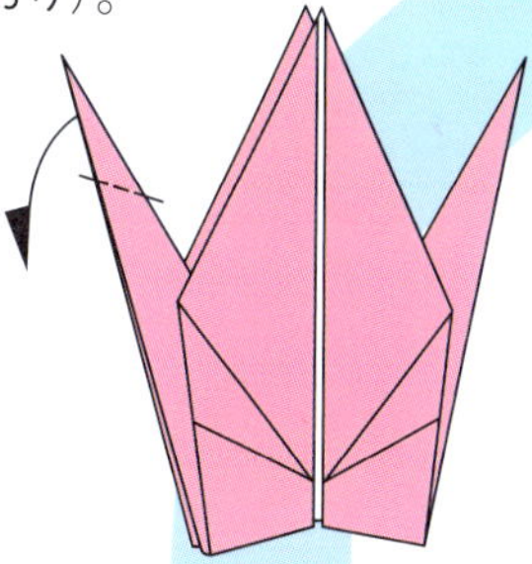

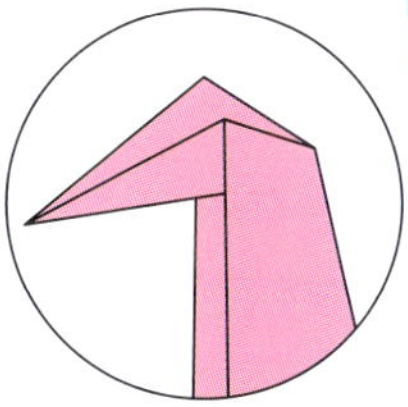

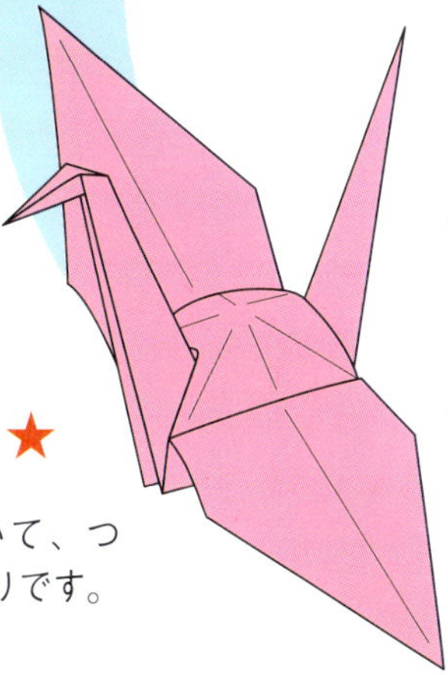

★できあがり★

10 はねをひらいて、つるのできあがりです。

●あそびかた

つるを途中《とちゅう》まで折《お》って、それをもとに別《べつ》の作品《さくひん》ができます。
（写真《しゃしん》は作品例《さくひんれい》です）

あやめ（186ページ）

ハンドバッグ② （80ページ）

オットセイ（142ページ）

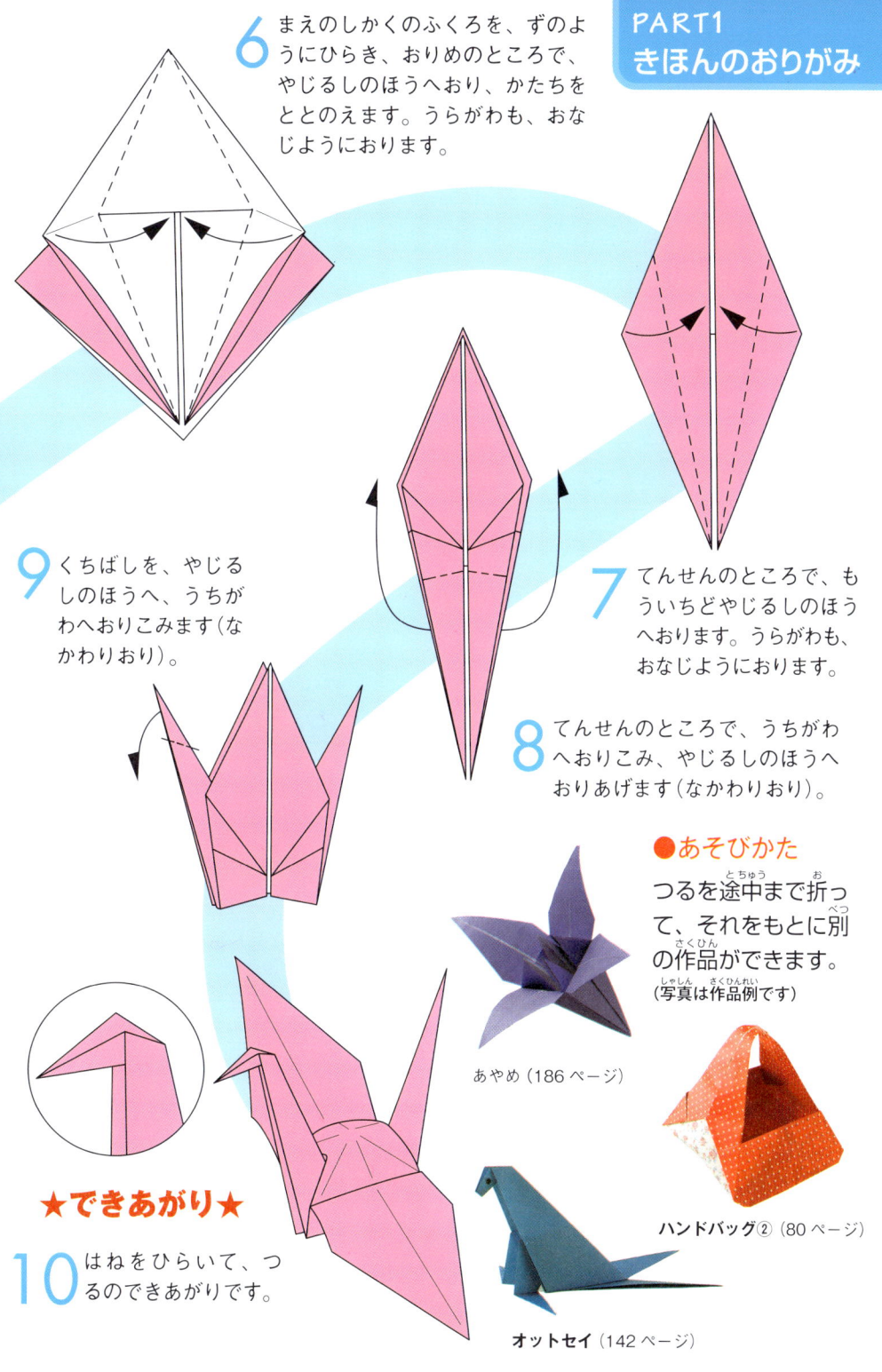

やっこさん

おさむらいさんのけらいで、きものをきているよ。

「やっこさん」をもとにおるさくひん

- はかま……………………………16ページ
- おすもうさん………………36ページ
- さいころ…………………………44ページ
- ぱくぱく…………………………48ページ

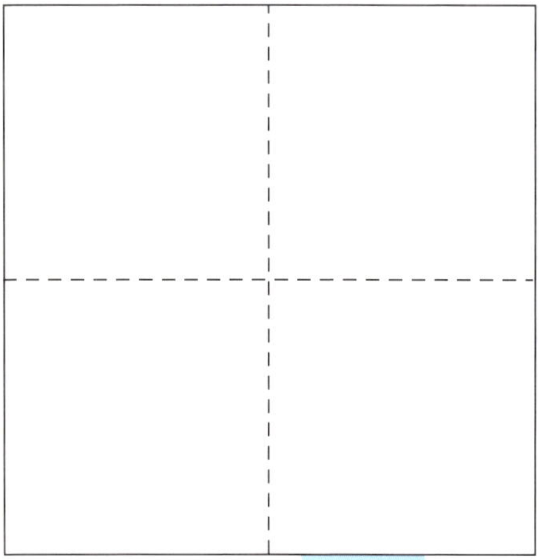

1

てんせんのところでしかくにおって、おりめをつけてからひらきます。

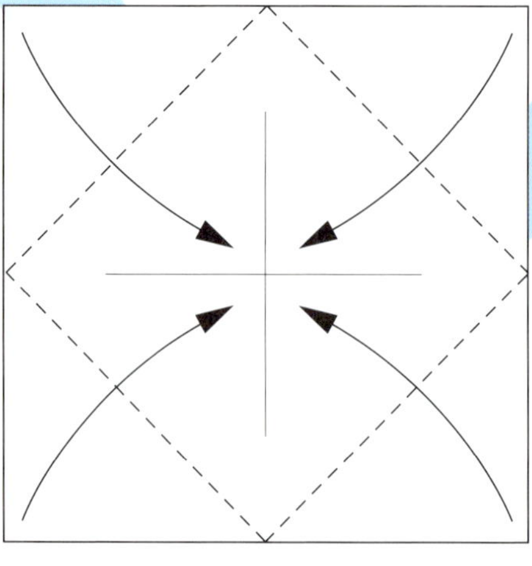

2

かどをちゅうしんにむけて、てんせんのところで、さんかくにおります。

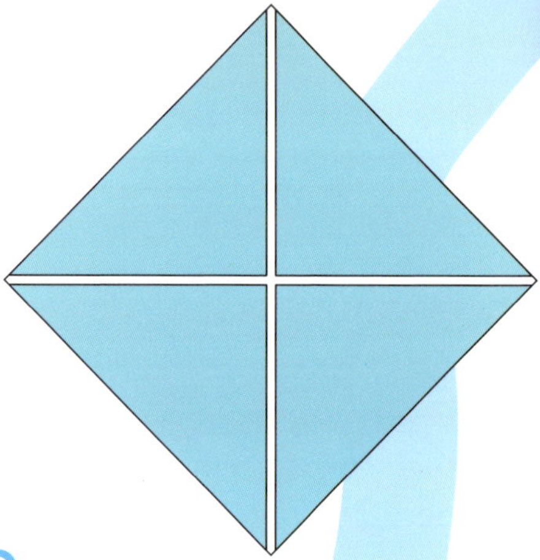

3 2をおったかたちです。

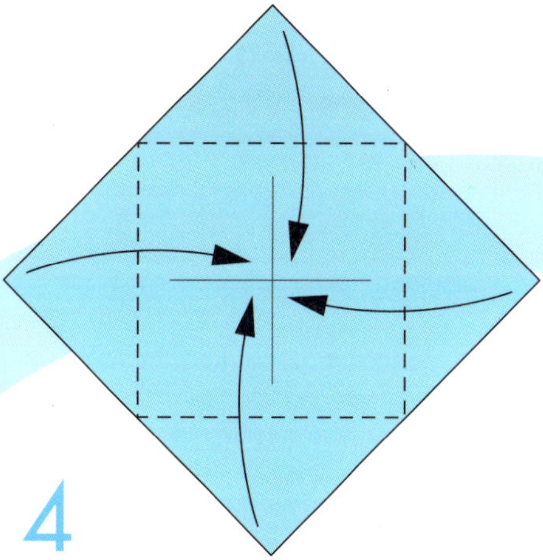

4 3をうらがえして、2とおなじように、ちゅうしんにむけております。

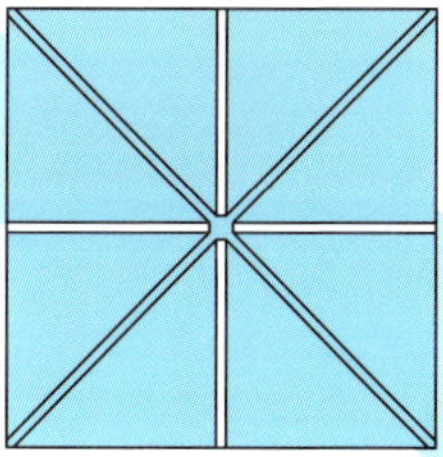

5 4をおったかたちです。

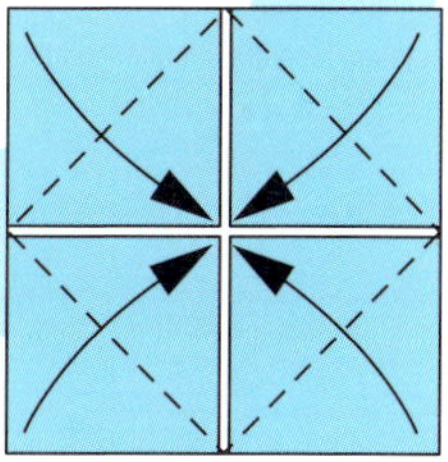

6 5をうらがえして、てんせんのところで、やじるしのほうへ、さんかくにおります。

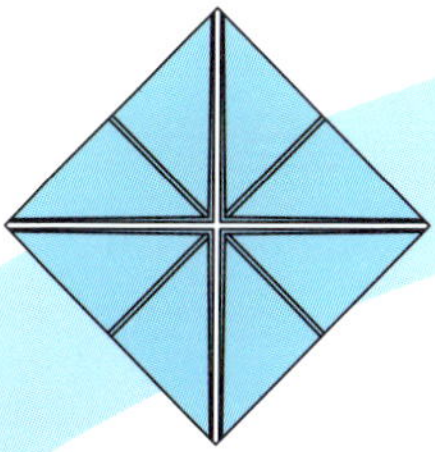

7 6をおったかたちです。

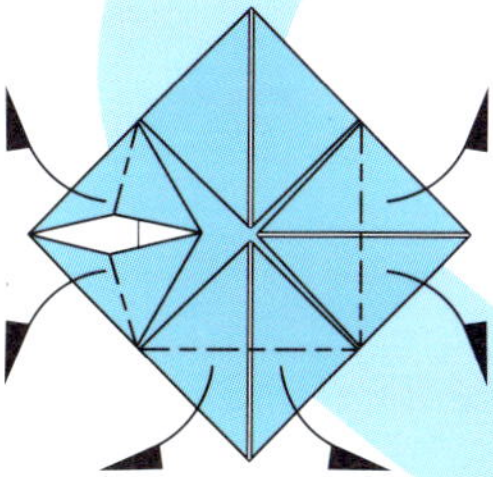

8 7をうらがえして、さんかくのふくろを1つだけのこして、やじるしのほうへひらきながら、てんせんのところでおります。

★できあがり★

9 かおと、もん（きものにつける、いえのしるし）をかいて、やっこさんのできあがりです。

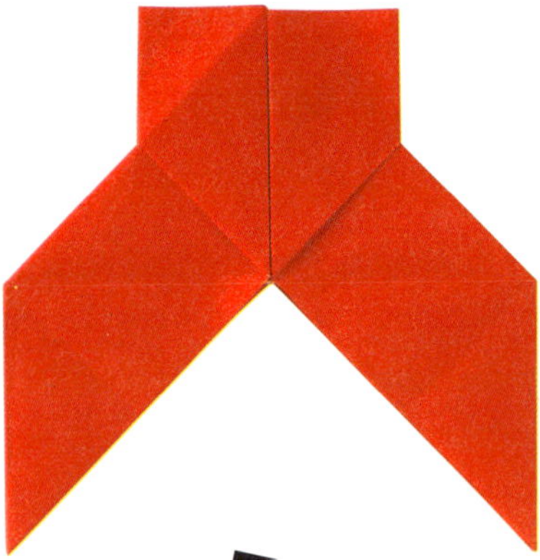

はかま

14ページの「やっこさん」とくみあわせて、あそぼう。

「はかま」をもとにおるさくひん

●カメラ……………………32ページ
●くりのいが………… 171ページ

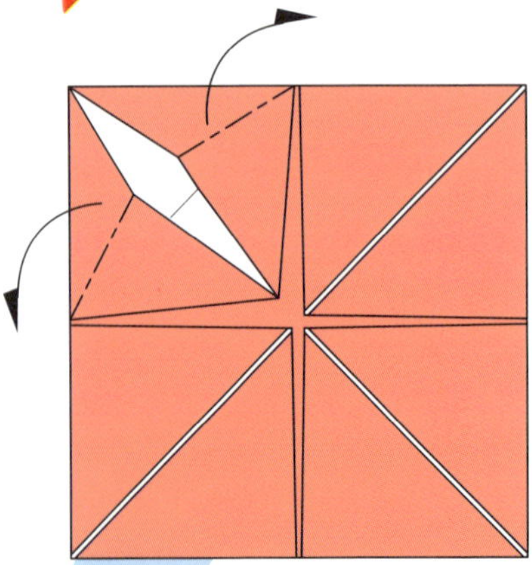

1 「やっこさん」（14ページ）の8からおりはじめます。やじるしのほうへ、ふくろをひらきながら、てんせんのところでおります。

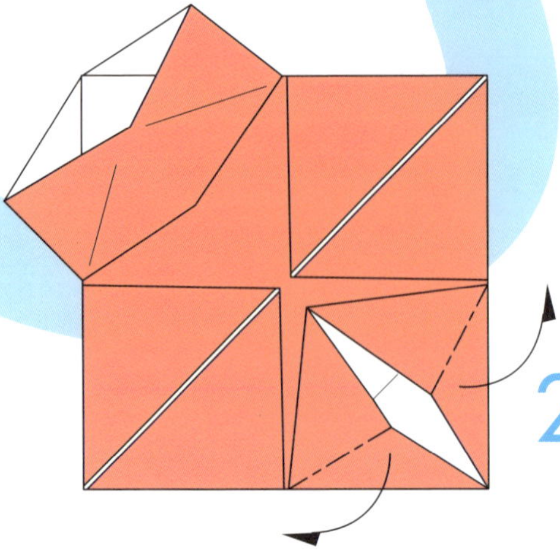

2 むかいがわのふくろも、おなじようにひらきながらおります。

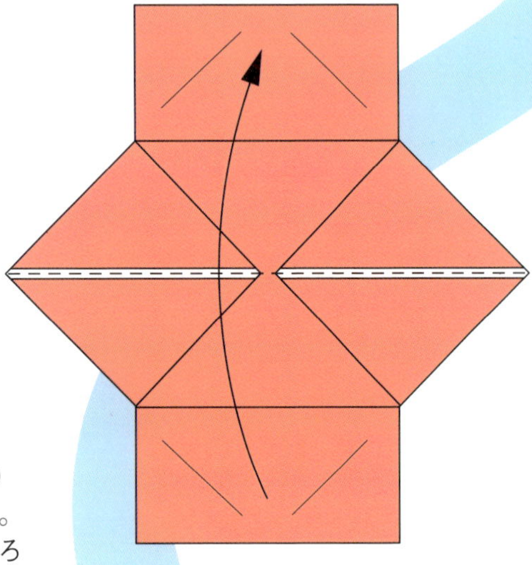

3 むきをかえて、てんせんのところで、やじるしのほうへおります。

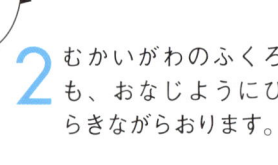

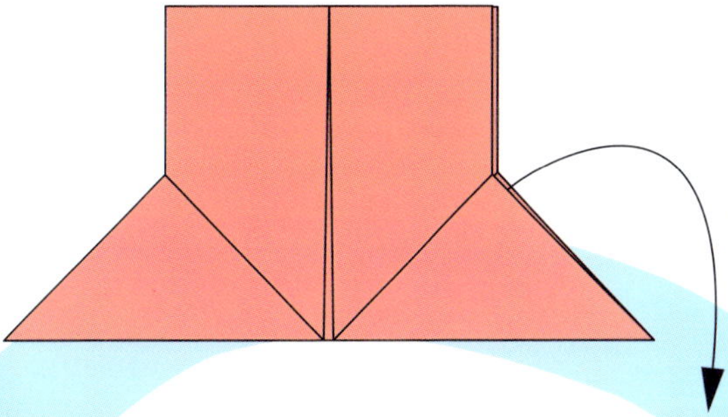

4 うちがわのおりこみを、やじるしのほうへひきだします。うえにひきだしてから、うらがえすようにして、したにおりかえします。

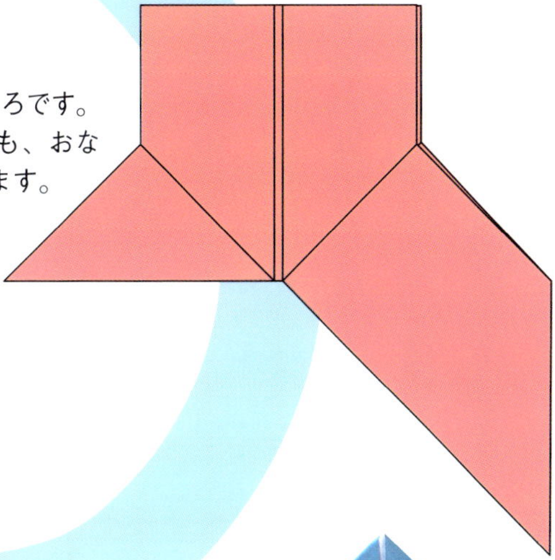

5 4をおったところです。もうかたほうも、おなじようにおります。

★できあがり★

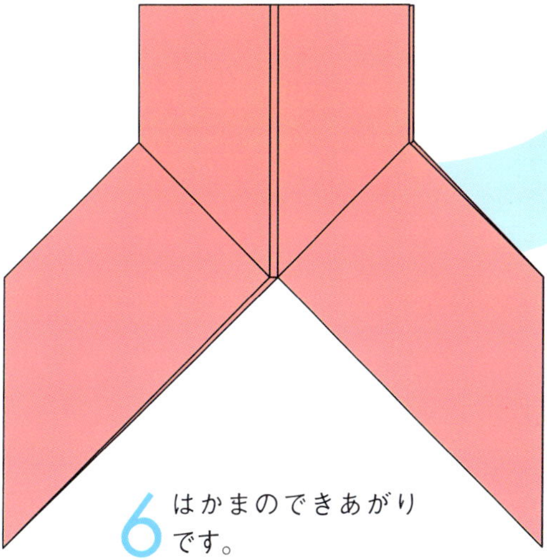

6 はかまのできあがりです。

●あそびかた

やっこさんをはかまではさんで、のりでとめます。

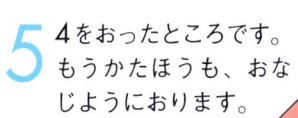

かぶと

しんぶんしなどの、おおきなかみでおると、かぶってあそべるよ。

しゃしんの「かぶと」は、おもてとうらにいろのついたおりがみでおりました。

「かぶと」をもとにおるさくひん

- せみ……………………116ページ
- かめ……………………150ページ
- きんぎょ①…………154ページ
- きんぎょ②…………156ページ

1 てんせんのところで、やじるしのほうへ、さんかくにおります。

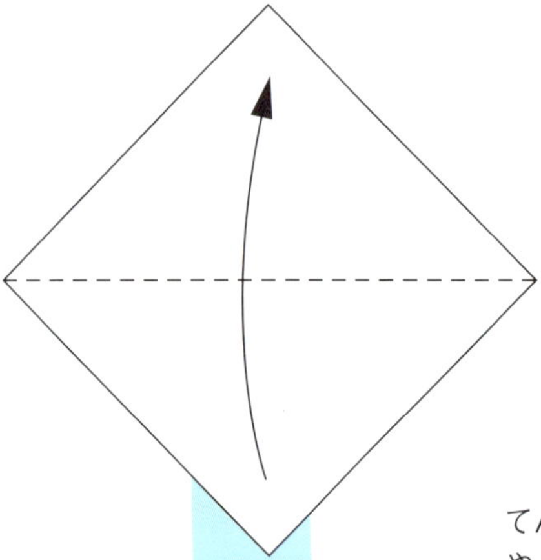

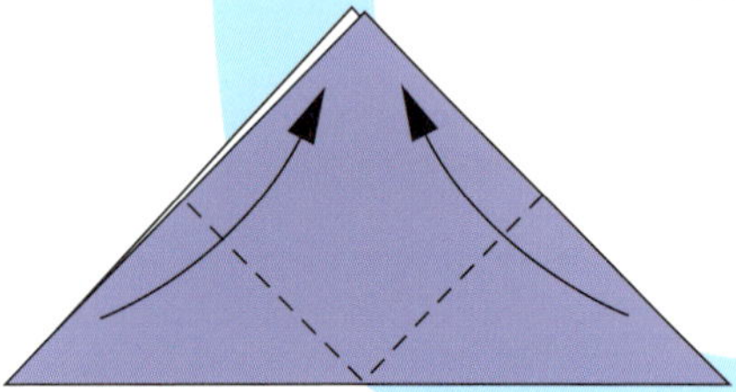

2 てんせんのところで、やじるしのほうへおります。

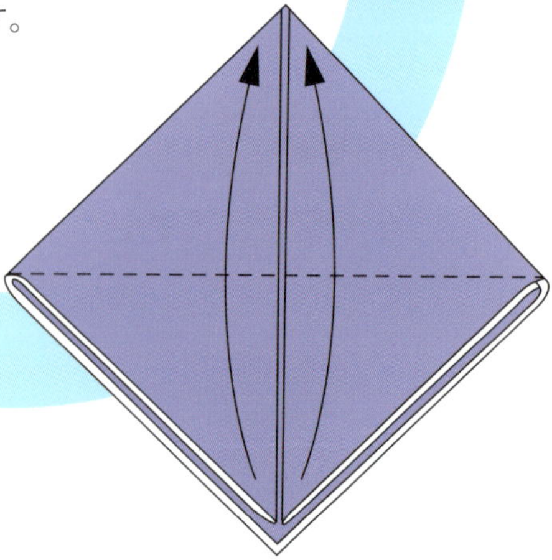

3 2のうえとしたを、ひっくりかえします。したのさんかくを、てんせんのところで、やじるしのほうへおります。

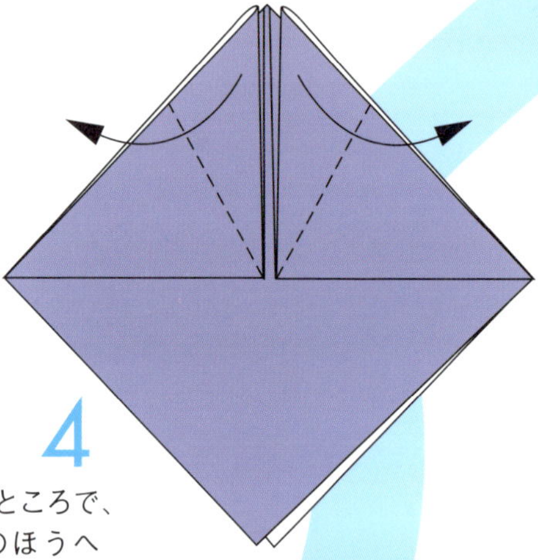

4 てんせんのところで、やじるしのほうへおります。

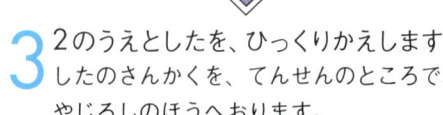

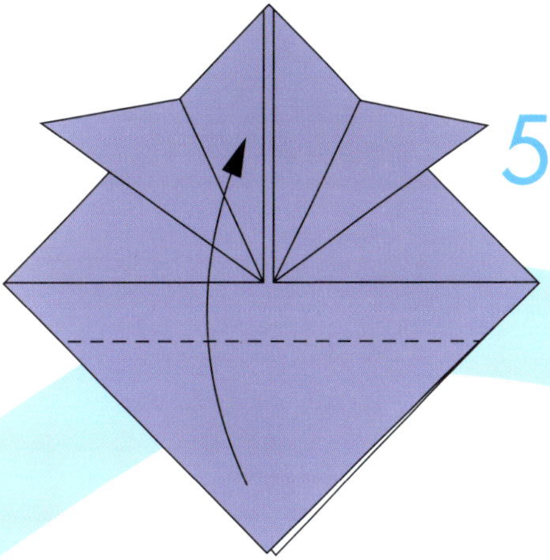

5 てんせんのところで、したのさんかくを、やじるしのほうへおりあげます。

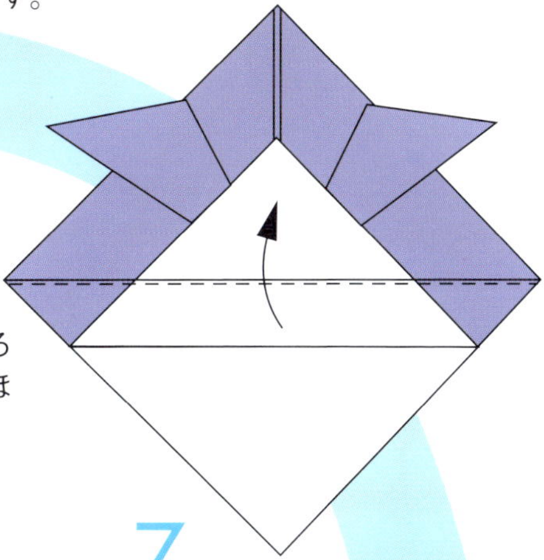

6 てんせんのところで、やじるしのほうへおりあげます。

7 てんせんのところで、うらがわにおります。うちがわにおりこんでもいいです。

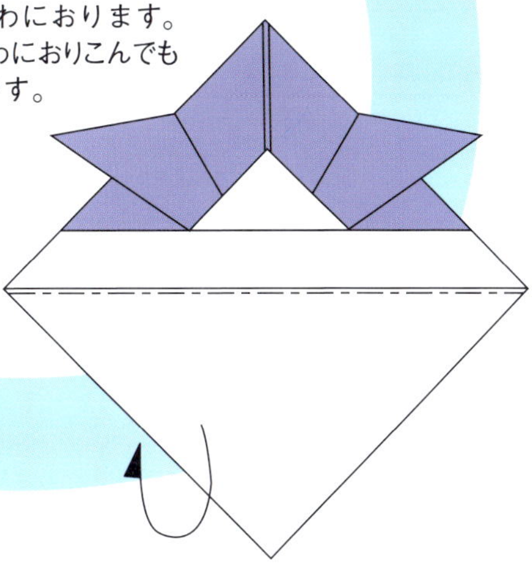

★できあがり★

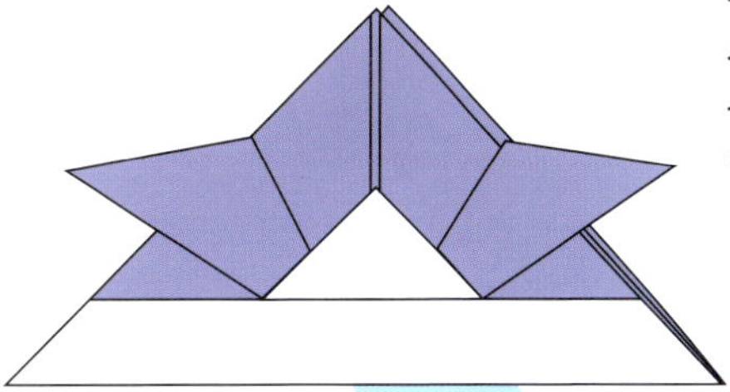

8 かぶとのできあがりです。

●あそびかた

こどもの日《ひ》に欠《か》かせない「かぶと」。新聞紙《しんぶんし》を真四角《ましかく》に切《き》って正方形《せいほうけい》を作《つく》るやりかたは87ページにあります。

ながかぶと

かぶってあそぶときは、おおきなかみをつかおう。

かんたん

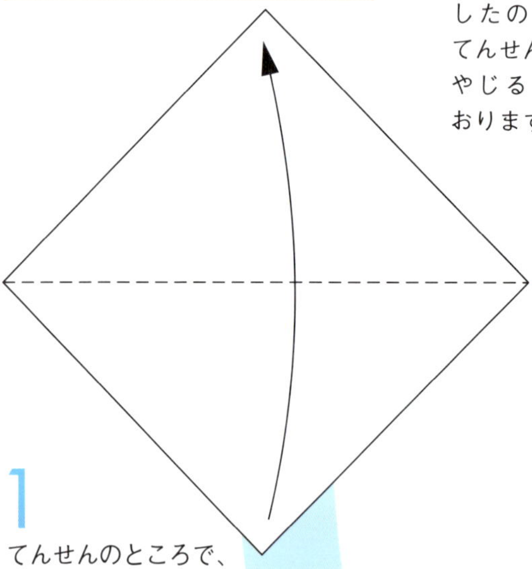

1

てんせんのところで、
やじるしのほうへ、
さんかくにおります。

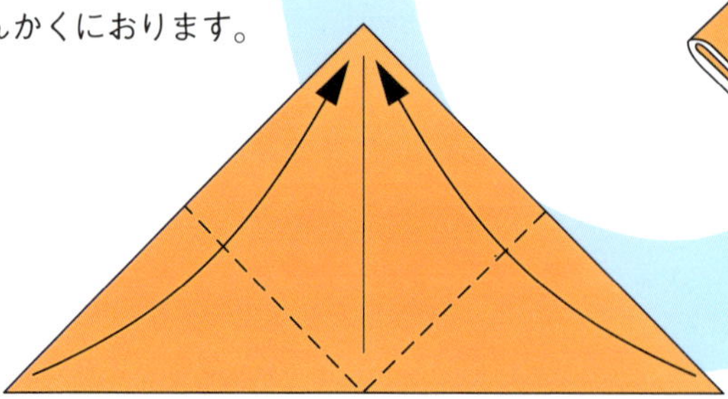

2

はんぶんにおって、おりめをつけてから、てんせんのところで、やじるしのほうへおります。

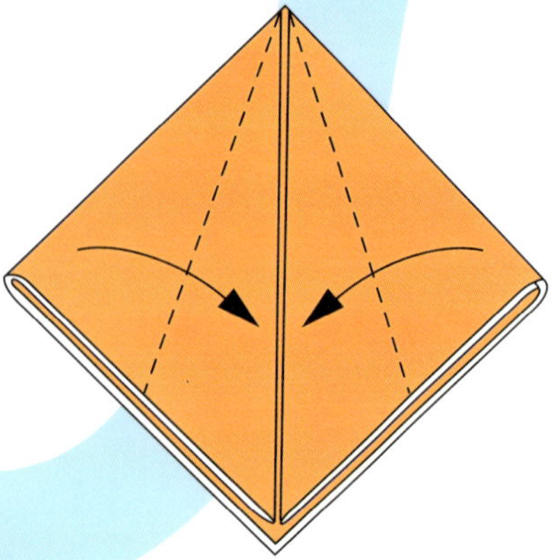

3

2のうえとしたを、
ひっくりかえします。
てんせんのところで、
やじるしのほうへ
おります。

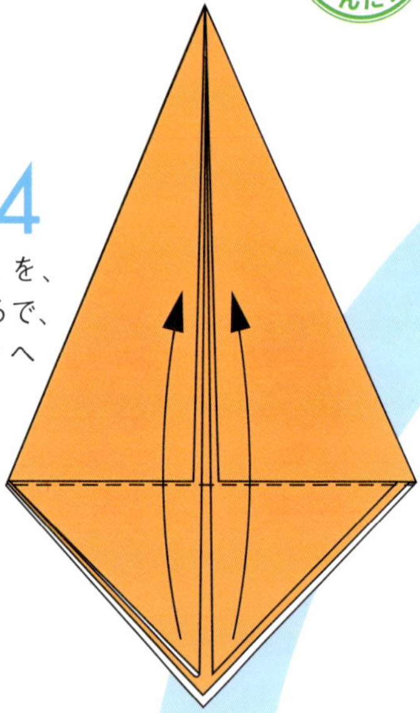

4

したのさんかくを、
てんせんのところで、
やじるしのほうへ
おります。

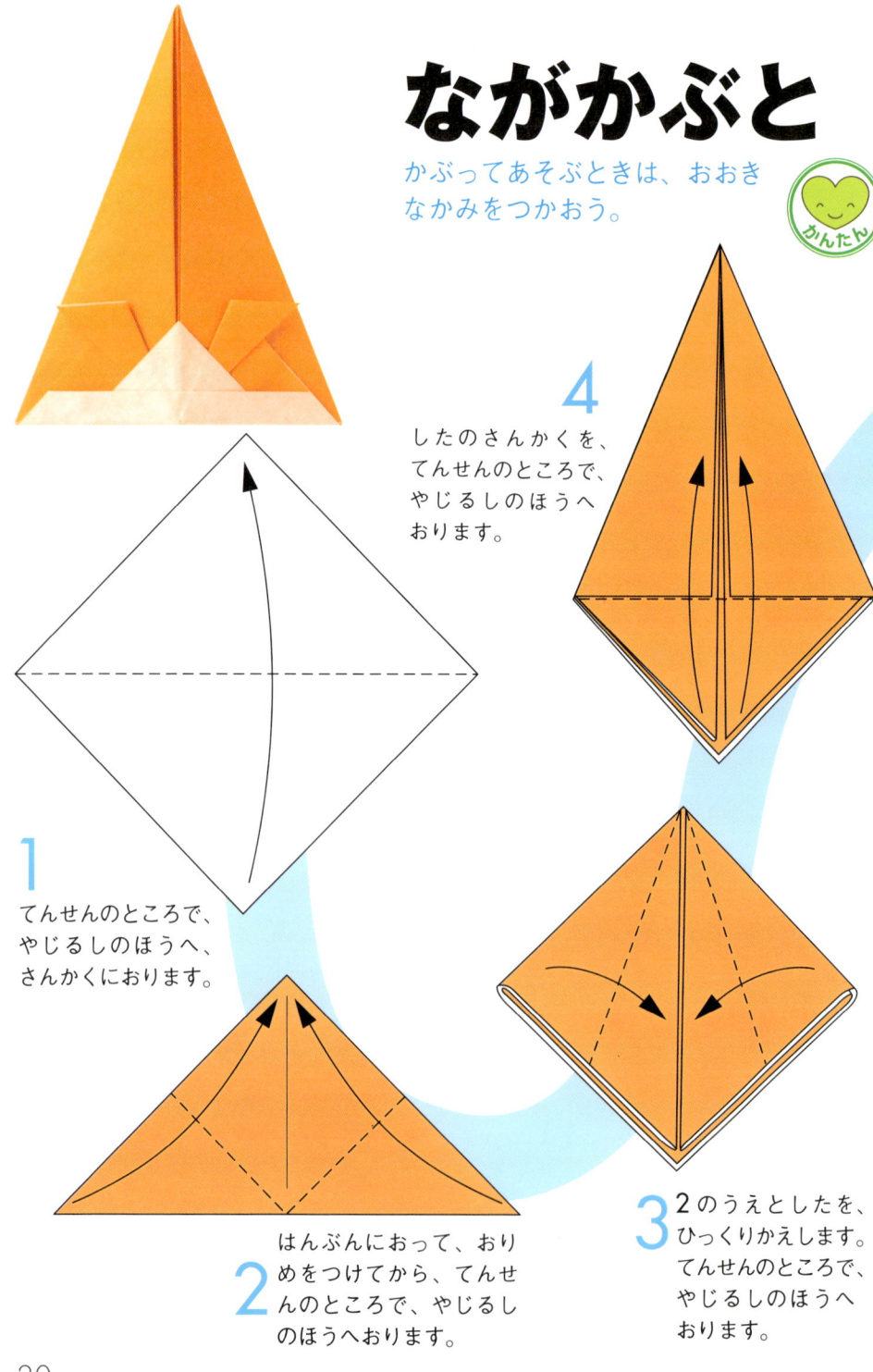

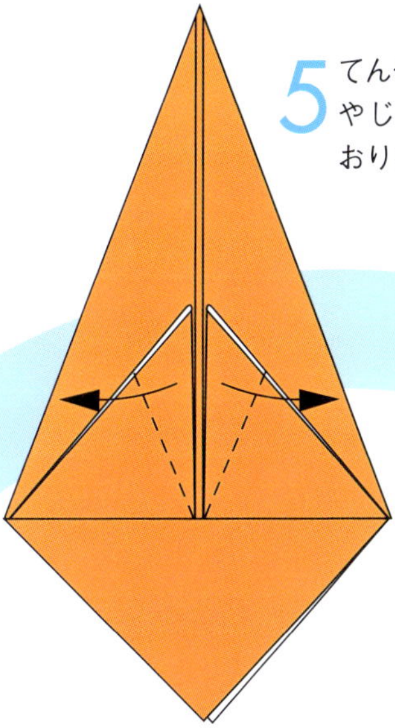

5 てんせんのところで、
やじるしのほうへ
おります。

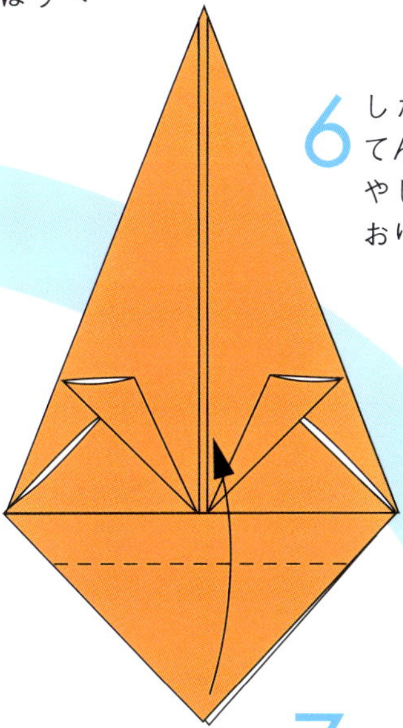

6 したのさんかくを、
てんせんのところで、
やじるしのほうへ
おりあげます。

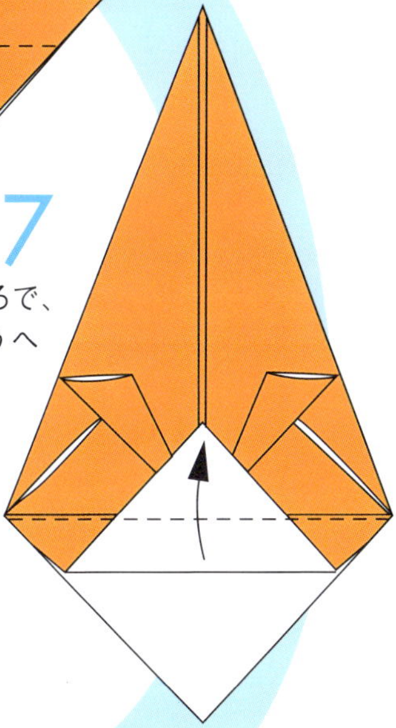

7
てんせんのところで、
やじるしのほうへ
おります。

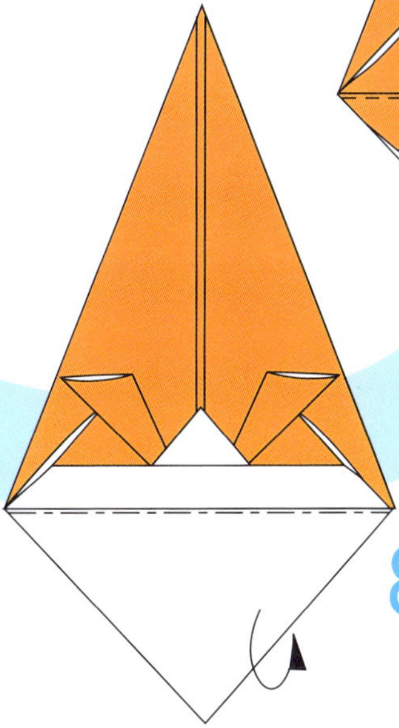

8 てんせんのところで、
うらがわへおります。

★できあがり★

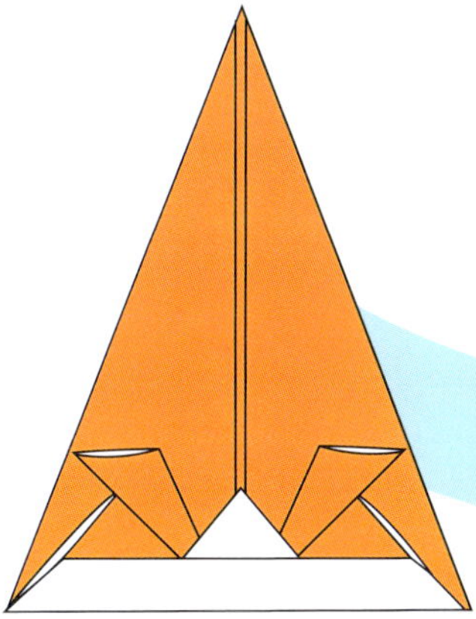

9 ながかぶとの
できあがりです。

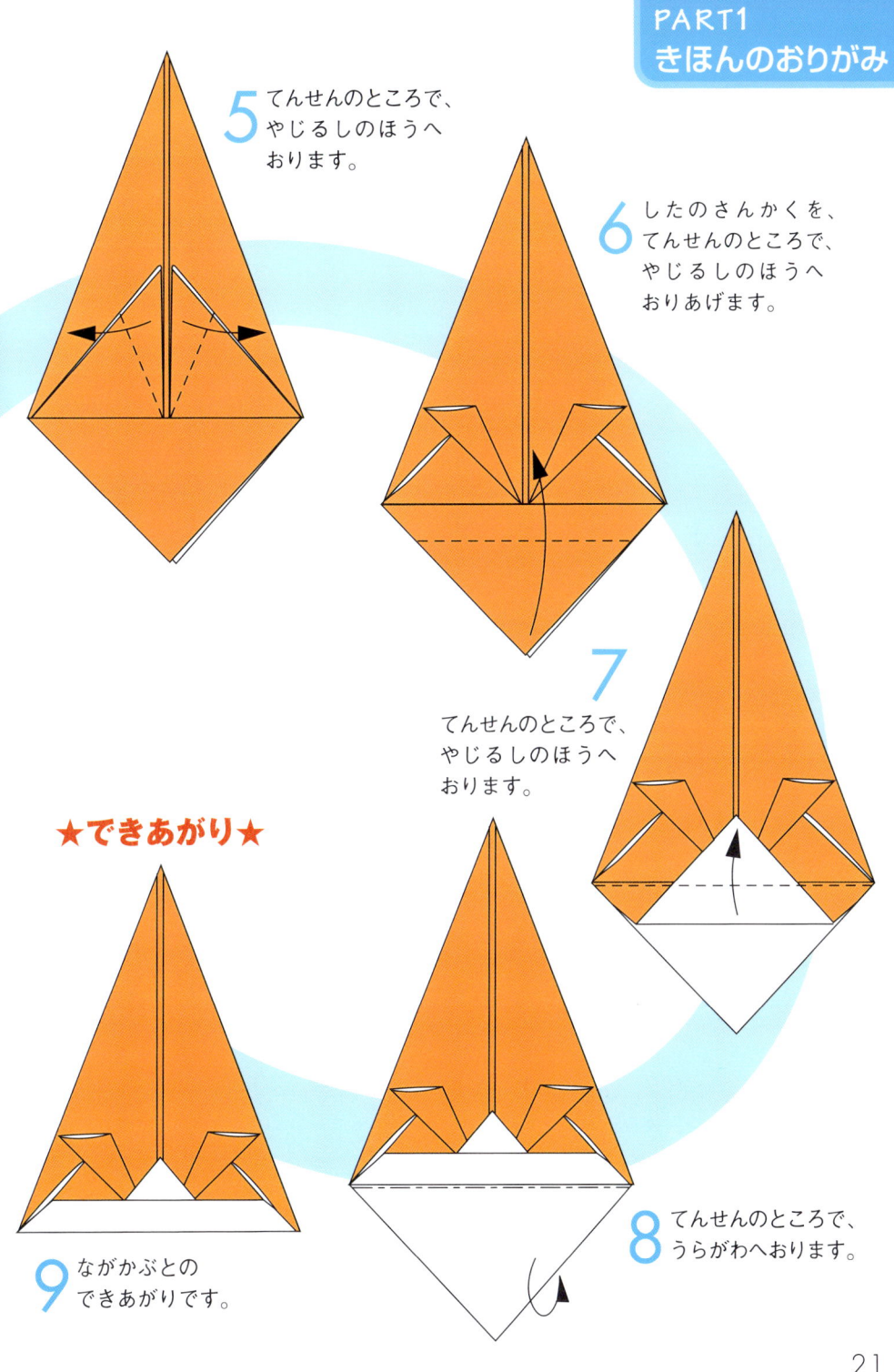

しゃしんの「ふね」は、おもてとうらにいろのついたおりがみでおりました。

ふね

すこしなら、みずにうかべることもできるよ。やってみて！

かんたん

1 いろのついたほうをおもてにします。はんぶんにおって、おりめをつけてから、てんせんのところで、やじるしのほうへおります。

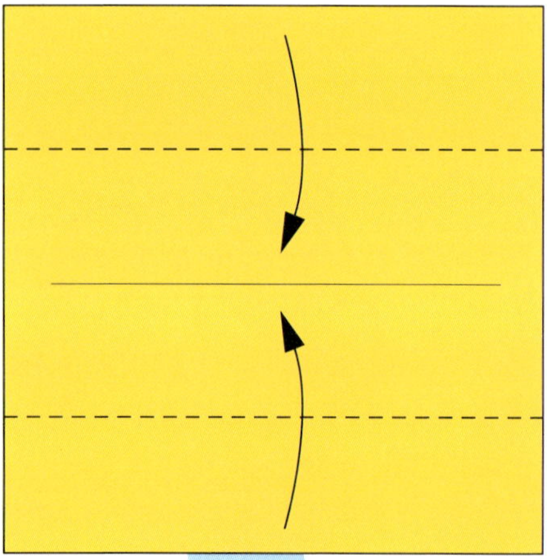

2 てんせんのところで、やじるしのほうへ、さんかくにおります。

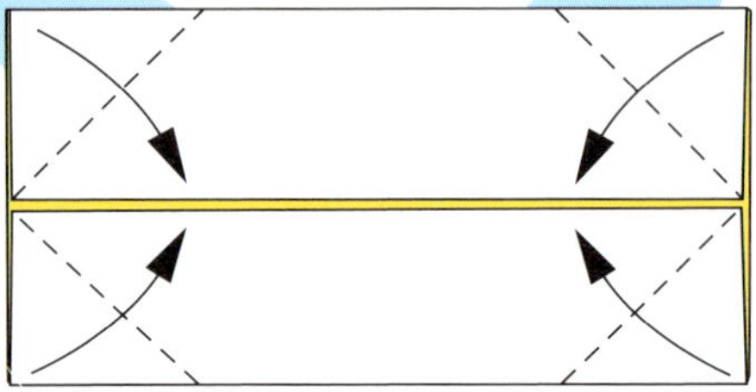

3 はんぶんにおって、おりめをつけてから、てんせんのところで、やじるしのほうへおります。

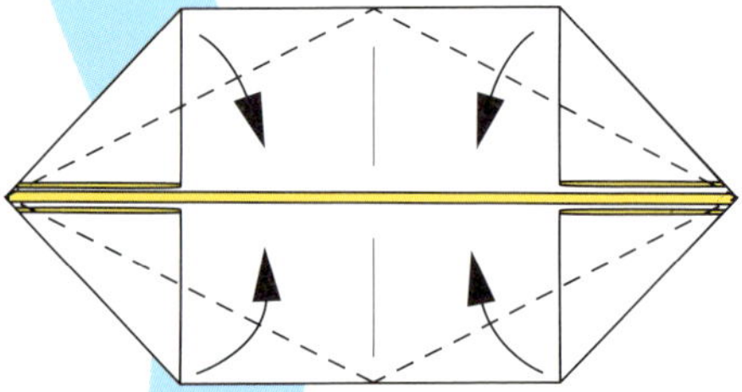

4 てんせんのところで、やじるしのほうへおります。

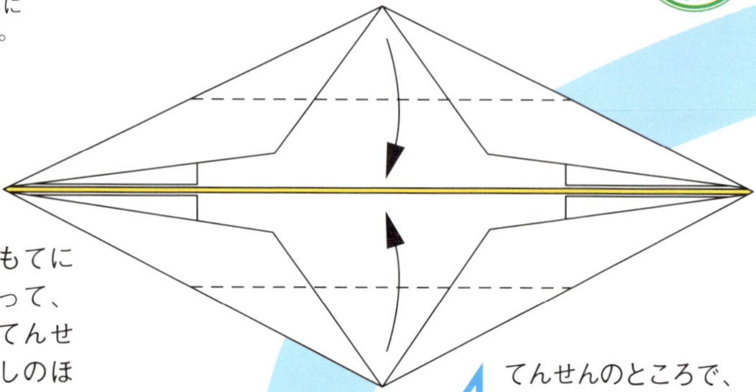

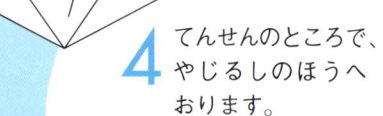

5 まんなかから、やじるしのほうへひらきます。

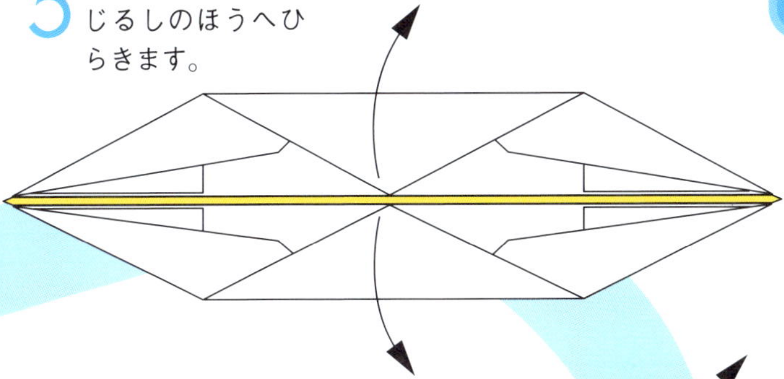

5をやじるしのほうへひらいている、とちゅうのかたちです。 6

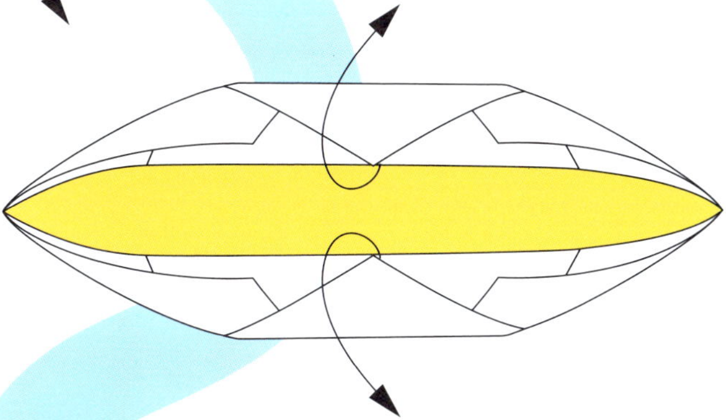

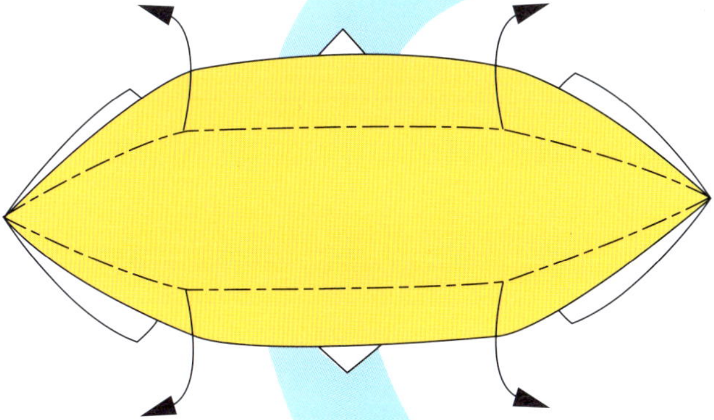

7 6を、ずのようにひらいて、そこになるぶぶんを、おしだすようにして、いろのついたほうを、うえにだします。

★できあがり★

7をうらがえして、ふねのできあがりです。 8

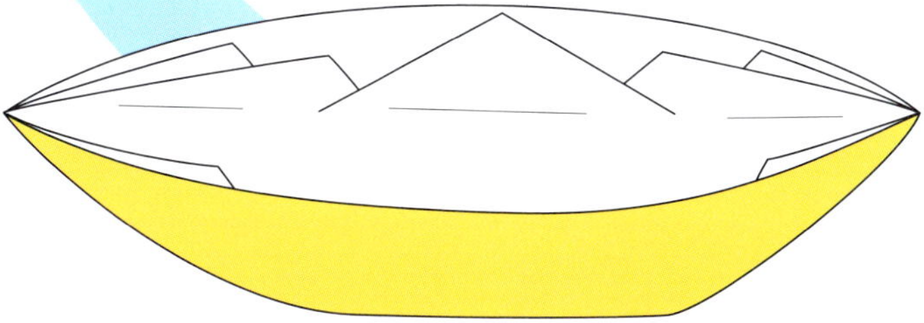

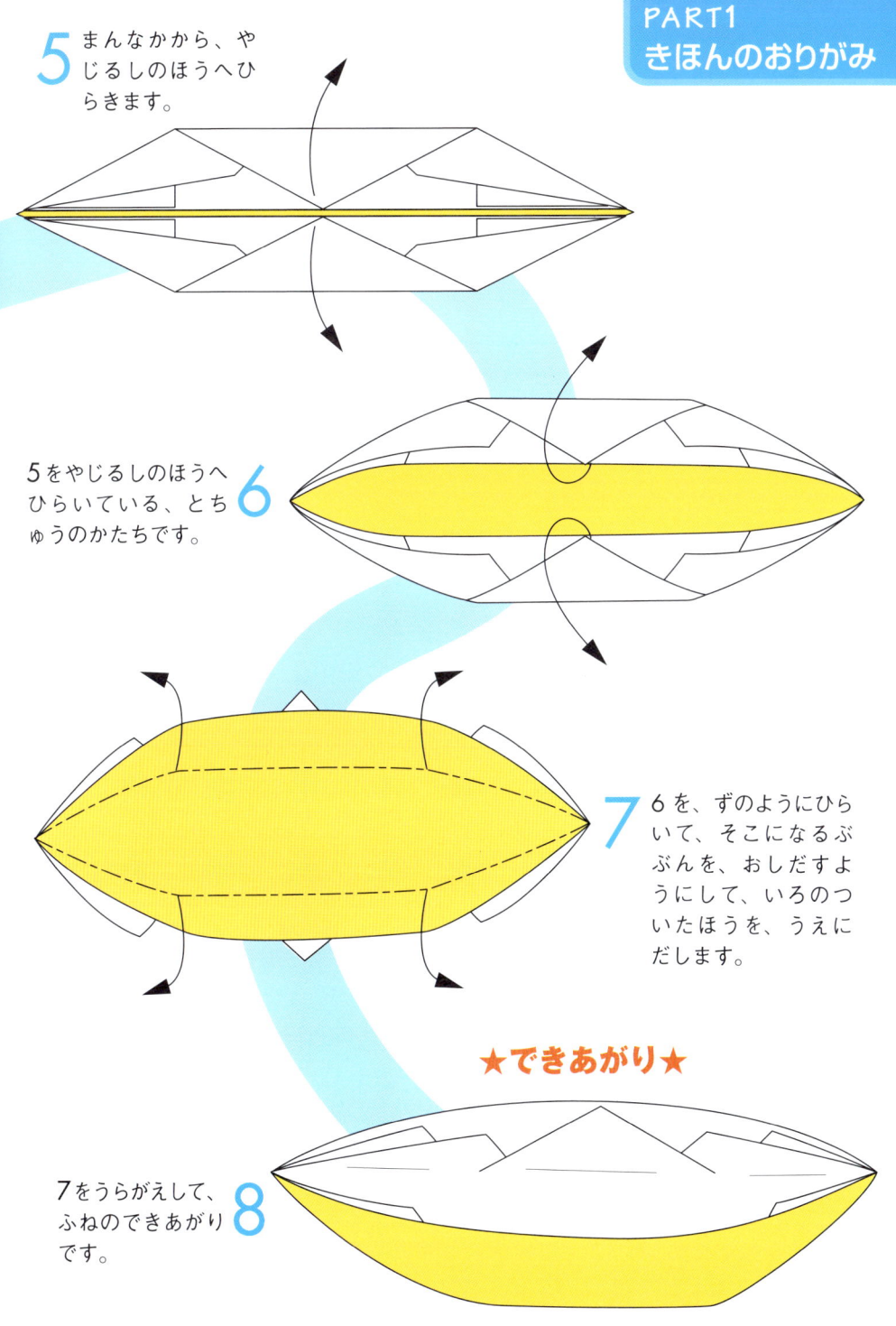

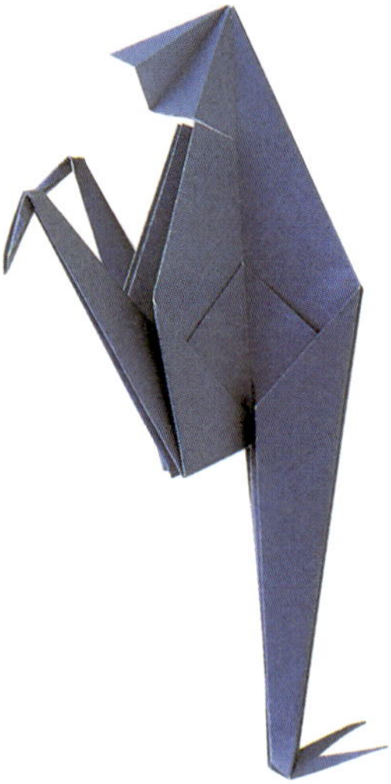

おばけ

にほんのでんとうのおりがみだよ。
こわいおばけに、みえるかな？

がんばれ

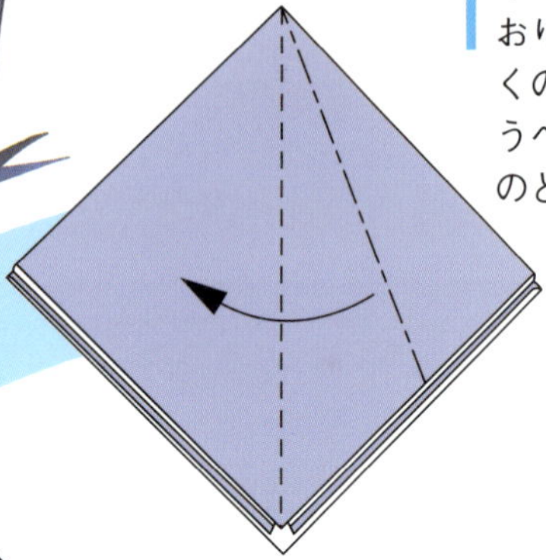

1 「つる」（12ページ）の5からおりはじめます。まえのしかくのふくろを、やじるしのほうへひらきながら、てんせんのところでおります。

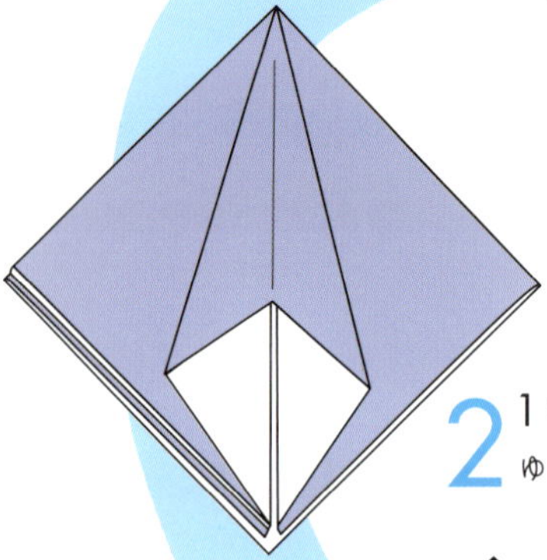

2 1をおっている、とちゅうのかたちです。

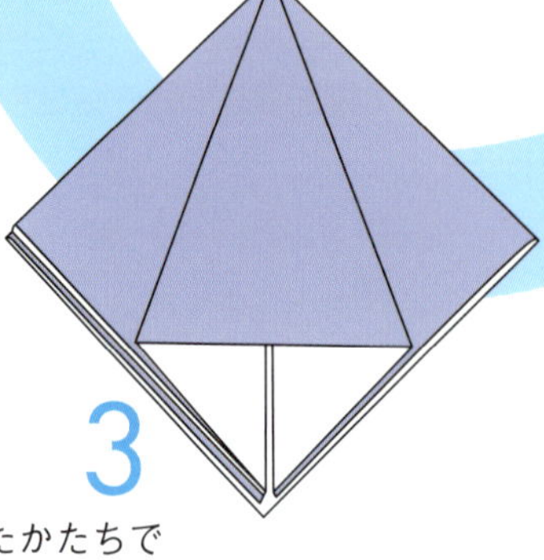

3 1～2をおったかたちです。ほかの3かしょも、おなじようにおります。

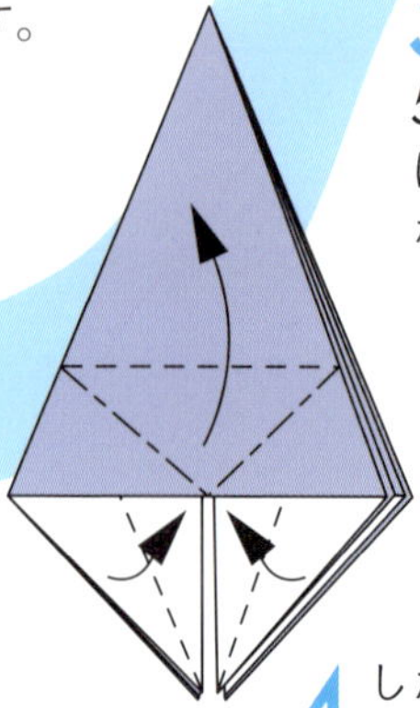

4 したのさんかくのふくろを、やじるしのほうへひらきながら、てんせんのところで、おります。

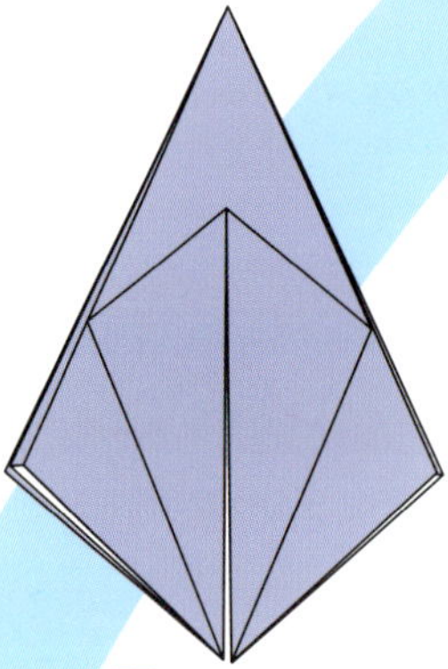

5 5をおったかたちです。ほかの3かしょも、おなじようにおります。

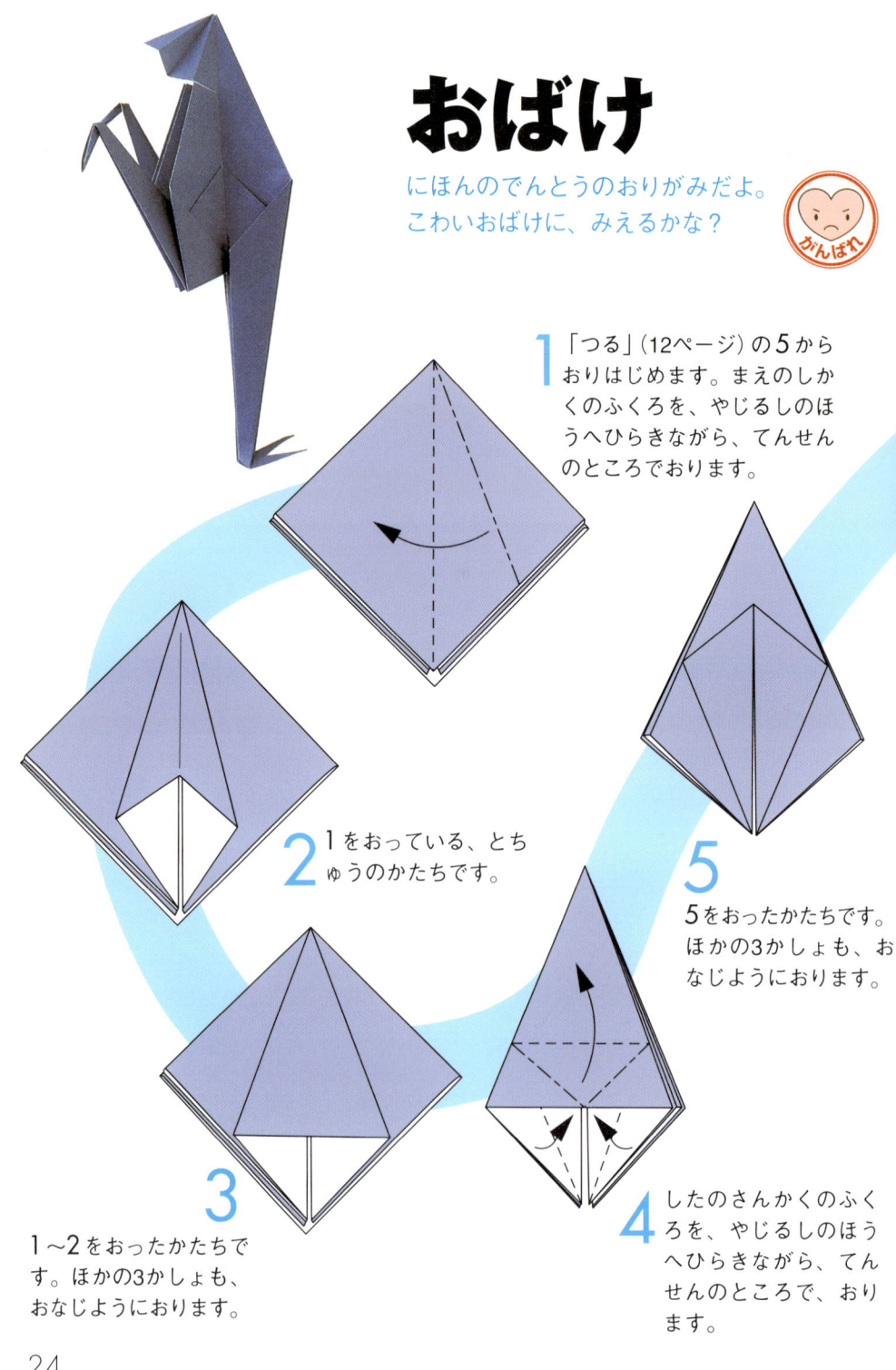

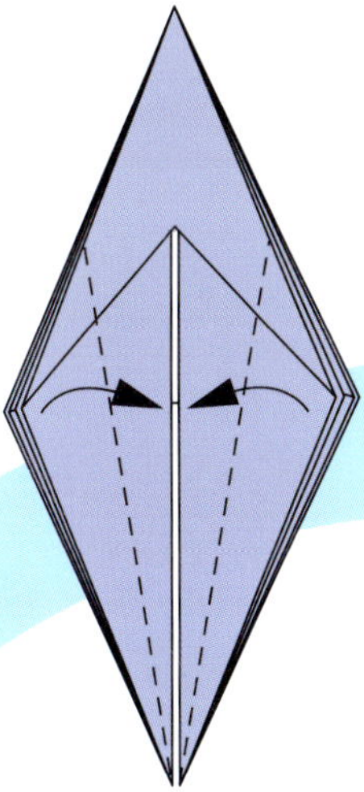

6 まえのさんかくを、てんせんのところで、やじるしのほうへおります。

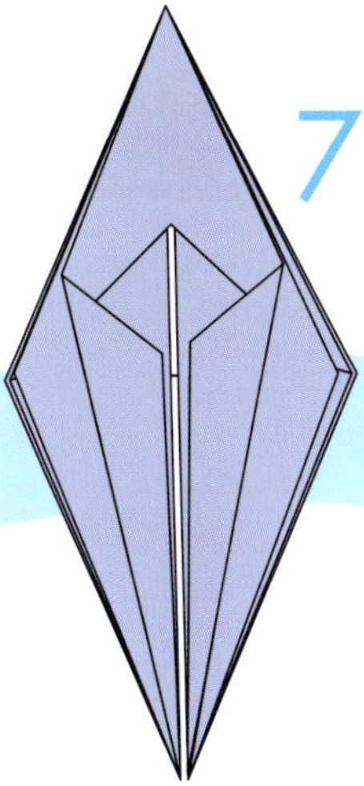

7 6をおったかたちです。ほかの3かしょも、おなじようにおります。

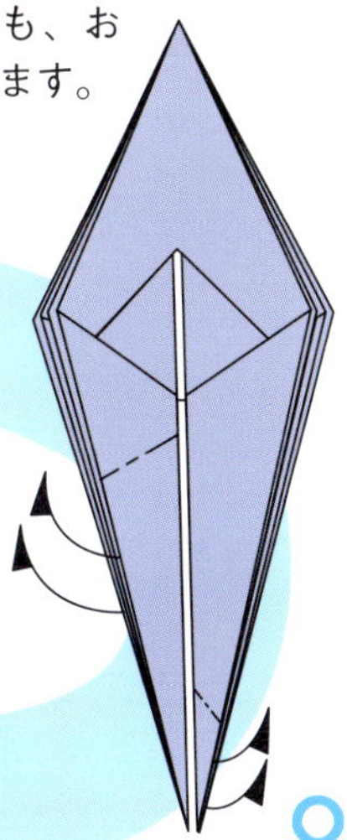

8 てにする2つと、あしにする2つを、それぞれ、てんせんのところで、うちがわへおりこみます（なかわりおり）。

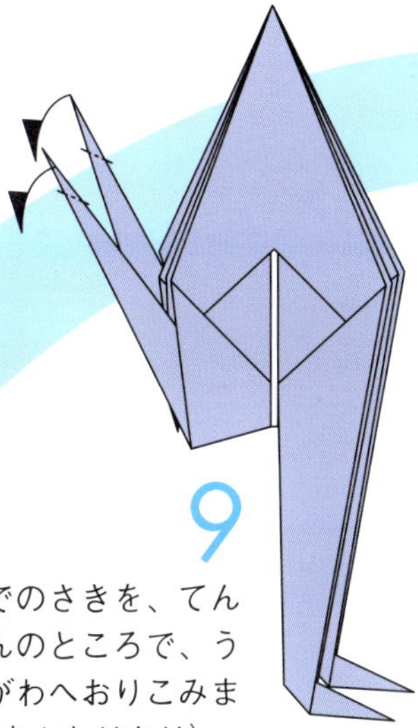

9 うでのさきを、てんせんのところで、うちがわへおりこみます（なかわりおり）。

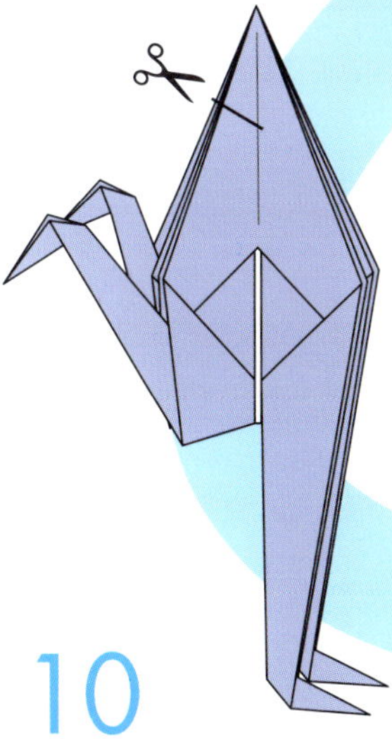

10 ずのように、はさみできりこみをいれます。

11 きったところを、ずのようにひきだして、おばけのできあがりです。

★できあがり★

いえ

まどや、ドアをかいても、
たのしいね。

「いえ」をもとにおるさくひん

- オルガン……………28ページ
- こんこんきつね……68ページ
- さいふ②……………76ページ
- アメリカンハット…86ページ

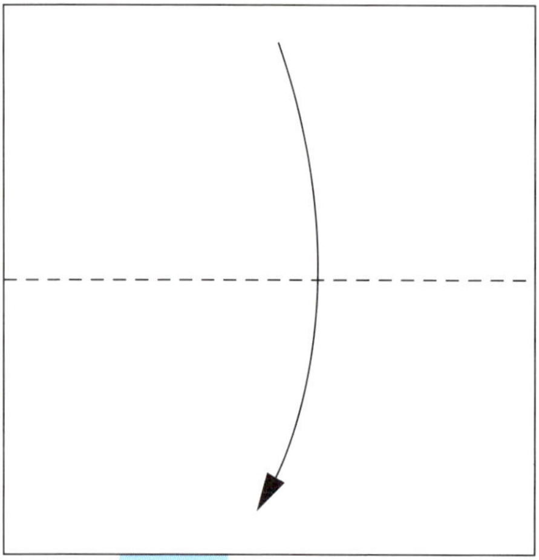

1 てんせんのところで、やじるしのほうへ、はんぶんにおります。かどとかどを、きちんとあわせておりましょう。

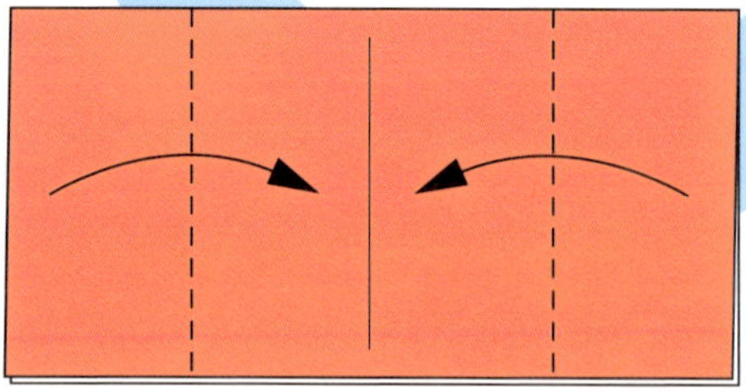

2 はんぶんにおって、おりめをつけてから、てんせんのところで、やじるしのほうへおります。

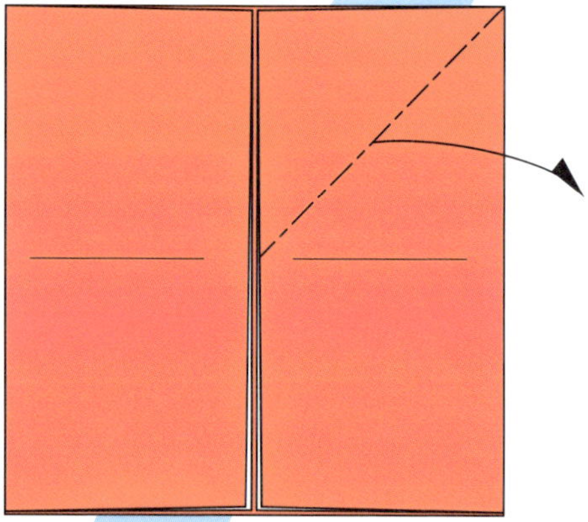

3 はんぶんにおって、おりめをつけてから、やじるしのほうへひらき、てんせんのところで、おります。

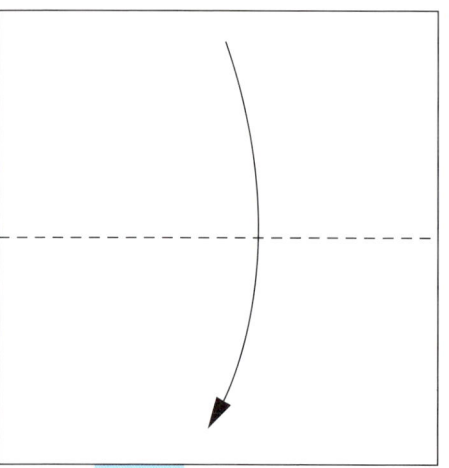

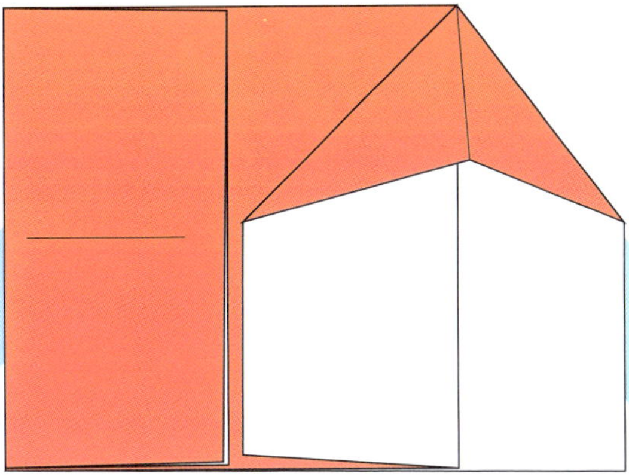

4 3をひらいている、とちゅうのかたちです。

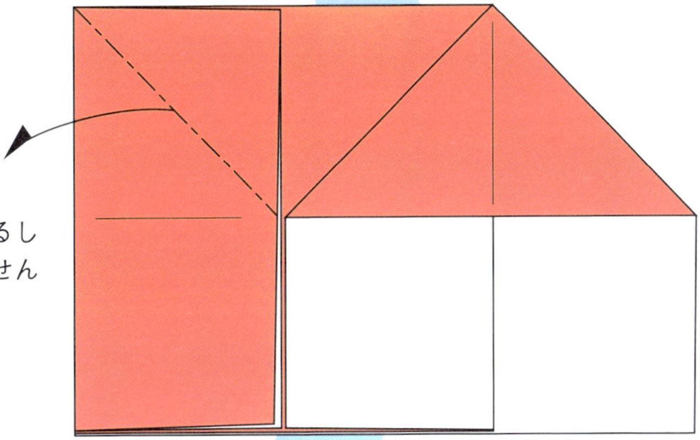

5 もうかたほうも、やじるしのほうへひらき、てんせんのところでおります。

★できあがり★

6 いえのできあがりです。

オルガン

できあがったら、けんばんは
てでかいてね。

かんたん

1「いえ」(26ページ)の6から、おり
はじめます。てんせんのところで、
やじるしのほうへおります。

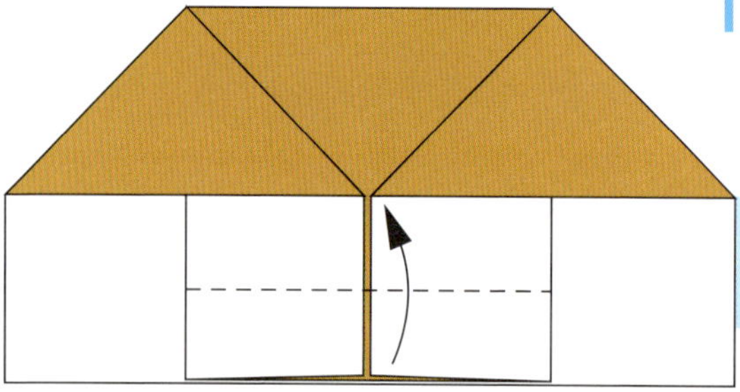

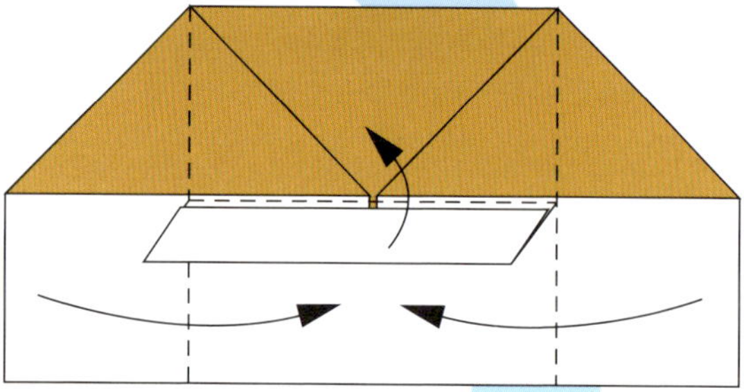

2 てんせんのところで、
やじるしのほうへ
おります。

★できあがり★

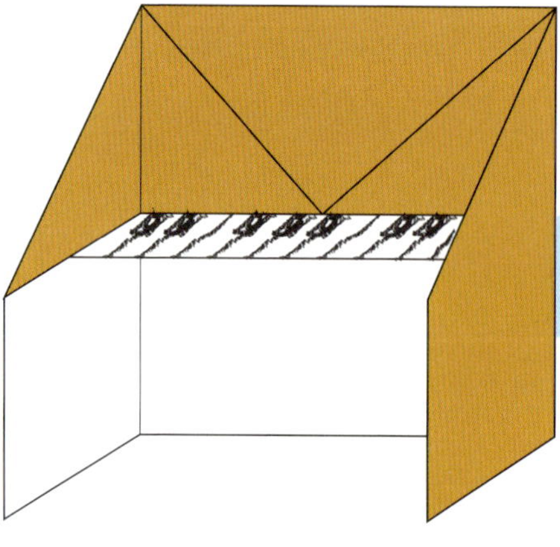

3 けんばんをかいてた
てると、オルガンの
できあがりです。

PART 2

あそべるおりがみ

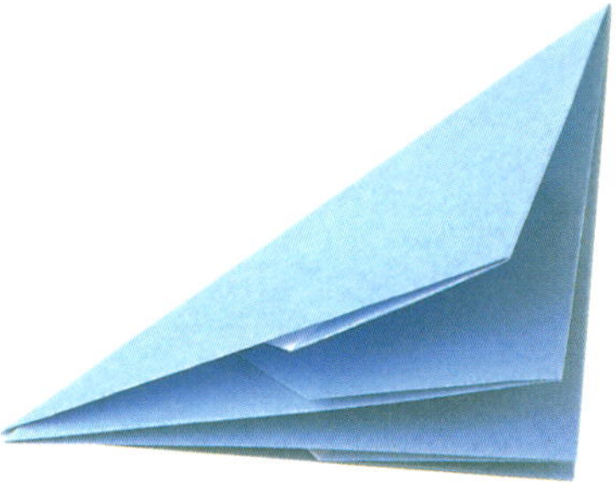

かみでっぽう

ぱん！と、びっくりするくらい、
おおきなおとがでるよ。

かんたん

1 ながしかくのかみでおります。はんぶんにおって、おりめをつけてから、てんせんのところで、やじるしのほうへ、さんかくにおります。

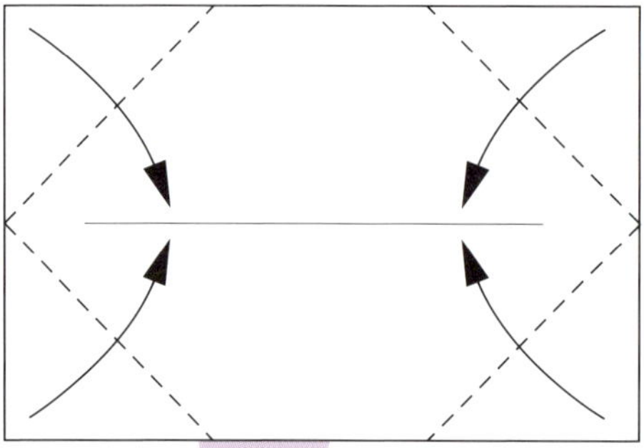

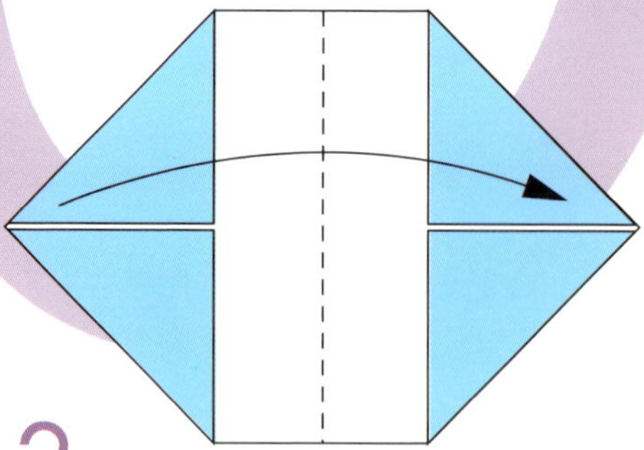

2 てんせんのところで、やじるしのほうへ、はんぶんにおります。

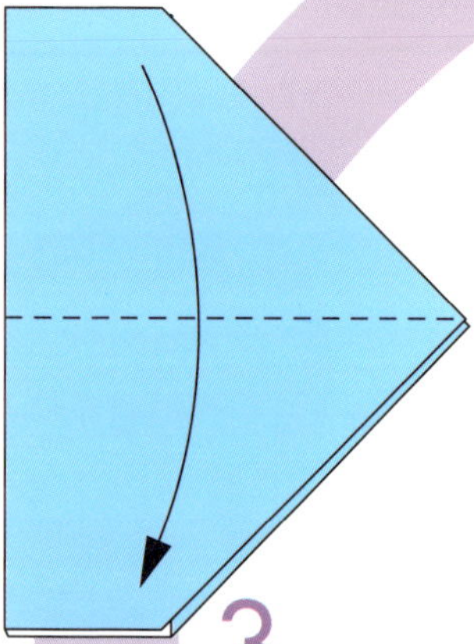

3 てんせんのところで、やじるしのほうへ、はんぶんにおります。

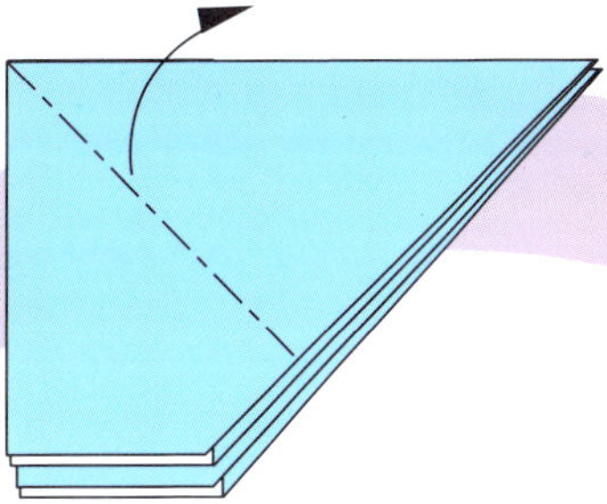

4 やじるしのほうへひらいて、てんせんのところでおります。

5 4をおったかたちです。うらがわも、おなじようにおります。

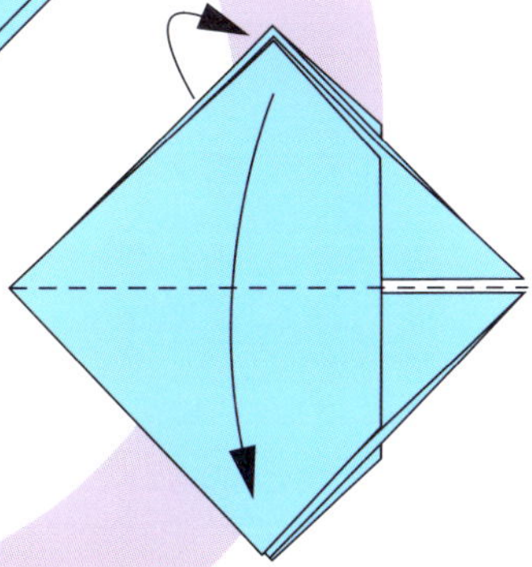

6 まえのぶぶんを、てんせんのところで、やじるしのほうへ、はんぶんにおります。うらがわも、おなじようにおります。

★できあがり★

7 かみでっぽうのできあがりです。ずのようにもって、うえからいきおいよくふりおろすと、「ぱん！」と、おおきなおとがでます。

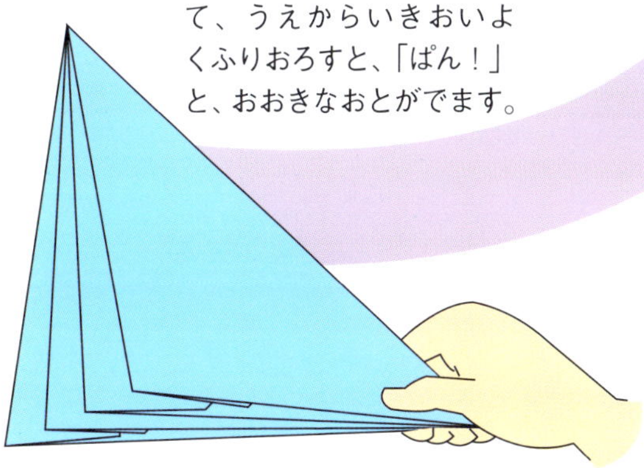

●あそびかた

新聞紙《しんぶんし》でおると、大《おお》きな音《おと》がでます。うでをあげて、思《おも》い切《き》りふりおろしてみましょう。7の状態《じょうたい》に戻《もど》せば、何度《なんど》でも遊《あそ》べます。

カメラ

「はかま」であそんだら、つぎは
カメラにへんしん！

ふつう

1 「はかま」（16ページ）の6からおりはじめます。うらがわのうえのぶぶんを、やじるしのほうへおりさげます。

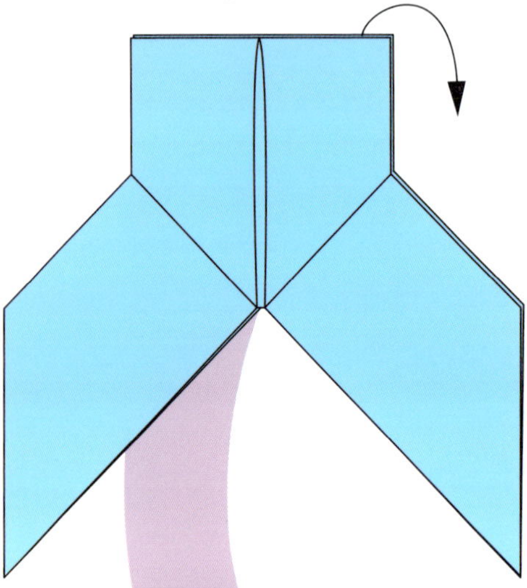

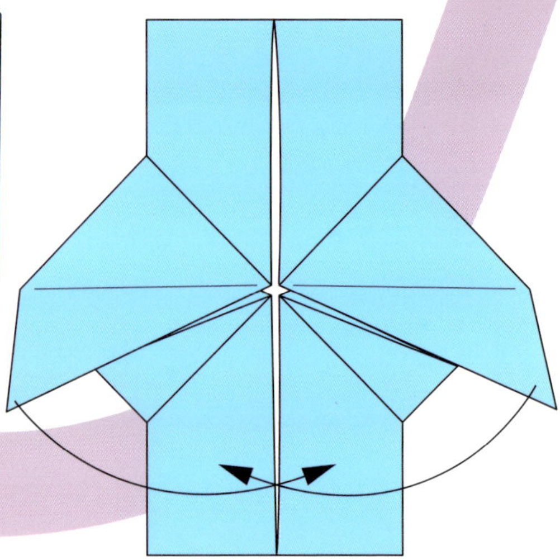

2 さんかくのさきをつまんで、やじるしのほうへかさねあわせます。

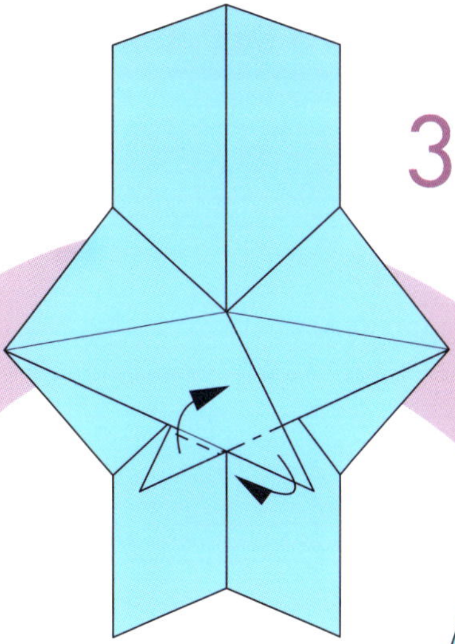

3 あわせたさきを、てんせんのところで、やじるしのほうへおりまげて、とめます。

★できあがり★

4 ずのように、むきをかえて、カメラのできあがりです。

●あそびかた

両《りょう》はしを持《も》って、おや指《ゆび》で裏《うら》からおすと、とめたところが、パチッとはずれます。

ぴょんぴょんがえる

げんきよくはねる、かえるだよ。
おともだちと、とばしっこしよう。

ふつう

1 てんせんのところで、やじるしのほうへ、はんぶんにおります。

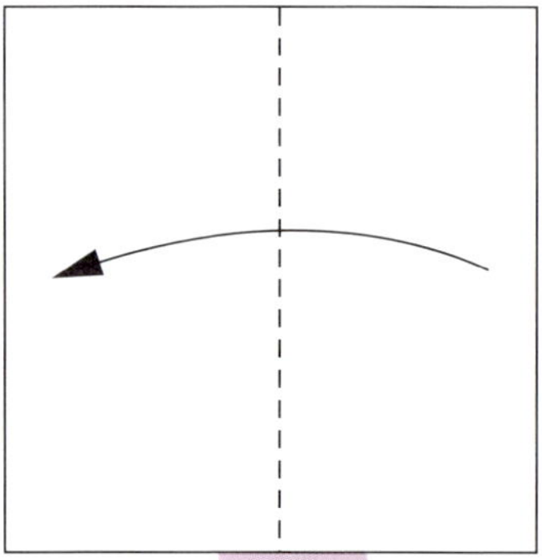

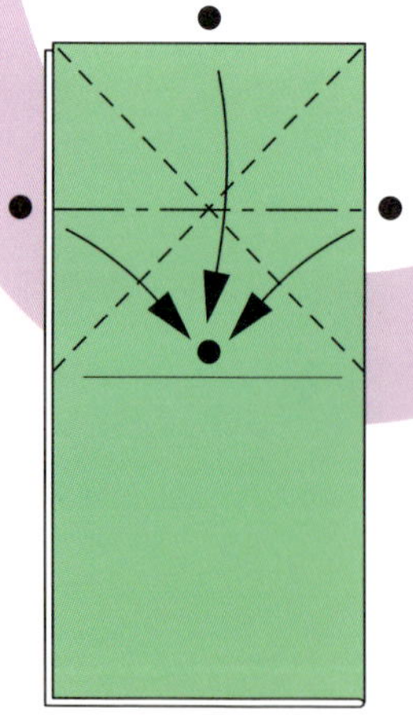

2 ずのようにおりめをつけ、●と●があうように、さんかくにたたみます。

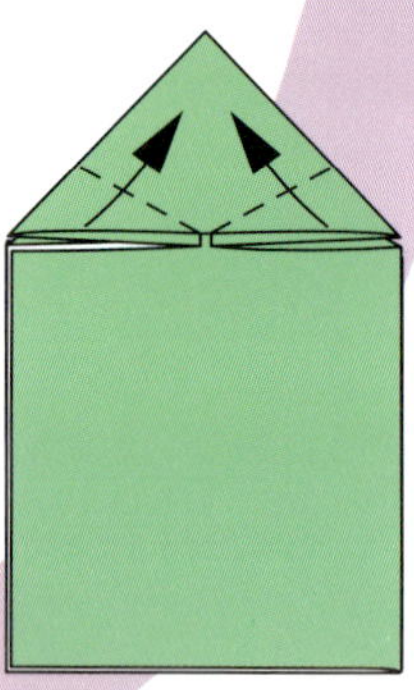

3 2をおったかたちです。うえのさんかくを、てんせんのところで、やじるしのほうへおります。

4 てんせんのところで、やじるしのほうへおりあげます。

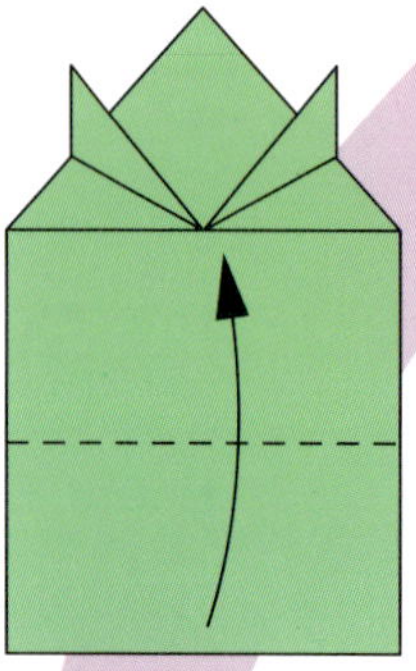

5 おりめをつけてから、てんせんのところで、やじるしのほうへおります。

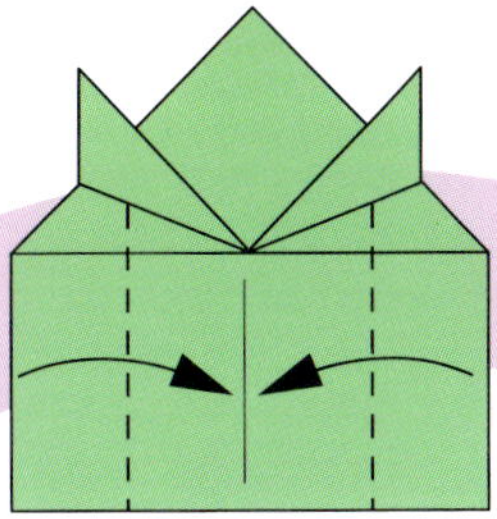

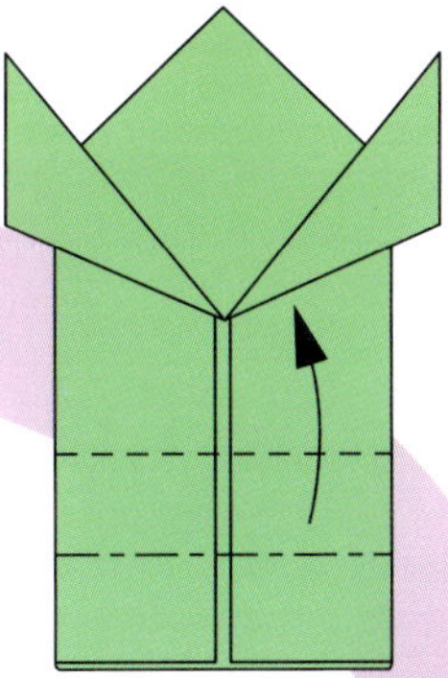

6 てんせんのところで、いちどうえへおってから、はんぶんをしたにおります。

★できあがり★

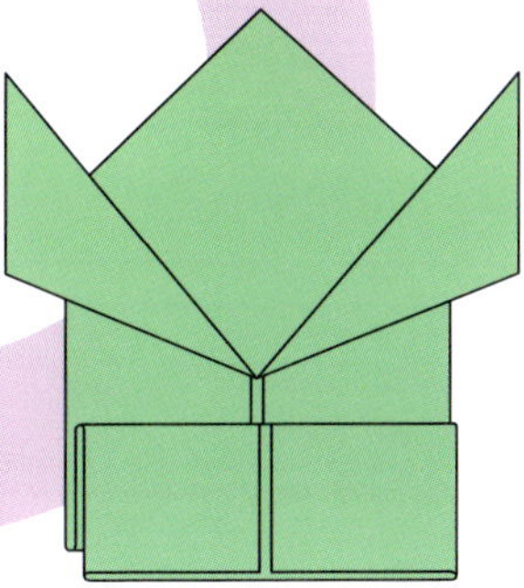

7 6をおったかたちです。

8 7をうらがえして、めや、せなかをかいて、ぴょんぴょんがえるのできあがりです。

●あそびかた

おしりのところを指《ゆび》でおさえ、指《ゆび》をすべらせるようにうしろに引《ひ》くと、ぴょんとはねます。

おすもうさん

みんながだいすきな、とんとんずもう。これは、もりあがる！

ふつう

1 「やっこさん」（14ページ）の3から、おりはじめます。てんせんのところで、やじるしのほうへおります。

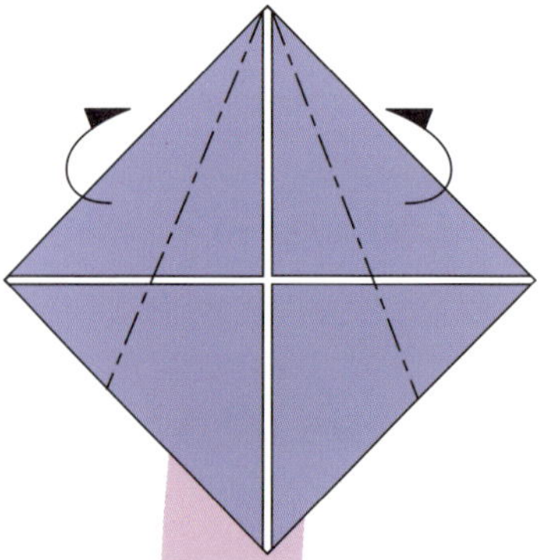

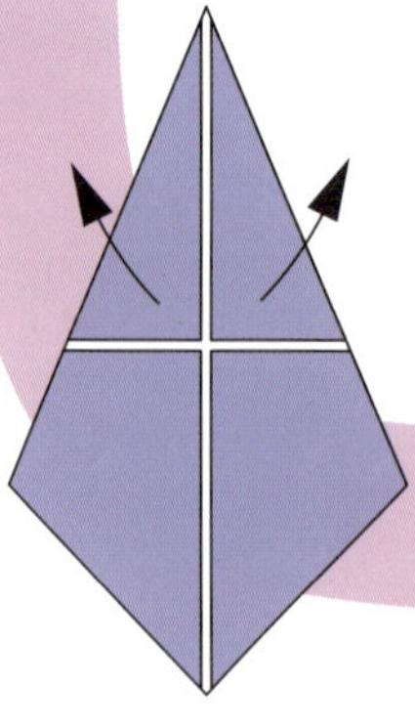

2 さんかくのぶぶんを、やじるしのほうへひらきます。

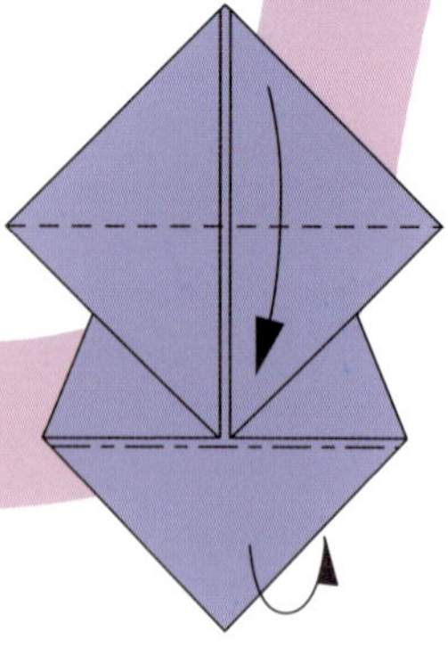

3 2をうらがえしてうえのさんかくをひろげ、てんせんのところで、やじるしのほうへおります。

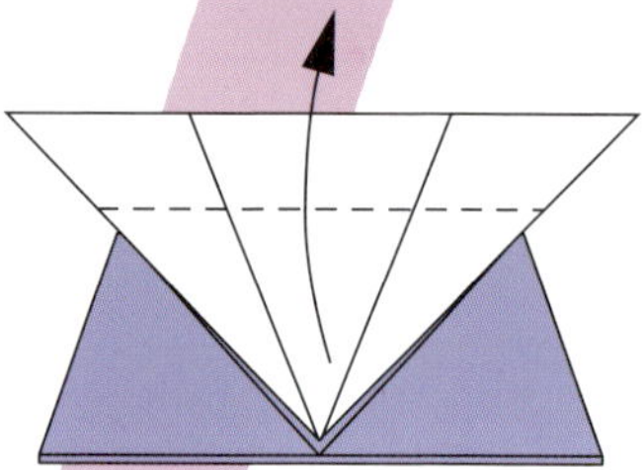

4 てんせんのところで、まえのさんかくを、やじるしのほうへおりあげます。

5 4をおったかたちです。

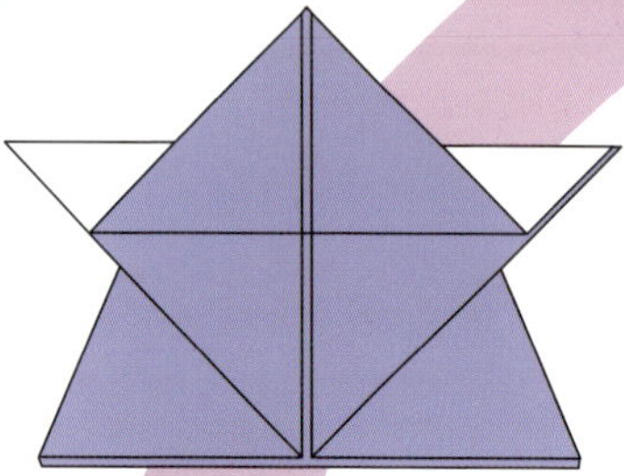

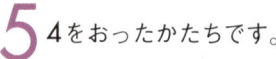

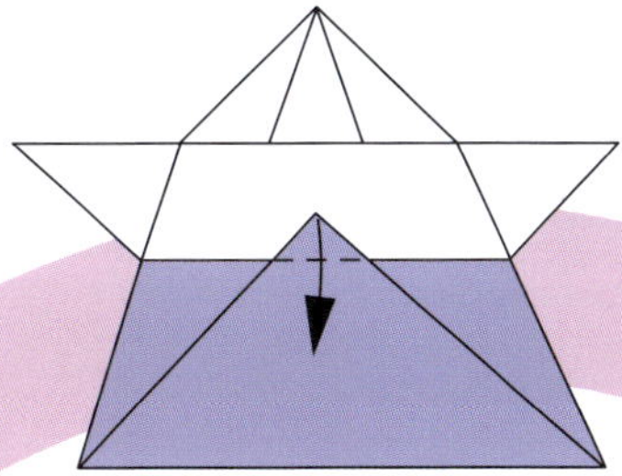

6 5をうらがえして、てんせんのところで、やじるしのほうへおります。

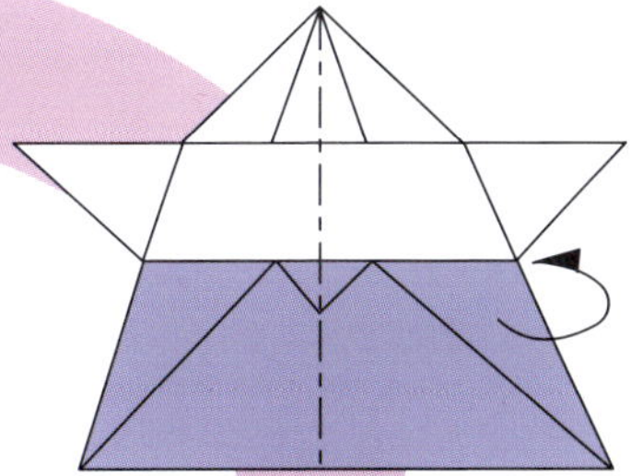

7 てんせんのところで、やじるしのほうへ、はんぶんにおります。

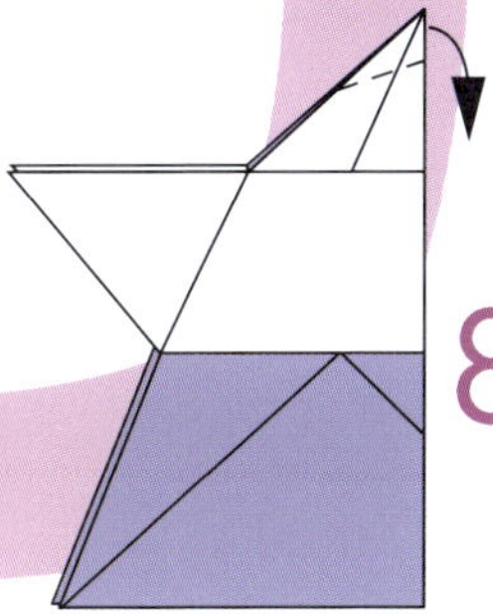

8 てんせんのところで、やじるしのほうへおります（そとわりおり）。

★できあがり★

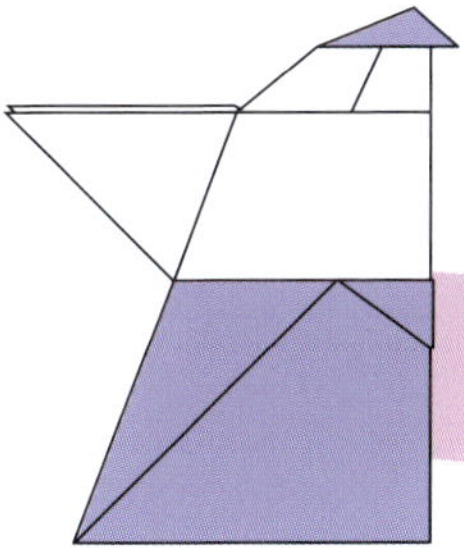

9 おすもうさんのできあがりです。

●あそびかた

あき箱《ばこ》などで土俵《どひょう》を作《つく》り、おすもうさんを2つのせ、箱《はこ》の端《はし》を、とんとんと指《ゆび》でたたきます。先《さき》にたおれたほうが負《ま》けになります。

めんこ

いろのくみあわせを、かんがえるのもたのしいね。

ふつう

1 おりがみを2まいよういして、それぞれ、てんせんのところで、やじるしのほうへおります。

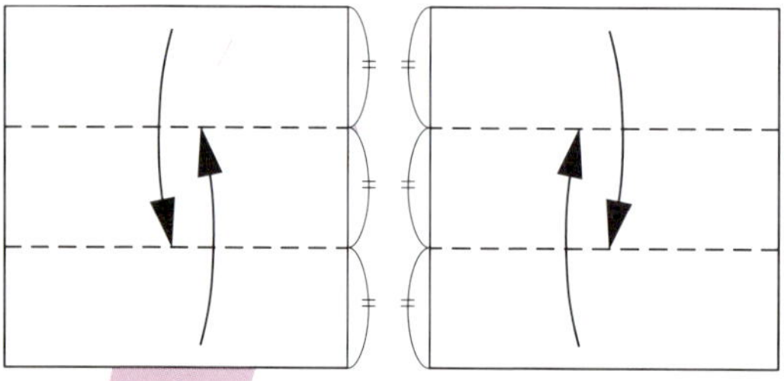

2 1まいずつ、てんせんのところで、やじるしのほうへ、さんかくにおります。

3 2をおったかたちです。

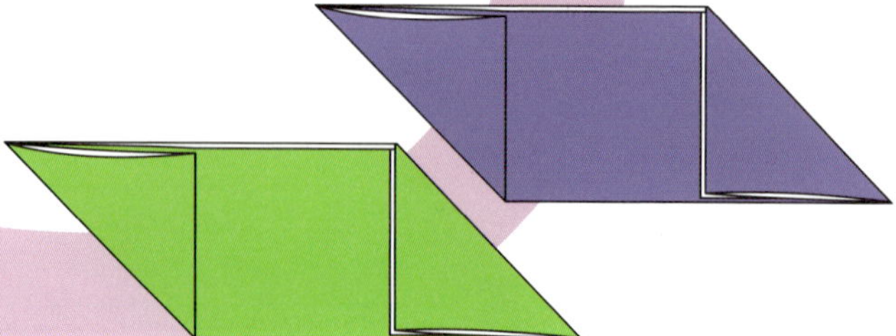

4 3をずのようにかさねて、てんせんのところで、やじるしのほうへおります。

5 てんせんのところで、やじるしのほうへおります。

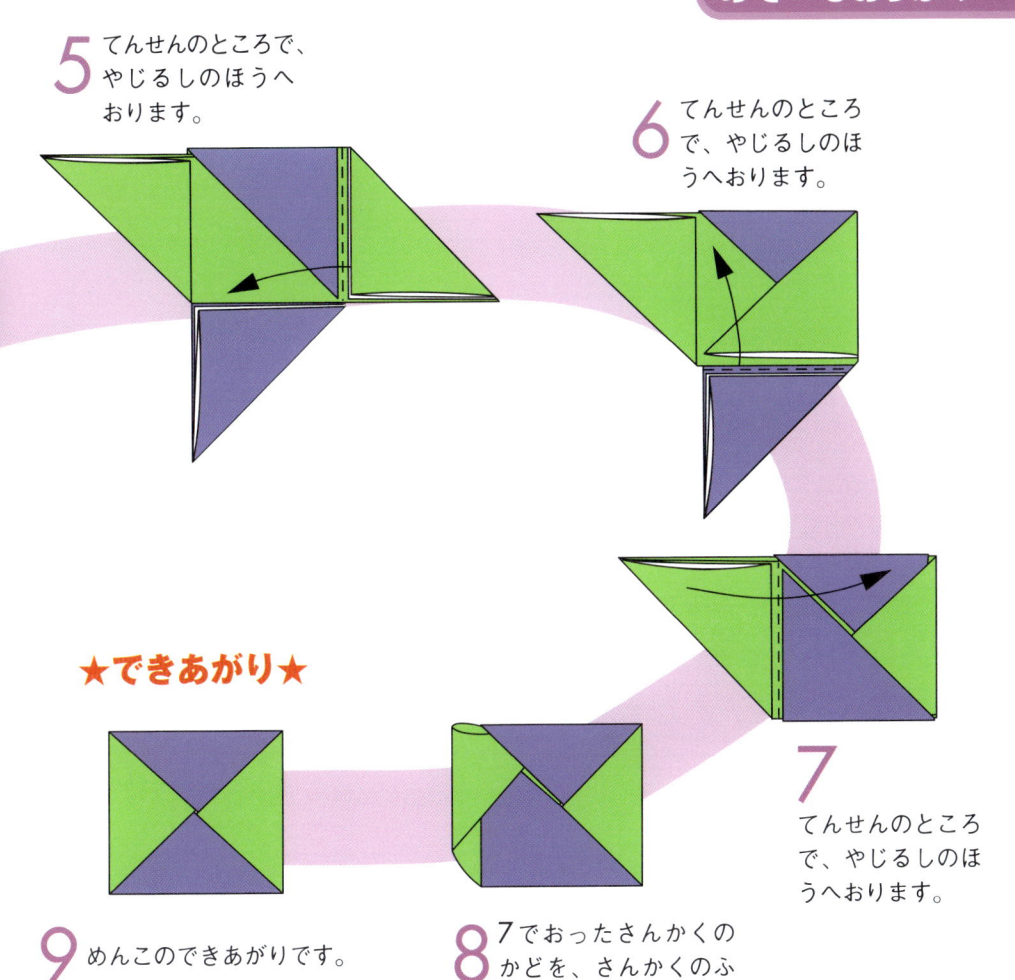

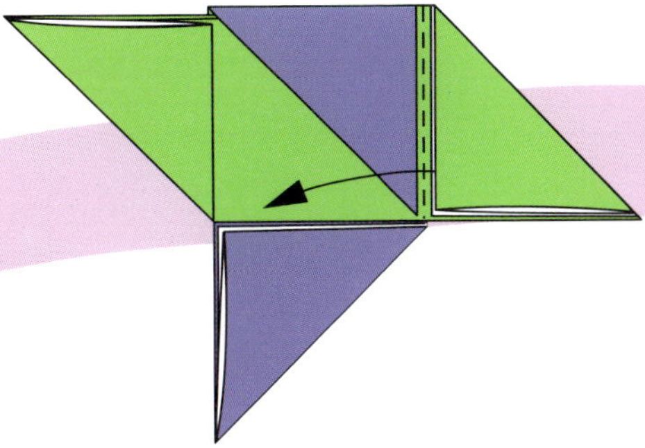

6 てんせんのところで、やじるしのほうへおります。

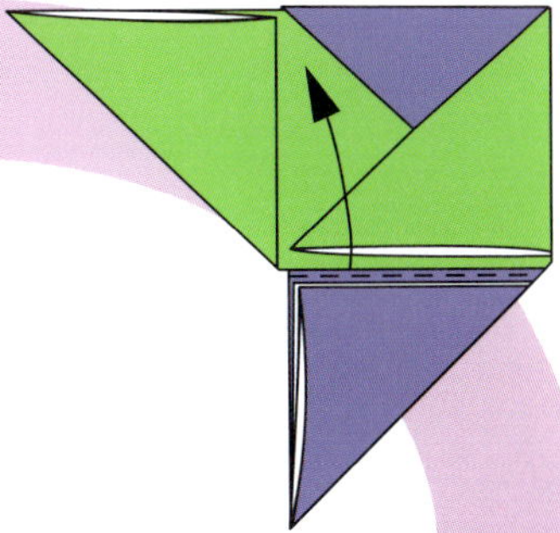

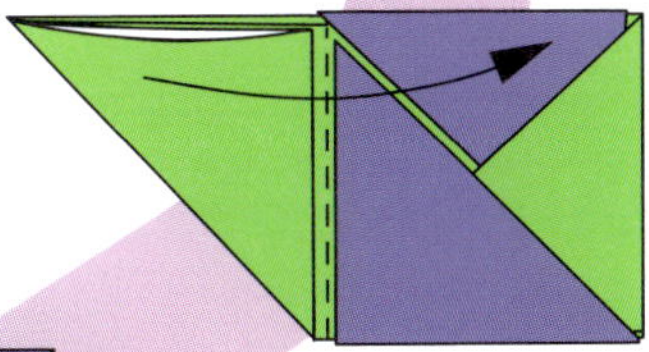

7
てんせんのところで、やじるしのほうへおります。

8 7でおったさんかくのかどを、さんかくのふくろのなかへいれます。

★できあがり★

9 めんこのできあがりです。

●あそびかた
めんこを地面《じめん》に打《う》ちつけて、相手《あいて》のめんこを裏返《うらがえ》したり、はじきとばしたりして遊《あそ》びます。

しゅりけん①

しゅりけん、しゅしゅしゅ！
にんじゃのしゅぎょうをするぞ。

1 おりがみを2まいよういして、それぞれ、おりめをつけてから、てんせんのところで、やじるしのほうへおります。

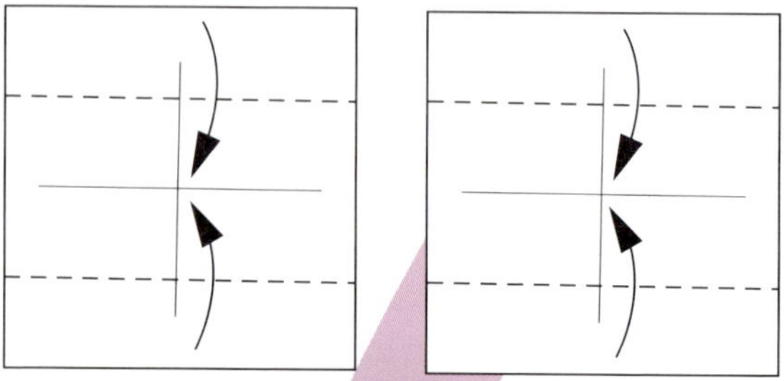

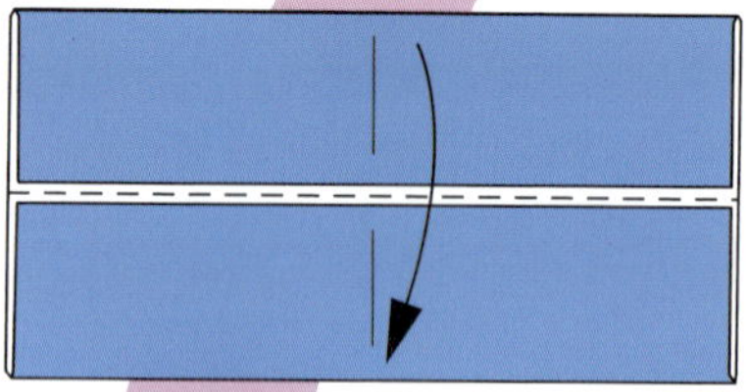

2
1まいずつ、てんせんのところで、やじるしのほうへおります。

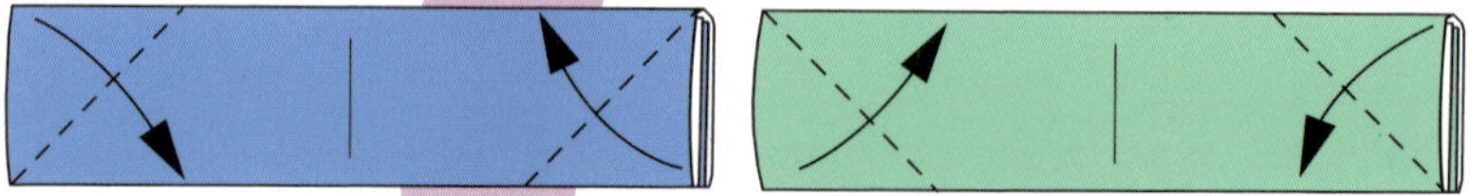

3 てんせんのところで、それぞれ、やじるしのほうへ、さんかくにおります。2まいのかみは、おりかたがちがうので、ちゅういしましょう。

4
てんせんのところで、やじるしのほうへおります。

5 4をおったかたちです（みぎがわは、うらがえします）。

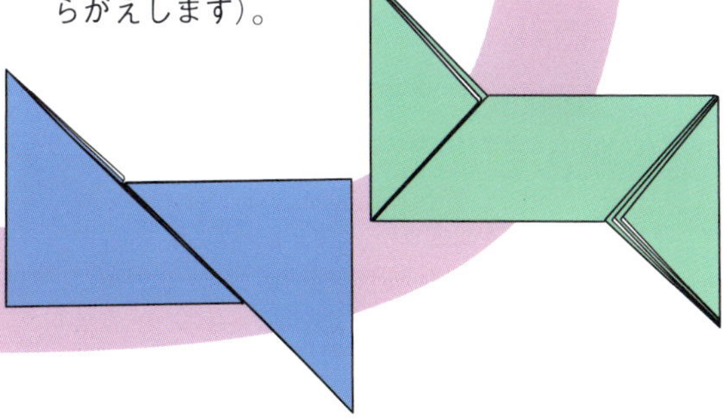

6 5を、ずのようにかさね、てんせんのところで、やじるしのほうへおり、さんかくのかどをうちがわへいれます。

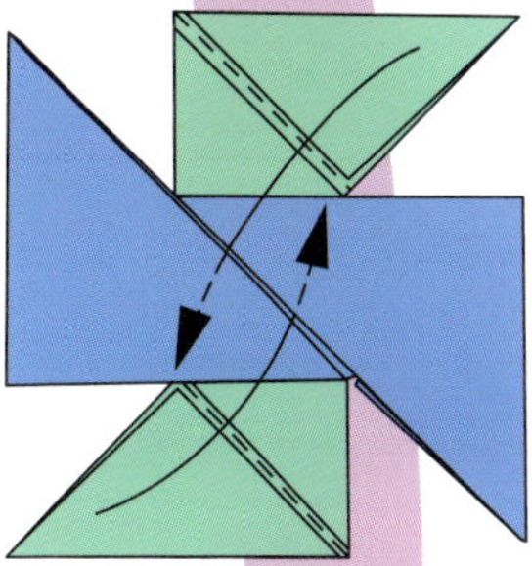

7 6をおったかたちです。

8 7をうらがえして、てんせんのところで、やじるしのほうへおり、さんかくのかどを、うちがわへいれます。

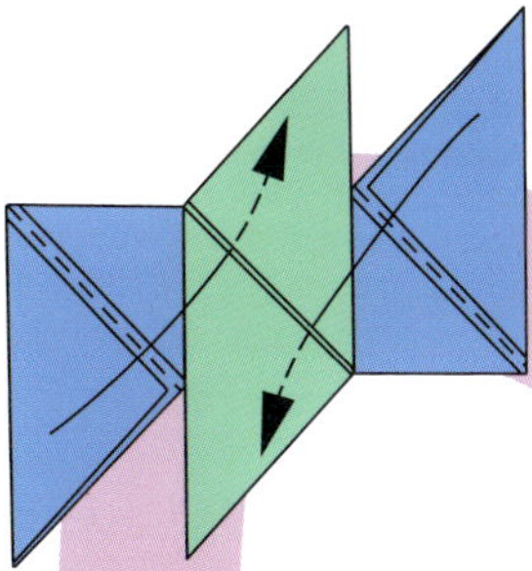

★できあがり★

9 しゅりけん①のできあがりです。

●あそびかた

しゅりけん（手裏剣）は、敵《てき》に投《な》げつけて攻撃《こうげき》する武《ぶ》器《き》のひとつです。だれがいちばん遠《とお》くへ飛《と》ばせるか、競争《きょうそう》しても楽《たの》しいですね。

しゅりけん②

できあがりのうつくしい、しゅりけん。
どんないろで、おろうかな。

1 おりがみ2しょくをぜんぶで4まいつかいます。はんぶんにおって、おりめをつけてひらきます。てんせんのところで、やじるしのほうへおります。

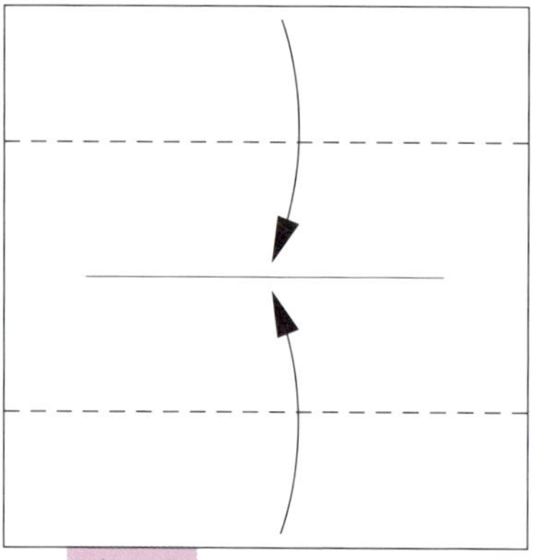

2 てんせんのところで、やじるしのほうへおります。

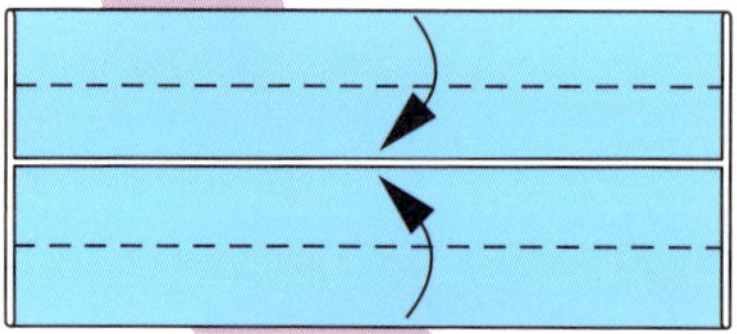

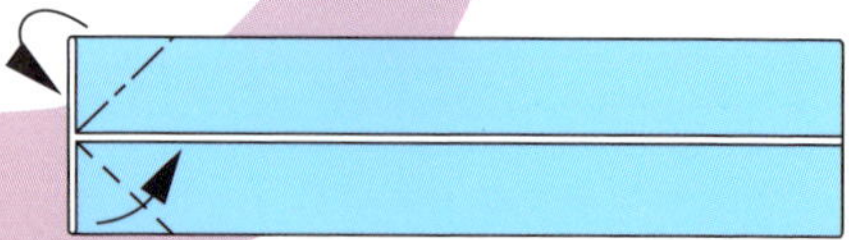

3 うえのかどは、てんせんのところで、なかへおりこみます（なかわりおり）。したのかどは、てんせんのところで、やじるしのほうへ、さんかくにおります。

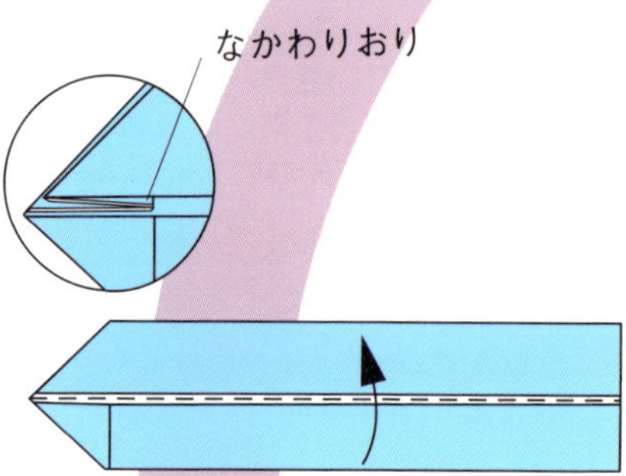

4 3をおったかたちです。てんせんのところで、やじるしのほうへ、はんぶんにおります。

5 てんせんのところで、やじるしのほうへ、はんぶんにおります。

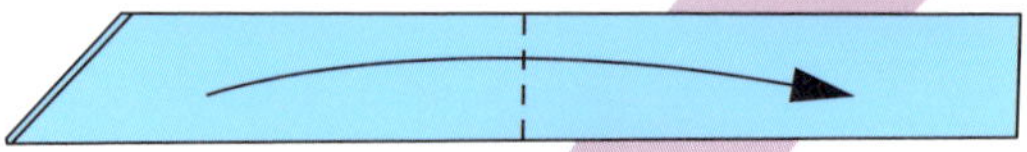

6 かどを、やじるしのほうへ、さんかくのふくろのなかにおりこみます。

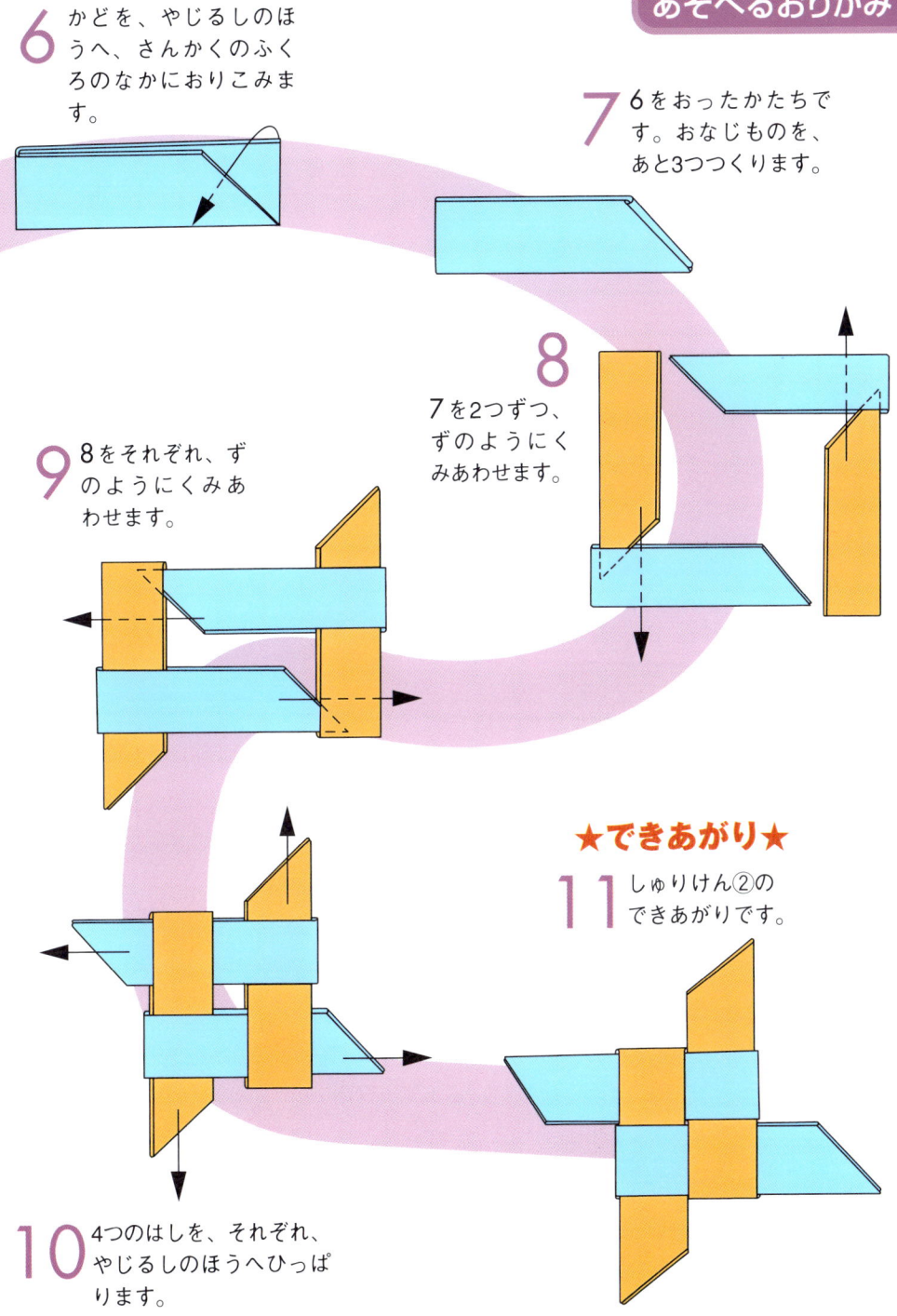

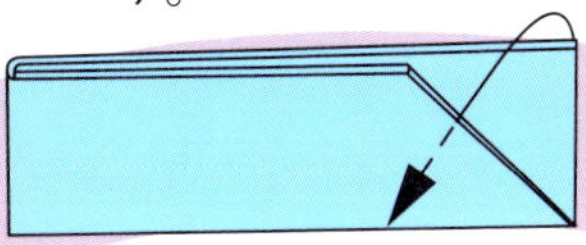

7 6をおったかたちです。おなじものを、あと3つつくります。

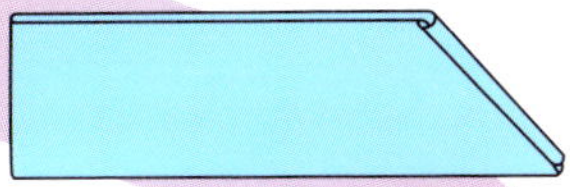

8 7を2つずつ、ずのようにくみあわせます。

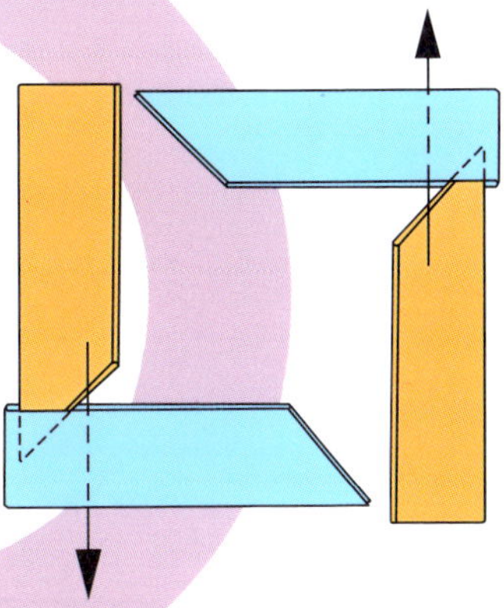

9 8をそれぞれ、ずのようにくみあわせます。

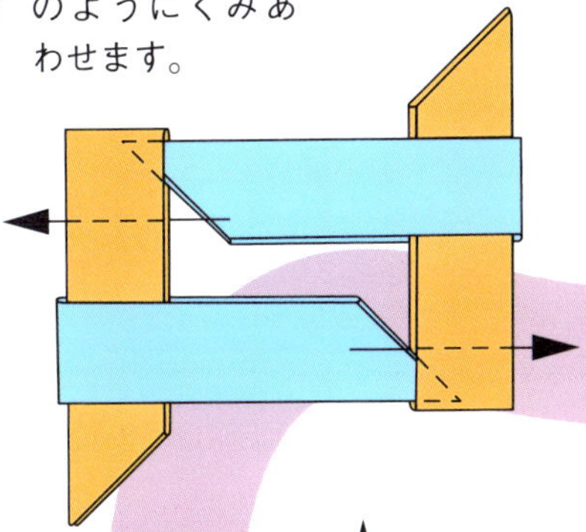

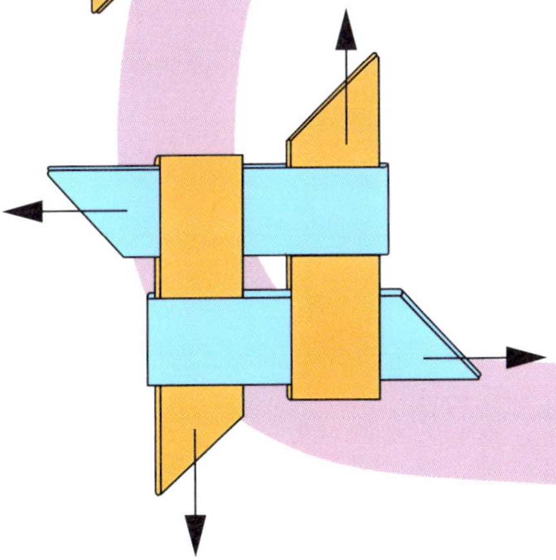

10 4つのはしを、それぞれ、やじるしのほうへひっぱります。

★できあがり★

11 しゅりけん②のできあがりです。

さいころ

2つのはこをつくって、くみあわせよう。
なかに、すずをいれても。

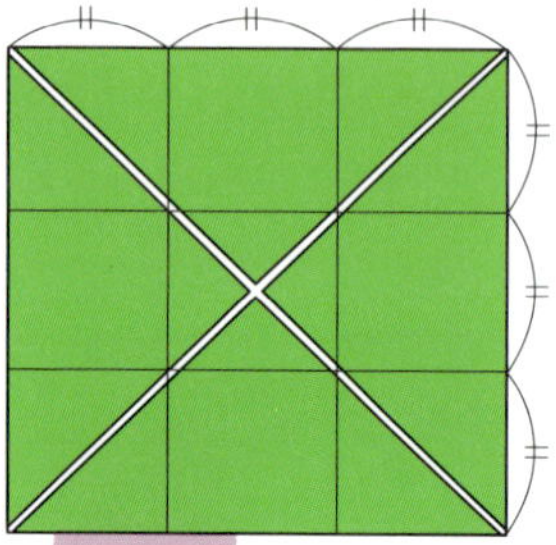

1

ましかくのはこを、2つおって、かさねてつくります。「やっこさん」(14ページ)の3からおりはじめます。ずのように、たてとよこを3とうぶんして、きほんになるせんを、えんぴつなどでかいておきます。

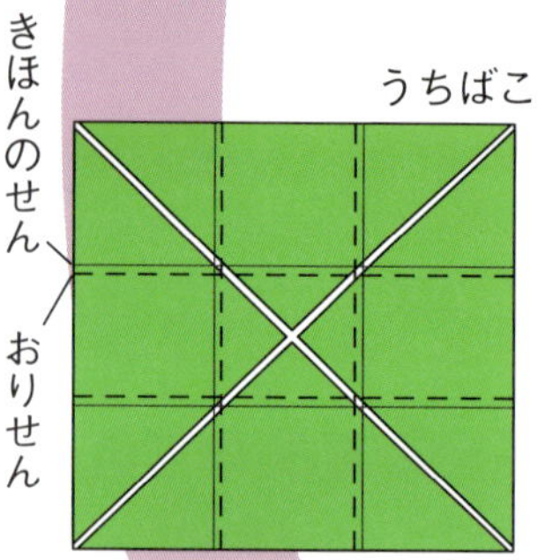

2

ずのように、うちばこは、きほんのせんより、すこしうちがわにおりめをつけます。そとばこは、きほんのせんより、すこしそとがわにおりめをつけます。

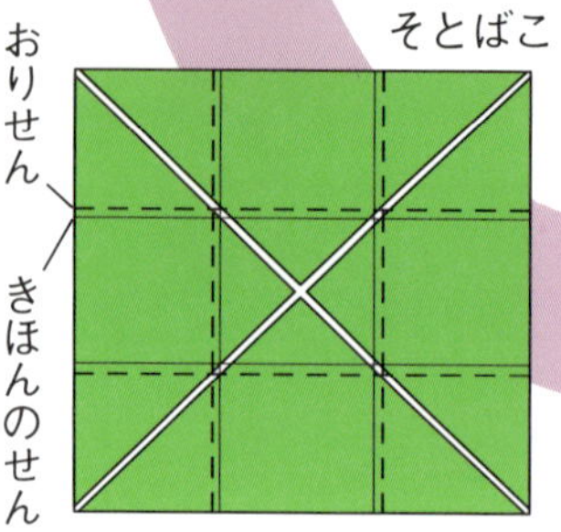

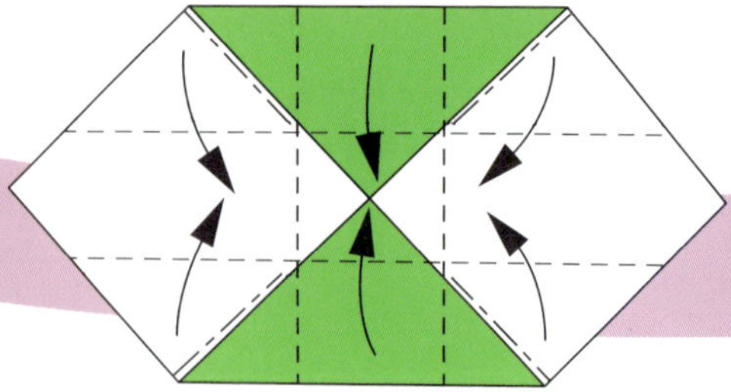

3

ずのようにひらいてから、てんせんのところで、やじるしのほうへおります。

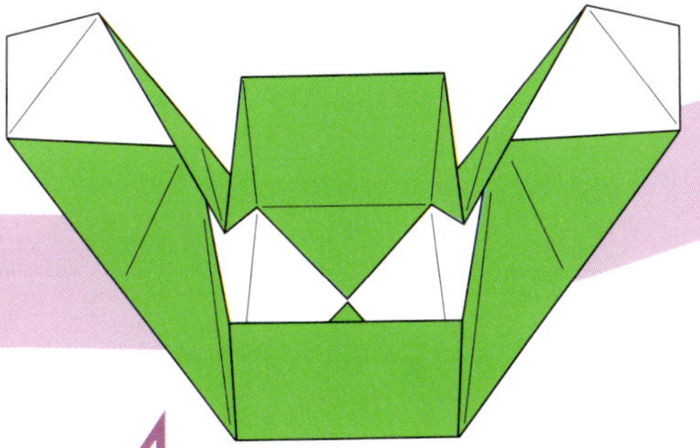

4
3をおって、かたちをととのえたところです。

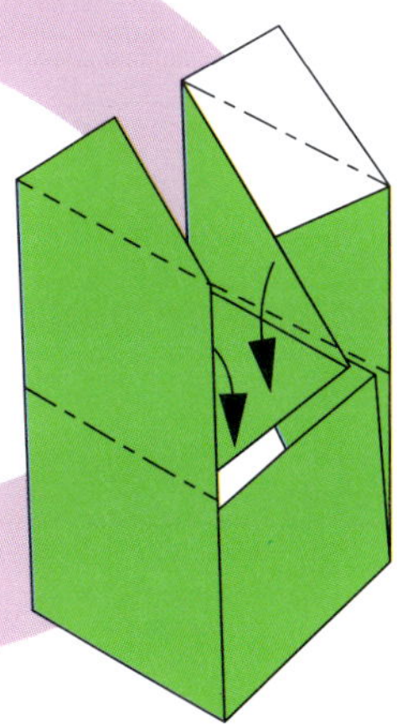

5
4をてんせんのところで、やじるしのほうへおりこみます。

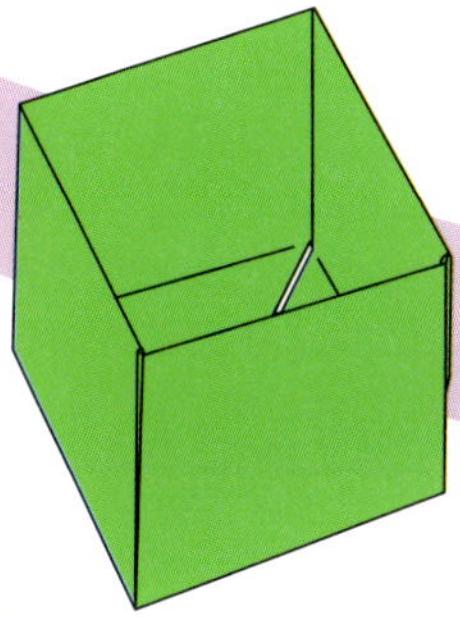

6
5をおったかたちです。うちばこ（そとばこ）も、2～5とおなじようにおります。

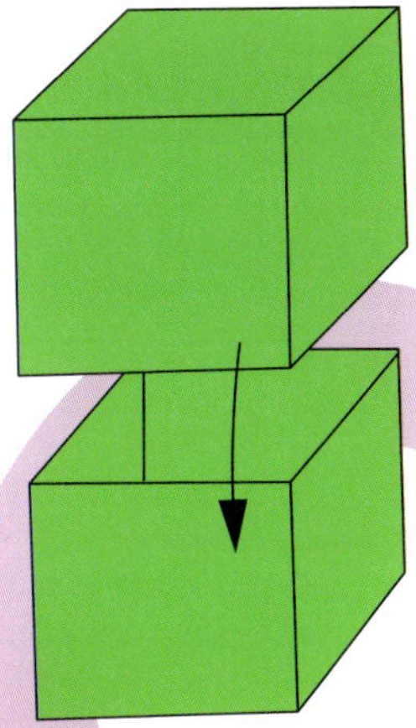

7
ずのように、うちばこのうえに、そとばこをかさねます。かたちがくずれやすいときは、ティッシュペーパーなどをなかにつめます。

★できあがり★

8
●をかいて、さいころのできあがりです。●のかずは、はんたいがわのめんの●をたして、「7」になるようにします。

だましぶね

ふねのおしりをおりまげると、
むきがかわるよ。

かんたん

「だましぶね」をもとにおるさくひん
●かわりえ……………………50ページ
●かざぐるま…………………72ページ
●めがね………………………92ページ
●ちょうちょ…………………122ページ
●バナナ………………………178ページ
●ダリア………………………180ページ

1 はんぶんにおって、おりめをつけてから、てんせんのところで、やじるしのほうへおります。

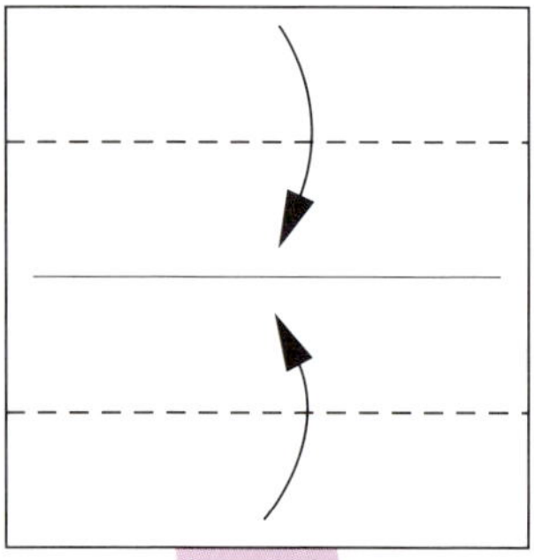

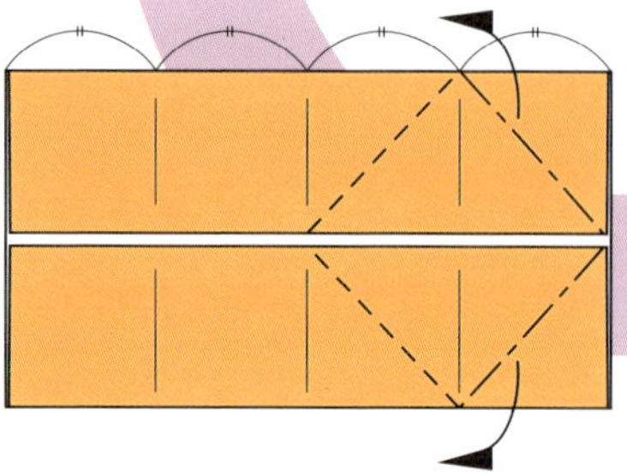

2 ずのように、おりめをつけて、やじるしのほうへひらきながら、てんせんのところでおります。

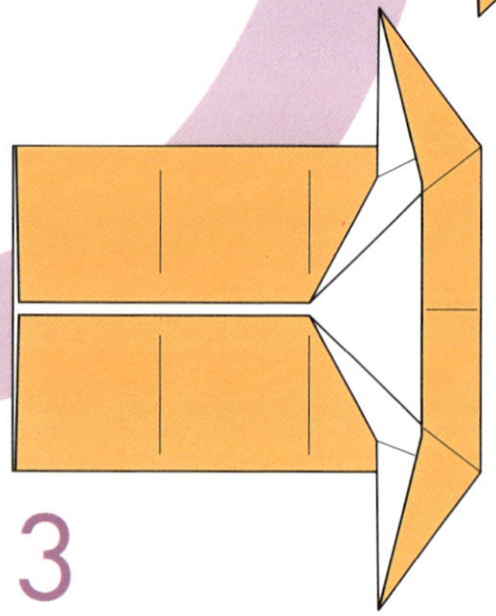

3 2をおっているとちゅうのかたちです。

4 もうかたほうも、2～3とおなじように、やじるしのほうへひらきながら、てんせんのところでおります。

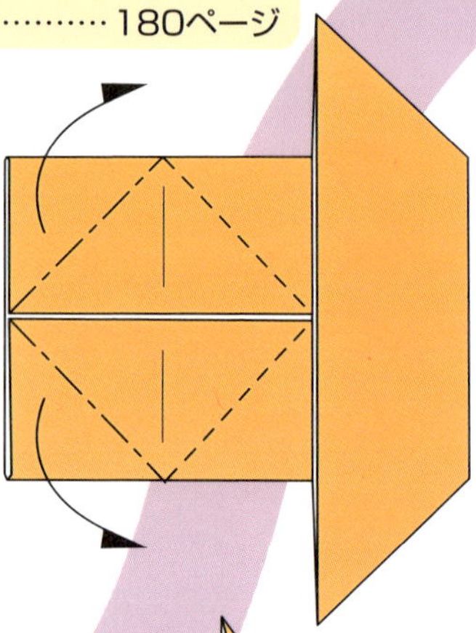

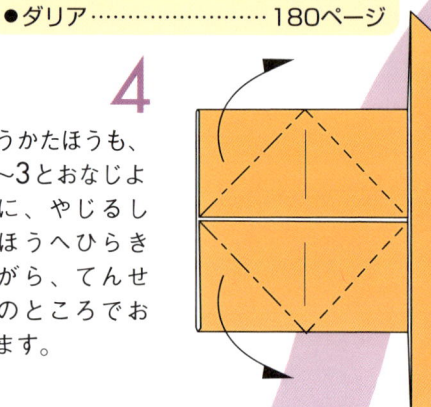

5 4のむきをかえて、てんせんのところで、やじるしのほうへおります。

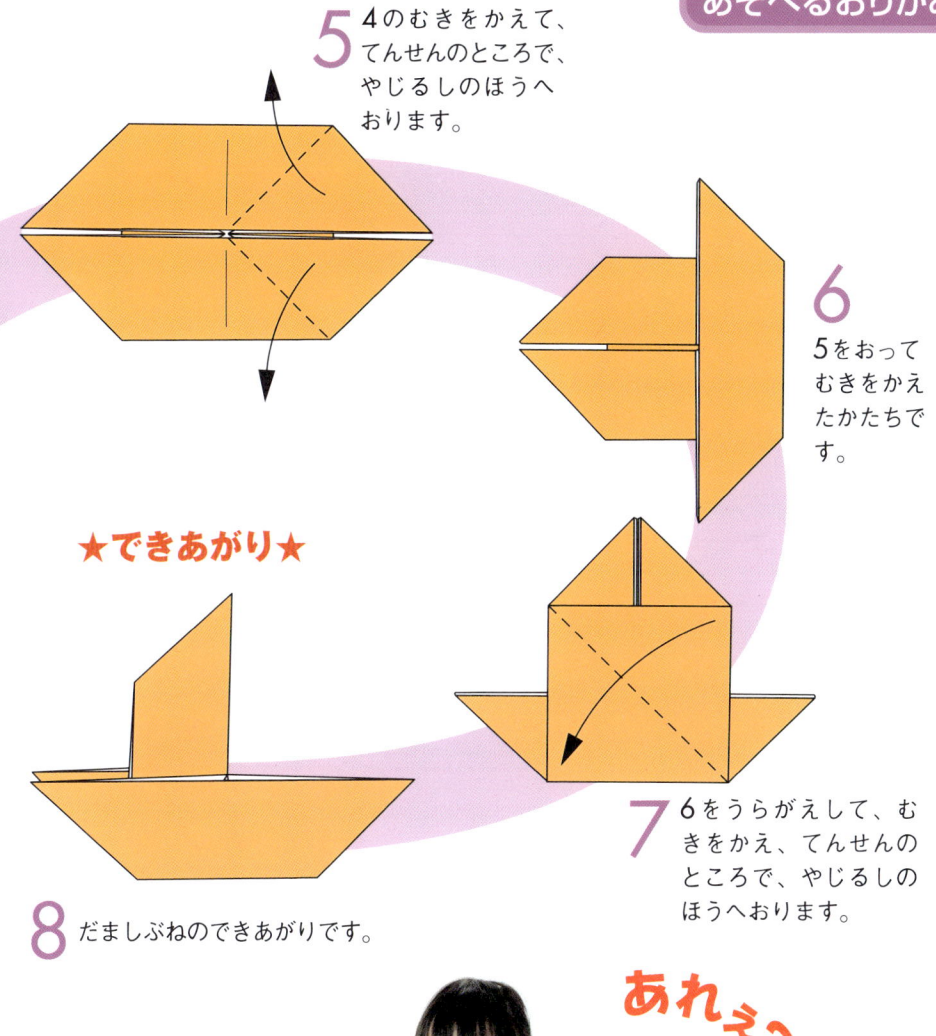

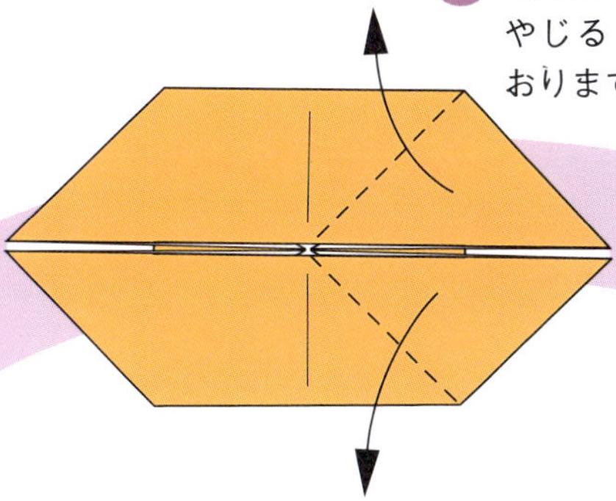

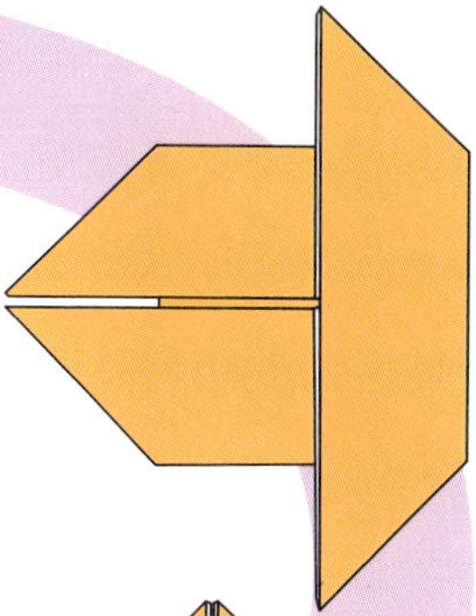

6 5をおってむきをかえたかたちです。

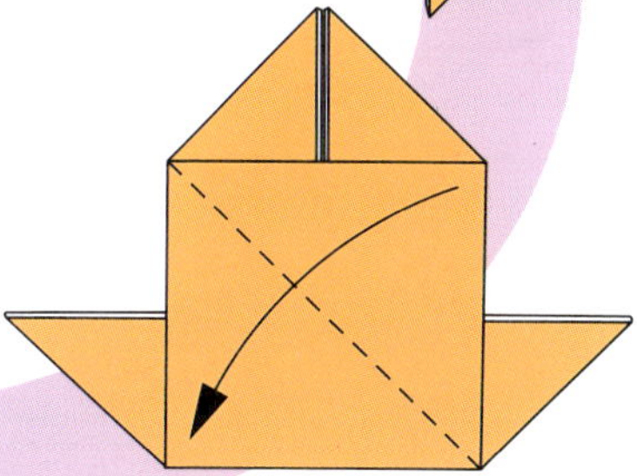

7 6をうらがえして、むきをかえ、てんせんのところで、やじるしのほうへおります。

★できあがり★

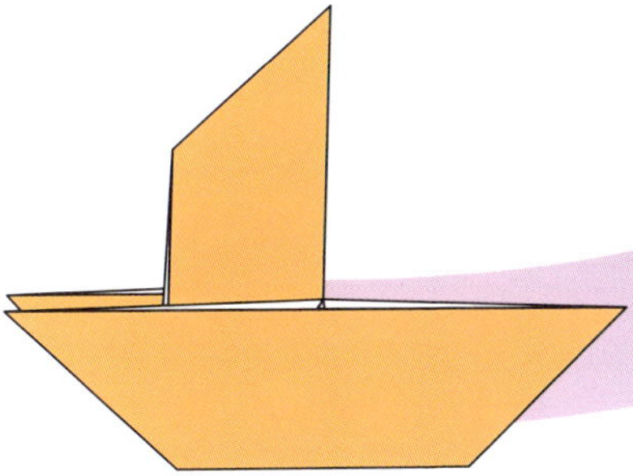

8 だましぶねのできあがりです。

●あそびかた

相手《あいて》に、だましぶねの端《はし》を持《も》ったまま、目《め》をつぶってもらいます。その間《あいだ》に、ふねのおしりの2つに分《わ》かれているところを写真《しゃしん》のように折り曲《ま》げます。

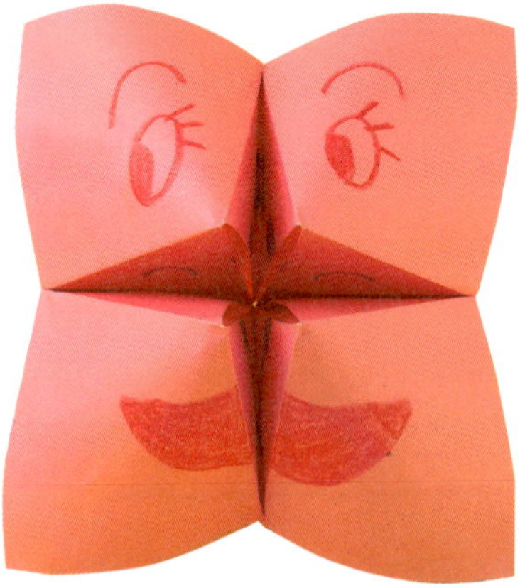

ぱくぱく

3つのかおをかくことができるよ。
どんなかおをかこうかな。

かんたん

1 「やっこさん」(14ページ)の5
からおりはじめます。

2 1をうらがえして、てんせんの
ところで、おりめをつけます。

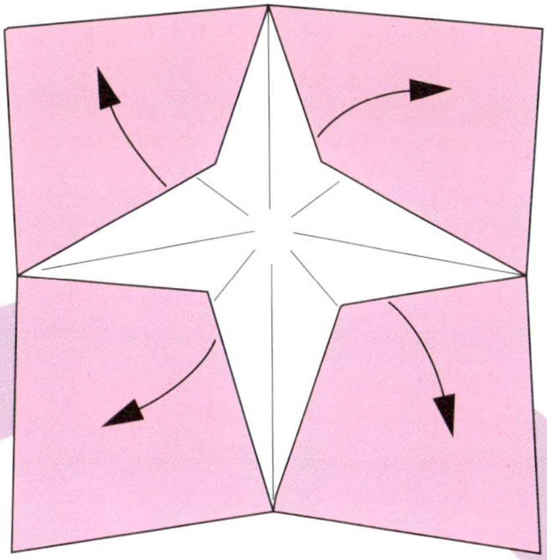

3

4つのしかくのふくろに、ゆびをいれるようにして、まんなかから、やじるしのほうへひらきます。

★できあがり★

4

うらがえすと、ずのようなかたちになります。これで、ぱくぱくのできあがりです。うしろからゆびをいれて、うごかしてあそびます。

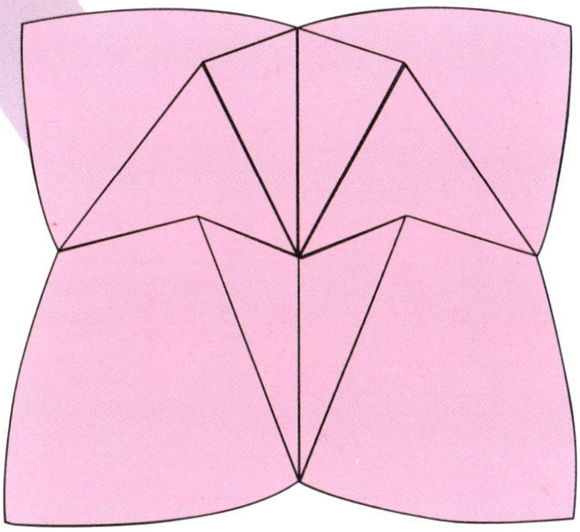

●あそびかた

写真《しゃしん》のように、いろいろな表《ひょう》情《じょう》の顔《かお》をかいてあそびましょう。外側《そとがわ》と内側《うちがわ》と違《ちが》う顔《かお》をかくと、楽《たの》しいですね。顔《かお》をかくときは、かく場所《ばしょ》をまちがえないように注意《ちゅうい》して。

横《よこ》に開《ひら》くと…

たてに開《ひら》くと…

かわりえ

だすところを、すこしずつかえると、
いろいろなかおになるよ。

ふつう

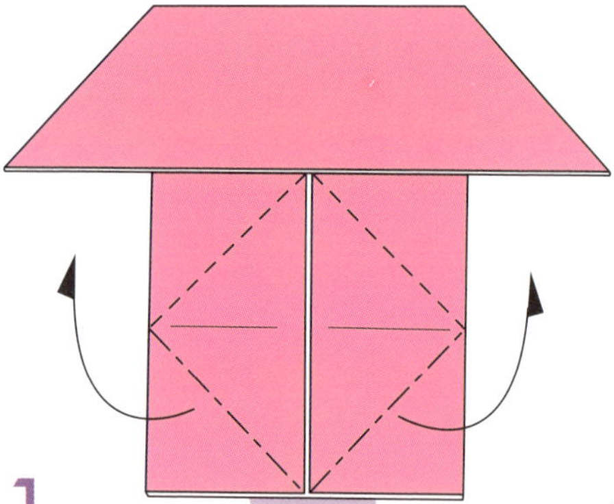

1

「だましぶね」(46ページ)の4から、むきをかえて、おりはじめます。やじるしのほうへひらきながら、てんせんのところでおります。

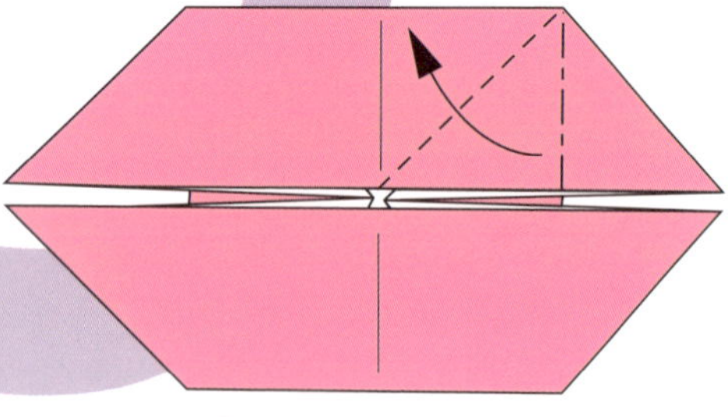

2

さんかくのふくろをひらき、やじるしのほうへひらきながら、てんせんのところでおります。

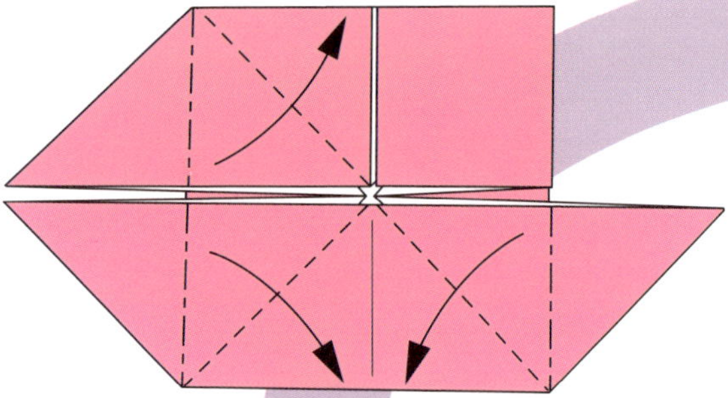

3

2をおったかたちです。ほかの3かしょも、おなじようにおります。

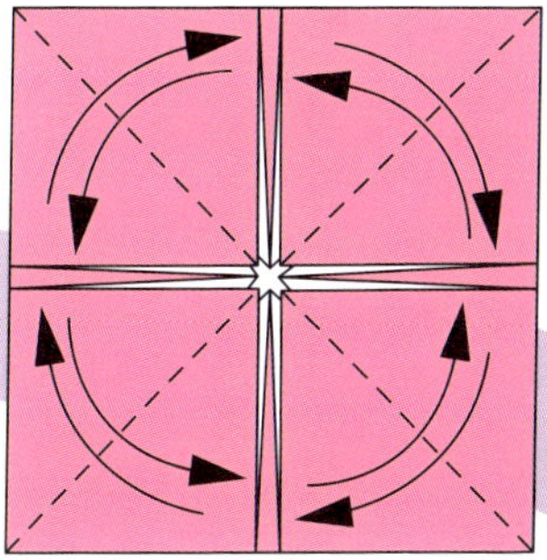

4

かわりえの、どだいです。まえのめんに、えをかきます。やじるしのほうにおり、さゆうのほかのめんにも、それぞれちがうえをかきます。

★できあがり★

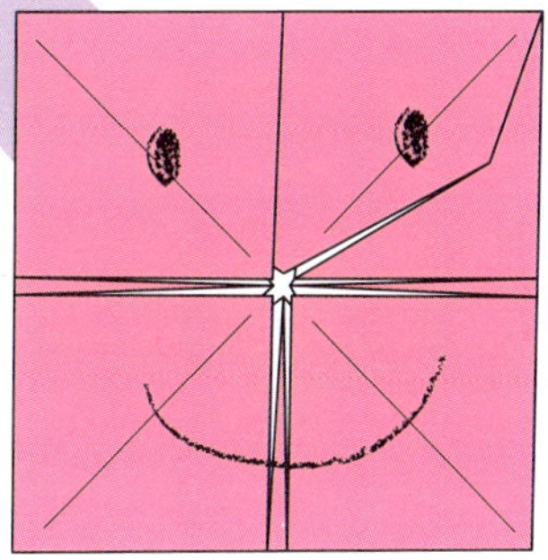

5

かわりえのできあがりです。いろいろなえをだして、あそびましょう。

●あそびかた

笑《わら》っている顔《かお》、泣《な》いている顔《かお》、怒《おこ》っている顔《かお》などを、違《ちが》う面《めん》にそれぞれかきます。いろいろな表情《ひょうじょう》があらわれて、楽《たの》しいですね。

ふうせん

ぷぅっと、くうきをいれたら、
ふんわりできあがり。

ふつう

「ふうせん」をもとにおるさくひん

●ロケット……………………66ページ
●うさぎ…………………… 128ページ

1 てんせんのところで、やじるしのほうへ、はんぶんにおります。

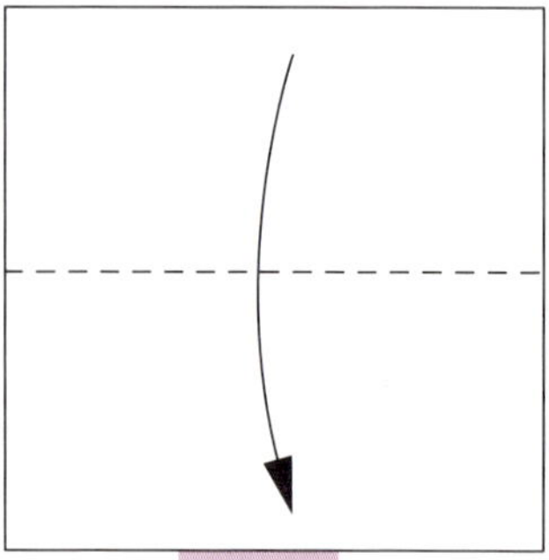

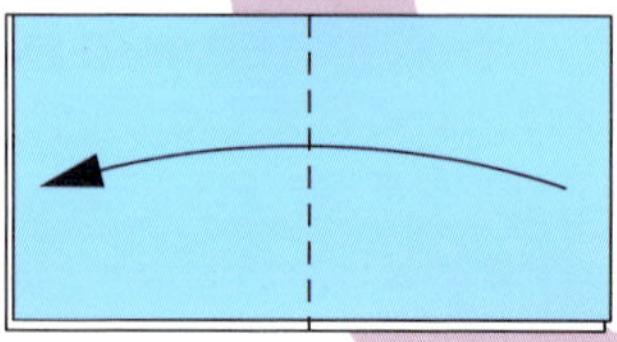

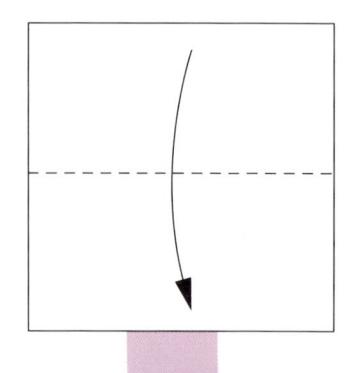

2 てんせんのところで、やじるしのほうへ、おります。

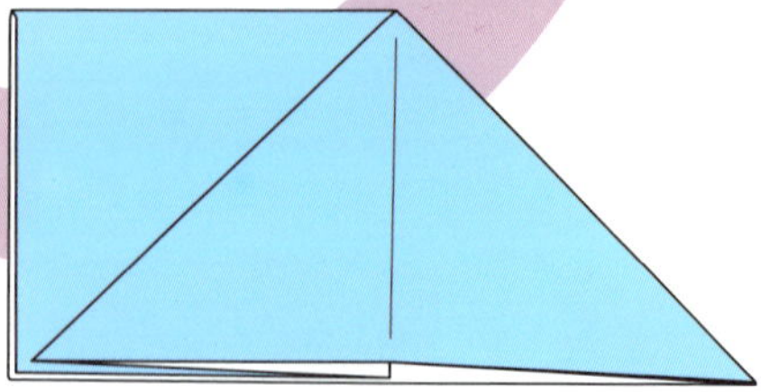

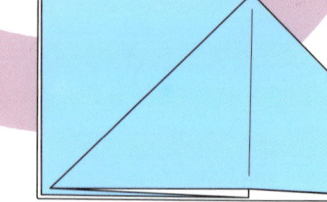

3 まえのしかくをひらいて、さんかくにおります。

4 うらがわも、おなじようにひらいて、さんかくにおります。

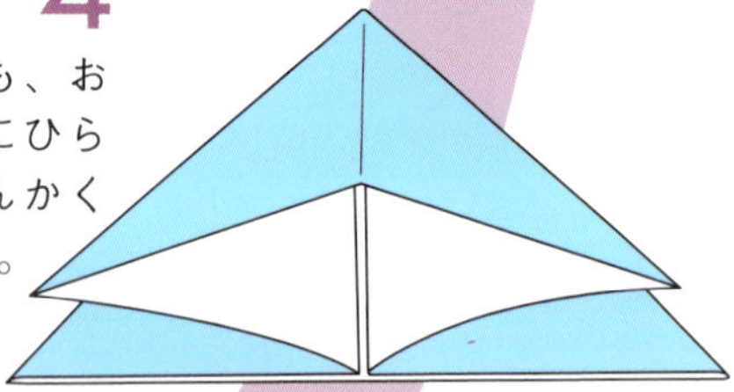

5 まえのさんかくを、てんせんのところで、やじるしのほうへおります。

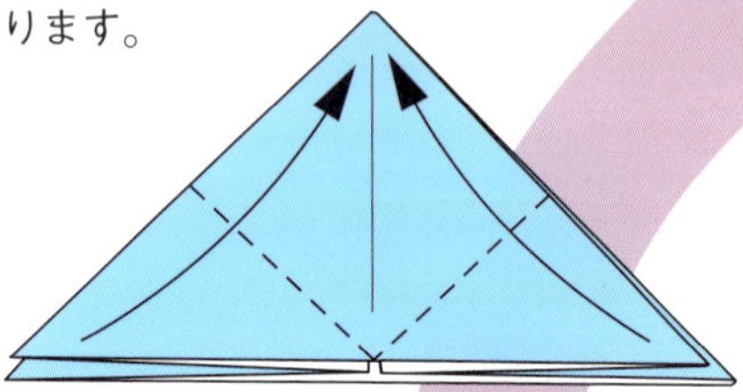

6 うらがわも、おなじようにして、てんせんのところで、やじるしのほうへおります。

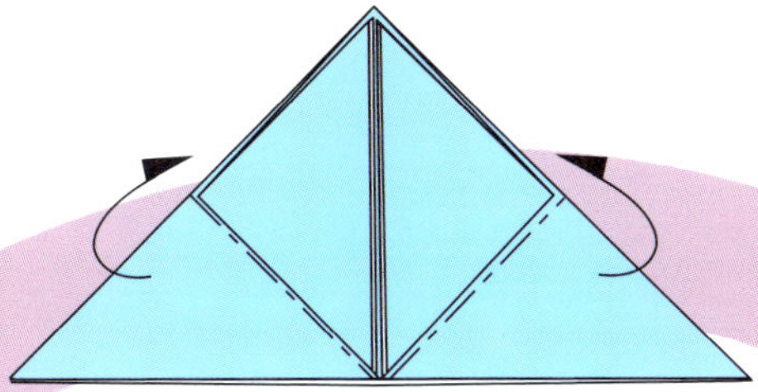

7 てんせんのところで、やじるしのほうへおります。

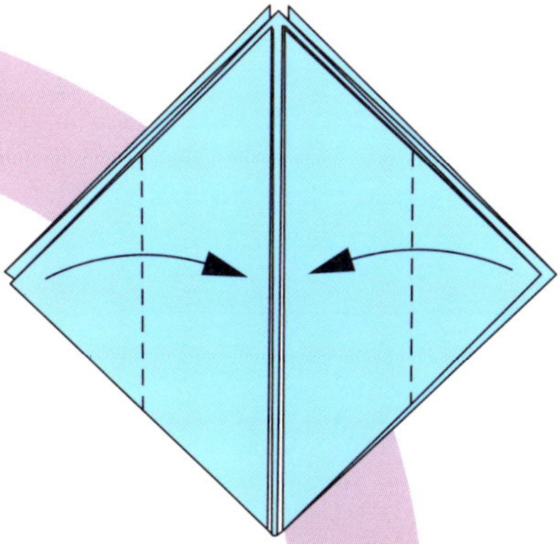

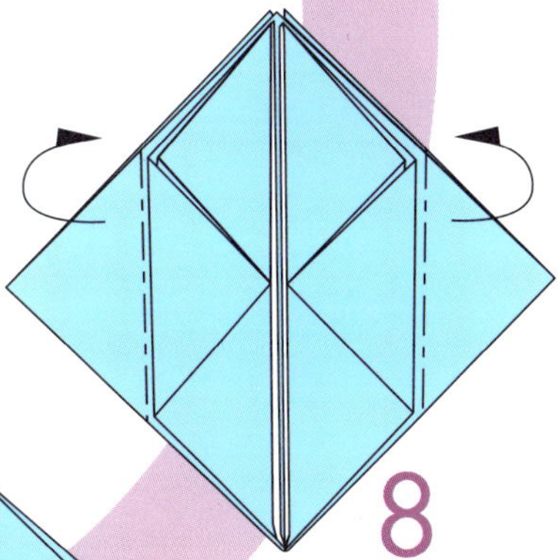

8 うらがわも、おなじようにおります。

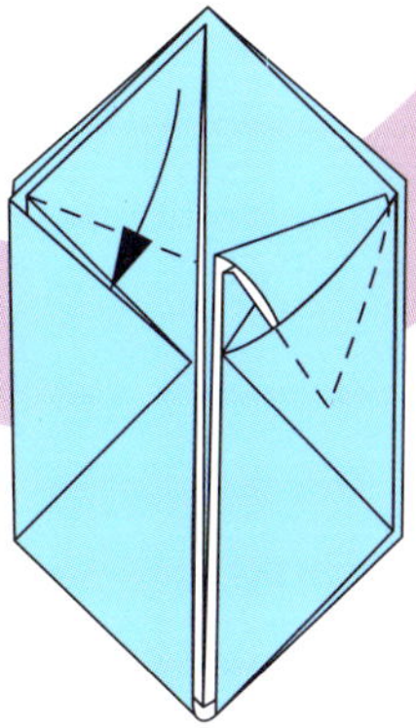

9 うえのさんかくを、てんせんのところで、やじるしのほうへおり、かどを、したのさんかくのふくろのなかへいれます。

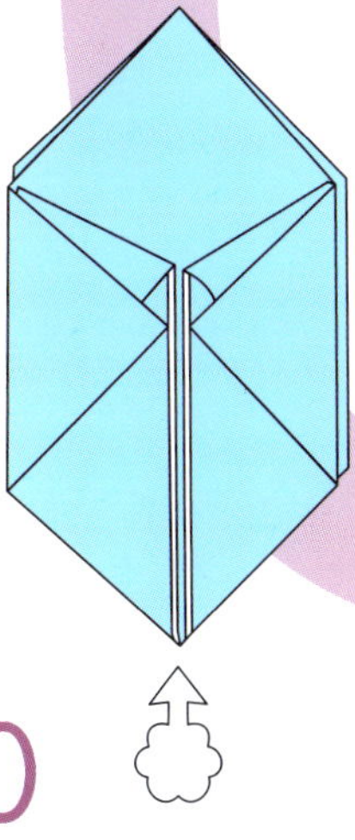

10 うらがわも、おなじようにおり、したからくうきをいれます。

★できあがり★

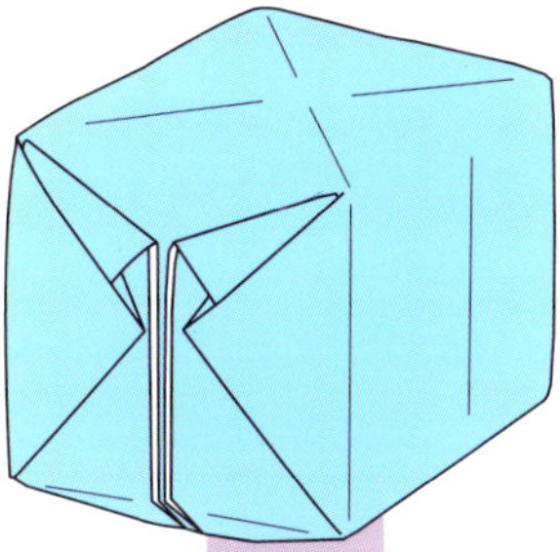

11 ふうせんのできあがりです。

ひこうき①

いろいろなひこうきがあるので、
それぞれおって、とばしてみよう。

かんたん

1 はんぶんにおって、おりめをつけてから、てんせんのところで、やじるしのほうへおります。

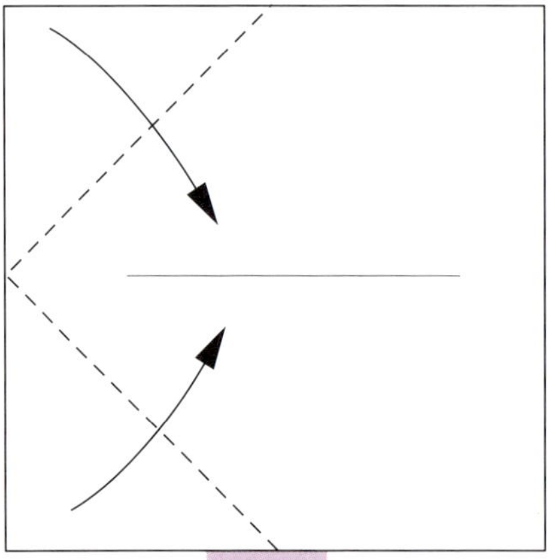

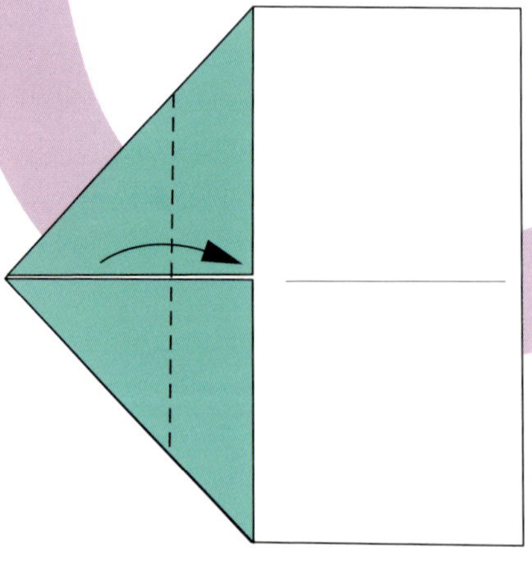

2 てんせんのところで、やじるしのほうへおります。

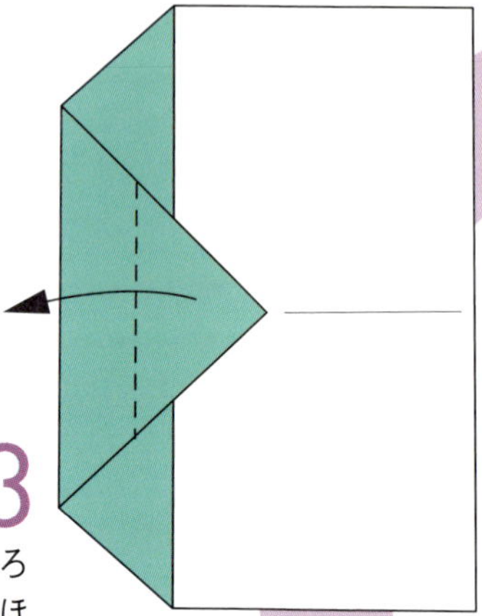

3 てんせんのところで、やじるしのほうへおります。

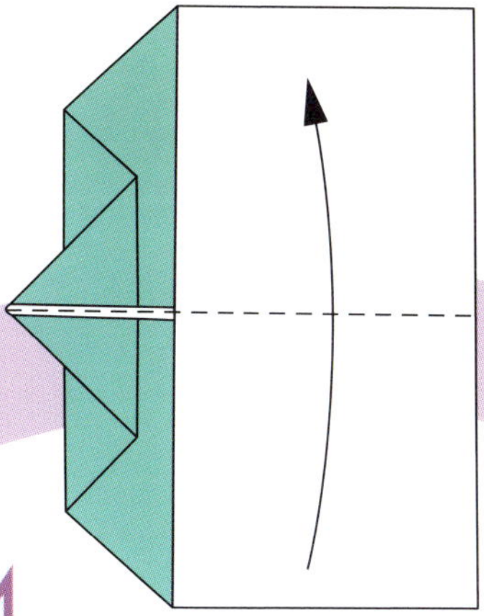

4

てんせんのところで、やじるしのほうへおります。

5

てんせんのところで、やじるしのほうへおります。うらがわも、おなじようにおります。

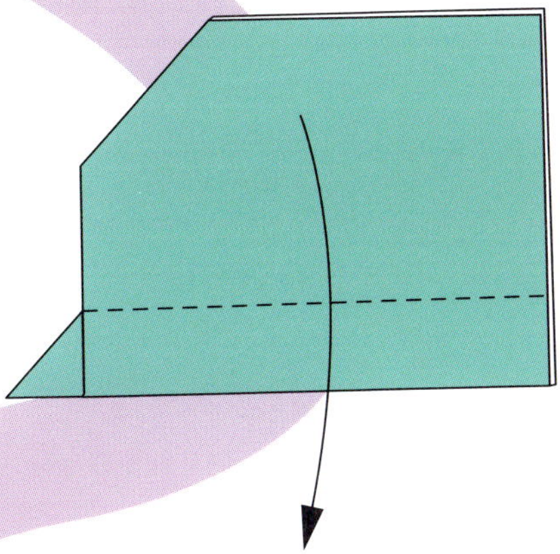

6

5をおったかたちです。

★できあがり★

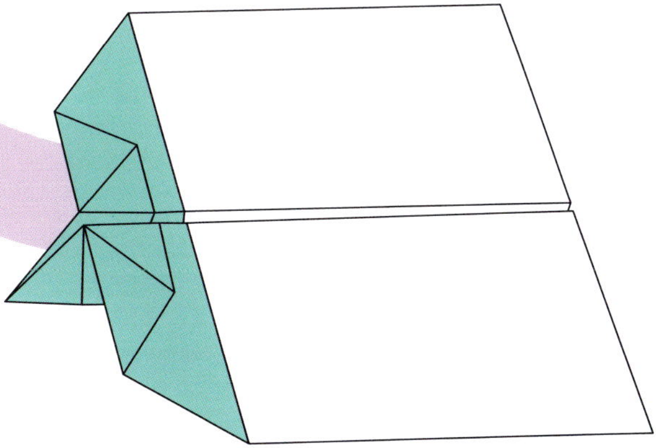

7

はねをひろげて、ひこうき①のできあがりです。

ひこうき②

ひろいばしょで、とばしてみよう。
よくとぶ、おりかただよ。

1 はんぶんにおって、おりめをつけてから、てんせんのところで、やじるしのほうへおります。

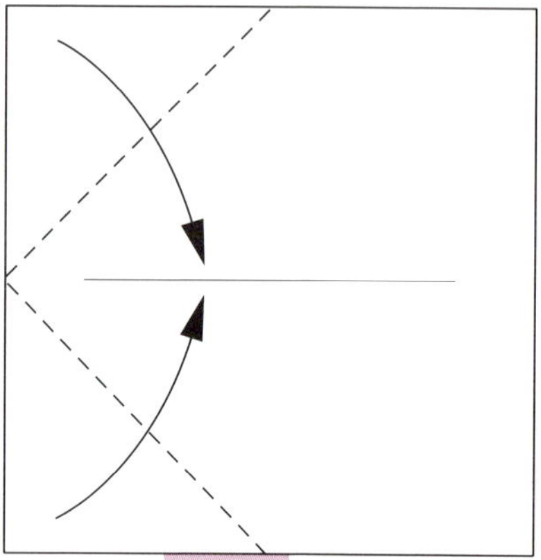

2 てんせんのところで、やじるしのほうへおります。

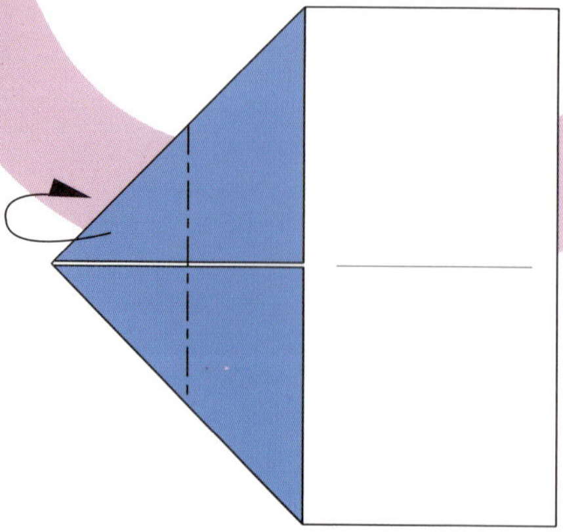

3 てんせんのところで、やじるしのほうへおります。

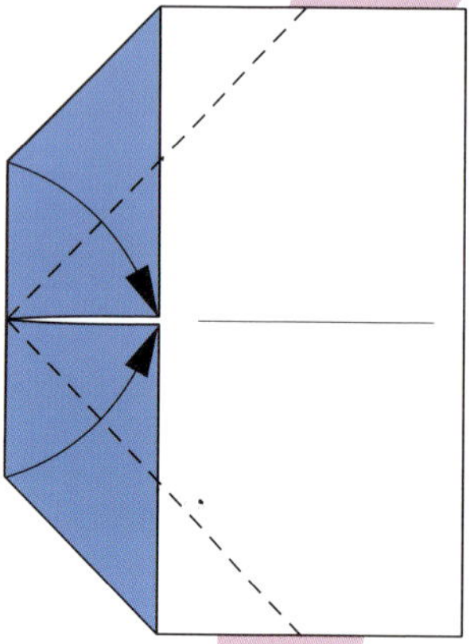

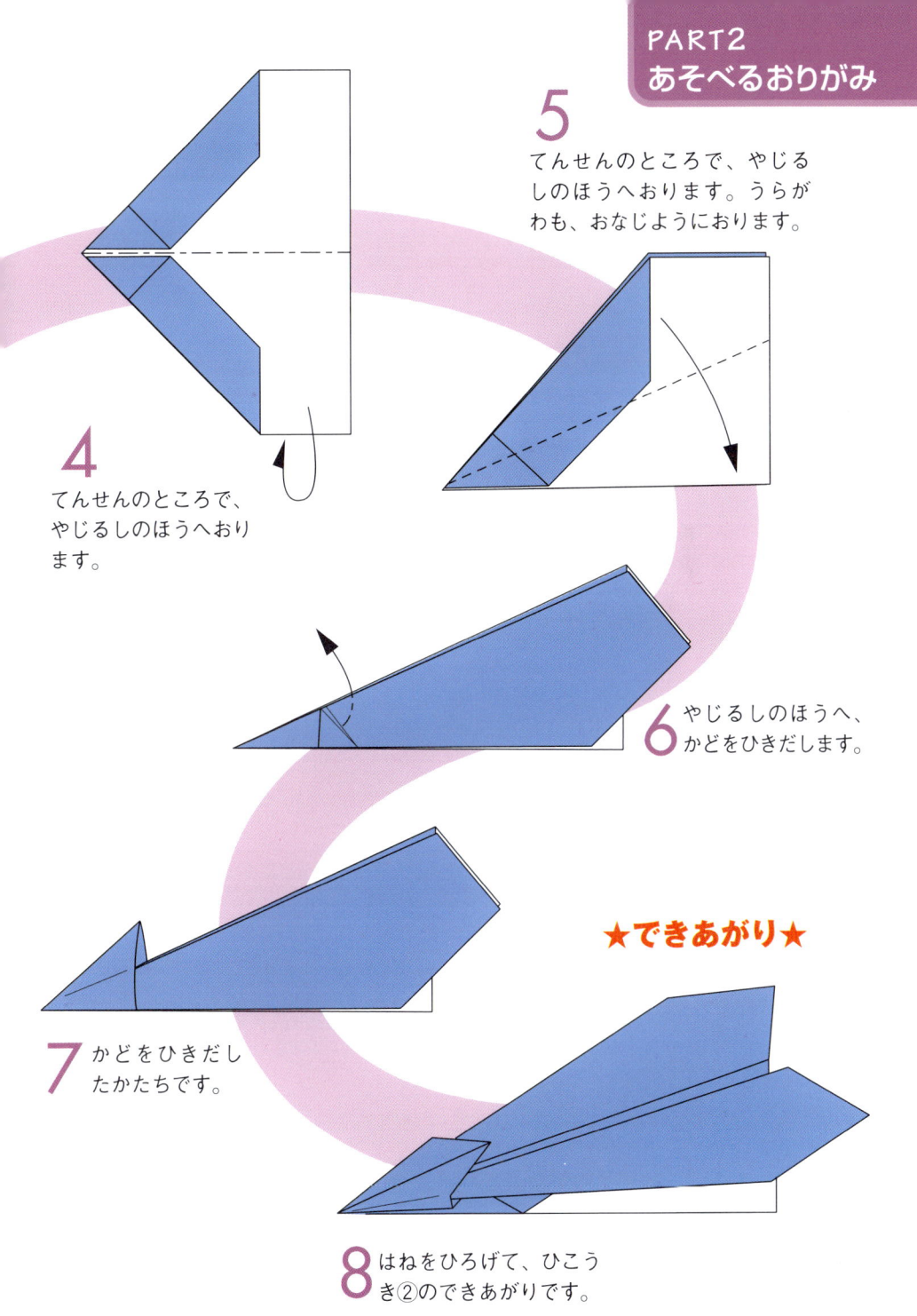

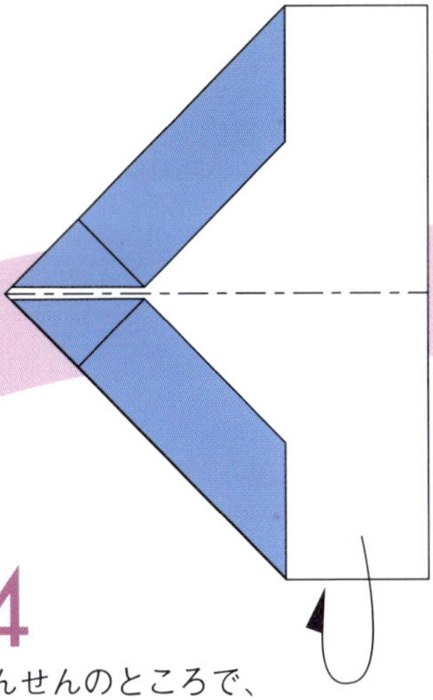

4
てんせんのところで、やじるしのほうへおります。

5
てんせんのところで、やじるしのほうへおります。うらがわも、おなじようにおります。

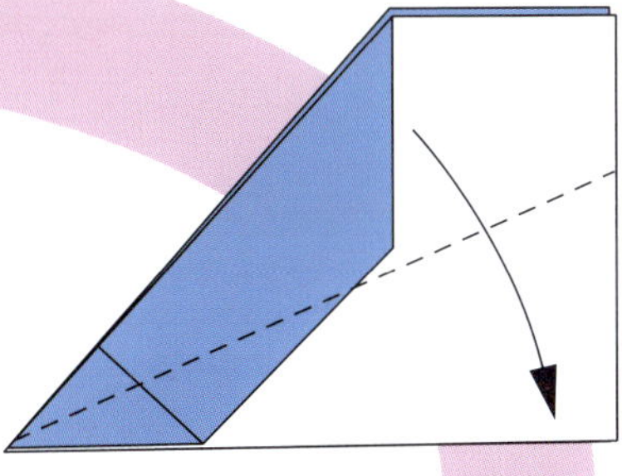

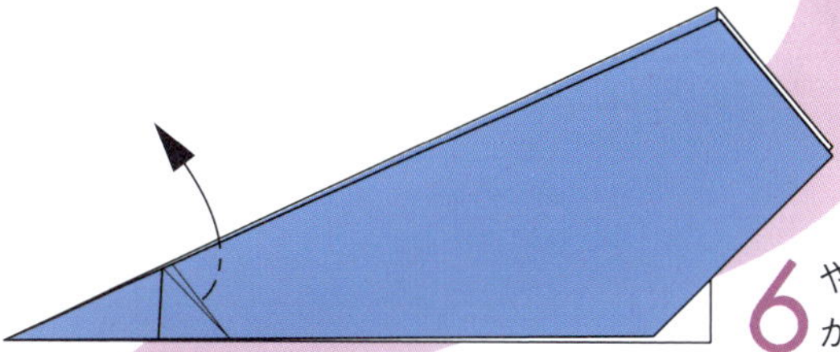

6
やじるしのほうへ、かどをひきだします。

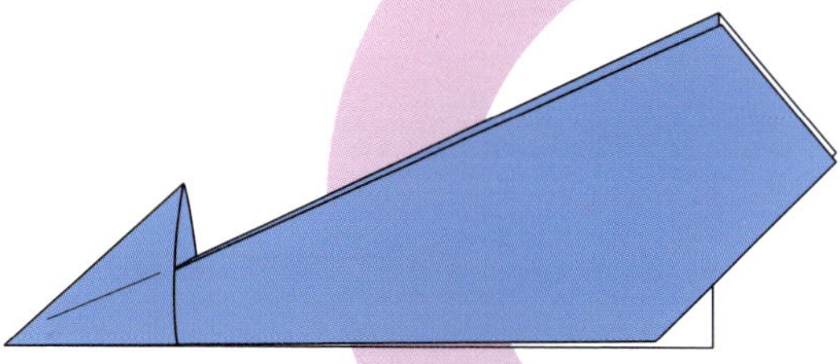

7
かどをひきだしたかたちです。

★できあがり★

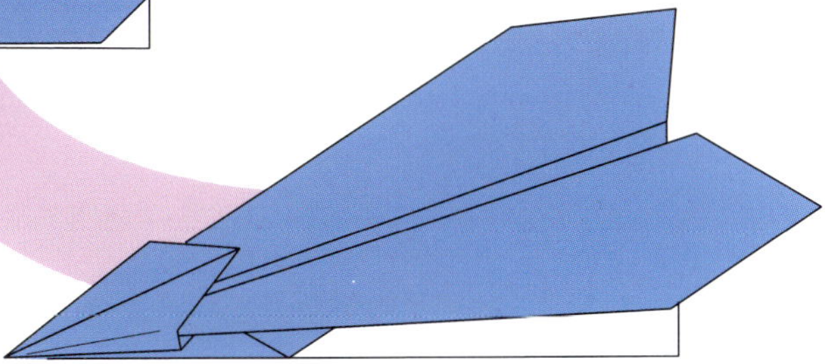

8
はねをひろげて、ひこうき②のできあがりです。

ひこうき③

とりのように、はねをおおきく
ひろげたかたちだよ。

1 てんせんのところで、やじるしのほうへ、さんかくにおります。

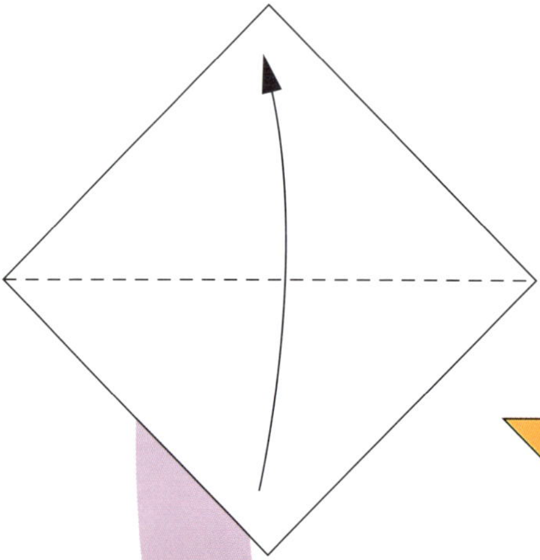

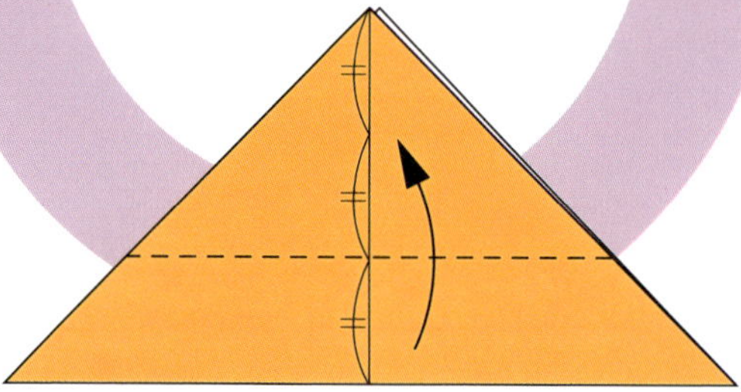

2 てんせんのところで、やじるしのほうへおります。

3 てんせんのところで、やじるしのほうへおります。

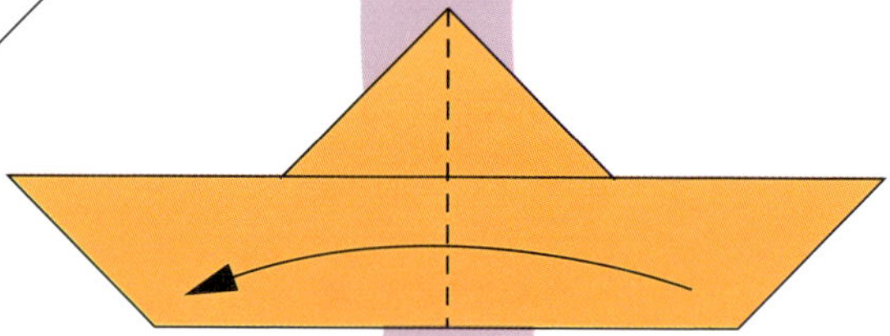

4 まえのぶぶんを、てんせんのところで、やじるしのほうへおります。

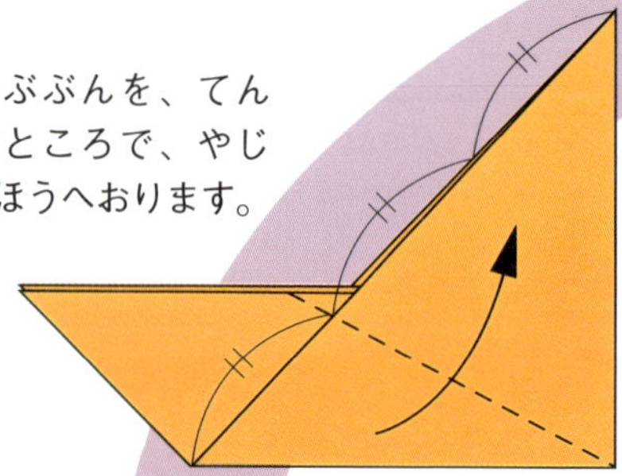

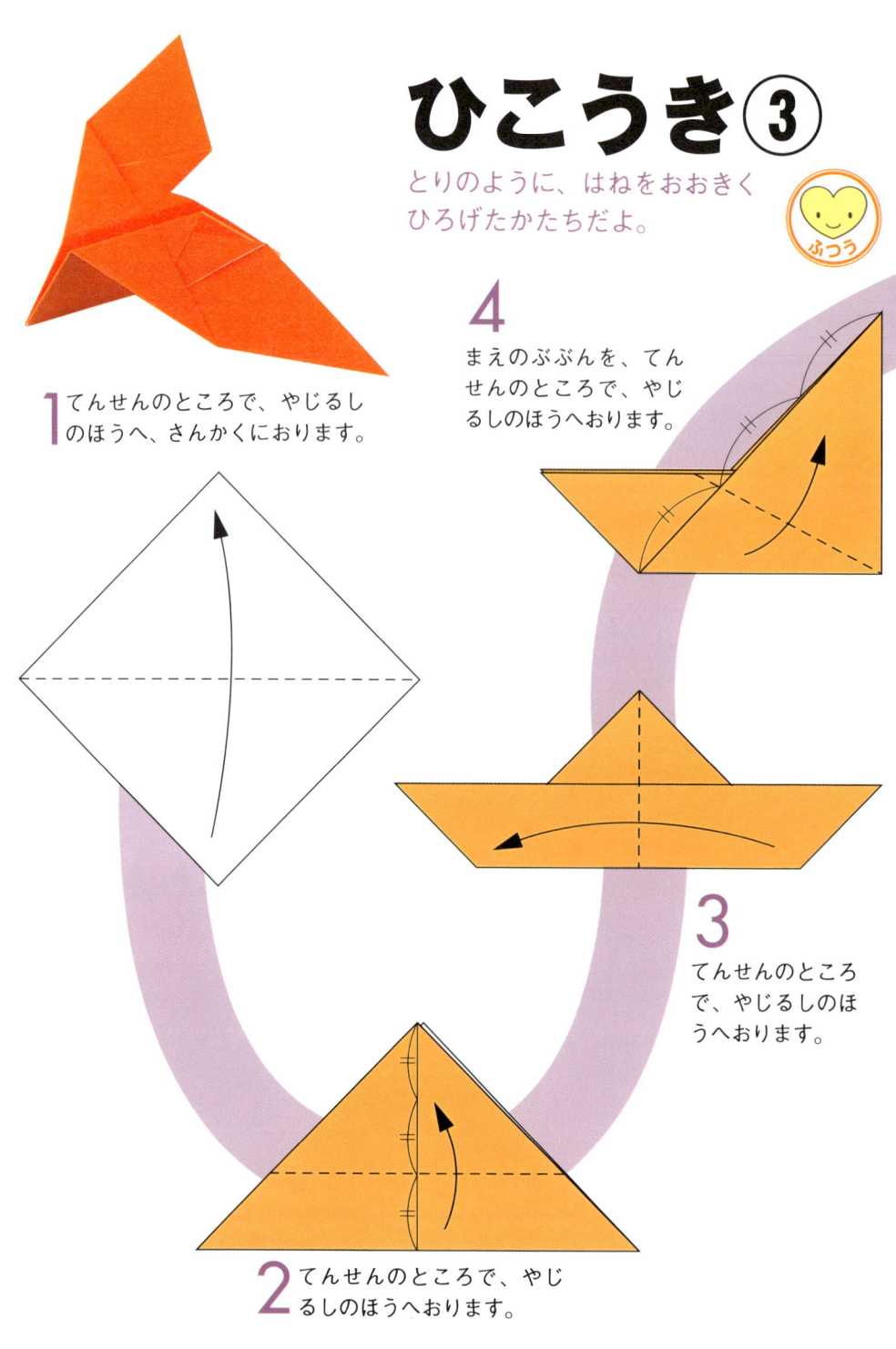

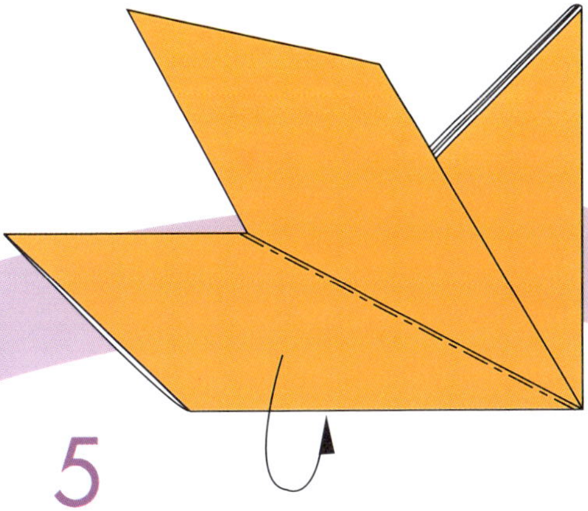

5

4をおったかたちです。うらがわも、おなじようにおります。

6

5をおったかたちです。

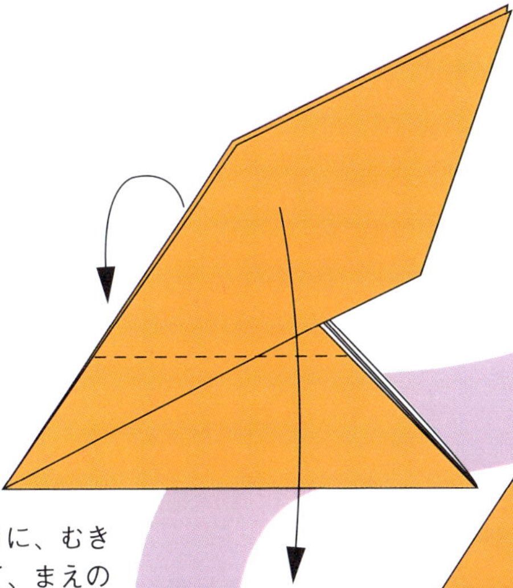

7

ずのように、むきをかえて、まえのはねを、やじるしのほうへおります。うらがわも、おなじようにおります。

★できあがり★

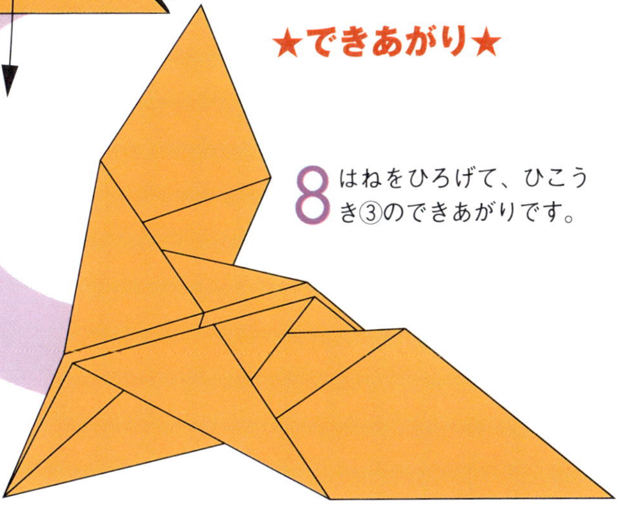

8 はねをひろげて、ひこうき③のできあがりです。

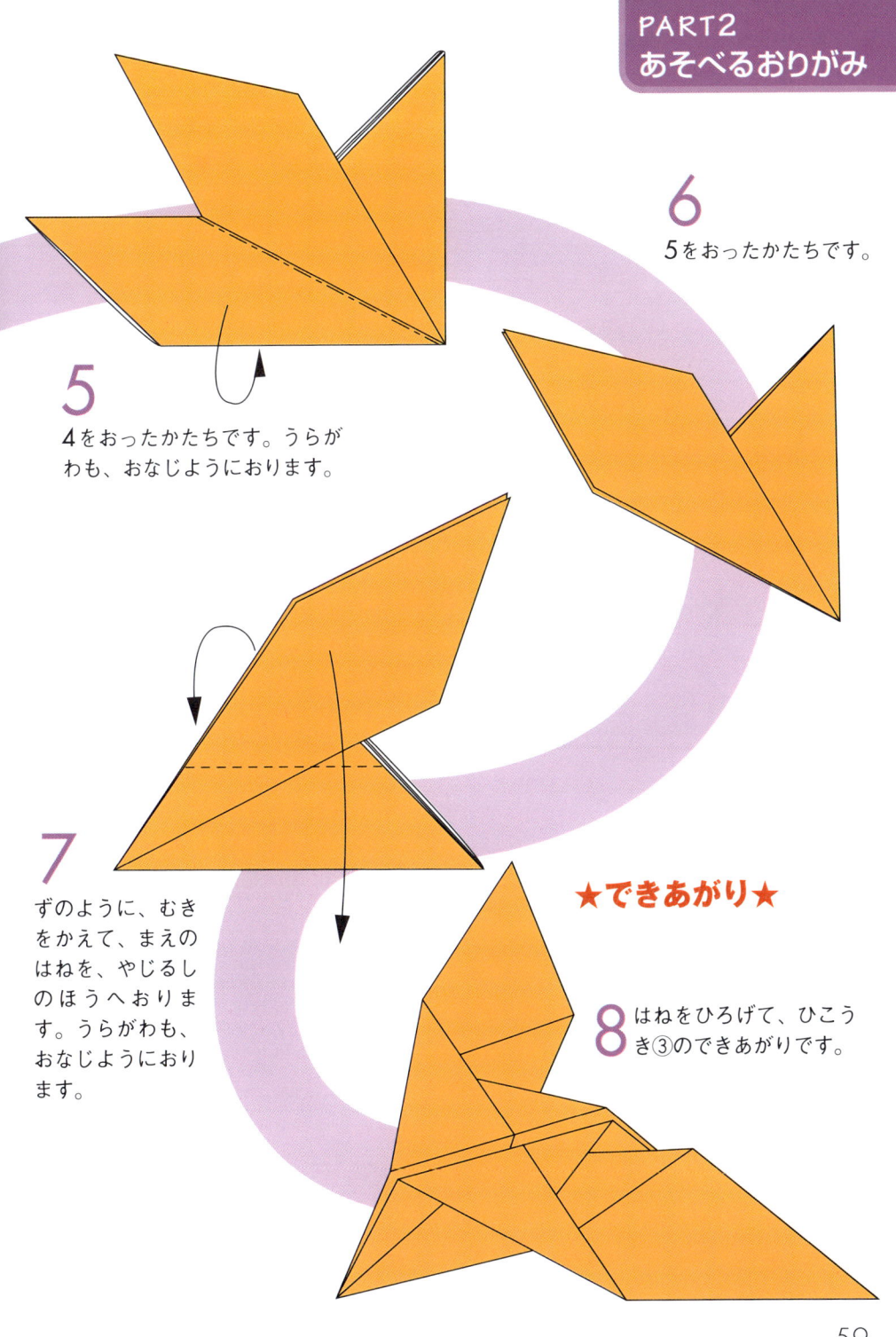

へそひこうき

どうたいにある、ちいさなさんかくのおりかえしが、へそだよ。

かんたん

しゃしんの「へそひこうき」は、おもてとうらにいろのついたおりがみでおりました。

1 ながしかくのかみでおります。はんぶんにおって、おりめをつけてから、てんせんのところで、やじるしのほうへさんかくにおります。

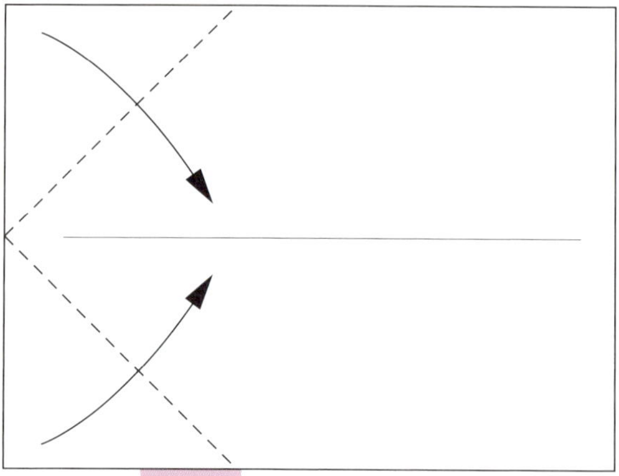

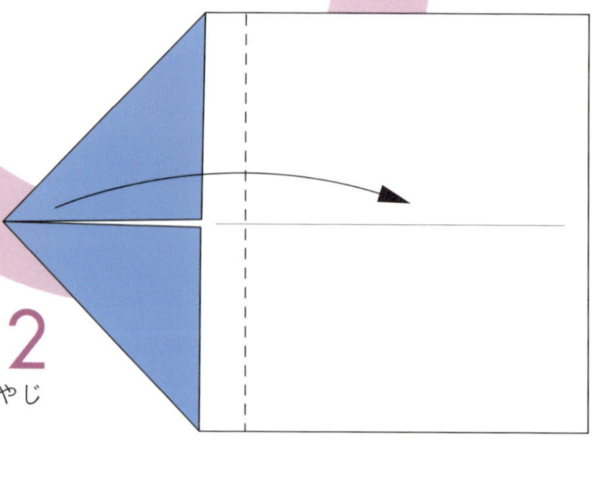

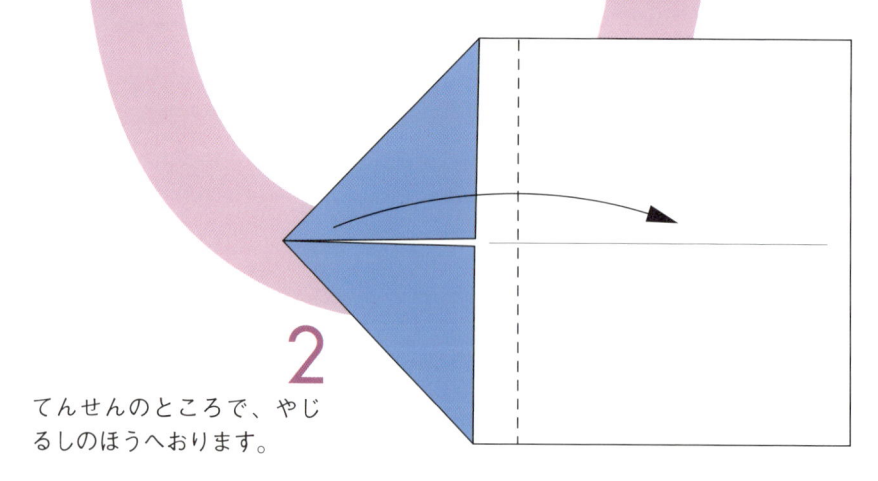

2 てんせんのところで、やじるしのほうへおります。

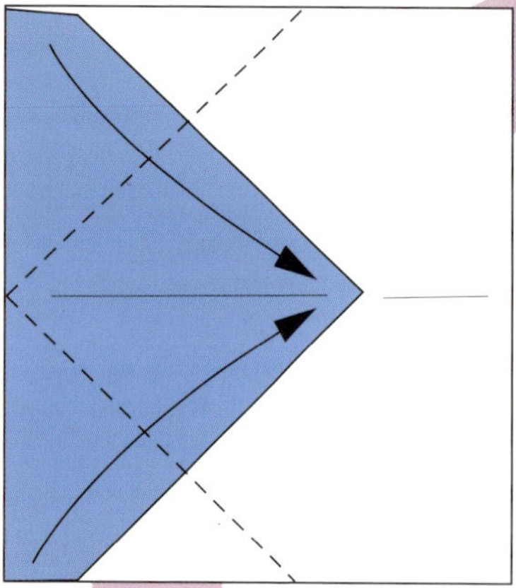

3 てんせんのところで、やじるしのほうへ、さんかくにおります。

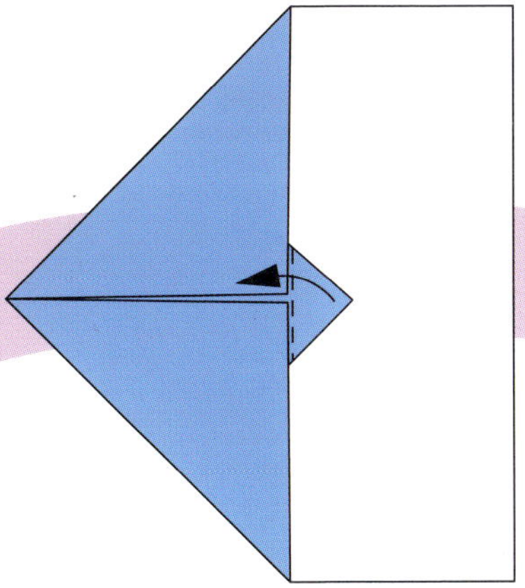

4

てんせんのところで、やじるしのほうへおります。

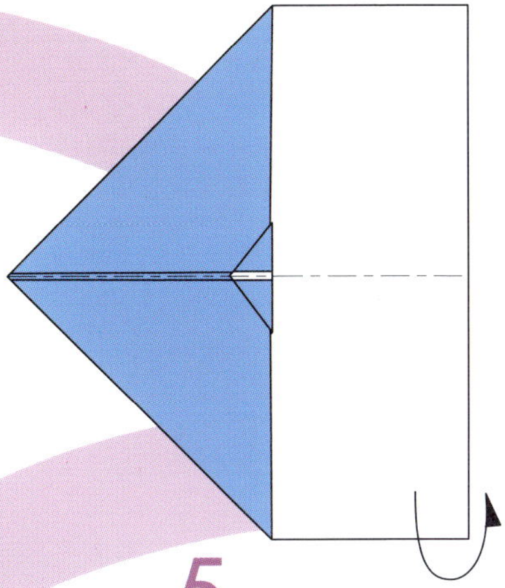

5

てんせんのところで、やじるしのほうへおります。

6

てんせんのところで、やじるしのほうへおります。うらがわも、おなじようにおります。

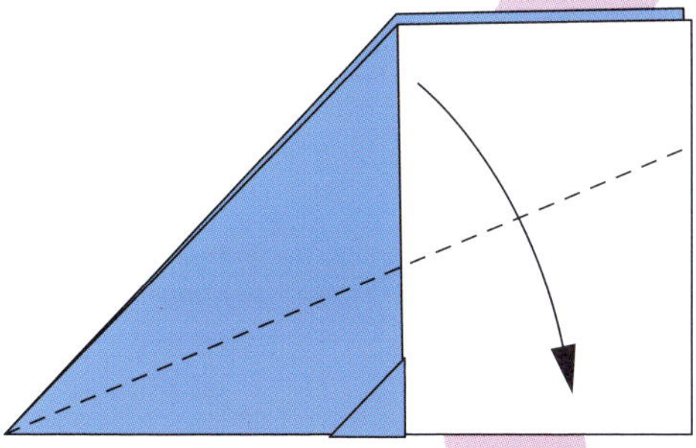

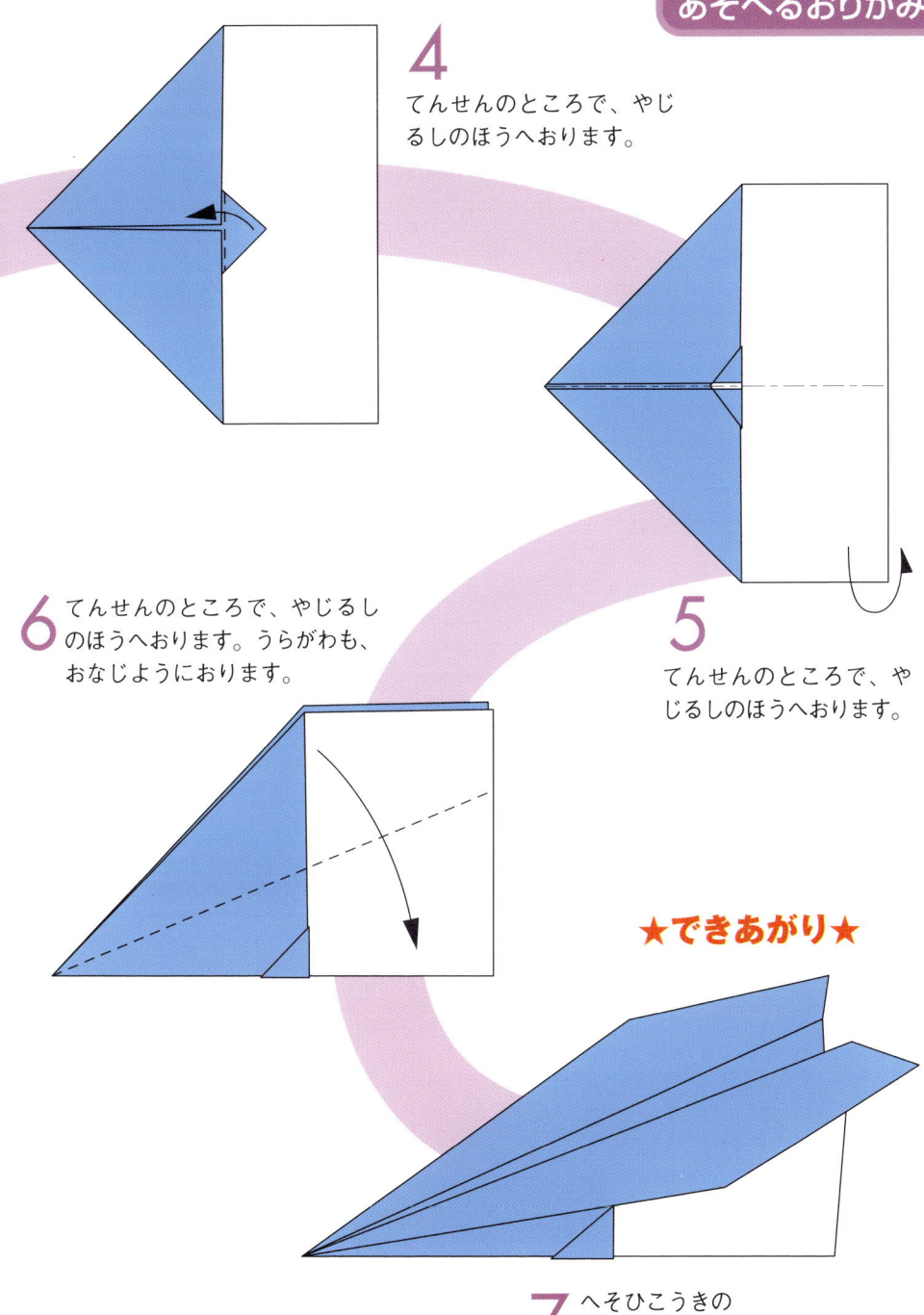

★できあがり★

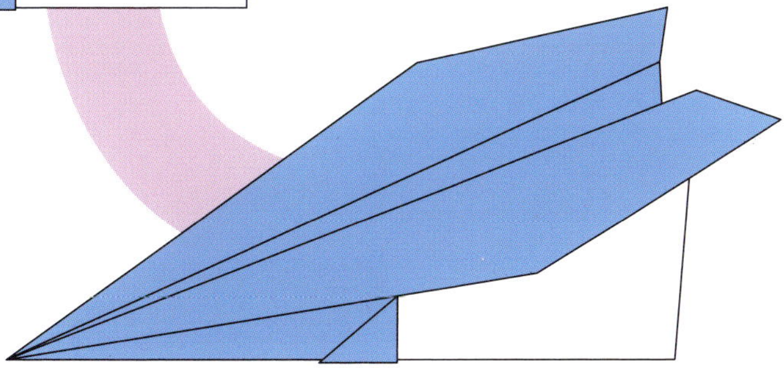

7

へそひこうきのできあがりです。

いかひこうき

いかのかたちをしているから、
いかひこうきというんだよ。

しゃしんの「いかひこうき」は、おもてとうらに
いろのついたおりがみでおりました。

1 ながしかくのかみでおります。いろのついたほうをおもてにして、はんぶんにおって、おりめをつけてから、てんせんのところで、やじるしのほうへ、さんかくにおります。

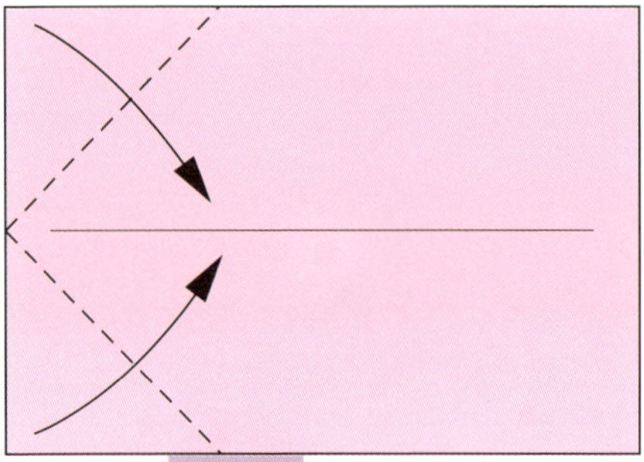

3 2をうらがえして、てんせんのところでやじるしのほうへおります。

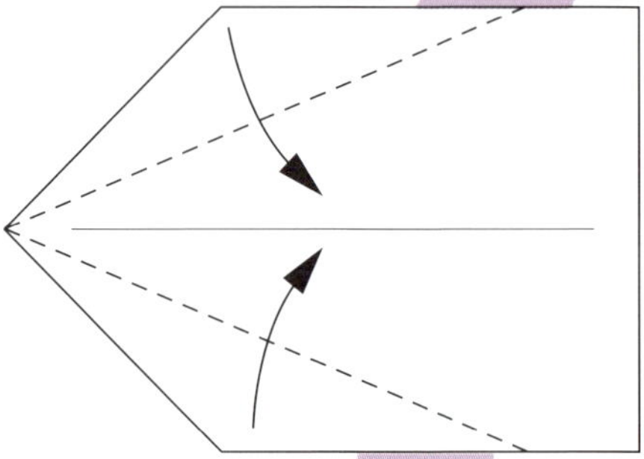

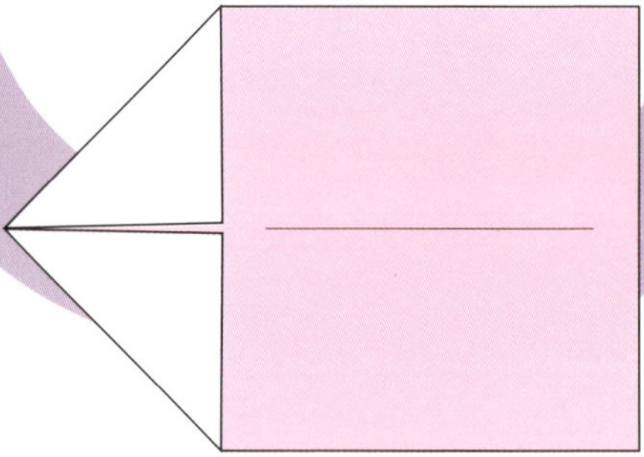

2 1をおったかたちです。

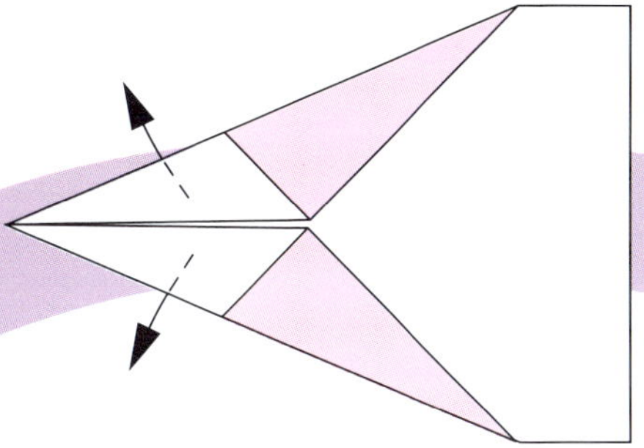

4 うらがわのさんかくを、やじるしのほうへひらきます。

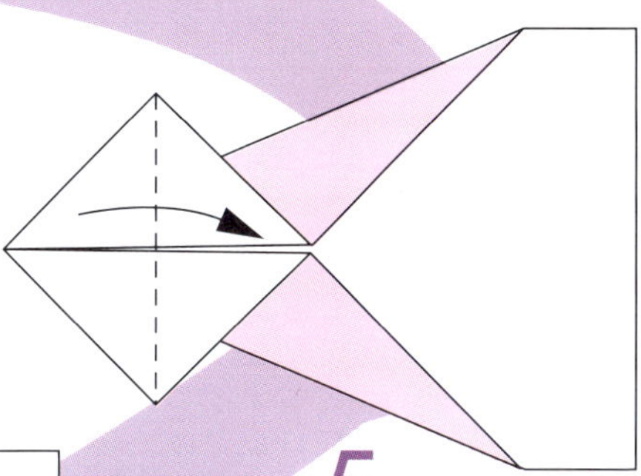

5 てんせんのところで、やじるしのほうへおります。

6 てんせんのところで、やじるしのほうへおります。

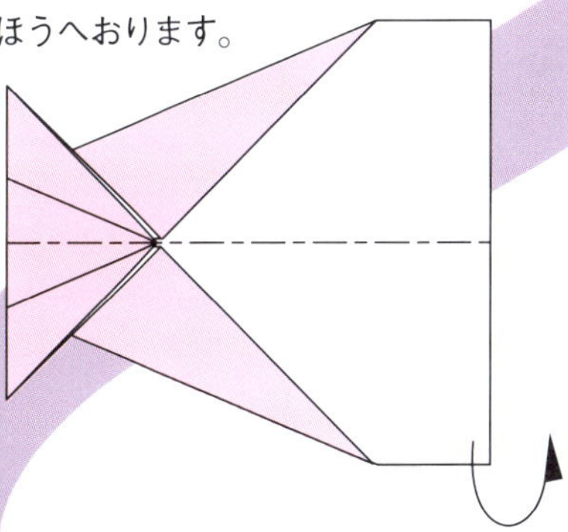

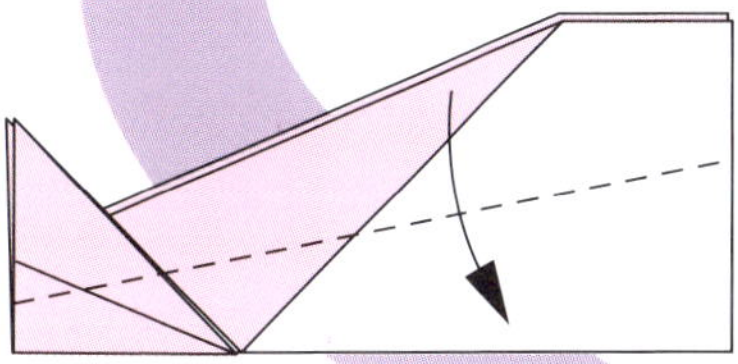

7 てんせんのところで、やじるしのほうへおります。うらがわも、おなじようにおります。

★できあがり★

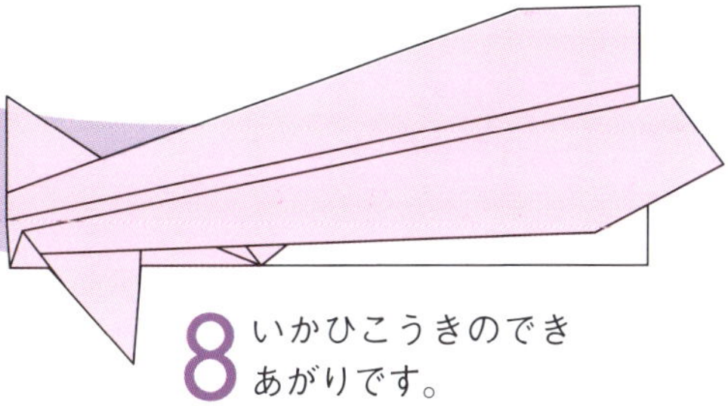

8 いかひこうきのできあがりです。

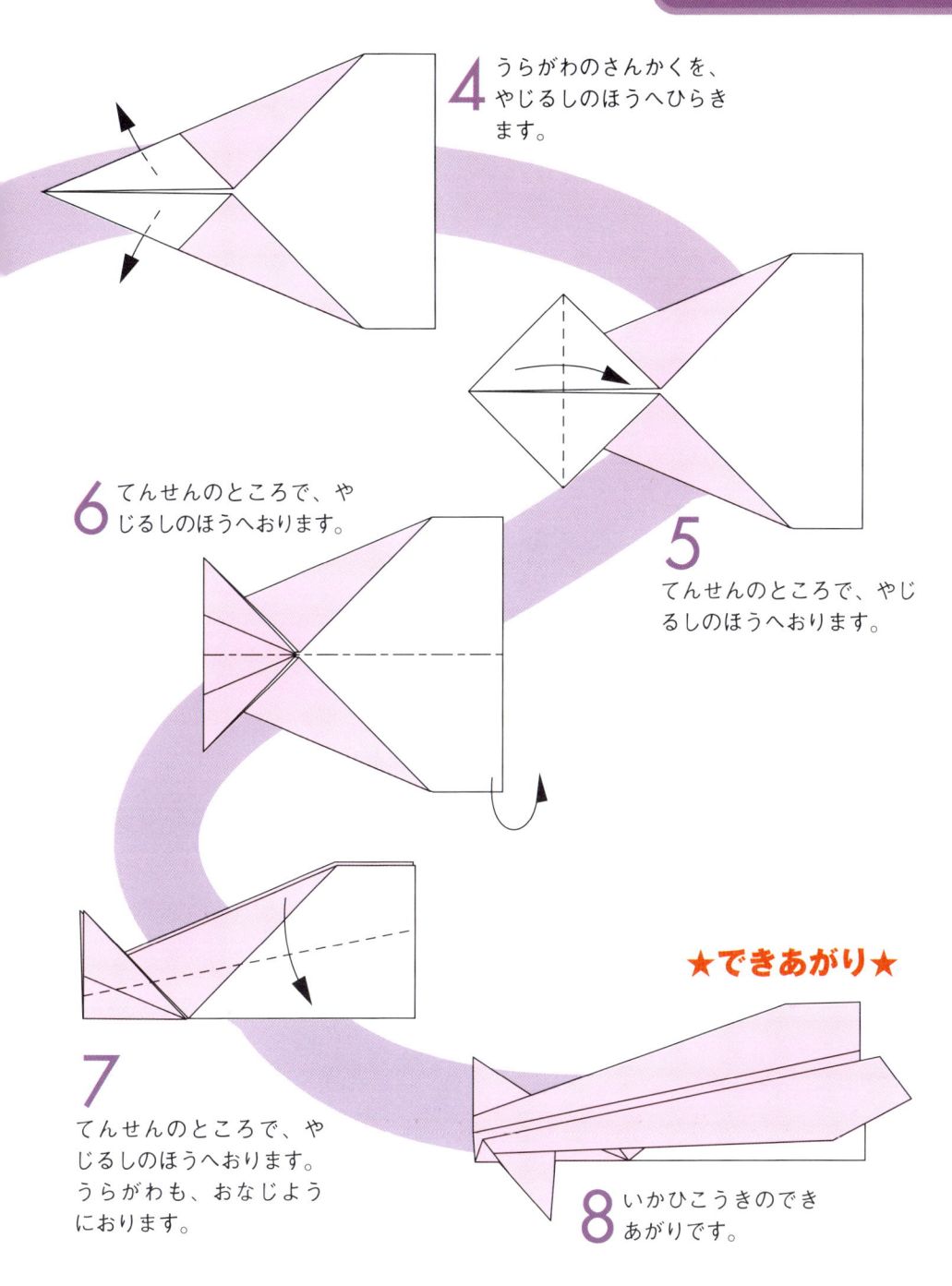

ジェットき

かっこよくて、だいにんきのジェットき。はやくとびそう！

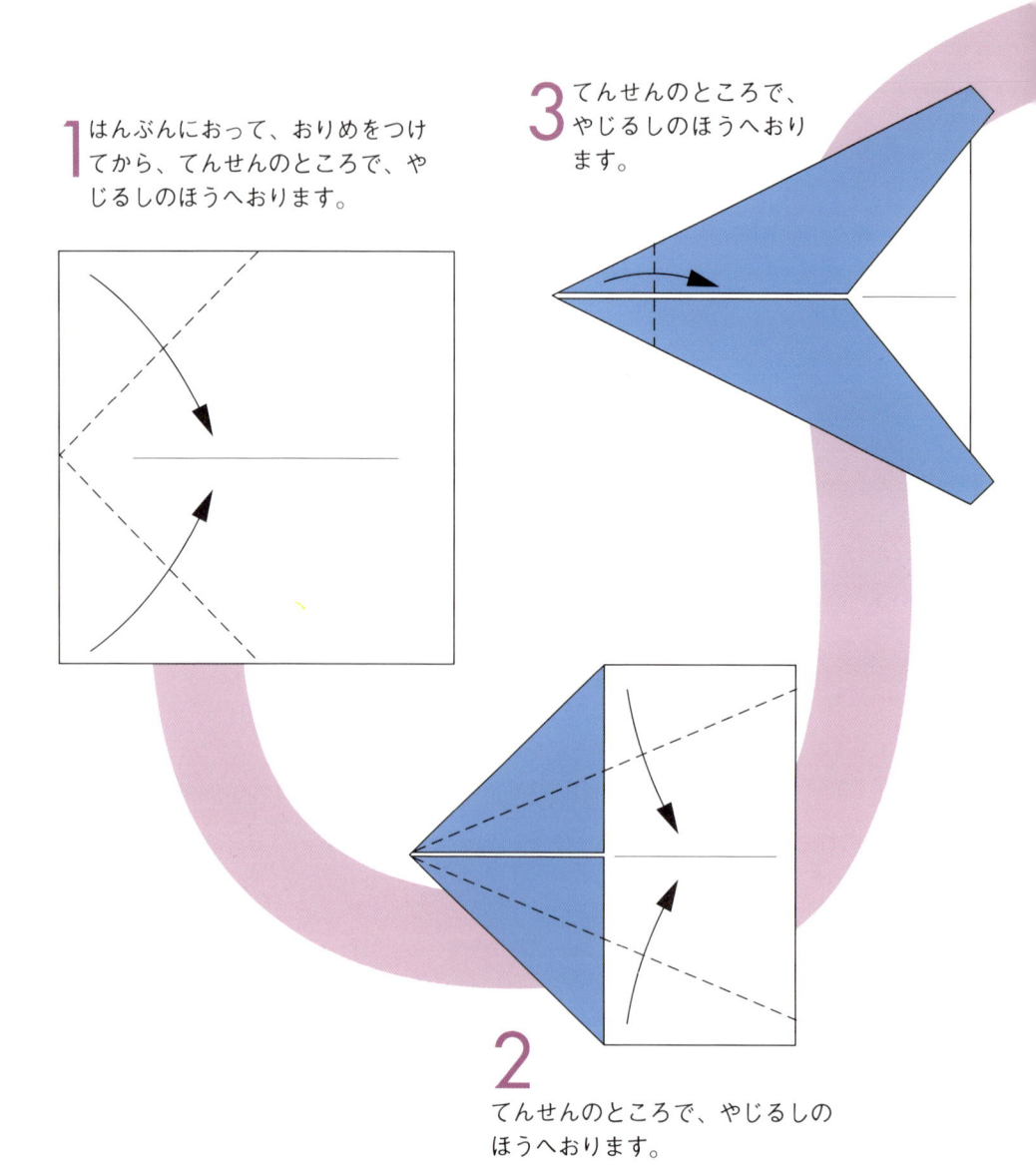

かんたん

1 はんぶんにおって、おりめをつけてから、てんせんのところで、やじるしのほうへおります。

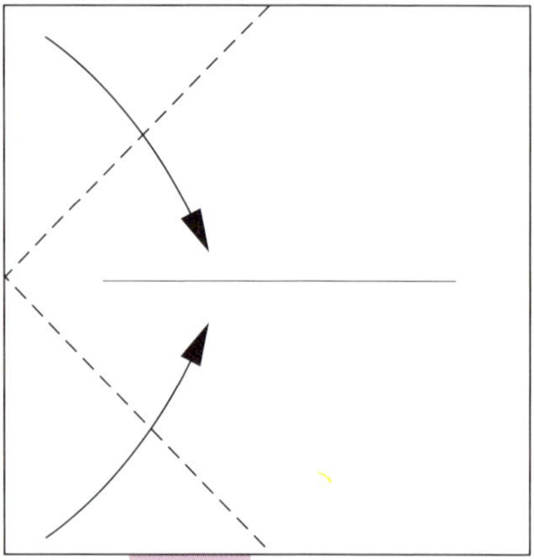

3 てんせんのところで、やじるしのほうへおります。

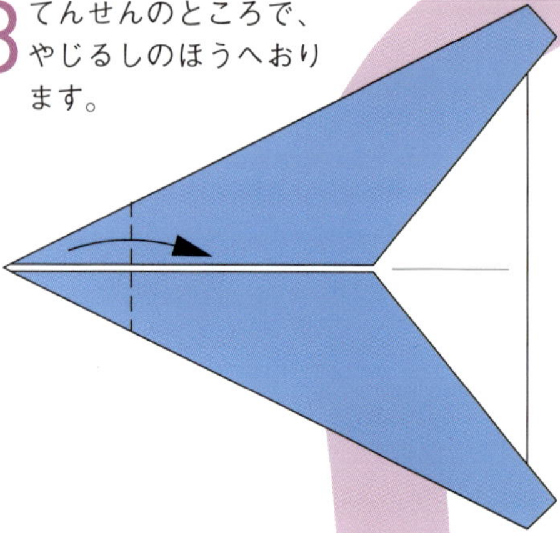

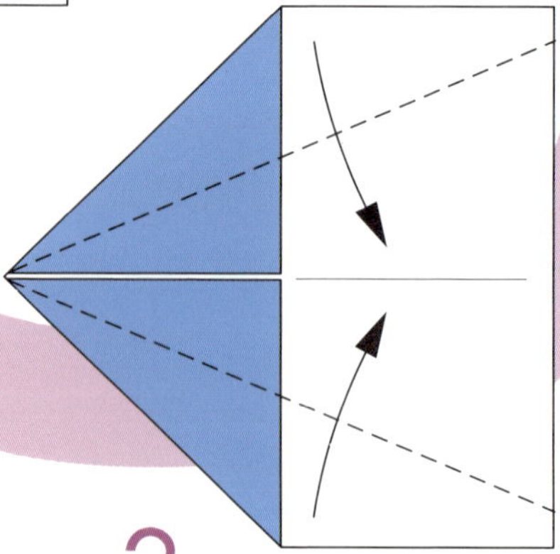

2 てんせんのところで、やじるしのほうへおります。

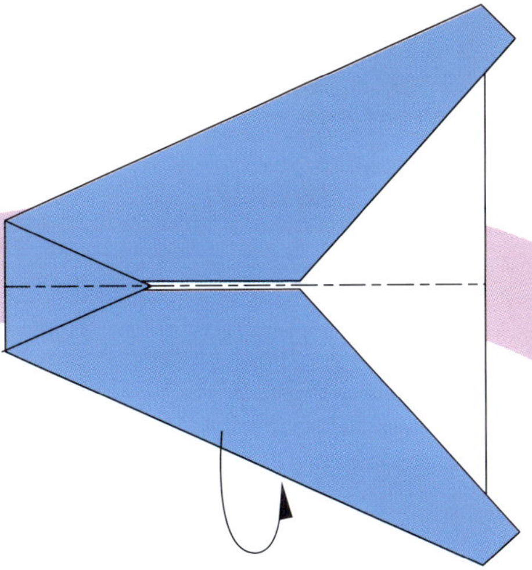

4

てんせんのところで、やじるしの
ほうへおります。

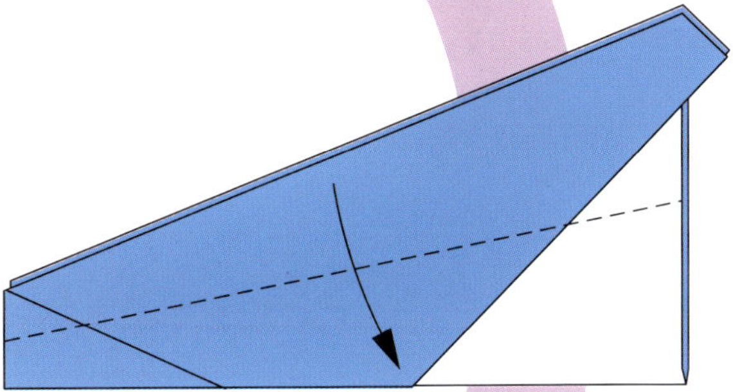

5

まえのはねを、てんせんの
ところで、やじるしのほう
へおります。うらがわも、
おなじようにおります。

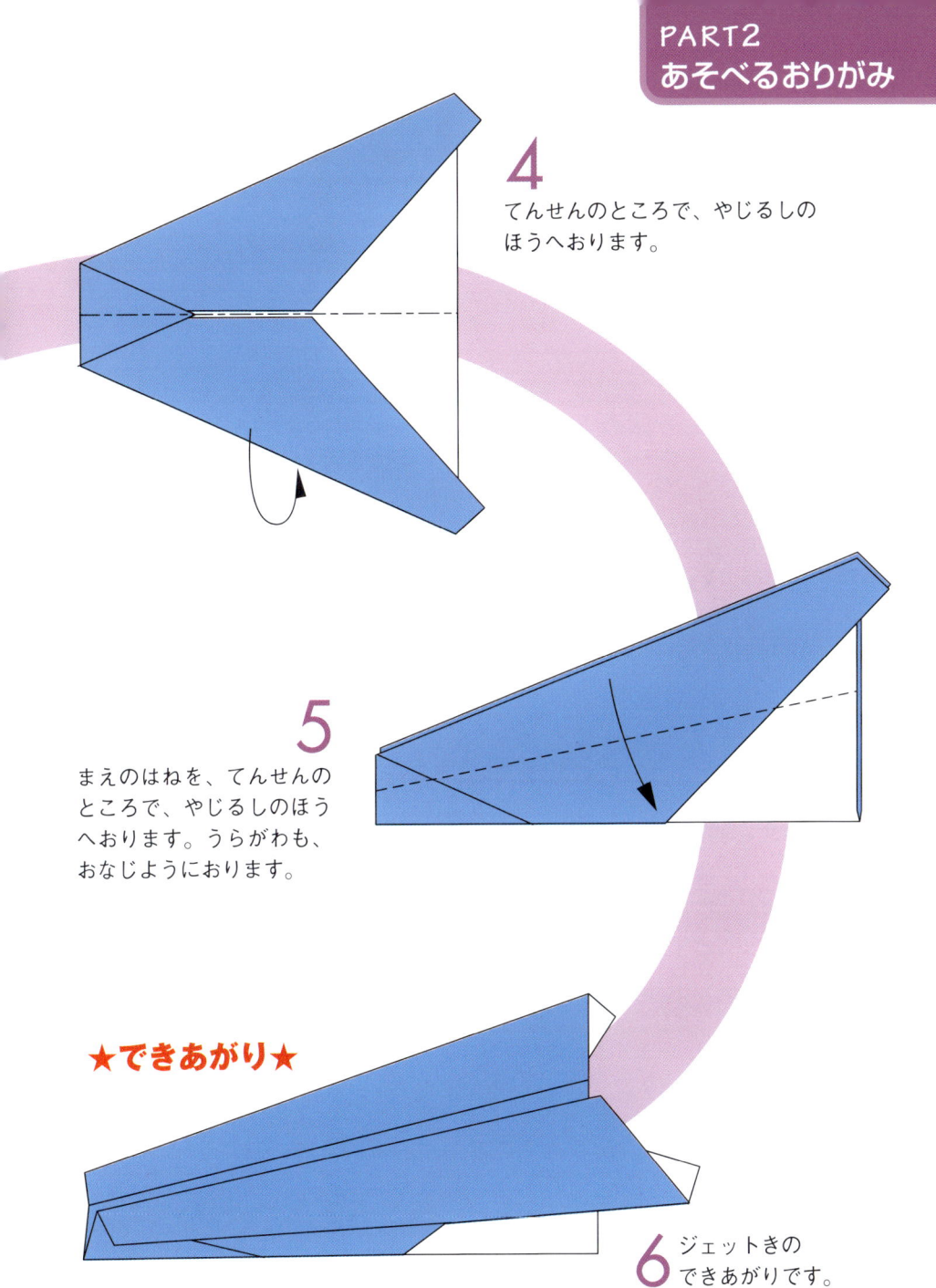

★できあがり★

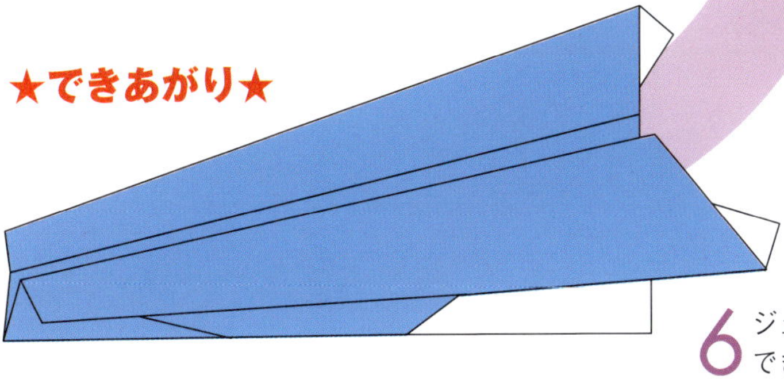

6

ジェットきの
できあがりです。

ロケット

さきのおれまがるストローを
よういして、とばしてあそぼう。

1 「ふうせん」（52ページ）の5から、おりはじめます。まえのさんかくを、てんせんのところで、やじるしのほうへおります。

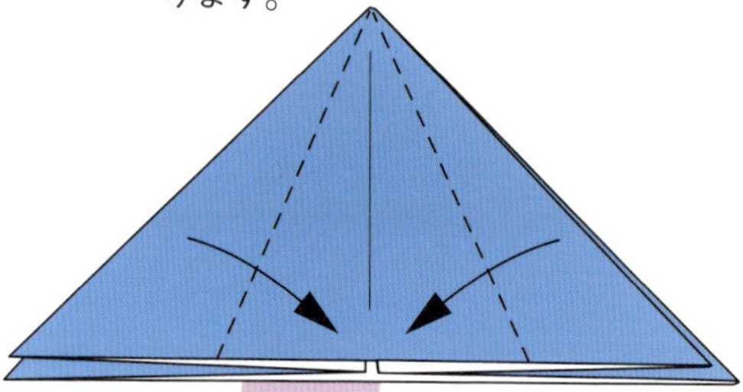

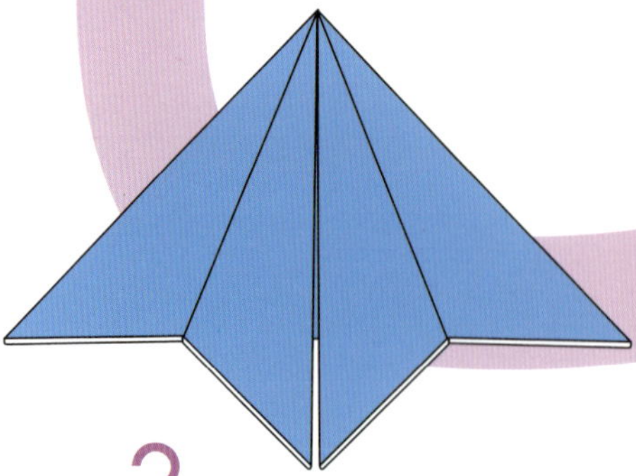

2 1をおったかたちです。うらがわも、おなじようにおります。

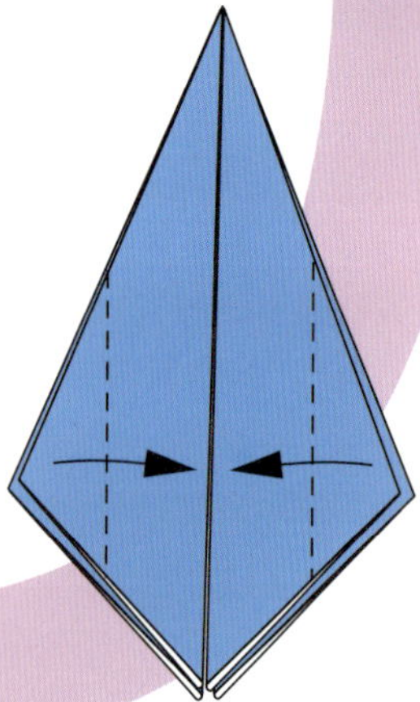

3 てんせんのところで、やじるしのほうへおります。

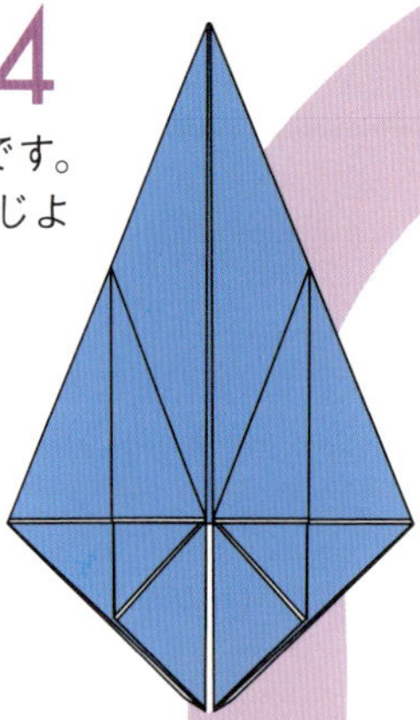

4 3をおったかたちです。うらがわも、おなじようにおります。

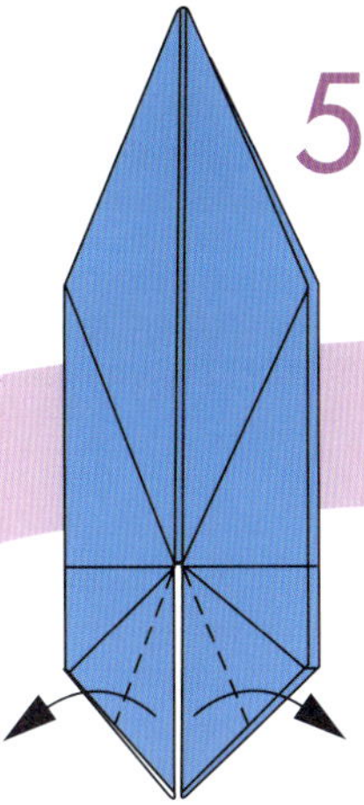

5 てんせんのところで、やじるしのほうへおります。

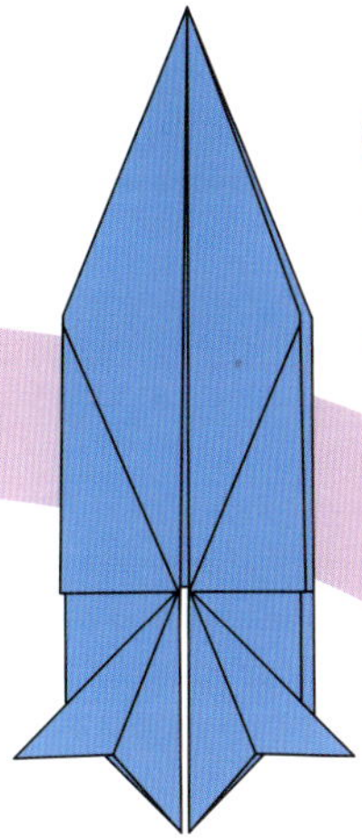

6 5をおったかたちです。うらがわも、おなじようにおります。

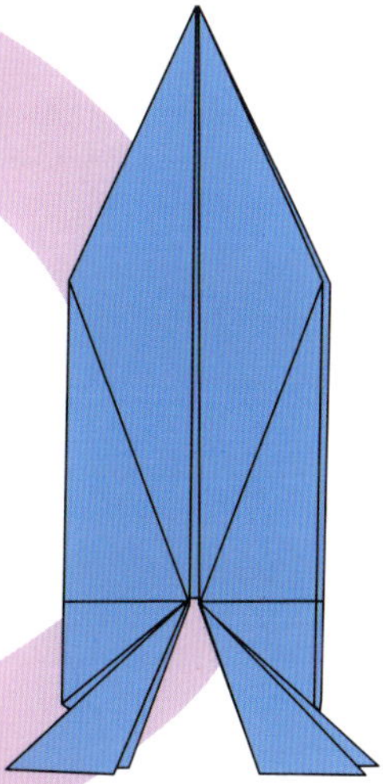

7 したからゆびをいれて、ひろげます。

★できあがり★

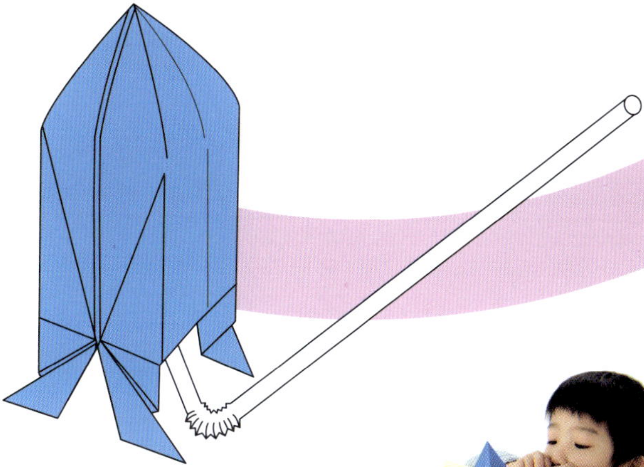

8 ロケットのできあがりです。ストローでふいて、あそびます。

●あそびかた

先《さき》の曲《ま》がるストローを下《した》から入《い》れて、ぷうっと吹《ふ》くと、ロケットが、勢《いきお》いよく飛《と》びます。

こんこんきつね

ぱくぱくと、くちをうごかして、
おしゃべりするきつねだよ。

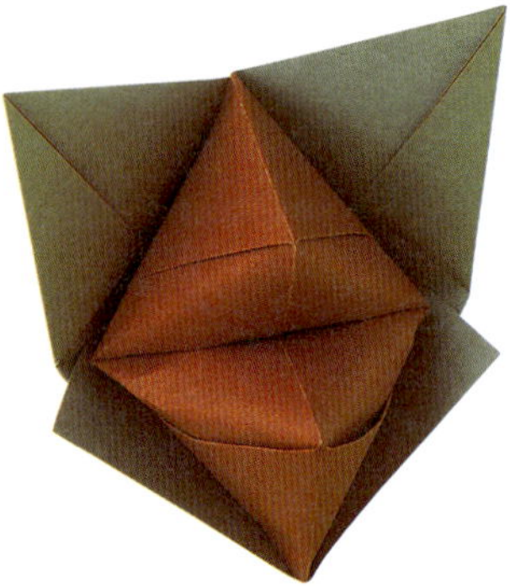

しゃしんの「こんこんきつね」は、おもてとうらに
いろのついたおりがみでおりました。

1 「いえ」（26ページ）の6から、おりはじめます。てんせんのところで、やじるしのほうへおります。

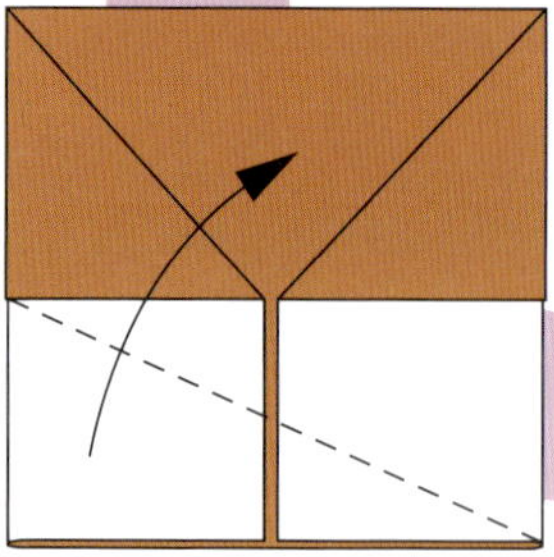

2 したのしかくを、てんせんのところで、やじるしのほうへおります。

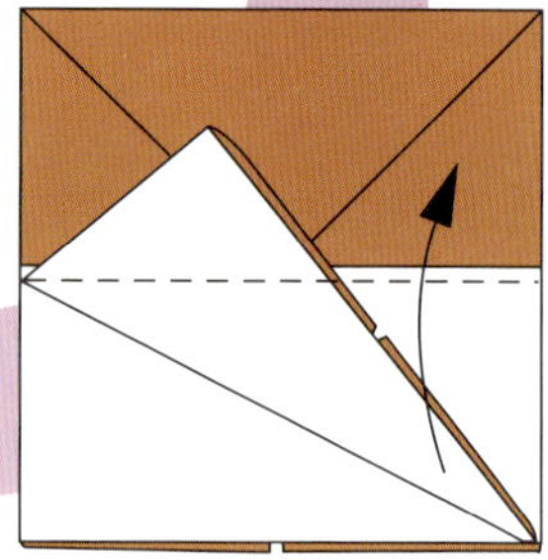

3 まえのぶぶんを、てんせんのところで、やじるしのほうへおります。

4 てんせんのところで、やじるしのほうへおります。

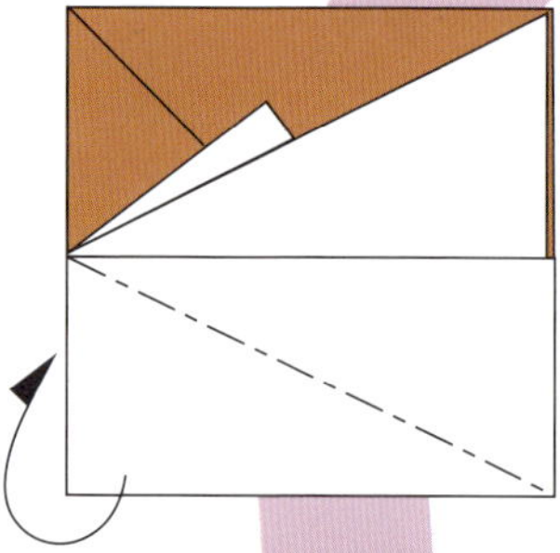

5 てんせんのところで、やじるしのほうへおります。

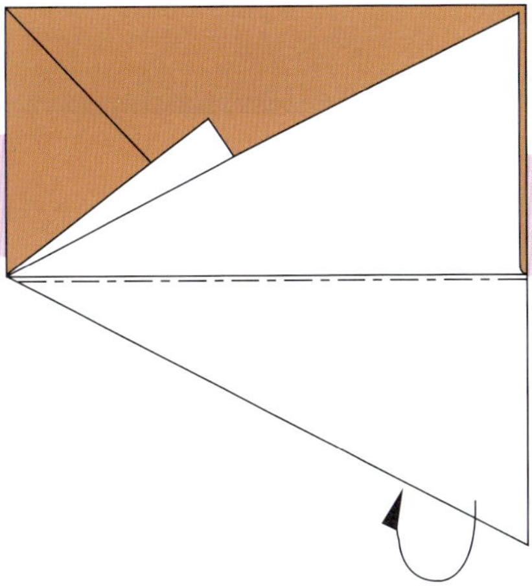

6 5をおったところです。

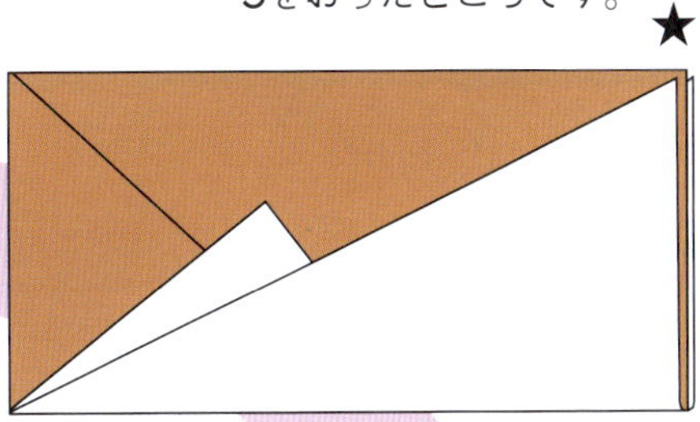

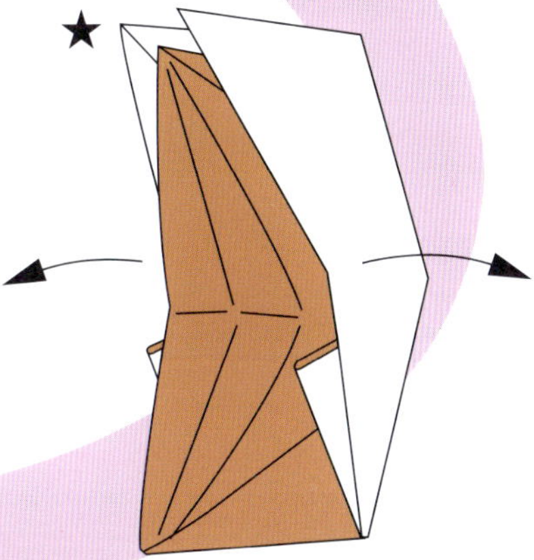

7 6の★のぶぶんがうえになるように、むきをかえ、ふくろにゆびをいれて、やじるしのほうへ、ひろげるようにします。

★できあがり★

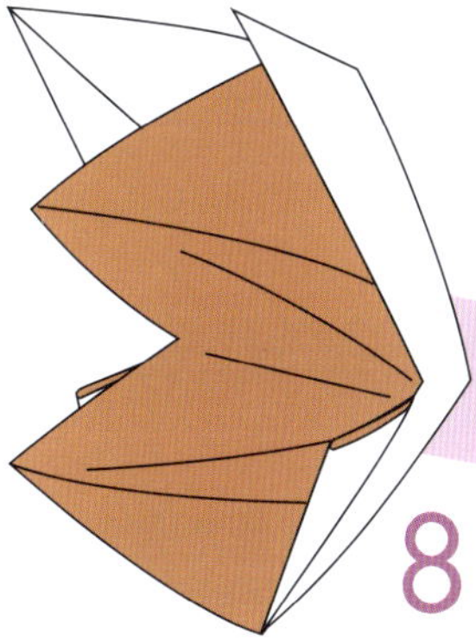

8 こんこんきつねのできあがりです。

●あそびかた

うしろから指《ゆび》を入れて、おり山《やま》をつまんだり離《はな》したりすると、パクパクと口《くち》を開《ひら》いたり閉《と》じたりします。顔《かお》をかくと楽《たの》しいですね。

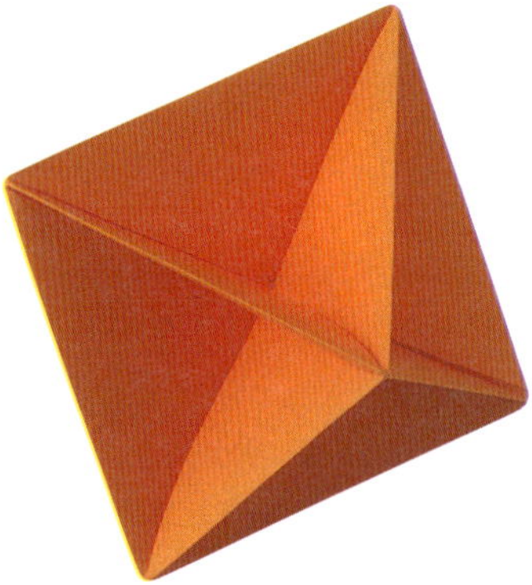

ふきごま

ほしのかたちのパーツを、
6つくみあわせてつくるよ。

1 おりがみを、6まいつかって、つくります。てんせんのところで、やじるしのほうへ、はんぶんにおります。

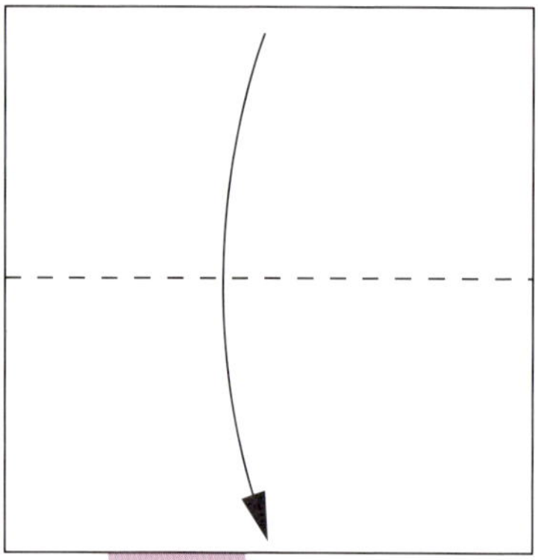

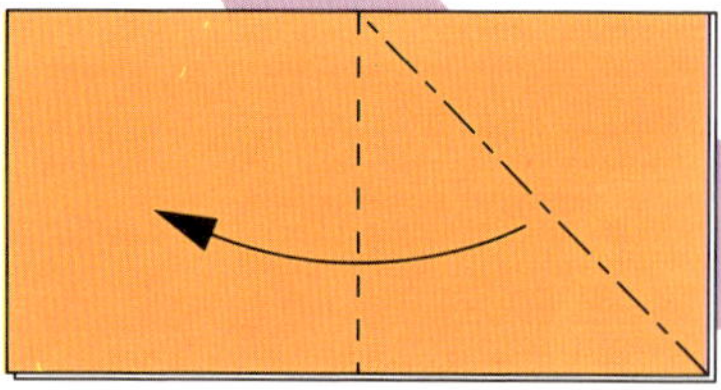

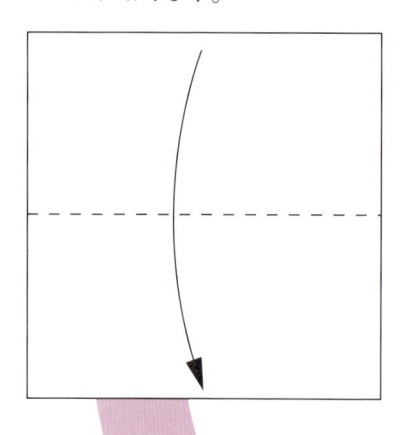

2
やじるしのほうへ、はんぶんにおってひらきながら、てんせんのところで、さんかくにおります。

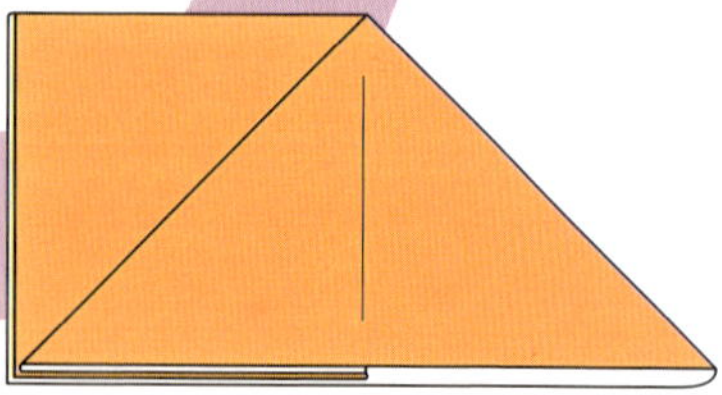

3
2をおったかたちです。うらがわも、おなじようにおります。

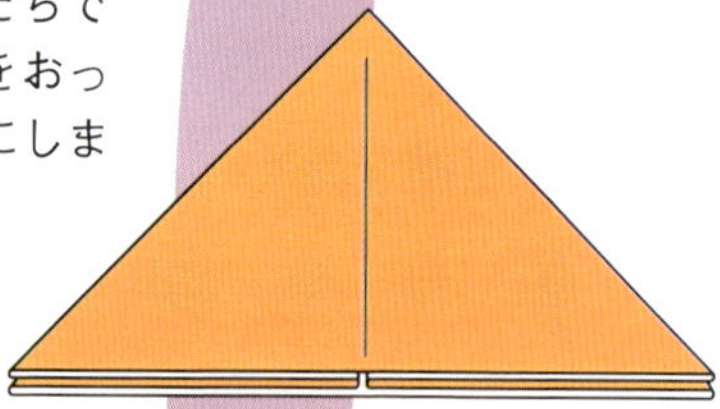

4
3をおったかたちです。まんなかをおって、たつようにします。

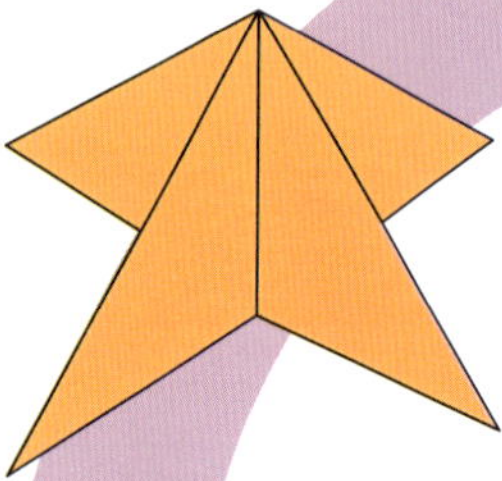

5
4をおったかたちです。おなじものを、6つつくります。

6 5のようにおったかみを、3つつかいます。ずのように、さゆうのさんかくのふくろのなかへ、さしこみます。

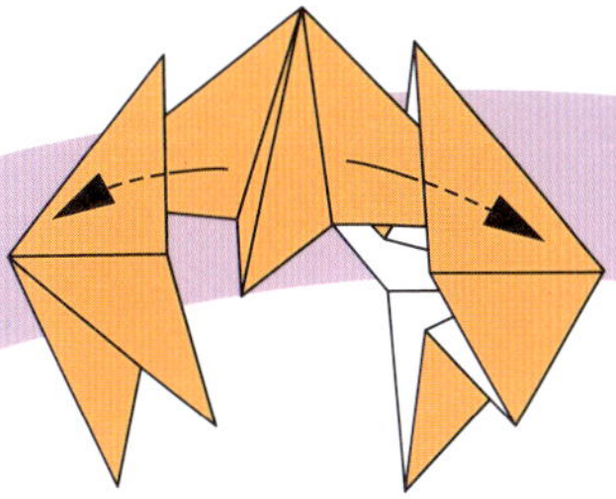

7 4つめは、さんかくの1つを、したからふくろのなかへさしこみ、さゆうのふくろのなかへ、りょうわきのさんかくをさしこみます。

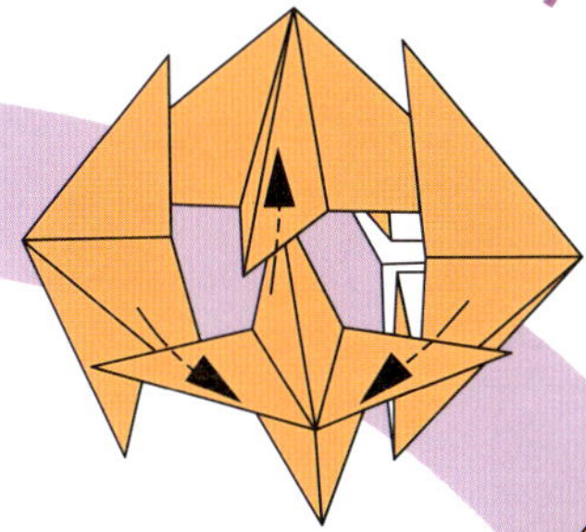

8 5つめは、さゆうのさんかくを、りょうわきのふくろのなかへさしこみ、まえのふくろのなかに、うえにあるさんかくをさしこみます。

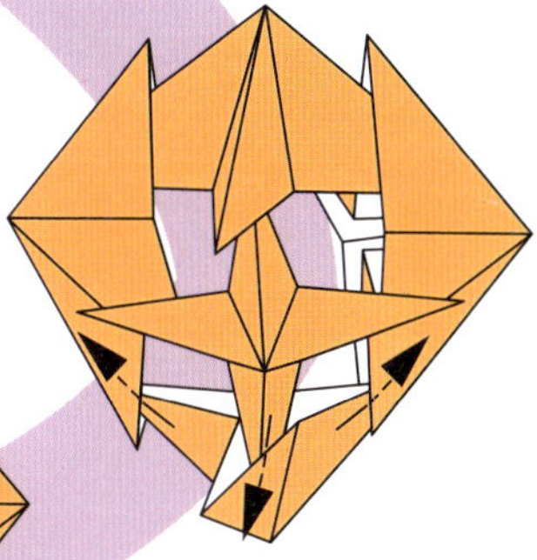

9 8をうらがえして、うらがわを、まえにむけます。6つめのさゆうのふくろのなかへ、りょうわきのさんかくをさしこみ、うえとしたのさんかくを、それぞれふくろのなかへさしこみます。

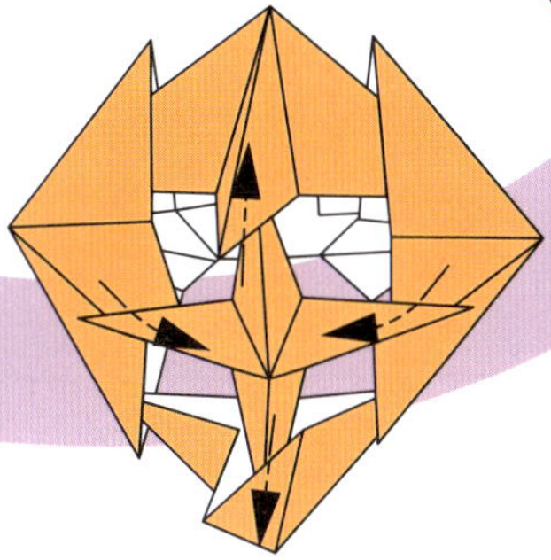

★できあがり★

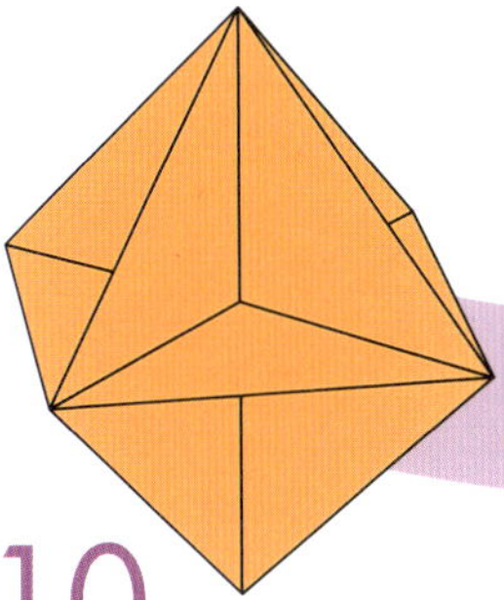

10 すきまのないように、しっかりさしこみ、かたちをととのえて、ふきごまのできあがりです。

●あそびかた

角《かど》を両手《りょうて》ではさんで息《いき》を吹《ふ》きかけると、くるくると回《まわ》りだします。いろいろな色《いろ》のおり紙《がみ》を使《つか》っておると、とてもきれい！

かざぐるま

かぜで、くるくるまわる、かざぐるま。こどものひの、かざりにも。

かんたん

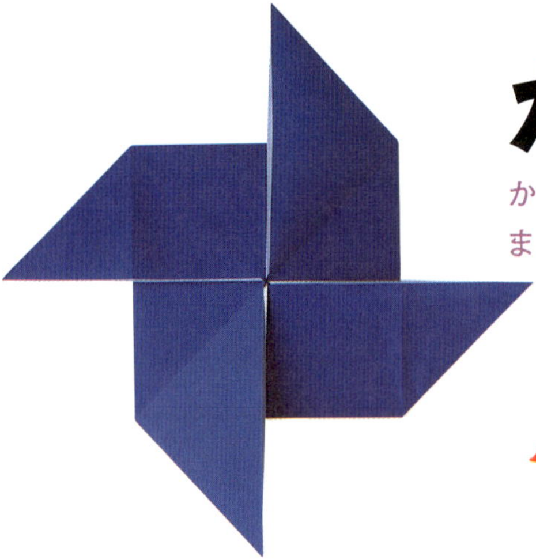

●あそびかた

割《わ》りばしの先《さき》に、かざぐるまの中心《ちゅうしん》部分《ぶぶん》を押《お》しピンで軽《かる》くとめます。最初《さいしょ》に、ピンの穴《あな》を少《すこ》し広《ひろ》く開《あ》けておくと、くるくる回《まわ》ります。

1 「だましぶね」（46ページ）の4から、おりはじめます。やじるしのほうへひらきながら、てんせんのところでおります。

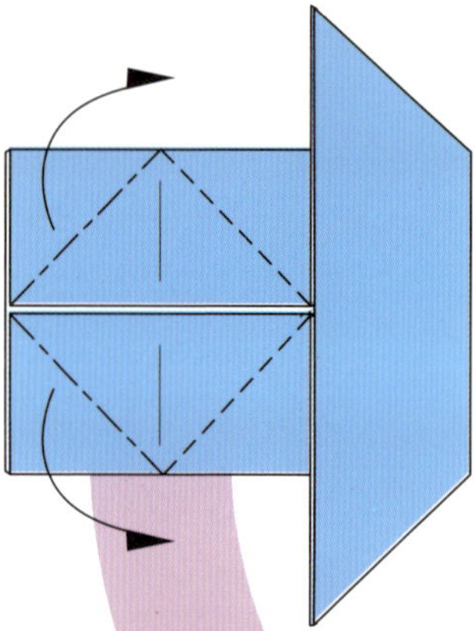

2

てんせんのところで、やじるしのほうへおります。

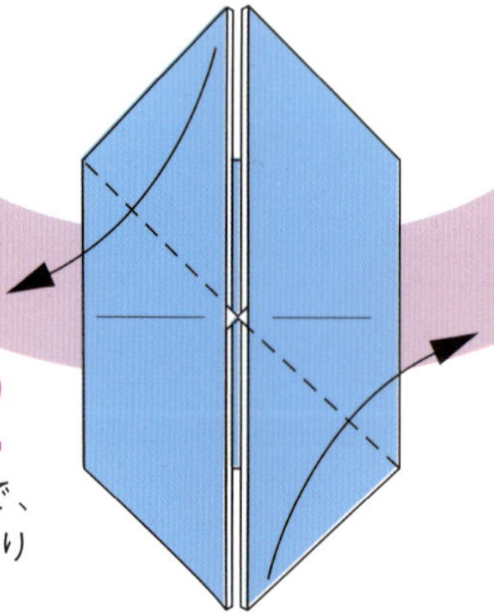

★できあがり★

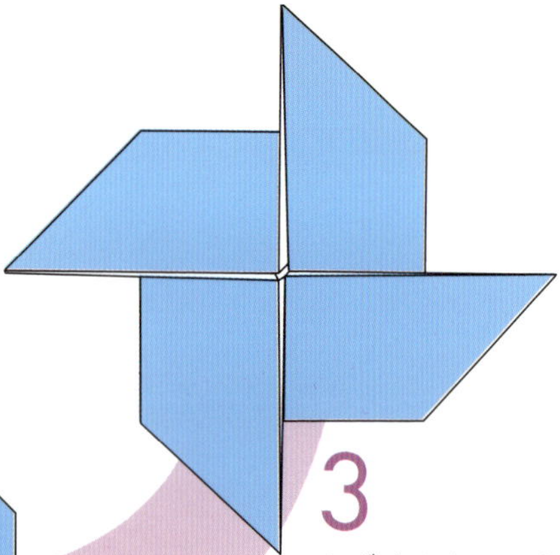

3

かざぐるまのできあがりです。

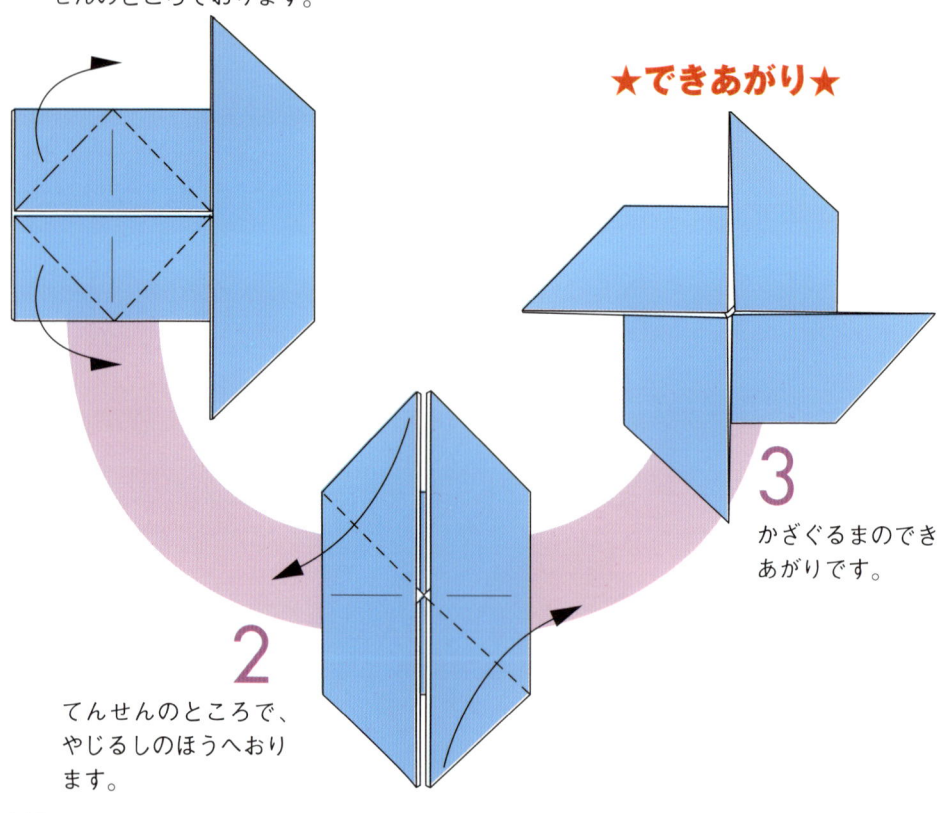

PART 3

つかえるおりがみ

さいふ①

ながしかくのかみをつかっても、
おることができるよ。

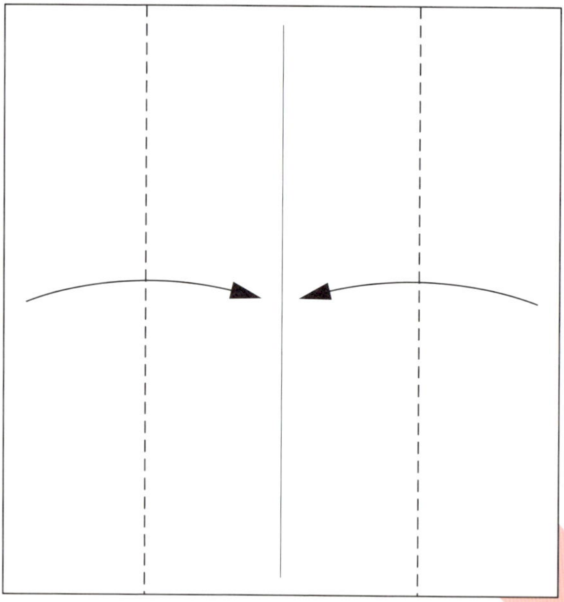

1 はんぶんにおって、おりめをつけてから、てんせんのところで、やじるしのほうへおります。かどとかどを、きちんとあわせておりましょう。

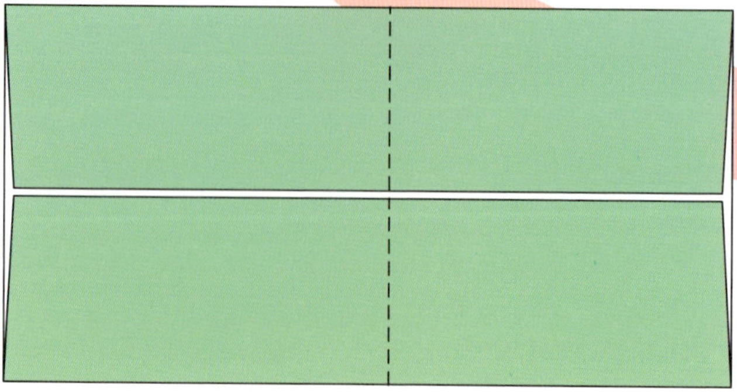

2 てんせんのところで、はんぶんにおって、おりめをつけます。

★できあがり★

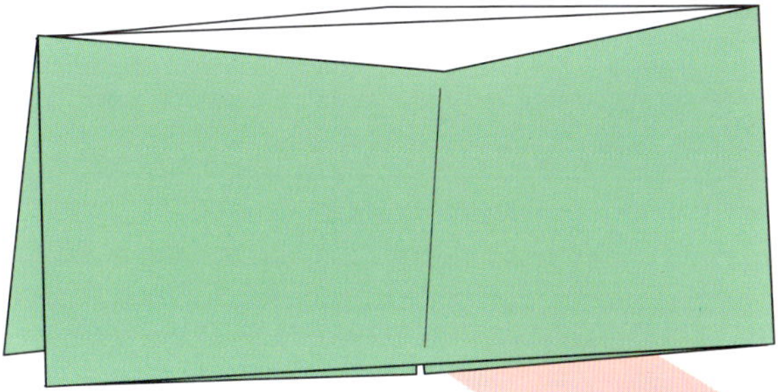

5 さいふ①のできあがりです。おもちゃのおさつやコインをつくって、いれてあそびましょう。

4 てんせんのところで、やじるしのほうへおります。

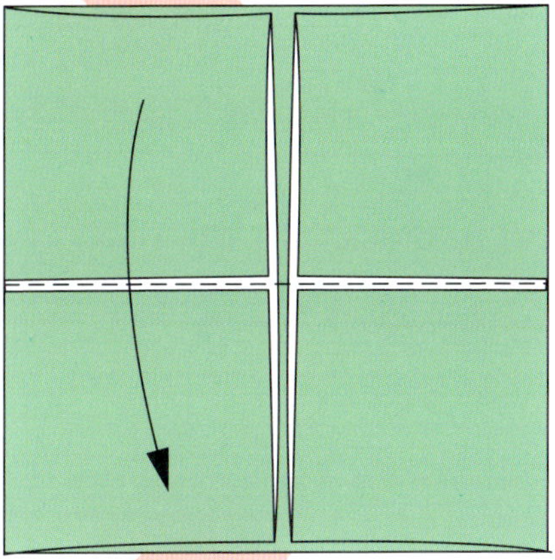

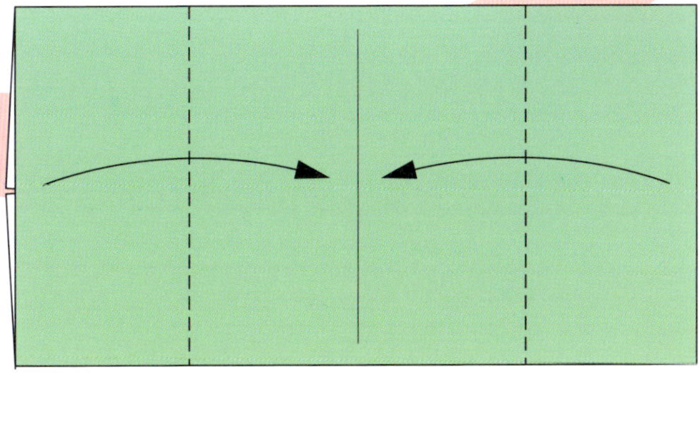

3 2をうらがえして、てんせんのところで、やじるしのほうへおります。

さいふ②

おかねもつくって、
ままごとあそびをしよう。

かんたん

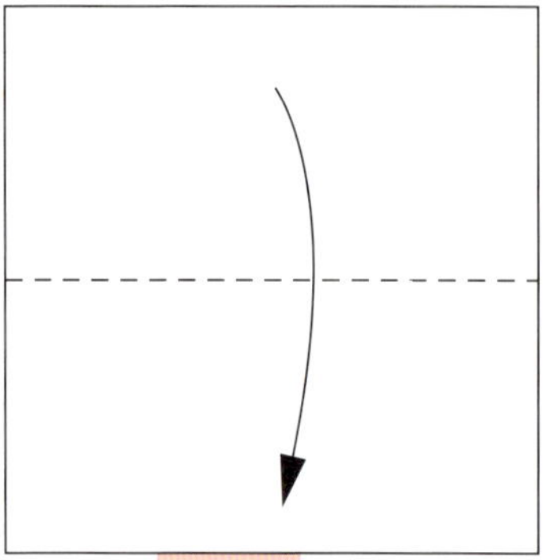

1 てんせんのところで、やじるしのほうへ、はんぶんにおります。

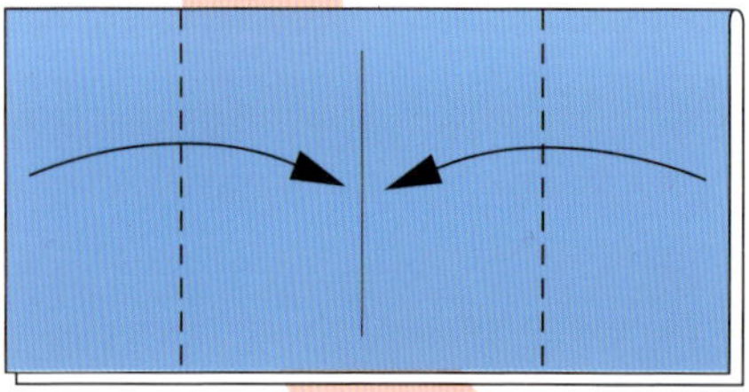

2 はんぶんにおって、おりめをつけてから、てんせんのところで、やじるしのほうへおります。

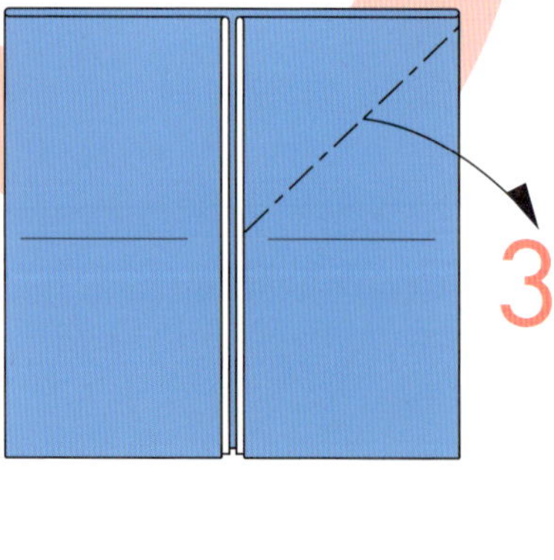

3 はんぶんにおって、おりめをつけます。やじるしのほうへひらきながら、てんせんのところでおります。

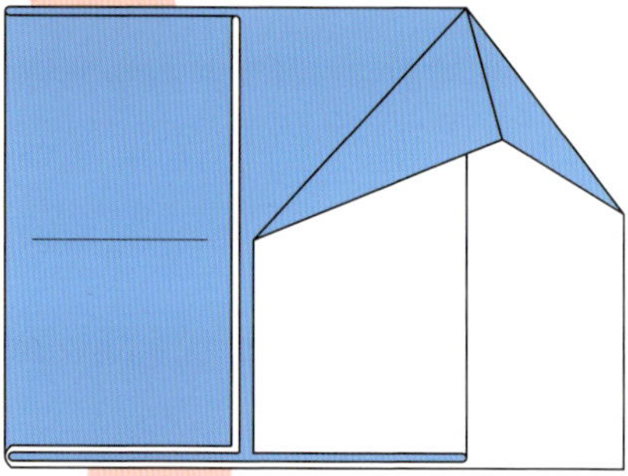

4 3をおっている、とちゅうのかたちです。

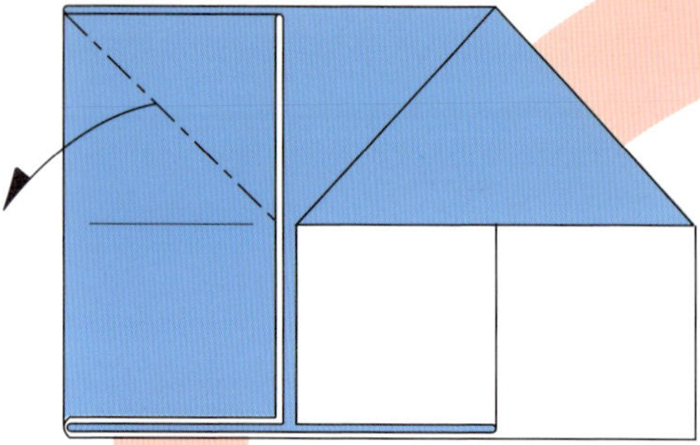

5 もうかたほうも、3～4とおなじようにおります。

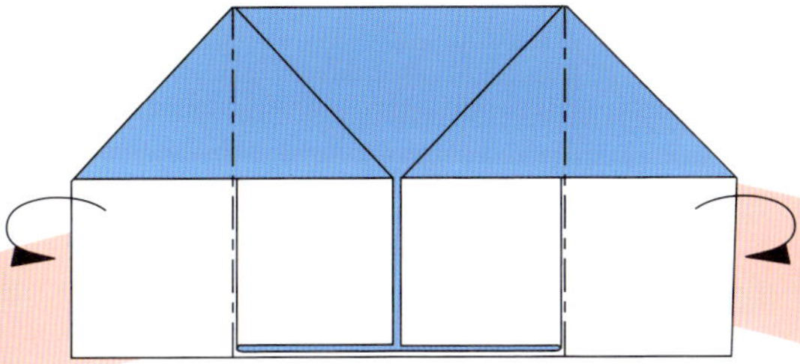

6 てんせんのところで、やじるしのほうへおります。ここまでは26ページの「いえ」とおなじです。

7 まえのしかくを、てんせんのところで、やじるしのほうへおります。うらがわも、おなじようにおります。

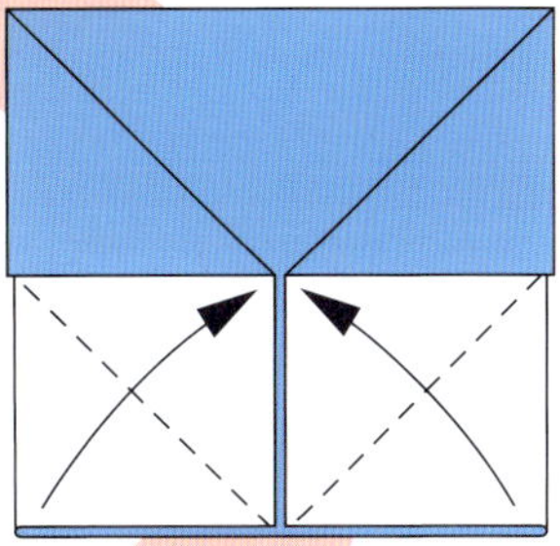

8 てまえのさんかくを、てんせんのところで、やじるしのほうへおります。

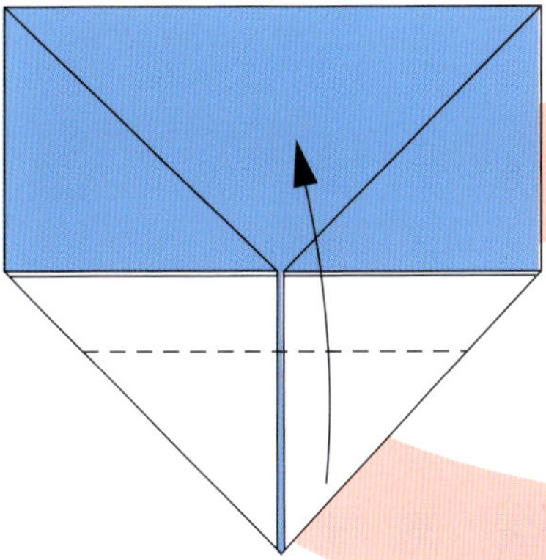

9 てんせんのところで、やじるしのほうへおります。うらがわも、8〜9とおなじようにおります。

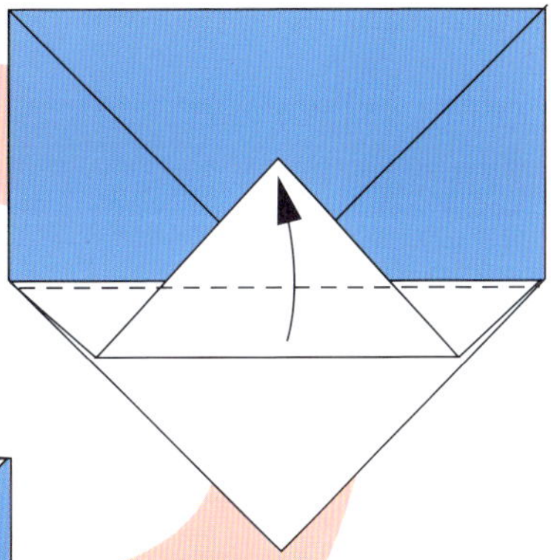

★できあがり★

10 むきをかえると、さいふ②のできあがりです。

ハンドバッグ①

やさしいおりかたの、
かわいいハンドバッグだよ。

かんたん

1 てんせんのところで、やじるしのほうへ、さんかくにおります。

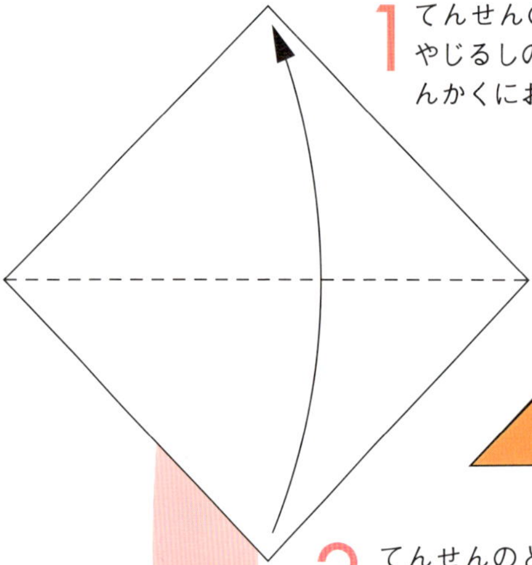

2 てんせんのところで、やじるしのほうへおって、おりめをつけます。

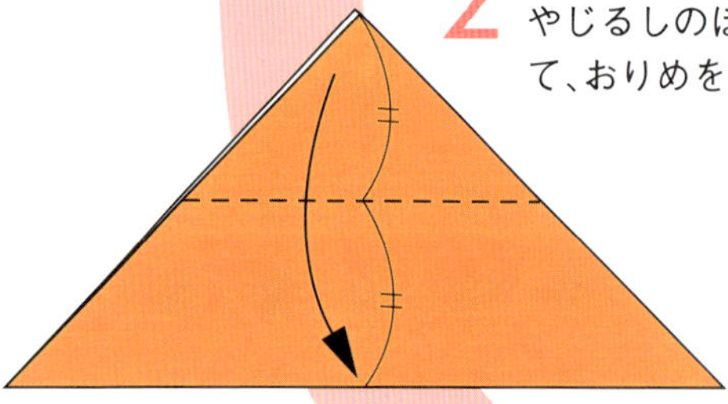

3 てんせんのところで、やじるしのほうへ、はんぶんにおります。

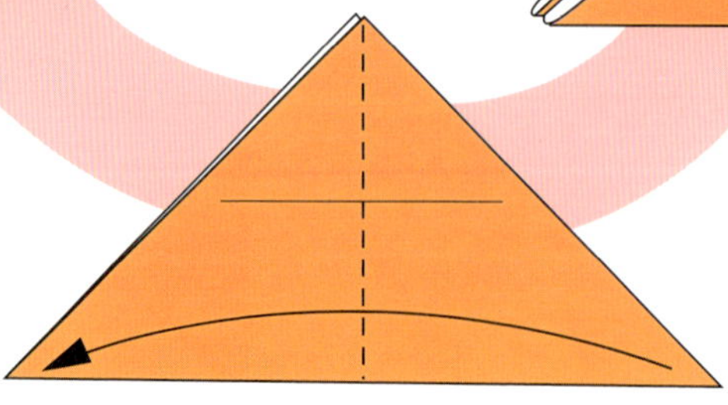

4 2でつけたおりめのところまで、はさみできりこみをいれます。

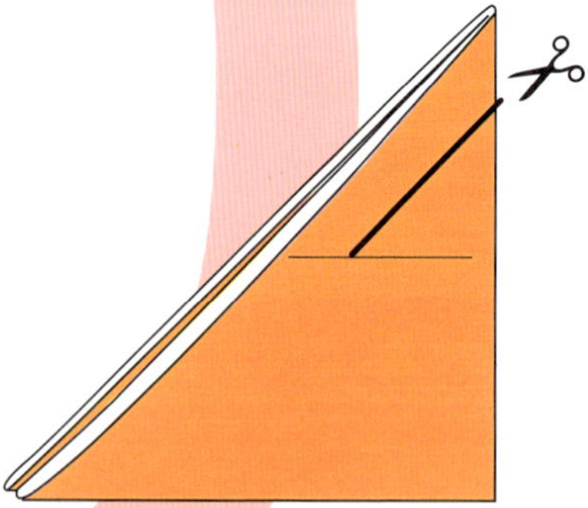

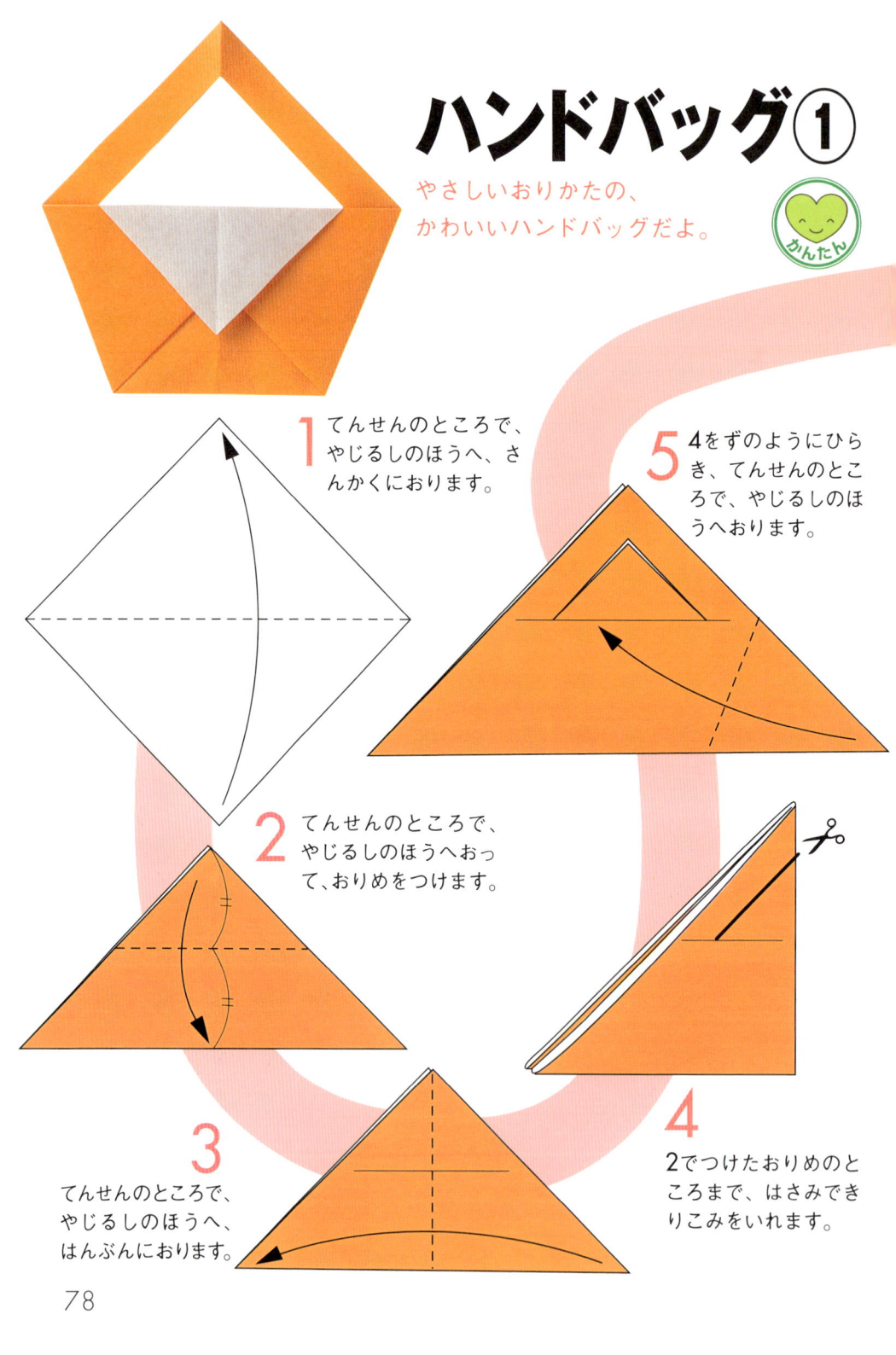

5 4をずのようにひらき、てんせんのところで、やじるしのほうへおります。

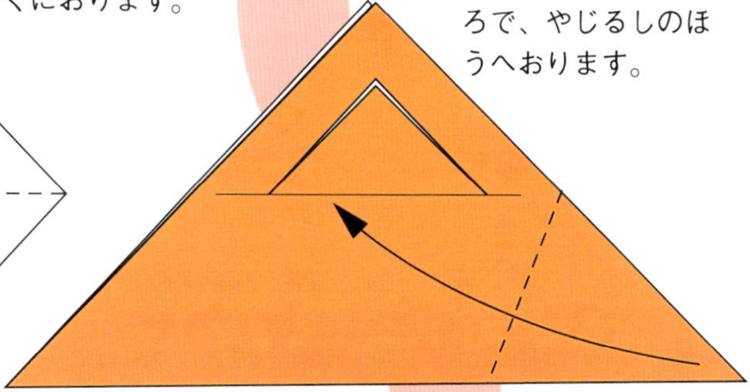

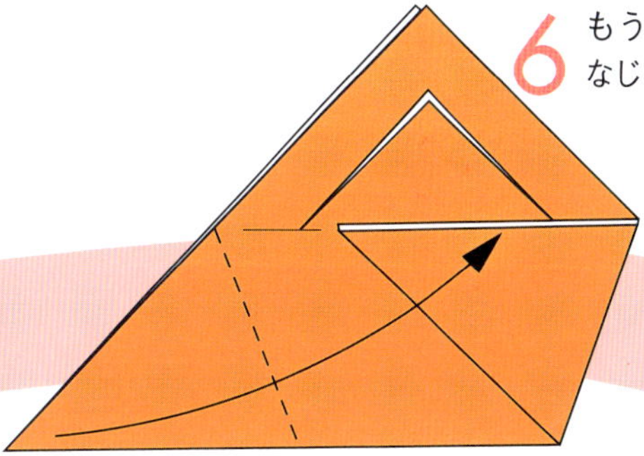

6 もうかたほうも、おなじようにおります。

7 きりこみのところから、うえの1まいを、てんせんのところで、やじるしのほうへおります。

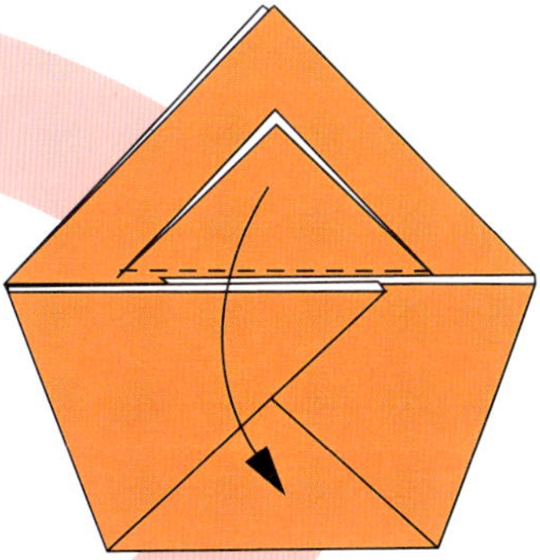

8 7をおったかたちです。

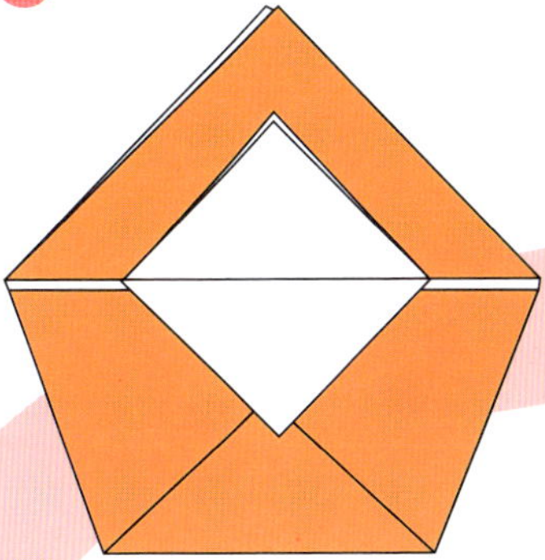

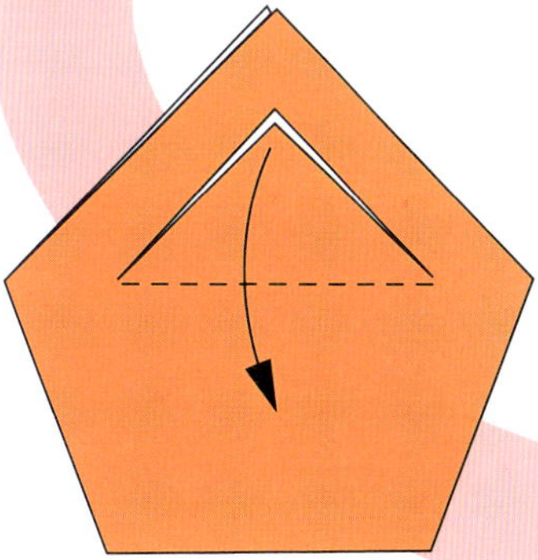

9 8をうらがえして、てんせんのところで、やじるしのほうへおります。

★できあがり★

10 9をうらがえして、ハンドバッグ①のできあがりです。

ハンドバッグ②

バスケットのように、たっぷり
いれられるハンドバッグだよ。

ふつう

しゃしんの「ハンドバッグ②」は、おもてとうらに
いろのついたおりがみでおりました。

1 いろのついたほうをおもてにして、「つる」（12ページ）の5から、むきをかえておりはじめます。てんせんのところで、やじるしのほうへおります。

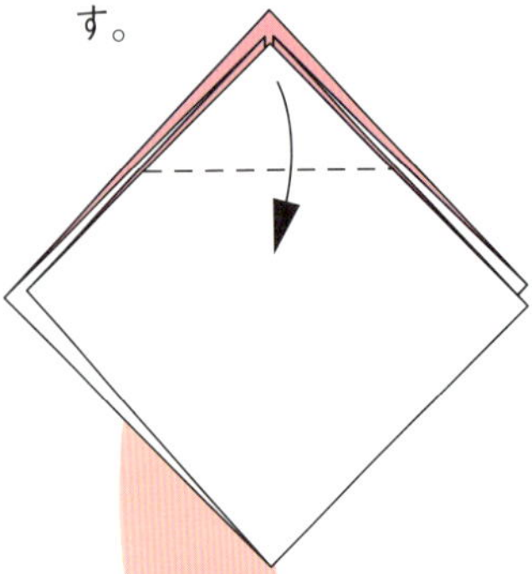

2 てんせんのところで、やじるしのほうへおります。

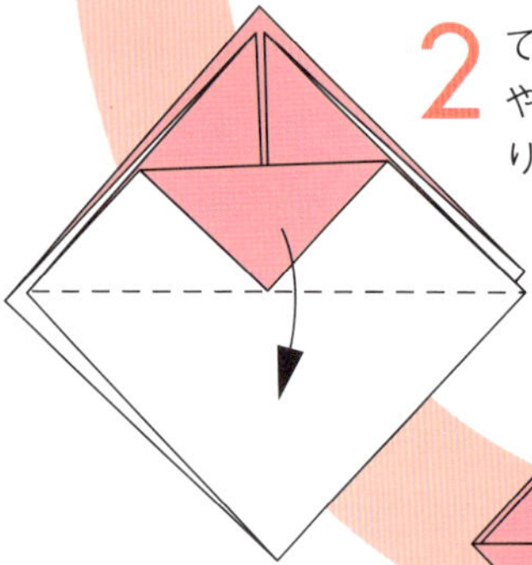

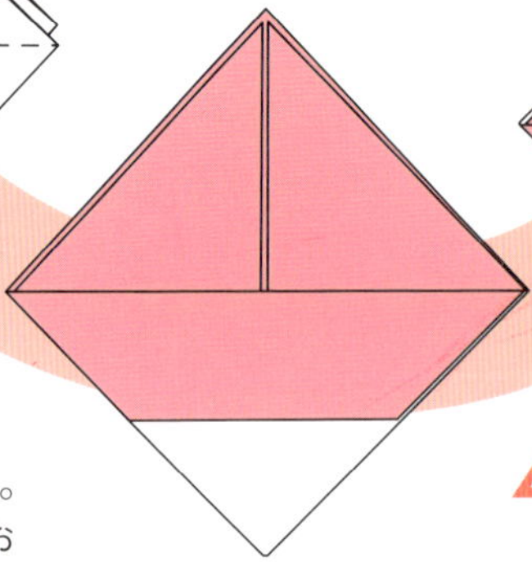

3 2をおったかたちです。うらがわも、1〜2とおなじようにおります。

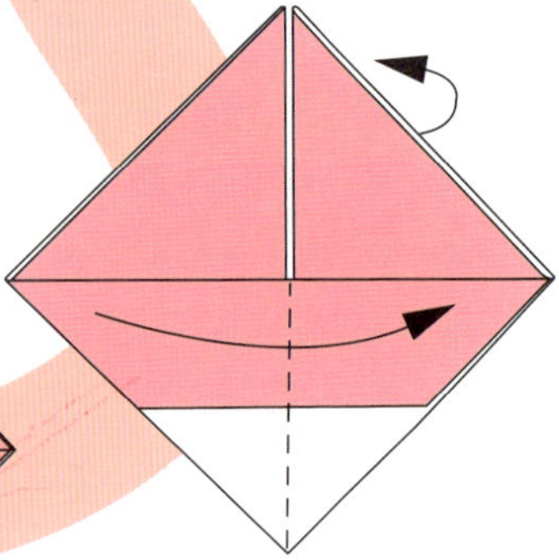

4 うえの１まいを、てんせんのところで、やじるしのほうへ、はんぶんにおります。うらがわも、おなじようにおります。

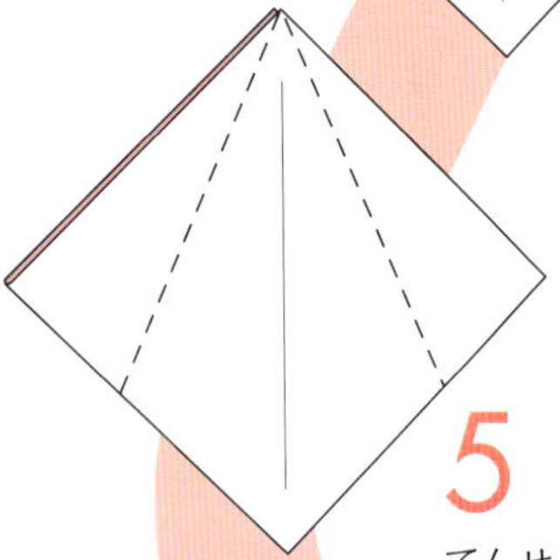

5 てんせんのところで、おりめをつけます。

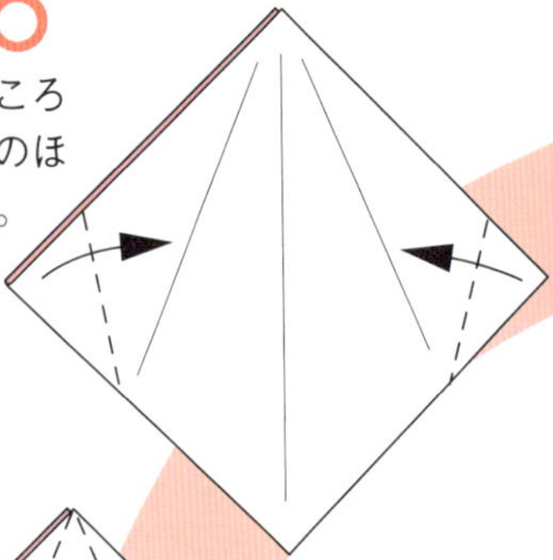

6 てんせんのところで、やじるしのほうへおります。

7 てんせんのところで、やじるしのほうへおります。

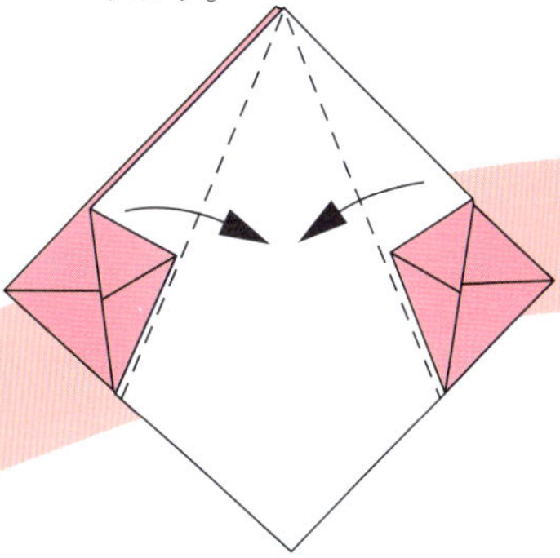

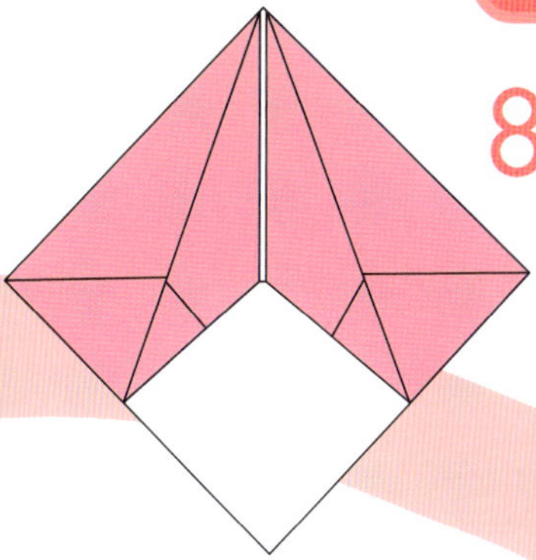

8 7をおったかたちです。うらがわも、5~7とおなじようにおります。

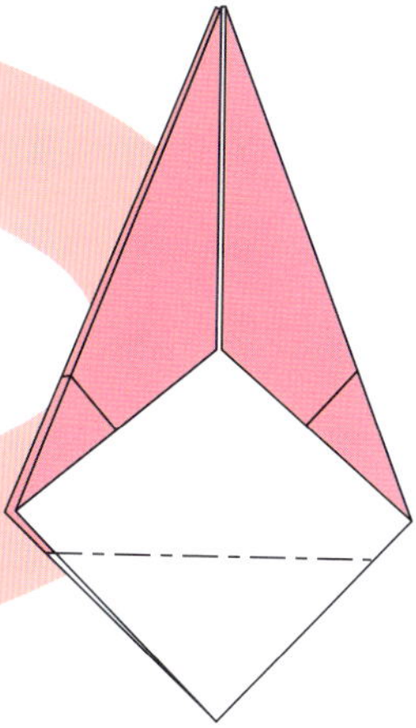

9 うちがわにゆびをいれて、したのぶぶんをひろげてたいらにして、かたちをととのえます。

10 とってになるぶぶんの、かどとかどをのりでとめます。

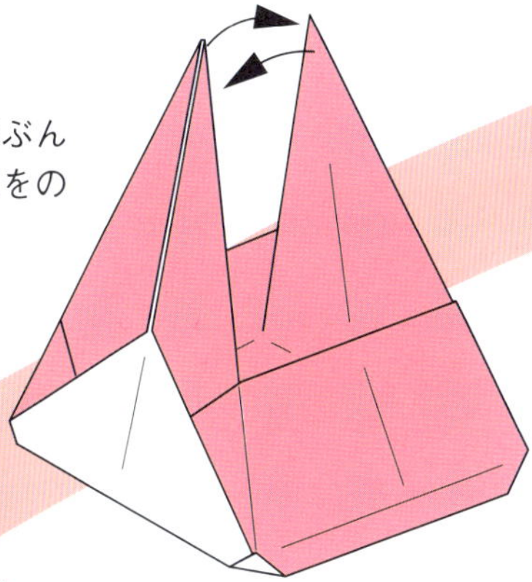

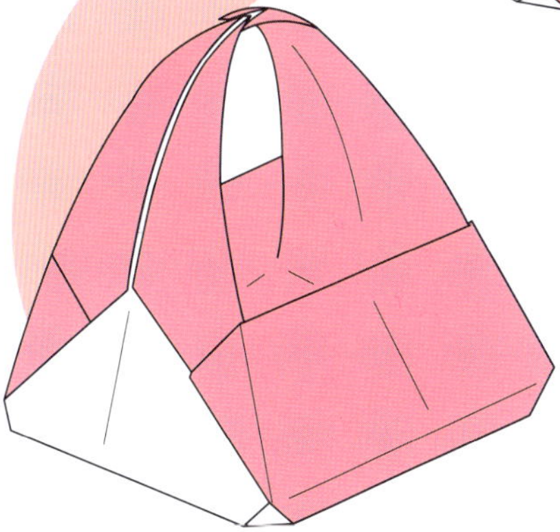

●あそびかた

大《おお》きな包装紙《ほうそうし》や広告《こうこく》の紙《かみ》などでおると、子《こ》どもが持《も》って遊《あそ》ぶことができます。さいふのおり方《かた》は、76ページにあります。

★できあがり★

11 ハンドバッグ②のできあがりです。

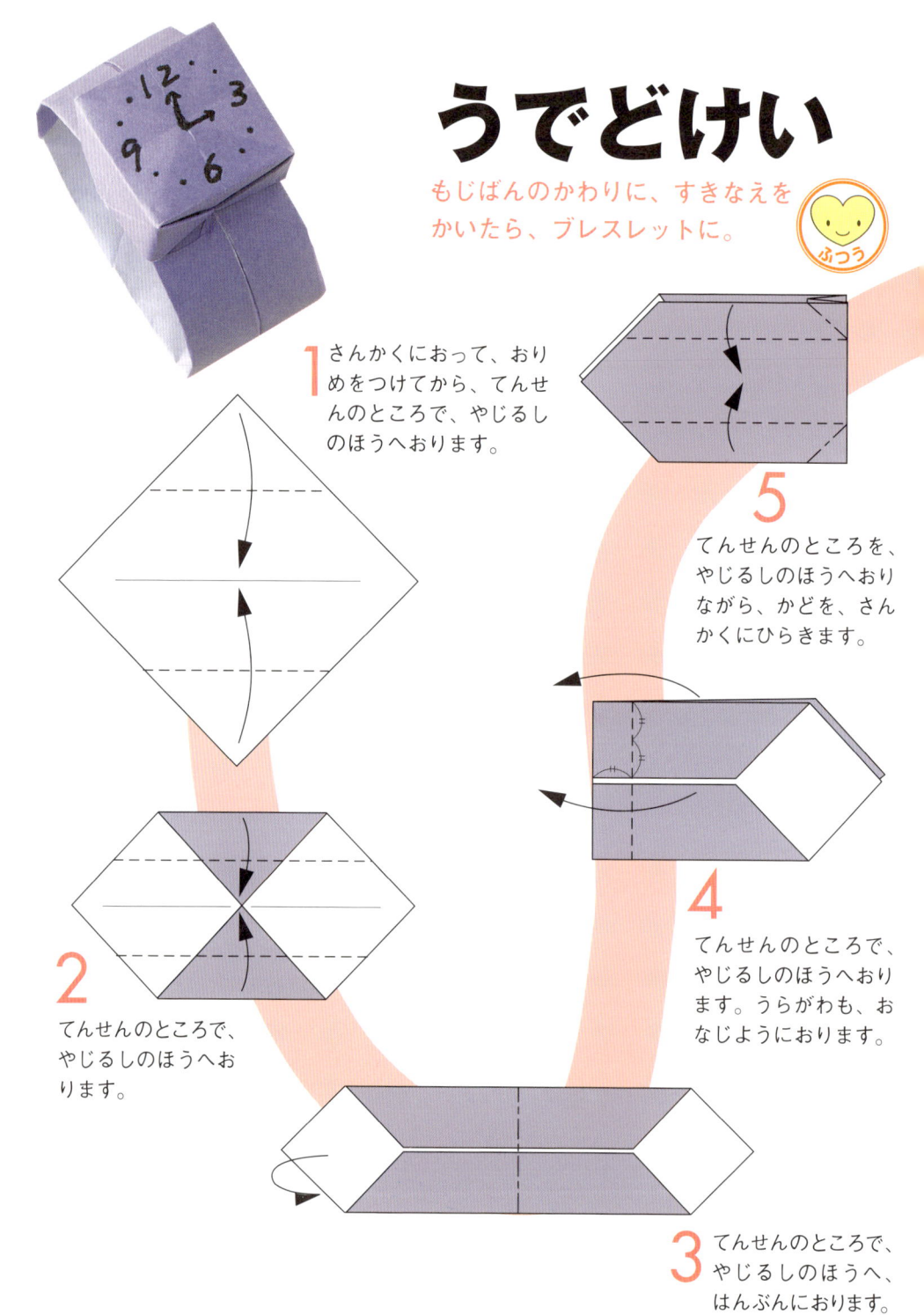

うでどけい

もじばんのかわりに、すきなえを
かいたら、ブレスレットに。

ふつう

1 さんかくにおって、おりめをつけてから、てんせんのところで、やじるしのほうへおります。

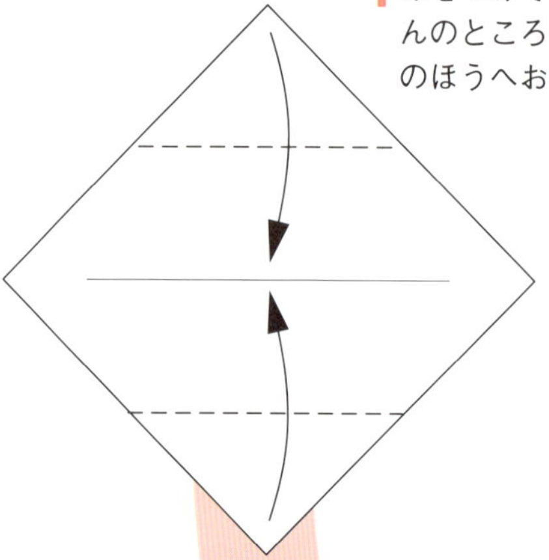

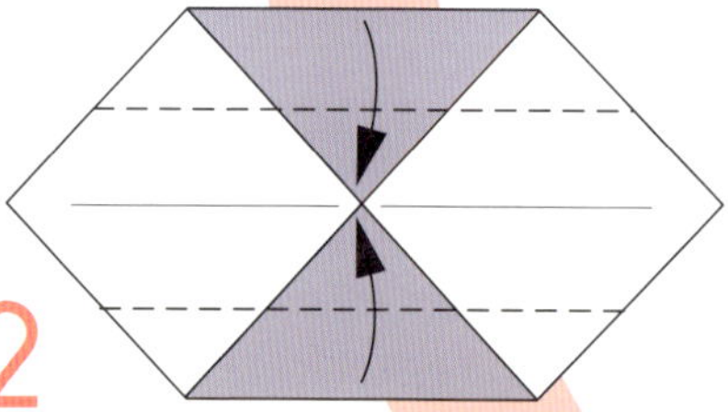

2 てんせんのところで、やじるしのほうへおります。

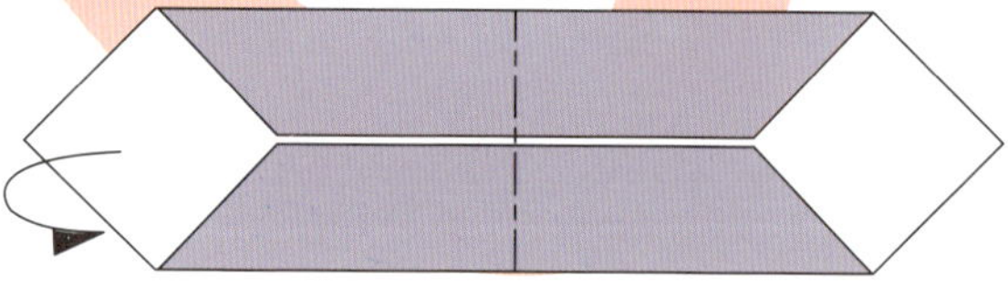

3 てんせんのところで、やじるしのほうへ、はんぶんにおります。

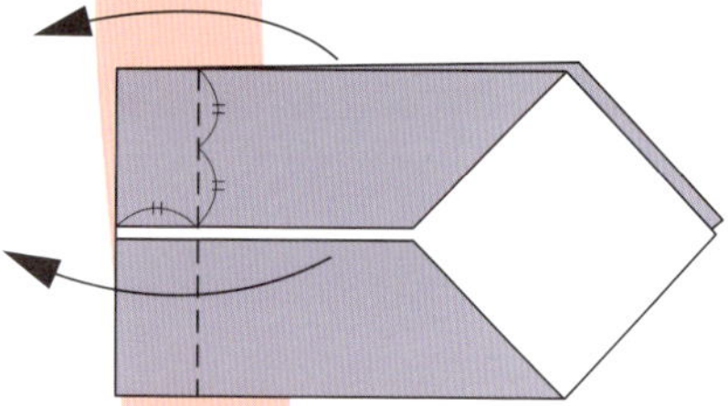

4 てんせんのところで、やじるしのほうへおります。うらがわも、おなじようにおります。

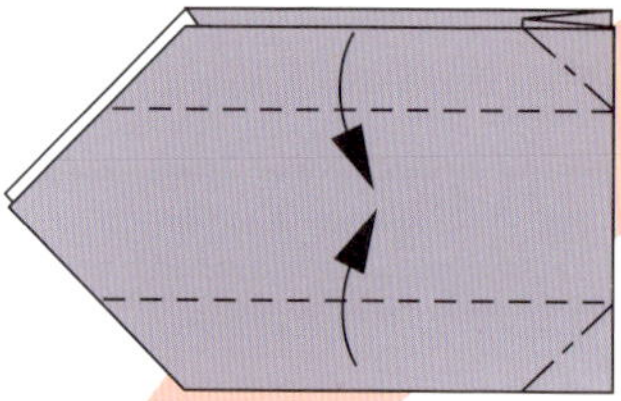

5 てんせんのところを、やじるしのほうへおりながら、かどを、さんかくにひらきます。

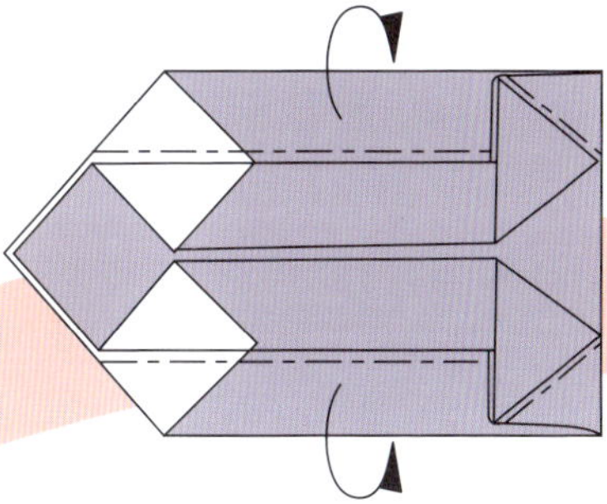

6 5をおったかたちです。うらがわも、おなじようにおります。

7 6をおったかたちです。てんせんのところでおって、やじるしのほうへひらきます。

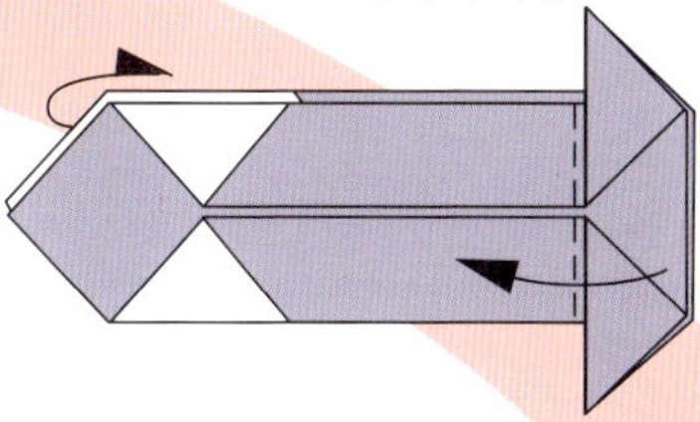

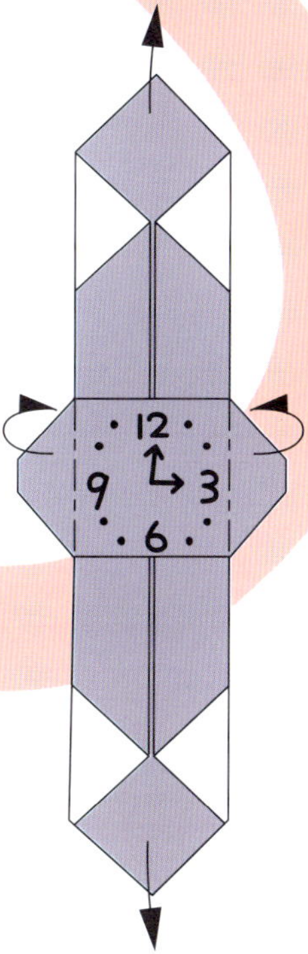

8 ここで、むきをかえて、とけいのもじばんをかいておきます。もじばんのさゆうのぶぶんを、てんせんのところで、やじるしのほうへおって、おりめをつけます。ベルトのぶぶんを、りょうほうからひっぱって、かたちをととのえます。

9 8をおったかたちです。

★できあがり★

10 うでどけいのできあがりです。うでにつけて、ベルトのぶぶんをセロハンテープでとめます。

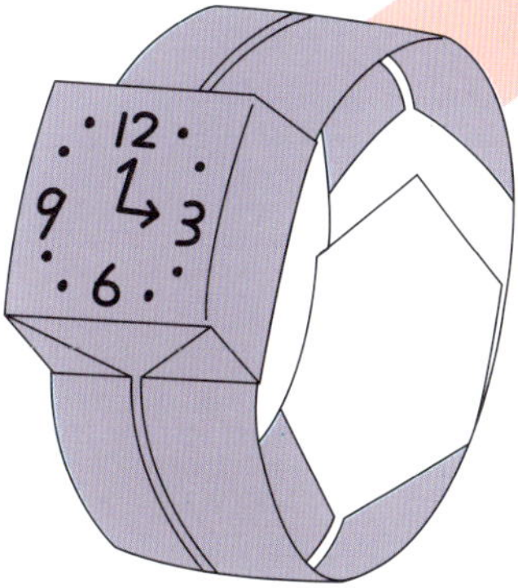

ハートのブレスレット

15×15センチくらいのおりがみなら、うでにつけてあそべるよ。

がんばれ

1 たてとよこに、はんぶんにおっておりめをつけてから、ずのように、てんせんのところで、やじるしのほうへ、まくようにして2かいおります。

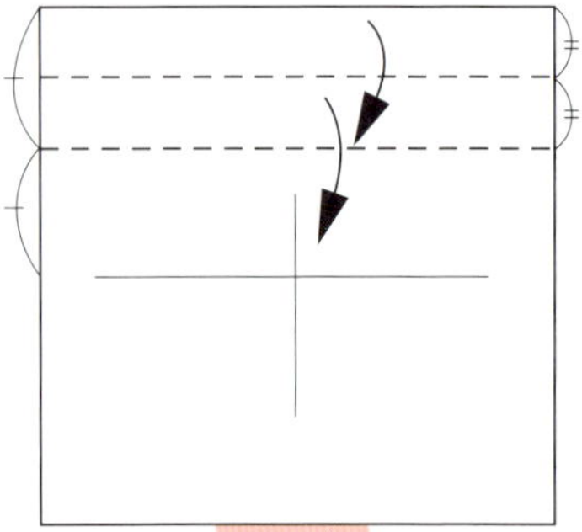

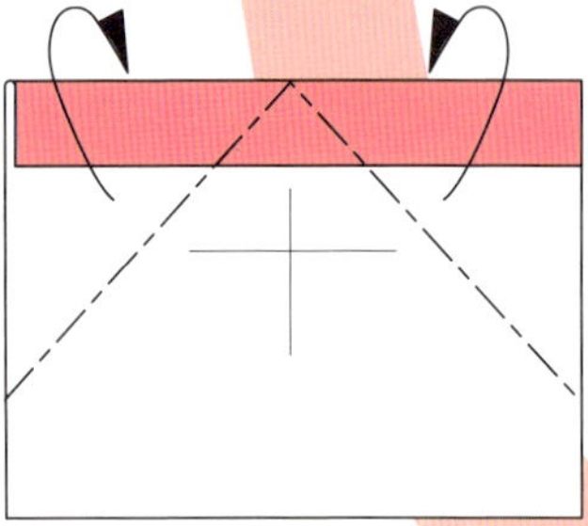

2 てんせんのところで、やじるしのほうへおります。

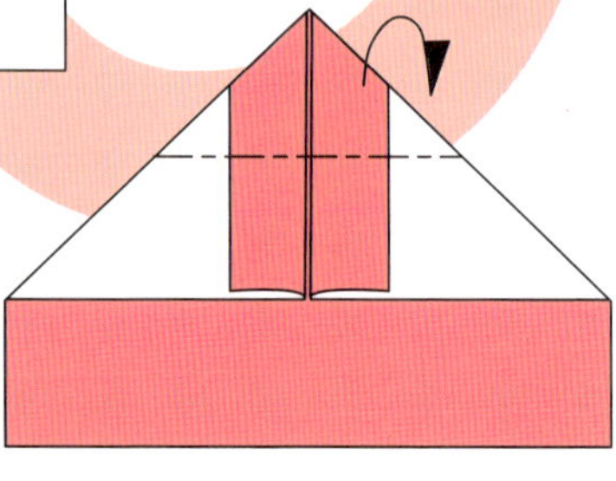

3 2をうらがえして、てんせんのところで、やじるしのほうへおります。

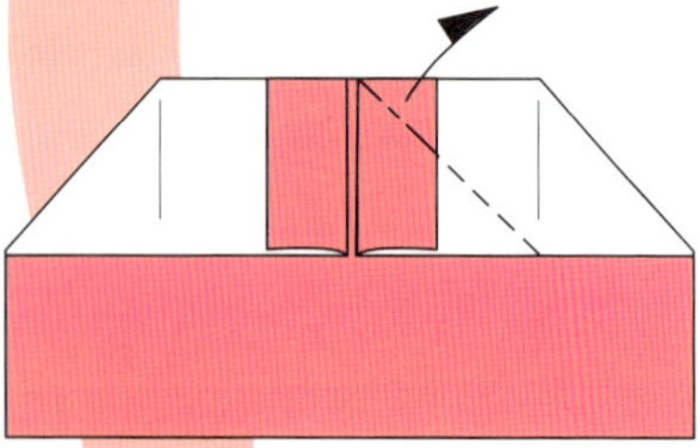

4 ゆびをいれてやじるしのほうへひらきながら、てんせんのところでおります。

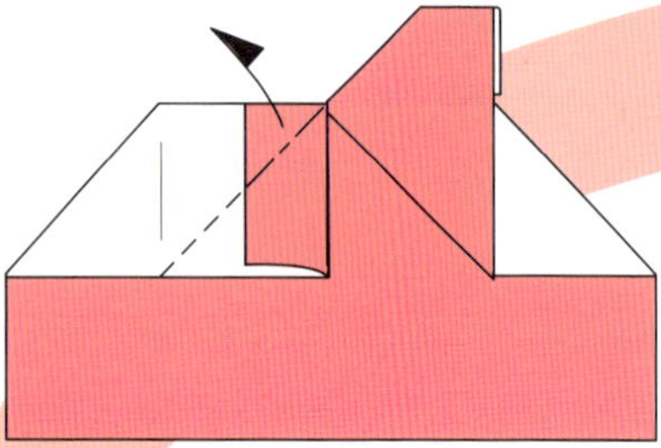

5 4をおったかたちです。もうかたほうも、やじるしのほうへひらきます。

6 てんせんのところで、やじるしのほうへおります。

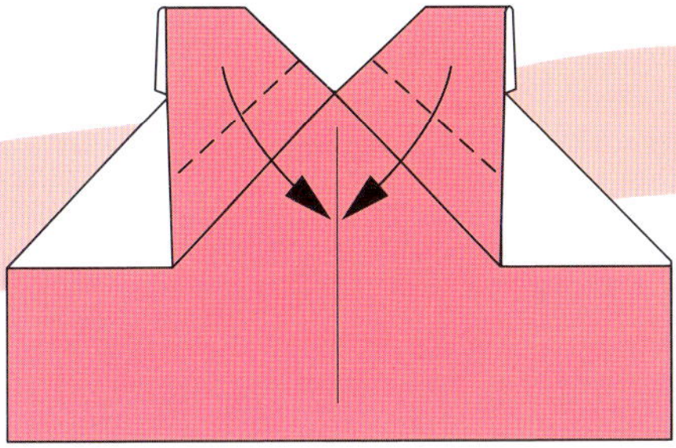

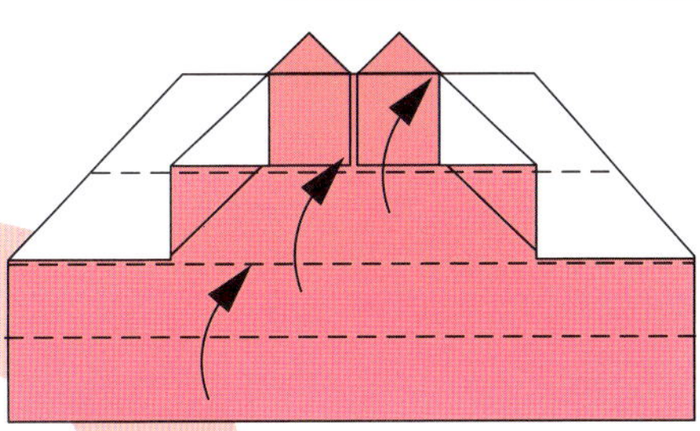

7 6をおったかたちです。てんせんのところで、やじるしのほうへ、まくようにこ3かいおります。

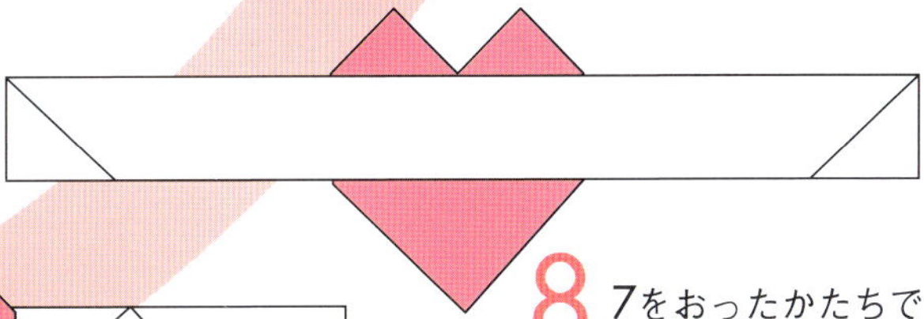

8 7をおったかたちです。

9 8をうらがえしたかたちです。

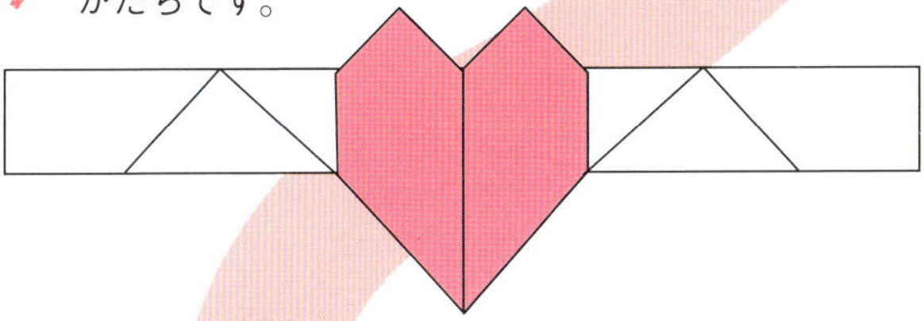

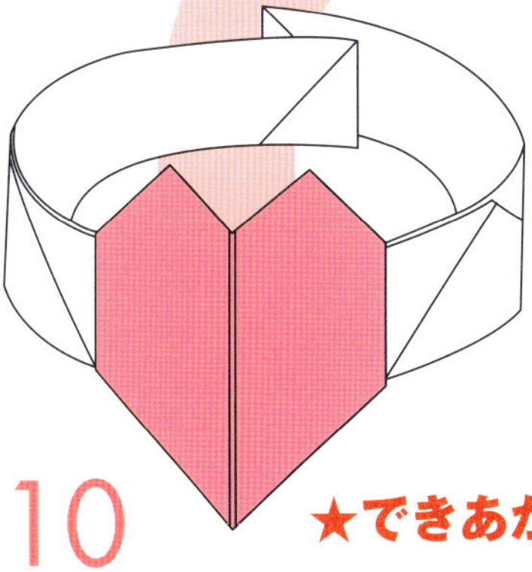

10 ★できあがり★

ハートのブレスレットのできあがりです。うでにつけて、ベルトのぶぶんを、セロハンテープなどでとめます。

●あそびかた

女《おんな》の子《こ》に大人《だいにん》気《き》のハートのブレスレット。大《おお》きな紙《かみ》で作《つく》れば、カチューシャのように、頭《あたま》につけることもできます。

アメリカンハット

しんぶんしでおると、
こどもがかぶることができるよ。

1「いえ」（26ページ）の6から、おりはじめます。てんせんのところで、やじるしのほうへおります。

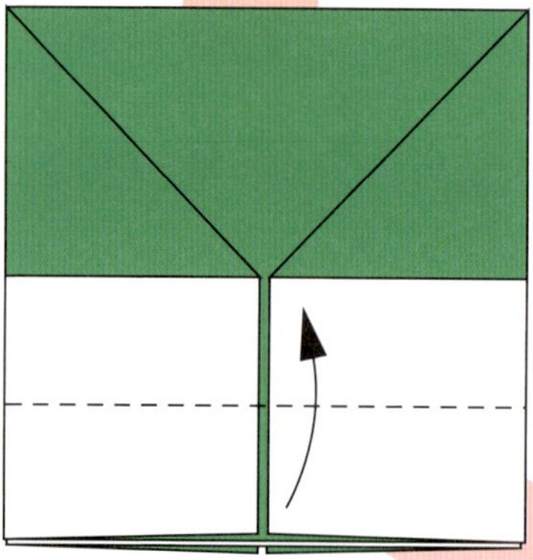

2 まえのしかくを、てんせんのところで、やじるしのほうへおります。

3 てんせんのところで、やじるしのほうへおります。

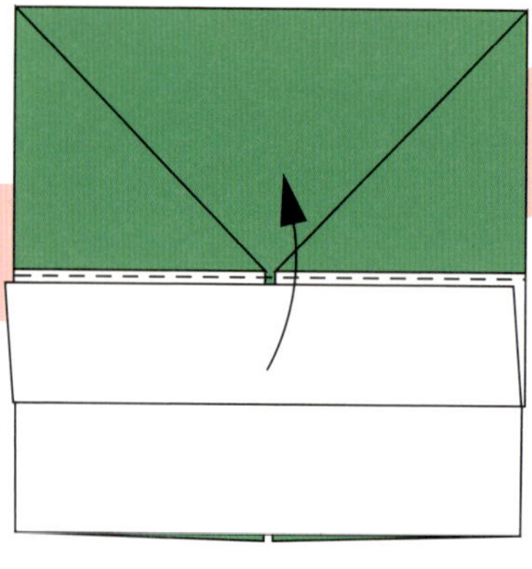

★できあがり★

5 したからふくろにゆびをいれて、かたちをととのえ、アメリカンハットのできあがりです。しんぶんしなどの、おおきいかみでおると、かぶってあそべます。

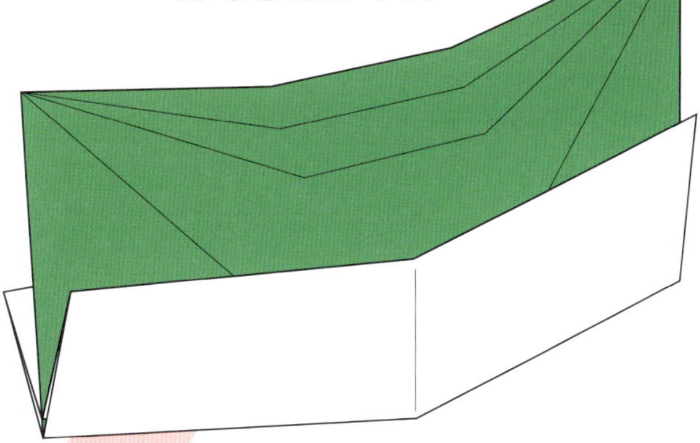

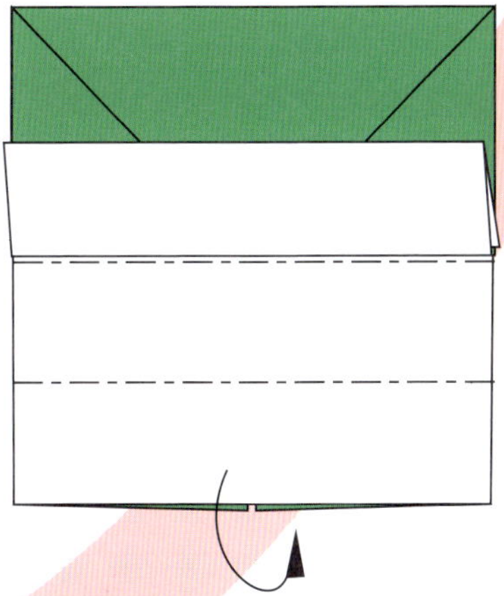

4 うらがわも2〜3とおなじようにおります。

●真四角《ましかく》の紙《かみ》の作《つく》り方《かた》

新聞紙《しんぶんし》や包装紙《ほうそうし》のような長方形《ちょうほうけい》の紙《かみ》でも、真四角《ましかく》の紙《かみ》を作《つく》ることができます。三角形《さんかくけい》におって、あまった部分《ぶぶん》の紙《かみ》をはさみで切《き》ります。模様《もよう》のきれいな紙《かみ》など、いろいろ使《つか》って。

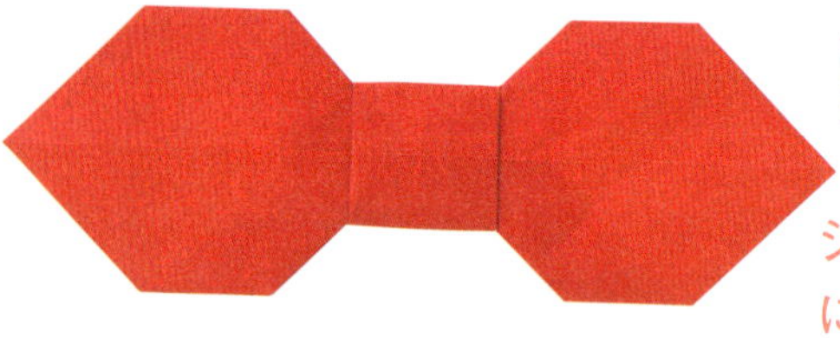

リボン

シャツにつけて、ちょうネクタイにしても、おしゃれ。

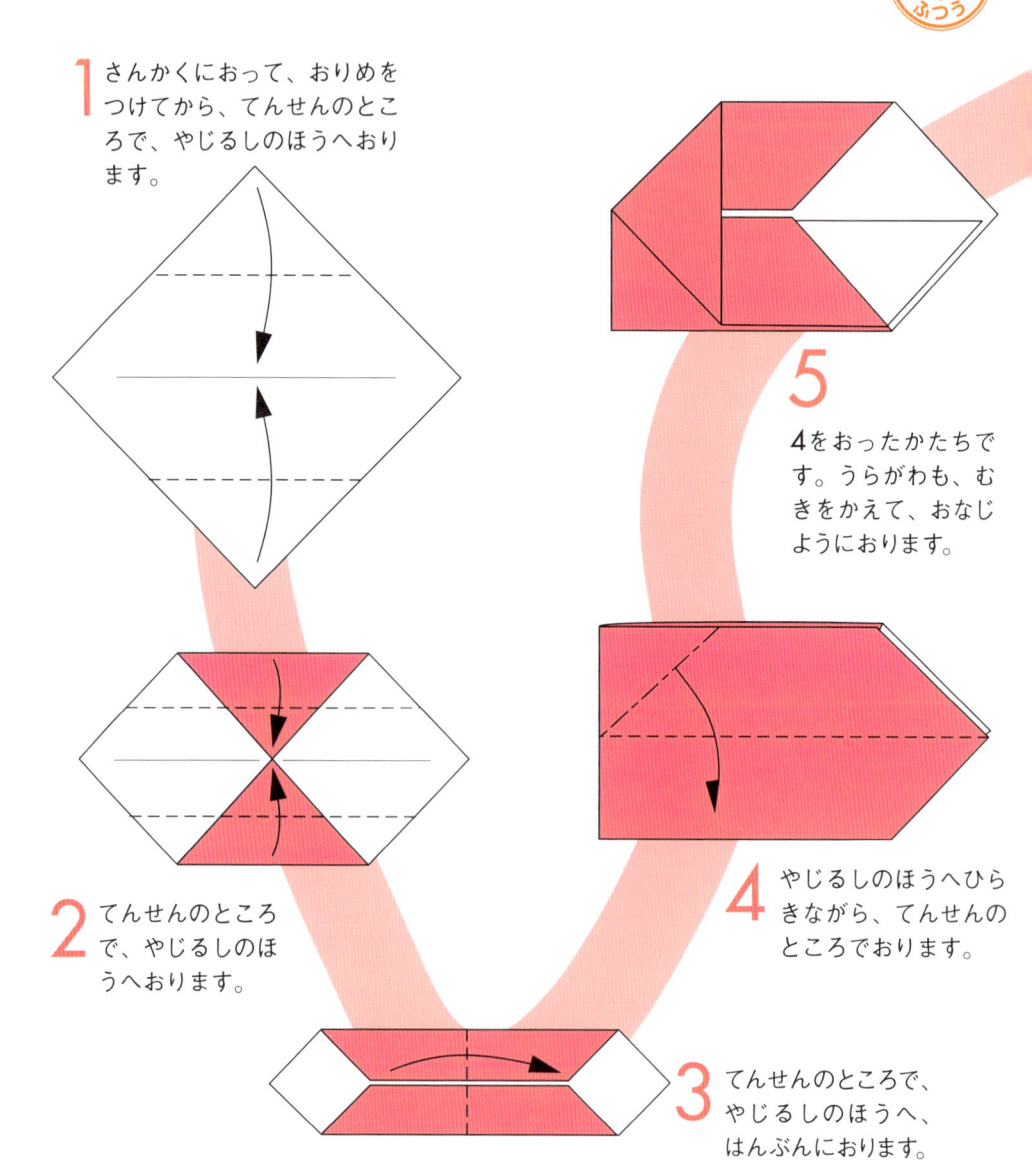

1 さんかくにおって、おりめをつけてから、てんせんのところで、やじるしのほうへおります。

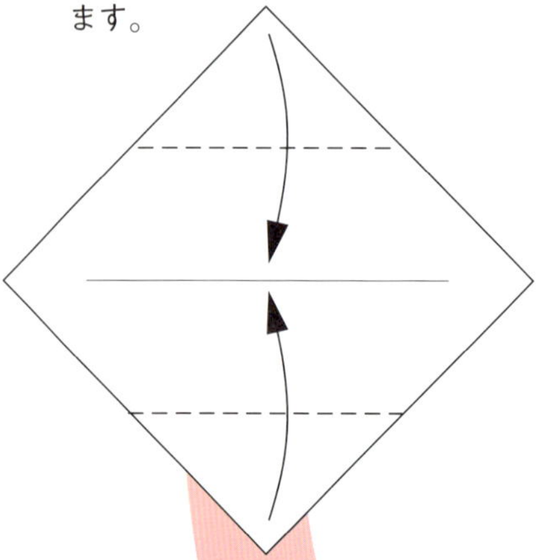

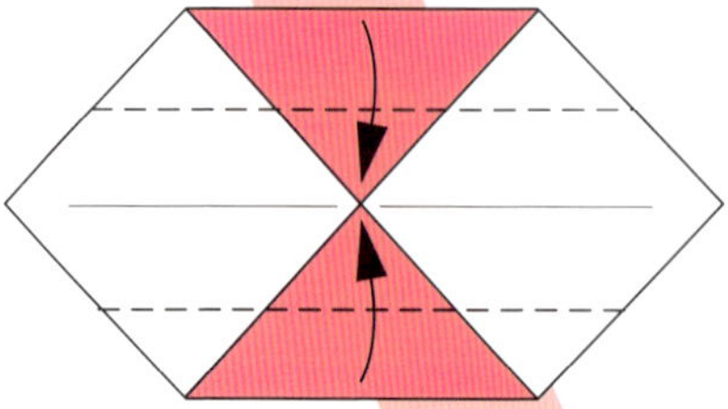

2 てんせんのところで、やじるしのほうへおります。

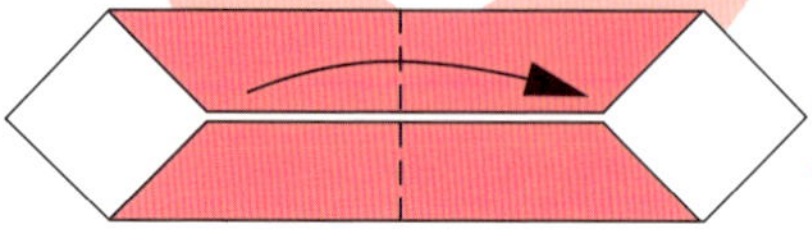

3 てんせんのところで、やじるしのほうへ、はんぶんにおります。

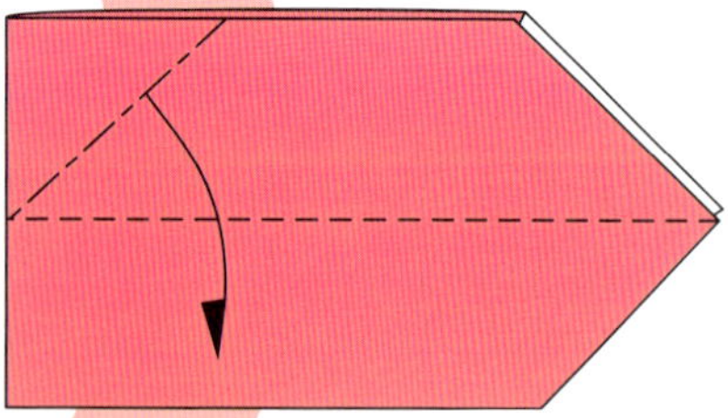

4 やじるしのほうへひらきながら、てんせんのところでおります。

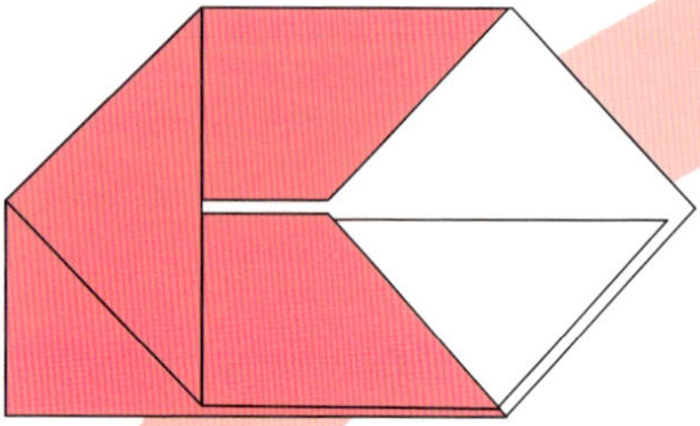

5 4をおったかたちです。うらがわも、むきをかえて、おなじようにおります。

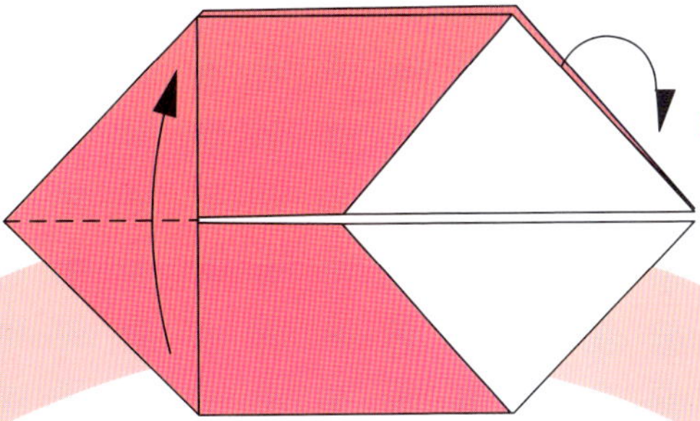

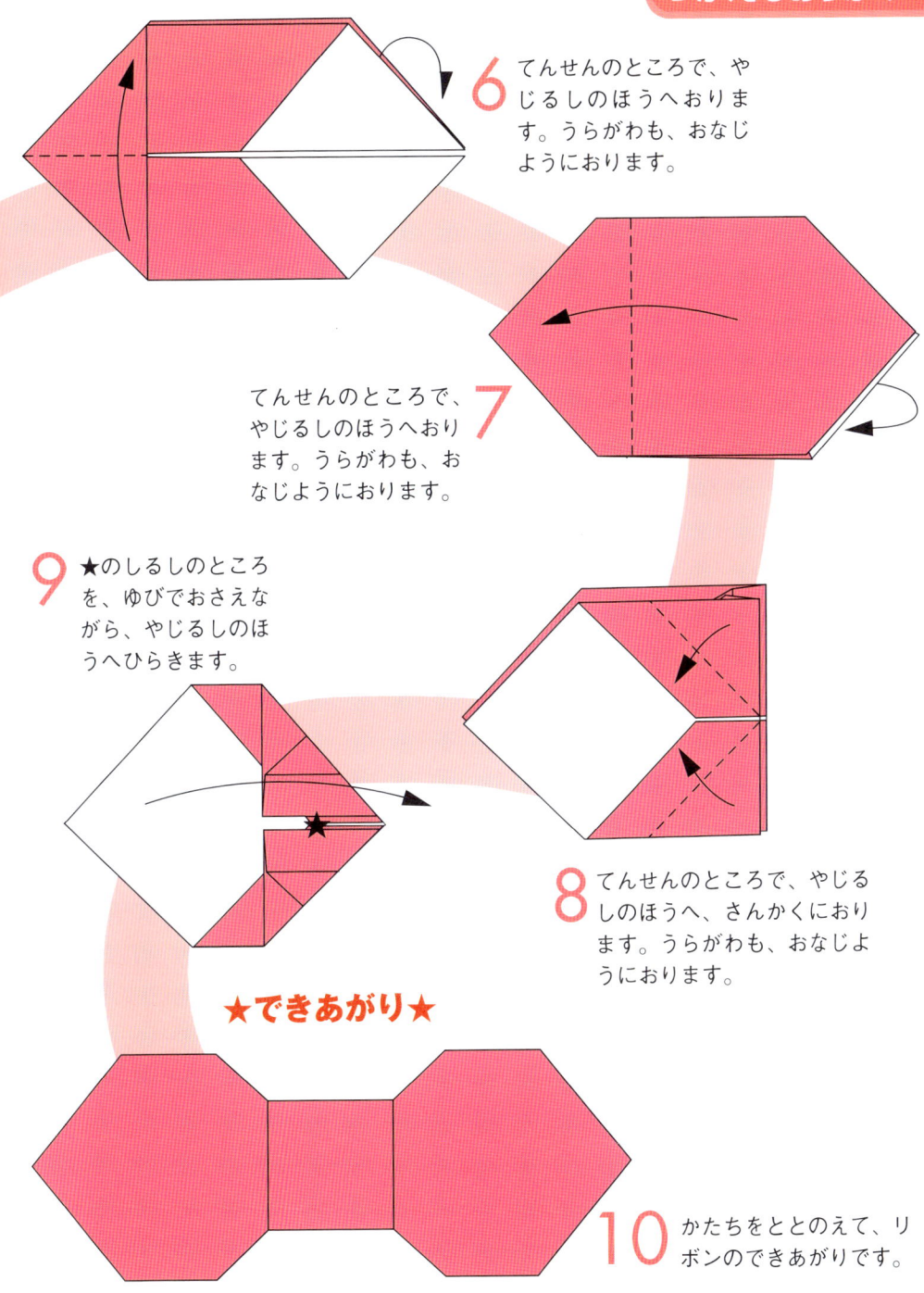

6 てんせんのところで、やじるしのほうへおります。うらがわも、おなじようにおります。

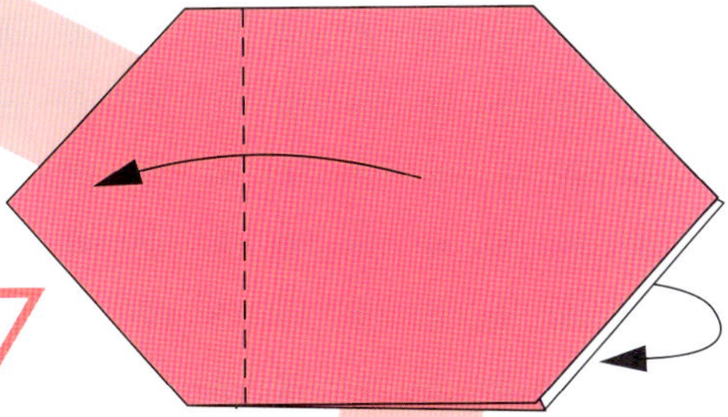

7 てんせんのところで、やじるしのほうへおります。うらがわも、おなじようにおります。

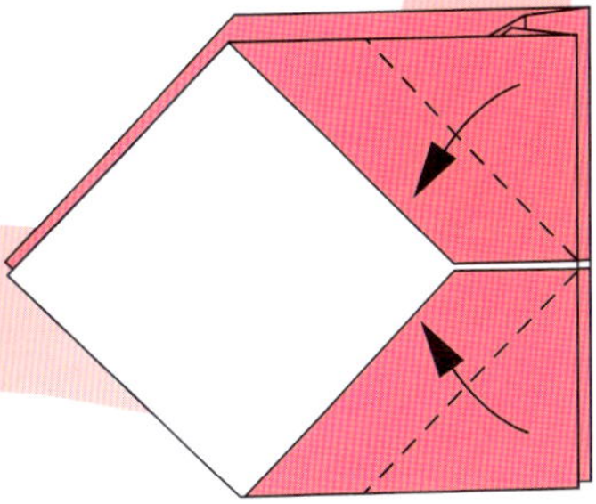

8 てんせんのところで、やじるしのほうへ、さんかくにおります。うらがわも、おなじようにおります。

9 ★のしるしのところを、ゆびでおさえながら、やじるしのほうへひらきます。

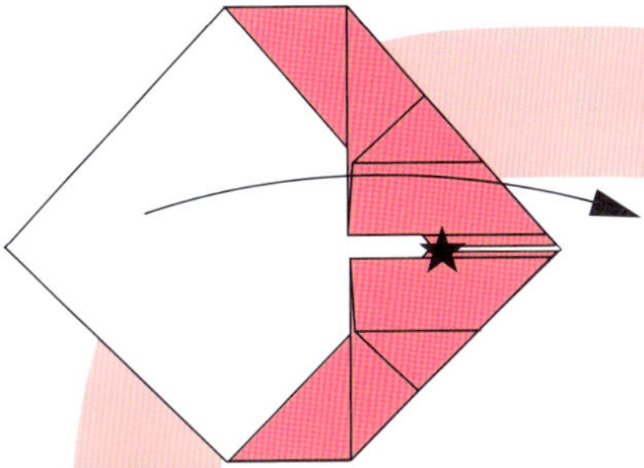

★できあがり★

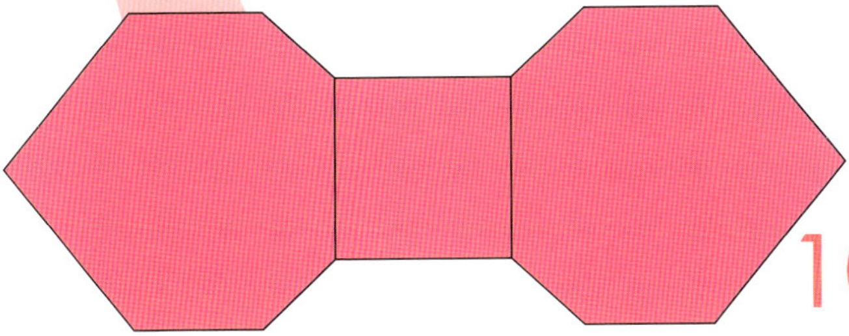

10 かたちをととのえて、リボンのできあがりです。

なふだ

ようちえんなどでつかうなふだが、
おりがみでもできるよ。

ふつう

1 ずのようにおりめをつけてから、てんせんのところで、やじるしのほうへおります。

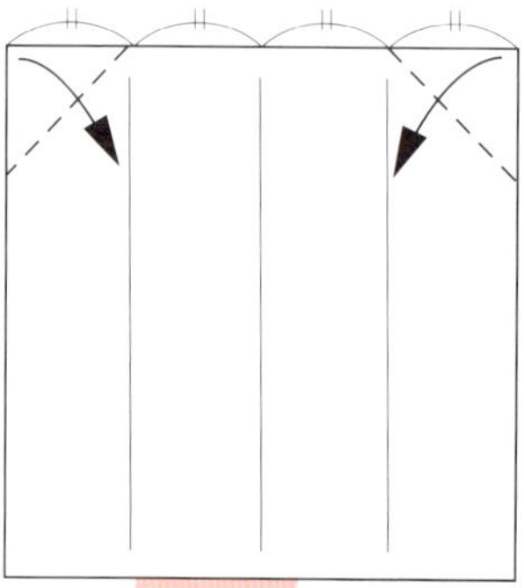

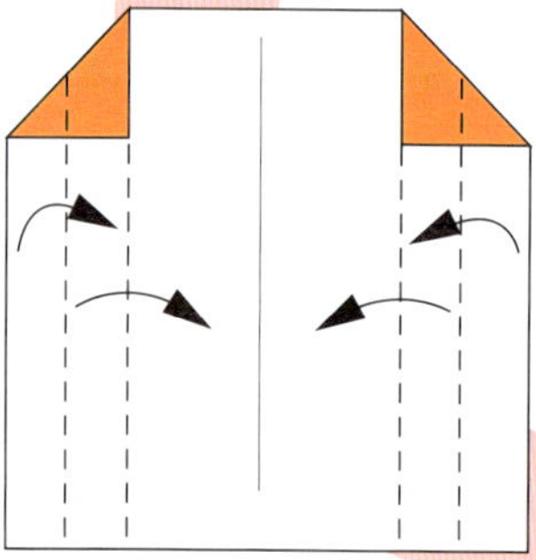

2 てんせんのところで、まくように2かいおります。

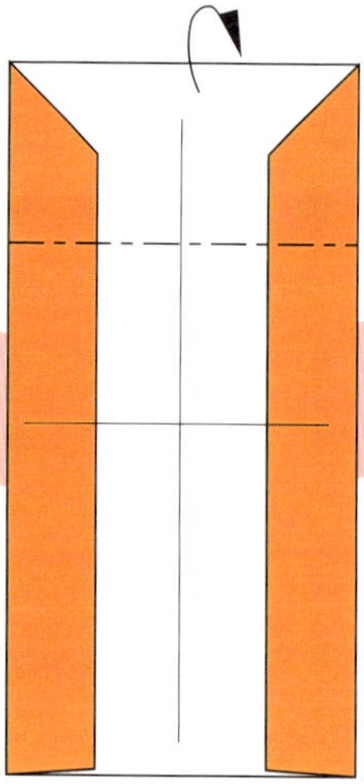

3 はんぶんにおって、おりめをつけます。おりめにあわせるように、てんせんのところで、うらがわへおります。

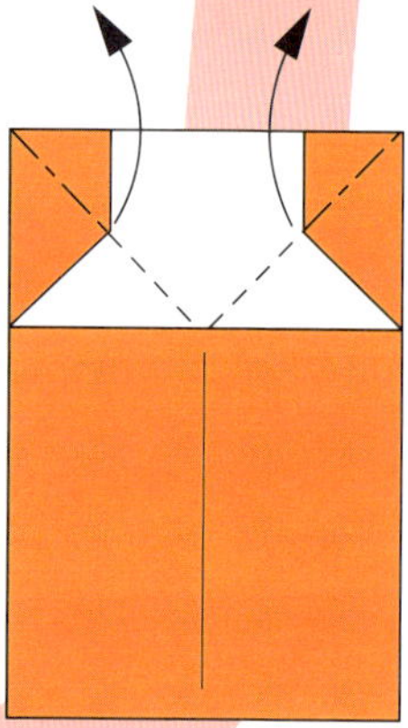

4 3をうらがえします。やじるしのほうへふくろをひらきながら、てんせんのところでおります。

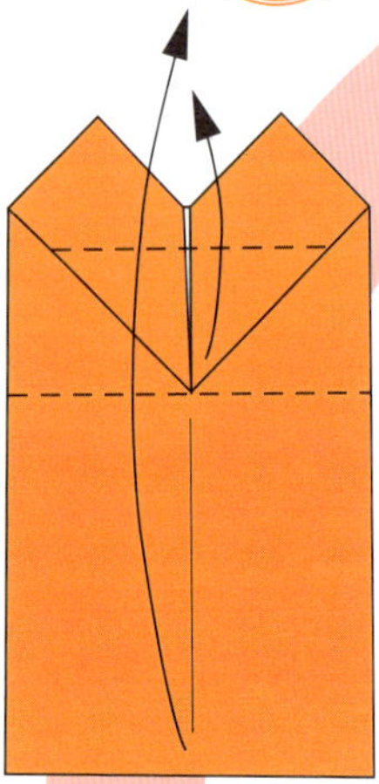

5 4をおったかたちです。うえのさんかくを、てんせんのところで、やじるしのほうへおります。つぎにしたのしかくを、てんせんのところで、やじるしのほうへおります。

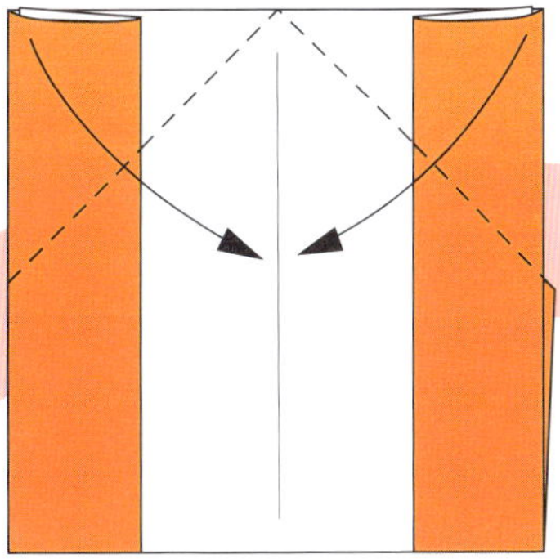

6 てんせんのところで、やじるしのほうへ、さんかくにおります。

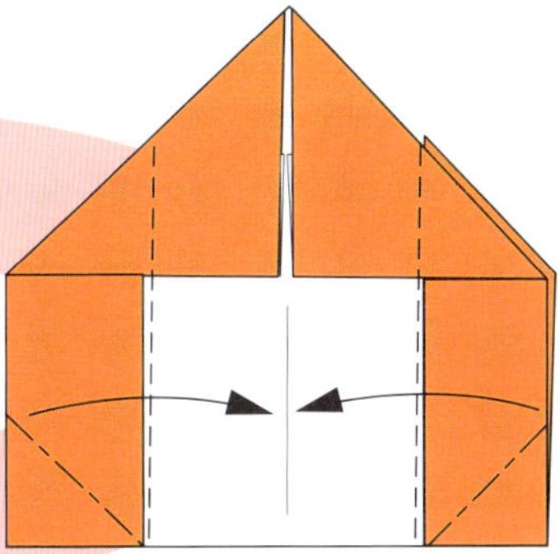

7 まえのしかくを、てんせんのところで、やじるしのほうへひらきながら、てんせんのところでおります。

8 7をおったかたちです。てんせんのところで、やじるしのほうへおります。

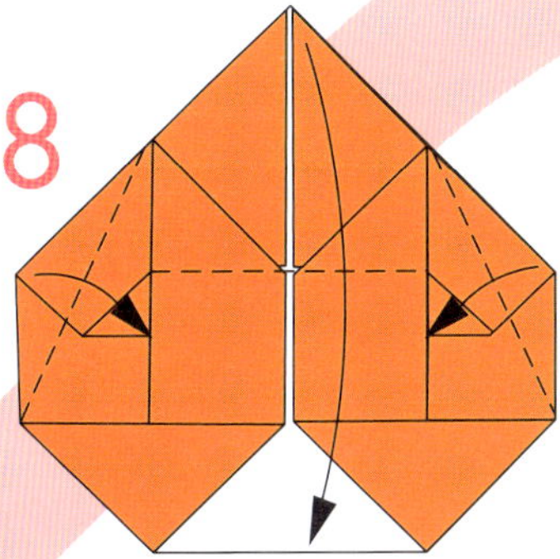

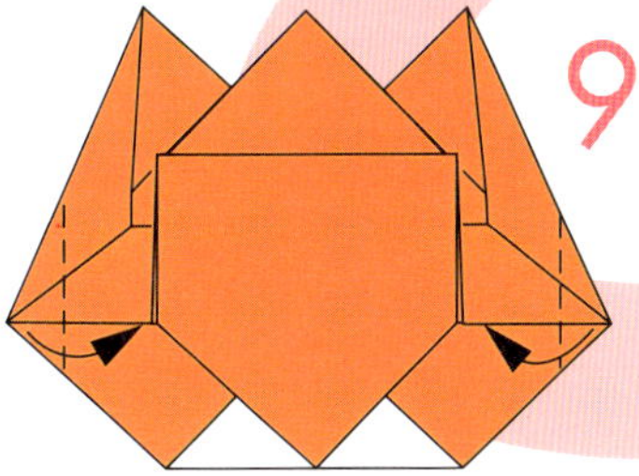

9 てんせんのところで、やじるしのほうへおります。

★できあがり★

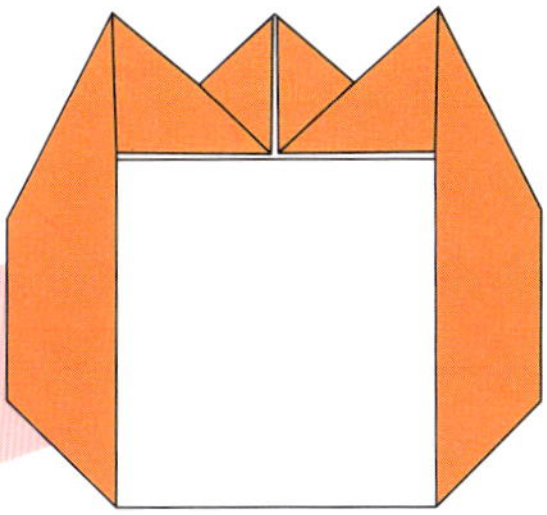

10 9をうらがえして、なふだのできあがりです。

●あそびかた

セロハンテープなどで服《ふく》につけます。パーティーの時《とき》など、お友《とも》だちの名《な》前《まえ》を書《か》いて、席《せき》におくといいですね。

めがね

あまりあつくない、おおきなかみでおると、おりやすいよ。

がんばれ

1 「だましぶね」（46ページ）の5から、おりはじめます。まんなかのおりめよりも、すこしずらしたところで、やじるしのほうへおります。

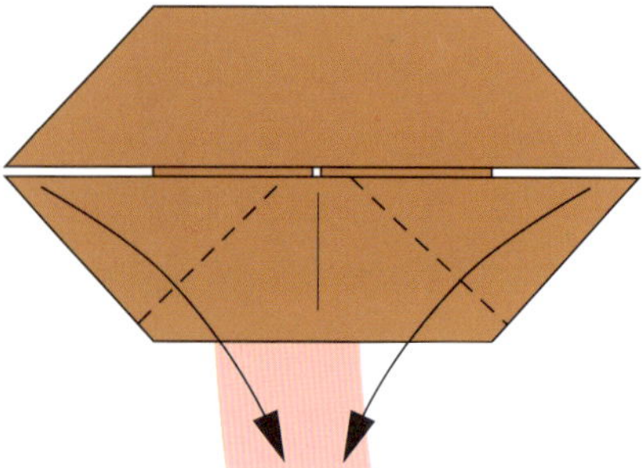

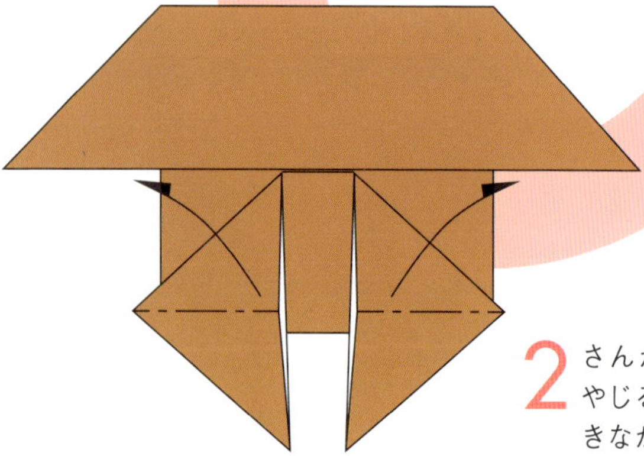

2 さんかくのふくろを、やじるしのほうへひらきながら、てんせんのところでおります。

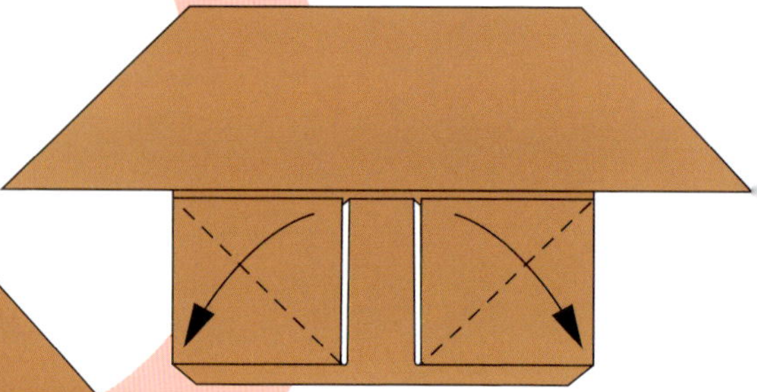

3 まえの1まいを、てんせんのところで、やじるしのほうへおります。

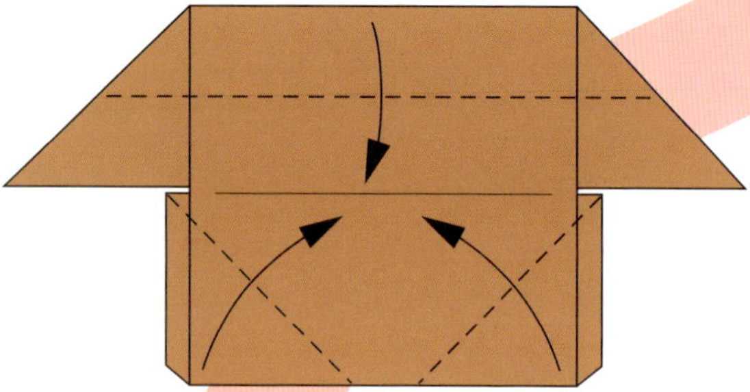

4 3をうらがえして、てんせんのところで、やじるしのほうへおります。しかくのぶぶんは、うらがわの1まいをおらないように、ちゅういします。

5

うえのぶぶんを、まきこむように、てんせんのところで、2かいおりさげます。したのぶぶんは、しかくのぶぶんをおらないようにちゅういして、てんせんのところで、やじるしのほうへおりあげます。

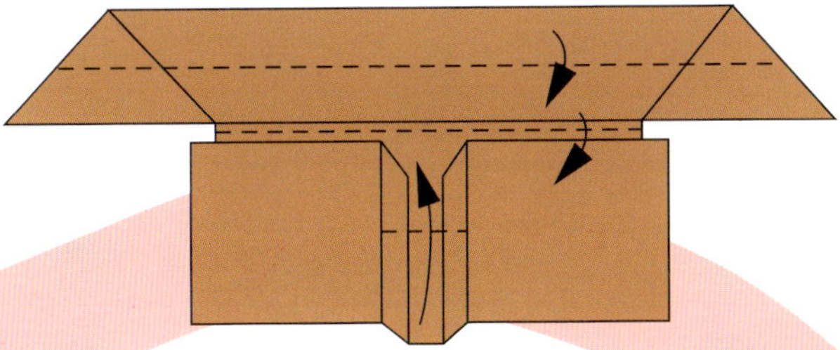

6

5をうらがえします。てんせんのところで、やじるしのほうへ、おりめをすこしずらしております。

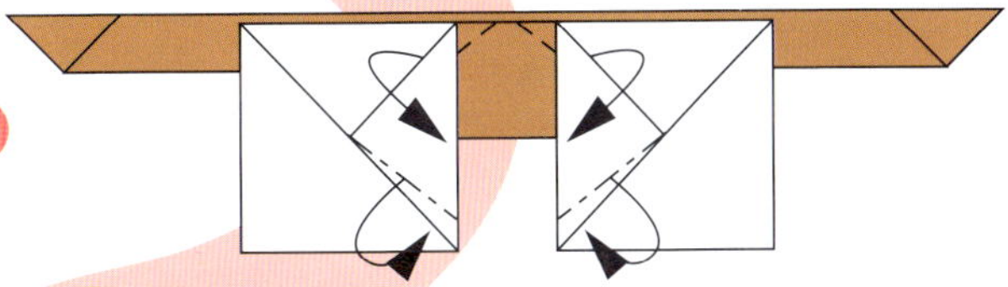

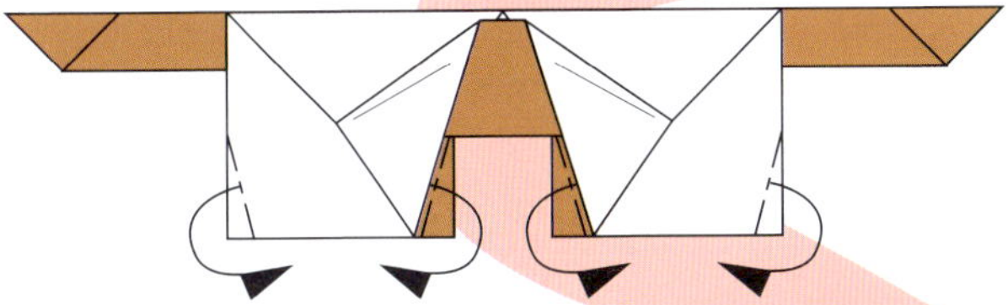

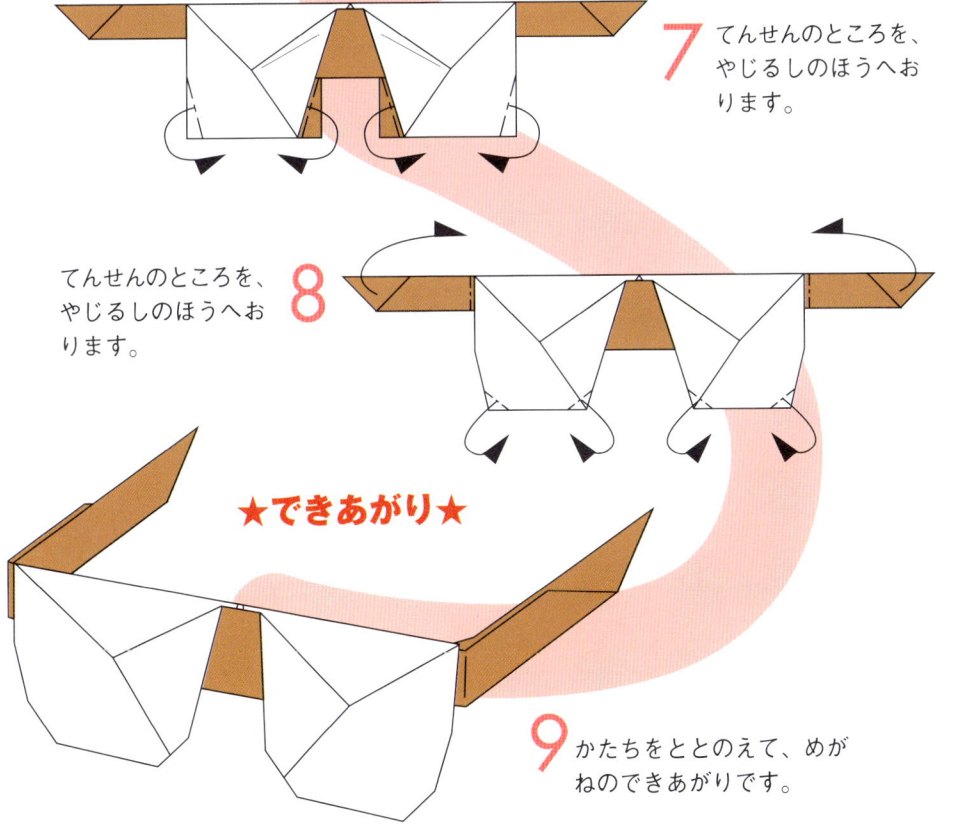

7

てんせんのところを、やじるしのほうへおります。

8

てんせんのところを、やじるしのほうへおります。

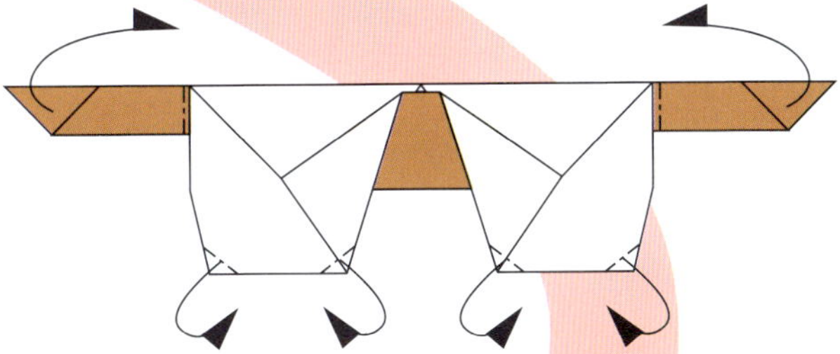

★できあがり★

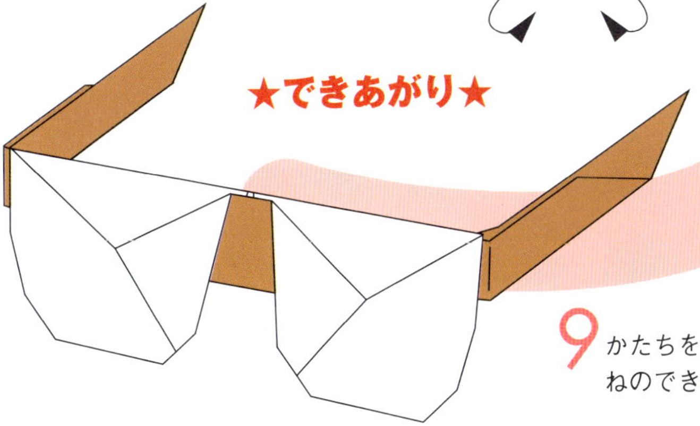

9

かたちをととのえて、めがねのできあがりです。

ネクタイ

おったあとでもようをかいても、
たのしいよ。

かんたん

1 さんかくにおって、おりめをつけてから、てんせんのところで、やじるしのほうへおります。

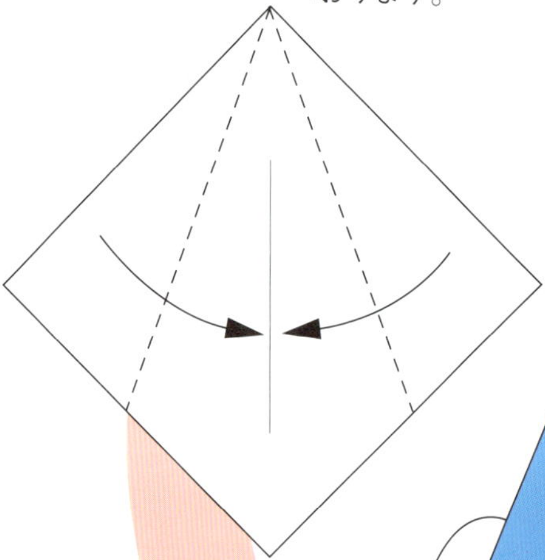

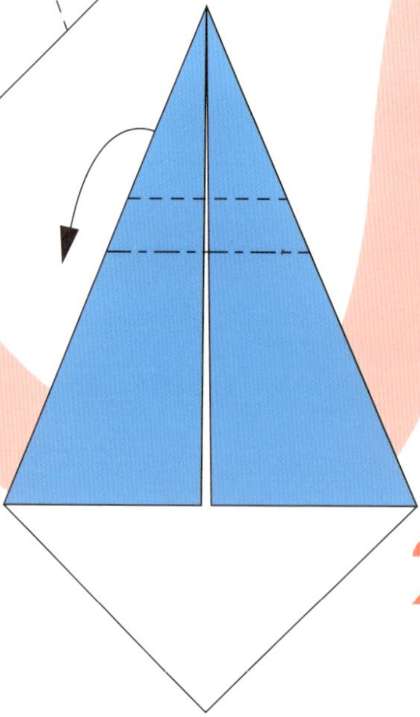

2 やまおりとたにおりにちゅういして、てんせんのところで、やじるしのほうへおります。

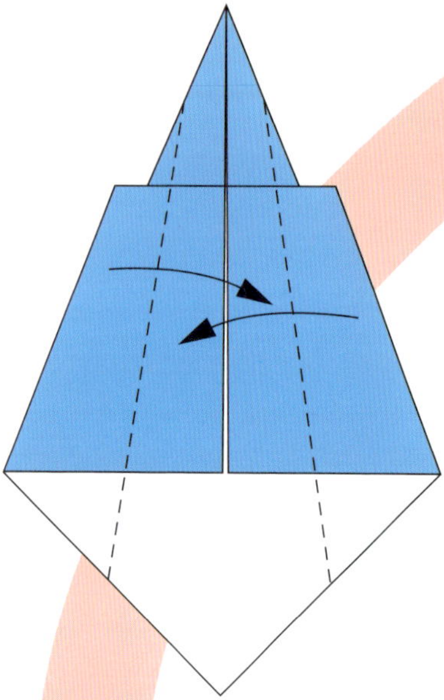

3 てんせんのところで、やじるしのほうへおります。

4 やじるしのほうへひらきながら、てんせんのところでおります。

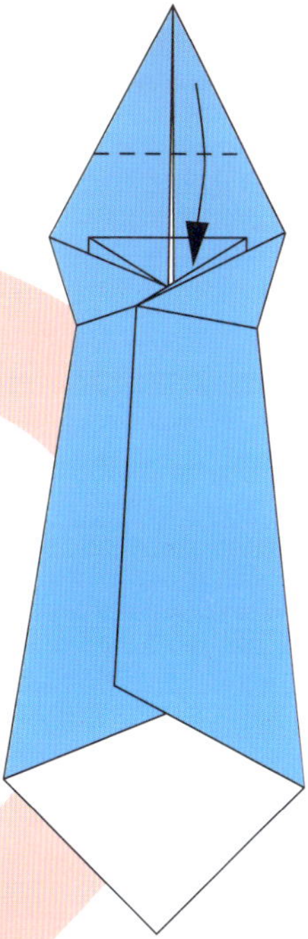

5 てんせんのところで、やじるしのほうへおります。おったさきは、ふくろのなかにさしこんでおきます。

★できあがり★

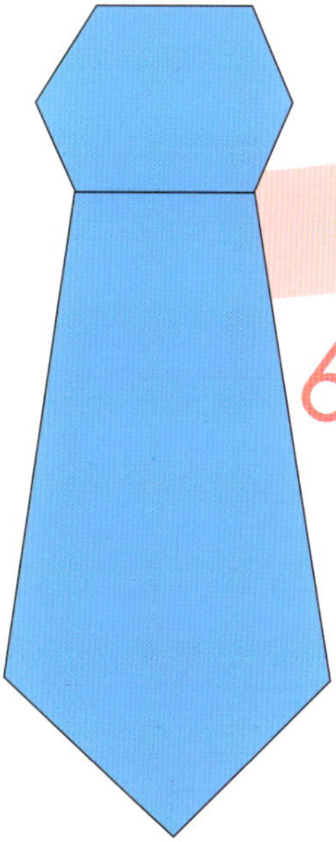

6 うらがえして、ネクタイのできあがりです。

●あそびかた

大《おお》きめの紙《かみ》でおると、ごっこ遊《あそ》びにつかえます。模様《もよう》や絵《え》のついた包装紙《ほうそうし》で作《つく》るのがおすすめです。

ちりとり

テーブルのごみをとるときなどに、つかってみよう。

ふつう

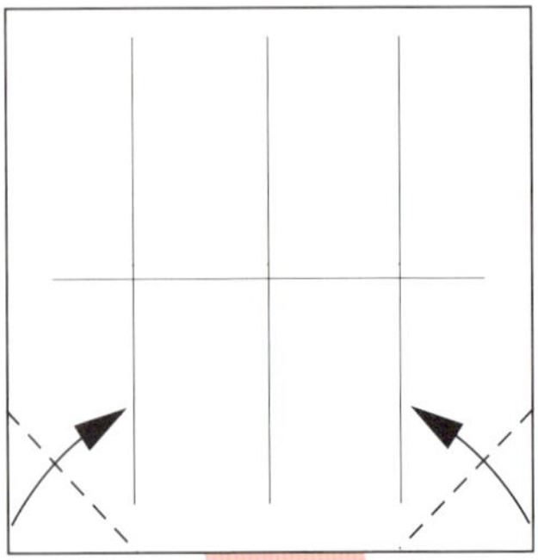

1

ずのように、おりめをつけてから、てんせんのところで、やじるしのほうへおります。

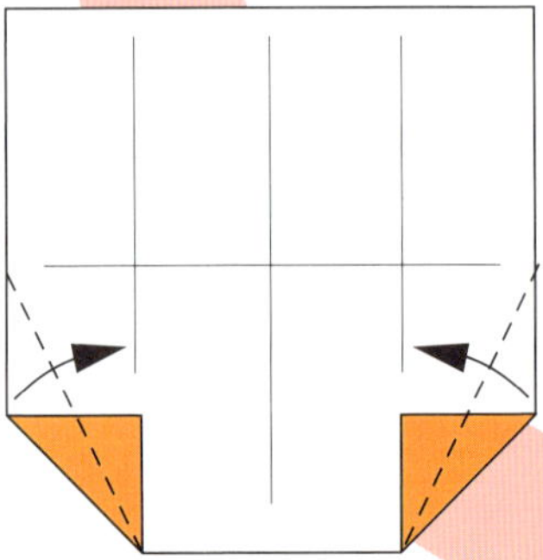

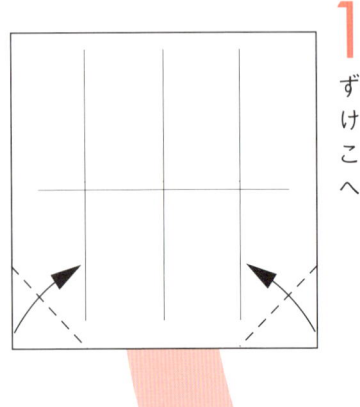

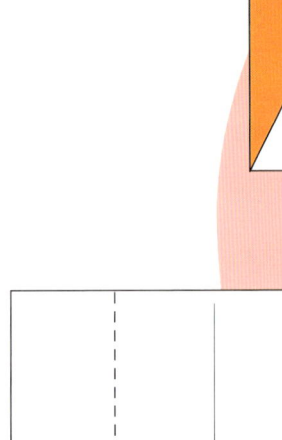

2

てんせんのところで、やじるしのほうへおります。

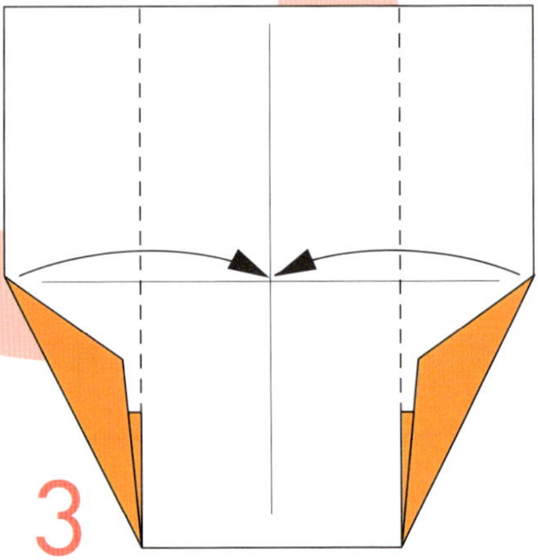

3

てんせんのところで、やじるしのほうへおります。

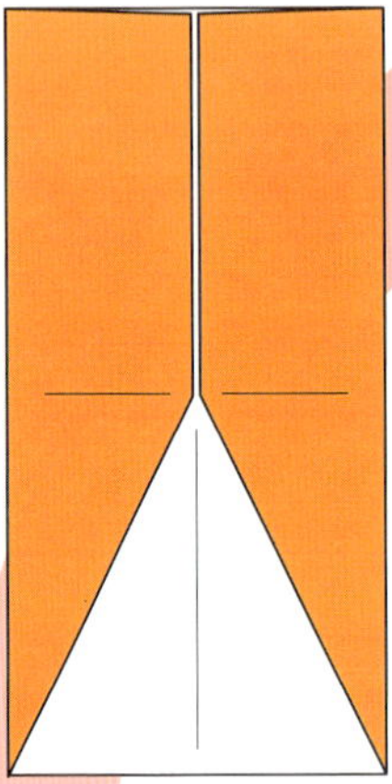

4

3をおったかたちです。

5 4をうらがえしして、てんせんのところで、やじるしのほうへ、さんかくにおります。つぎに、てんせんのところで、やじるしのほうへ、はんぶんにおります。

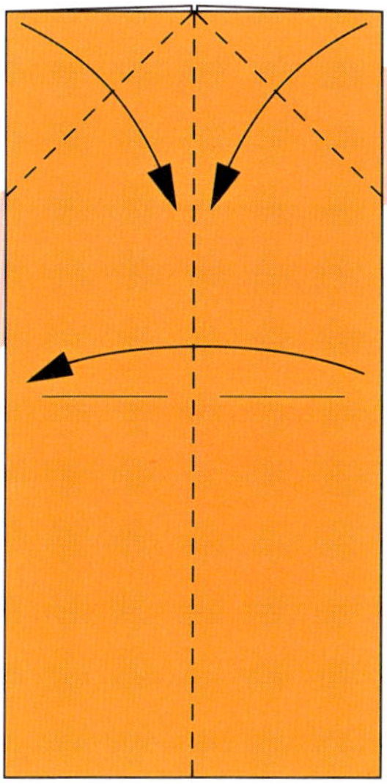

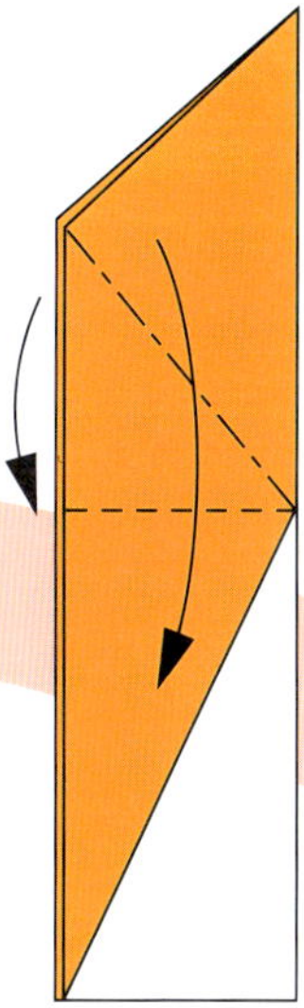

6 うえのぶぶんのふくろを、やじるしのほうへひらきながら、てんせんのところでおりさげます。

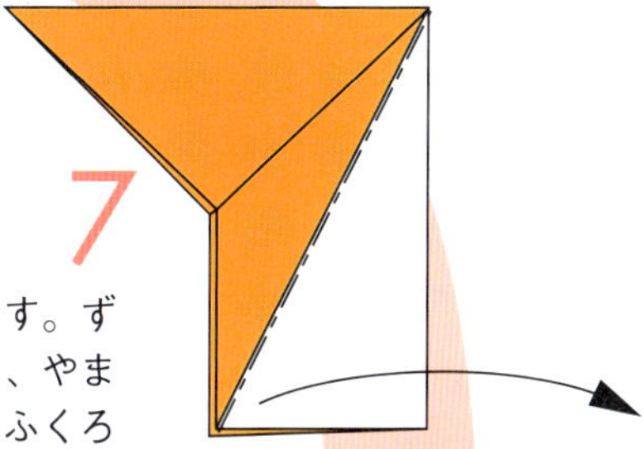

7 6をおったかたちです。ずのてんせんのいちを、やまおりにしてもどし、ふくろをひらくようにします。

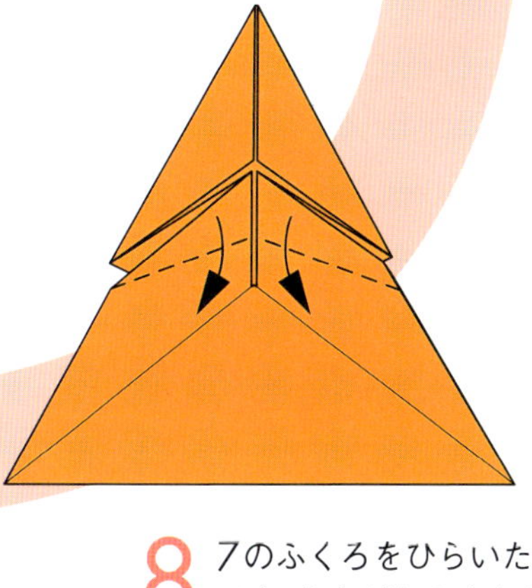

8 7のふくろをひらいたかたちです。うちがわのさんかくを、てんせんのところで、やじるしのほうへ、おります。

★できあがり★

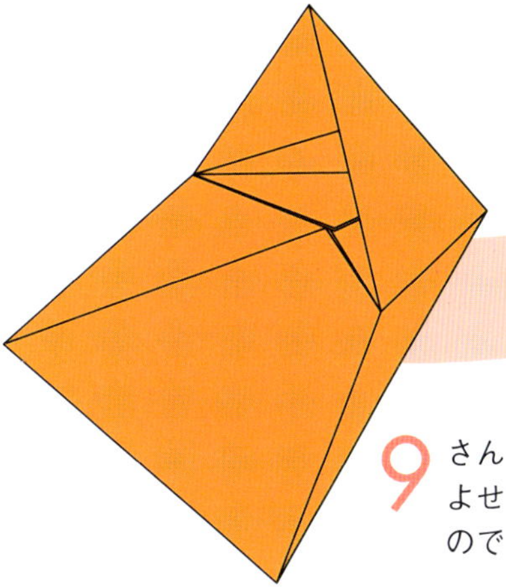

9 さんかくどうしをよせて、ちりとりのできあがりです。

コップ

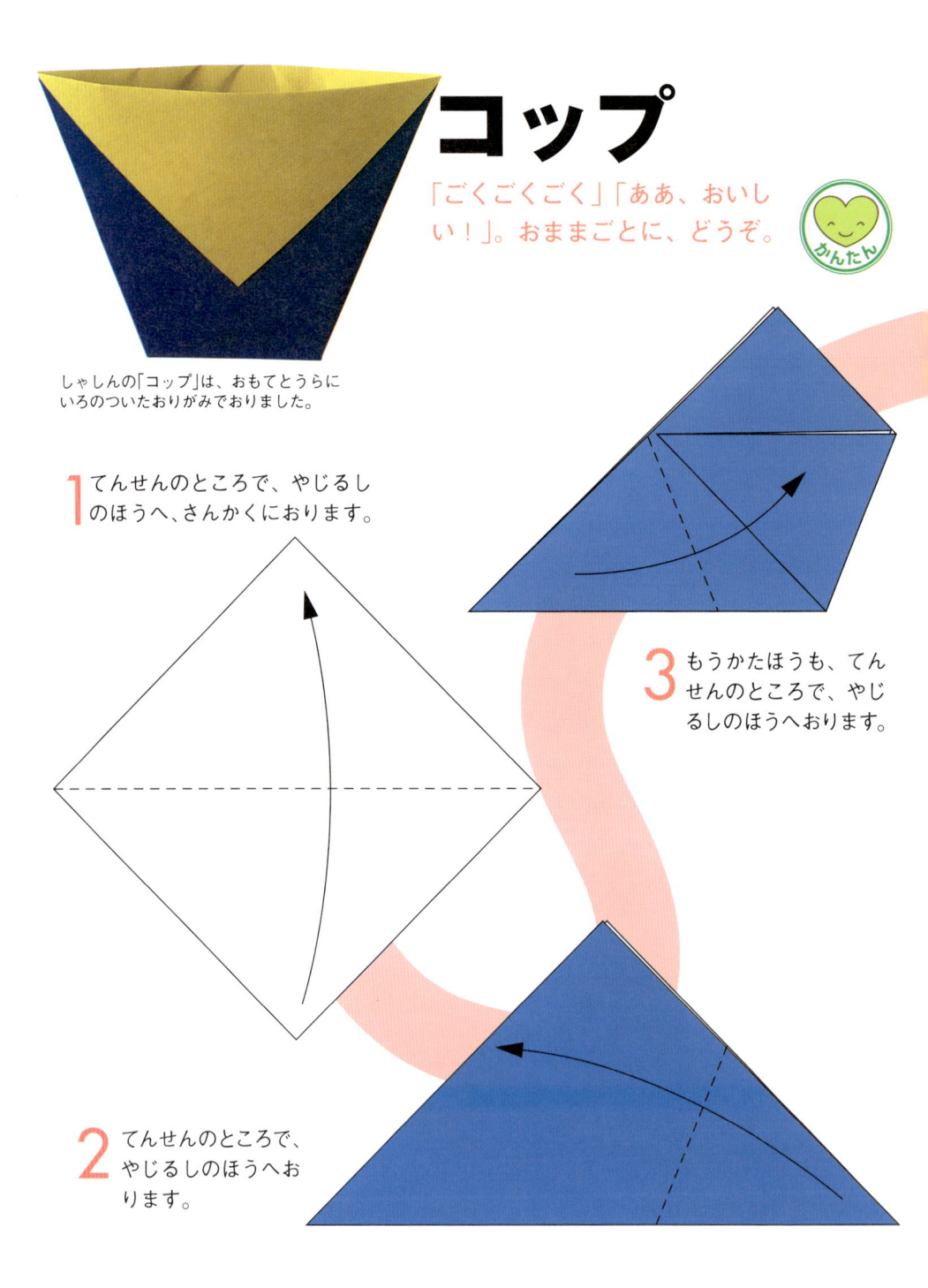

「ごくごくごく」「ああ、おいしい！」。おままごとに、どうぞ。

かんたん

しゃしんの「コップ」は、おもてとうらにいろのついたおりがみでおりました。

1 てんせんのところで、やじるしのほうへ、さんかくにおります。

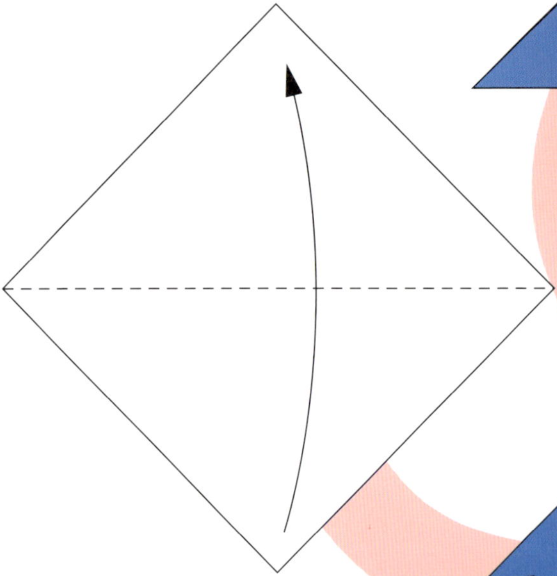

2 てんせんのところで、やじるしのほうへおります。

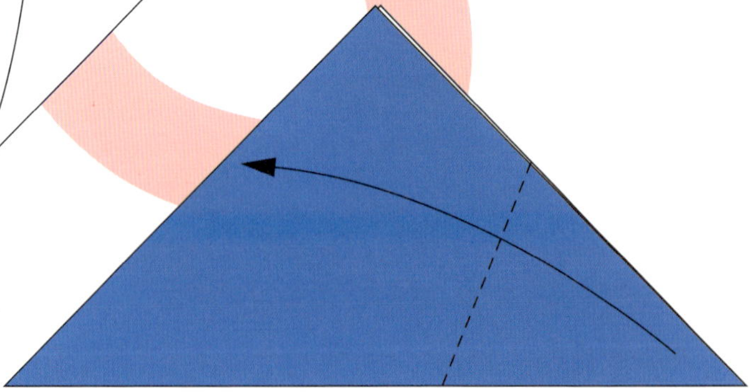

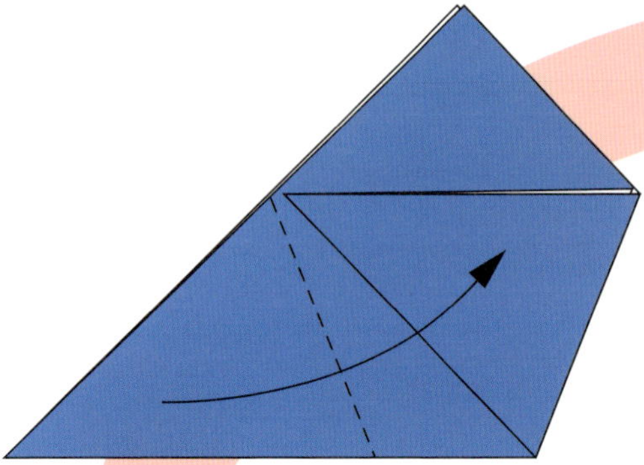

3 もうかたほうも、てんせんのところで、やじるしのほうへおります。

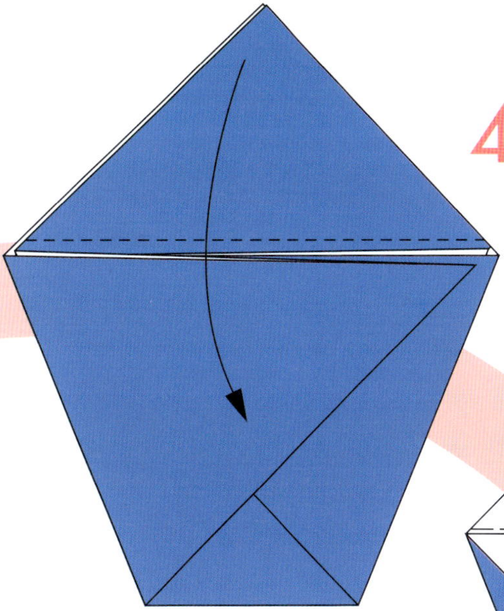

4 まえのさんかくを、てんせんのところで、やじるしのほうへおります。

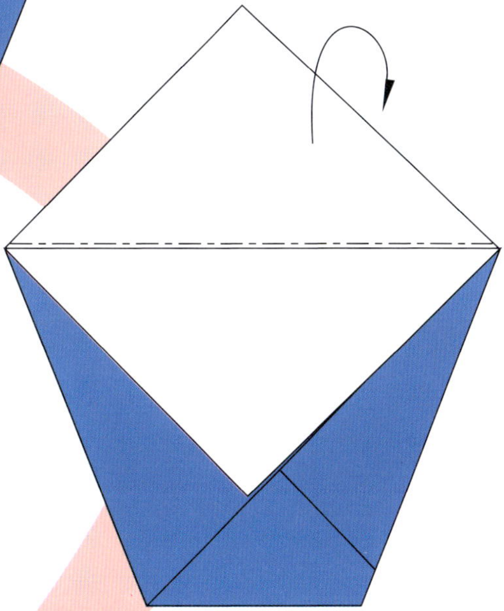

5 うらがわも、おなじように、てんせんのところで、やじるしのほうへおります。

★できあがり★

6 コップのできあがりです。

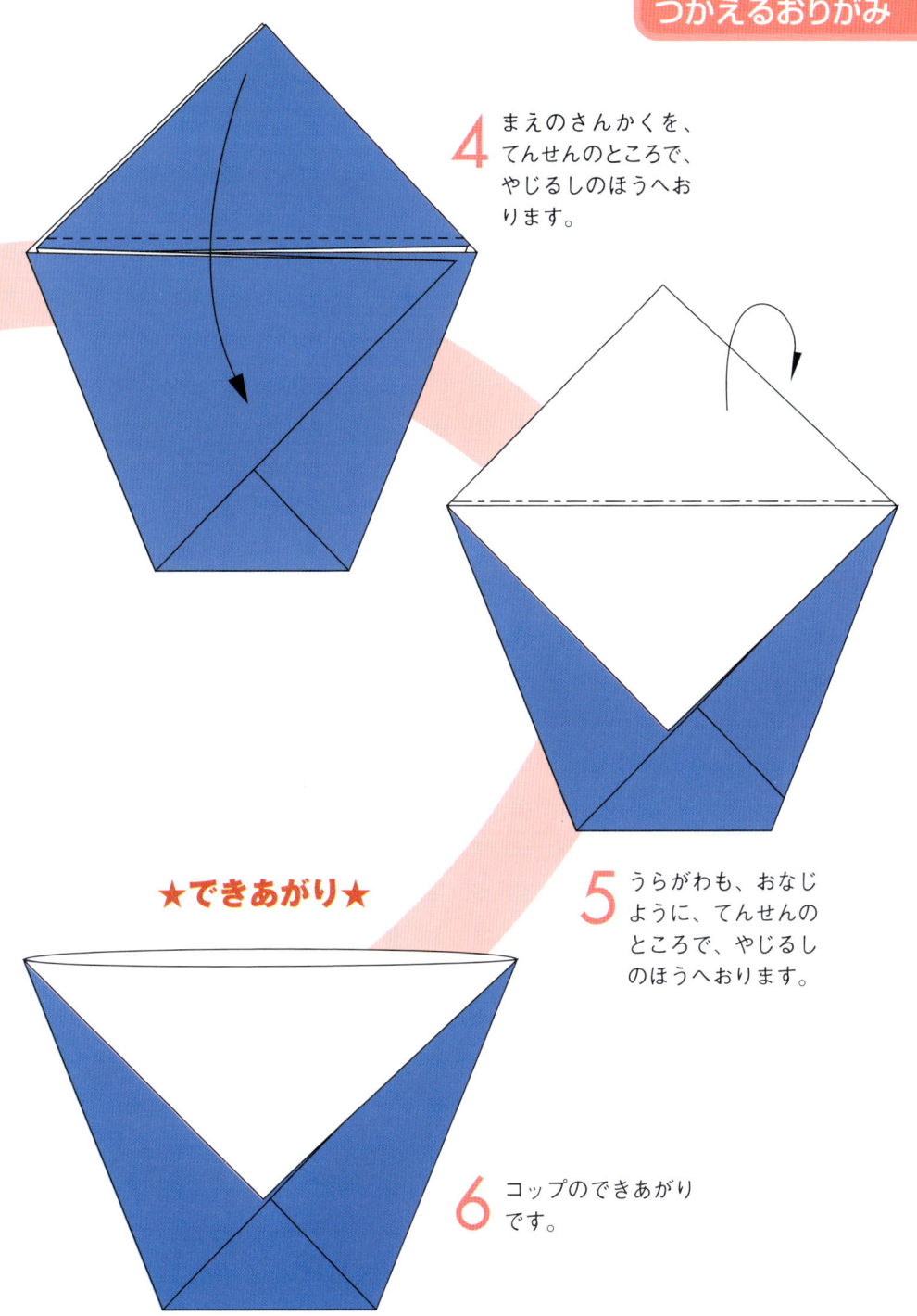

つのこうばこ

（角香箱）

おかしやビーズなどをいれて、
かざっておくことができるよ。

ふつう

1 「つる」（12ページ）の5から、むきをかえておりはじめます。まえのぶぶんを、てんせんのところで、やじるしのほうへおります。

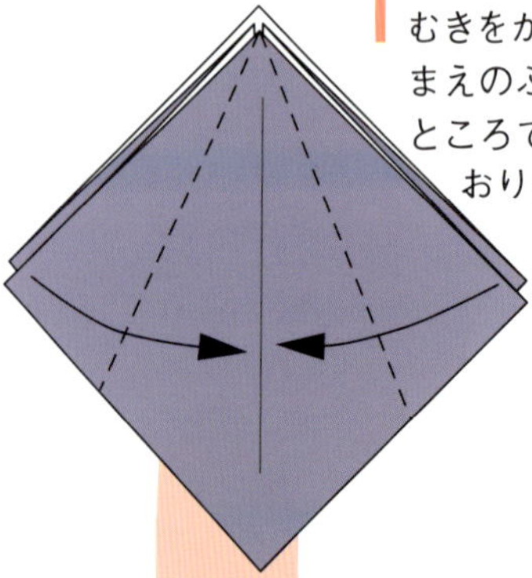

2 1をおったかたちです。うらがわも、おなじようにおります。

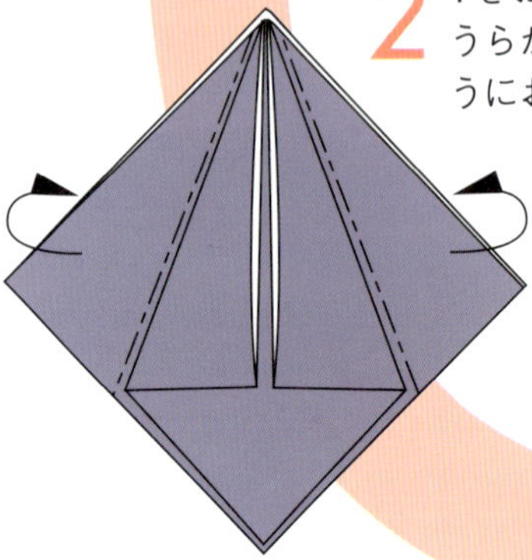

3 さんかくのふくろを、やじるしのほうへひらきながら、てんせんのところでおります。うらがわも、おなじようにおります。

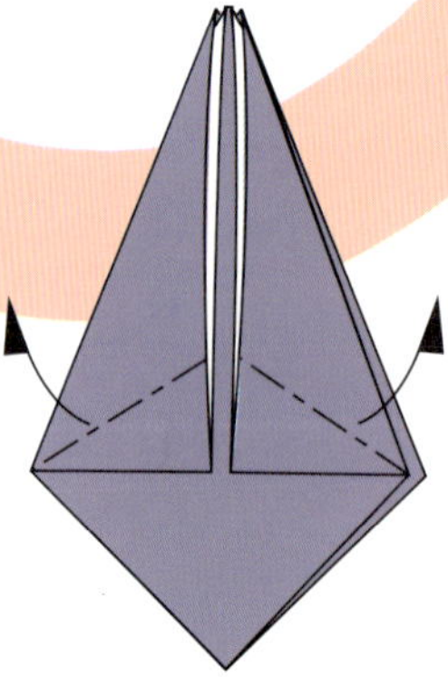

4 まえのぶぶんを、てんせんのところで、やじるしのほうへおります。うらがわも、おなじようにおります。

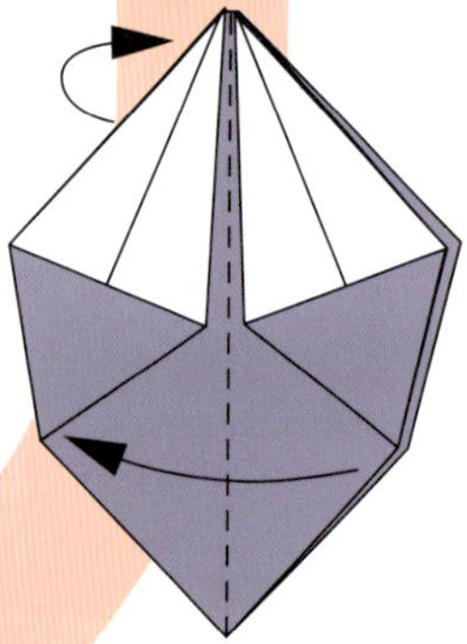

5 まえのぶぶんを、てんせんのところで、やじるしのほうへおります。うらがわも、おなじようにおります。

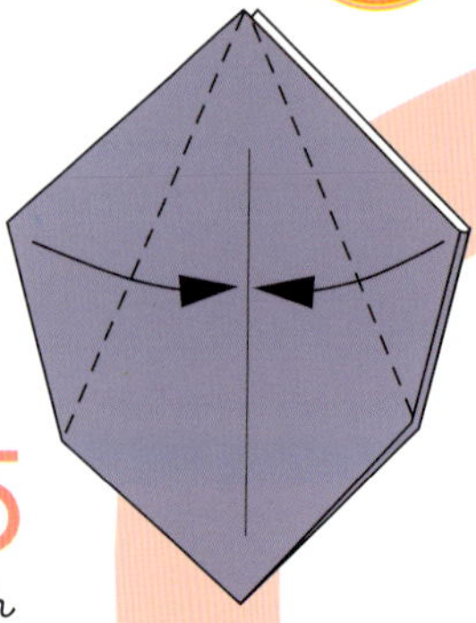

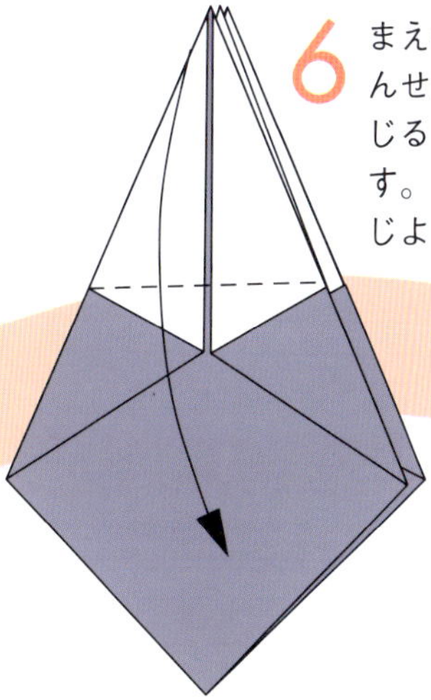

6 まえのさんかくを、てんせんのところで、やじるしのほうへおります。うらがわも、おなじようにおります。

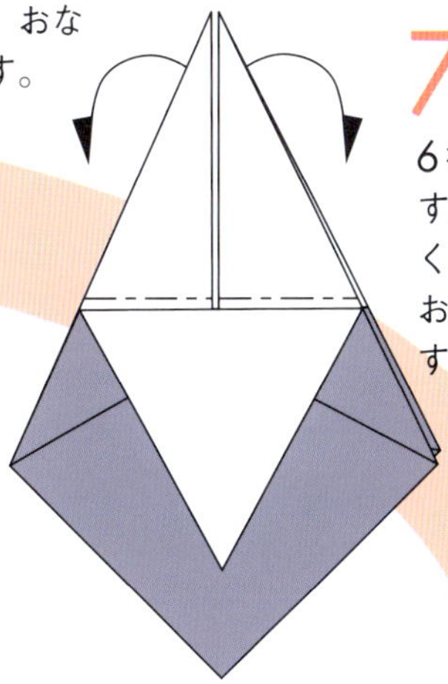

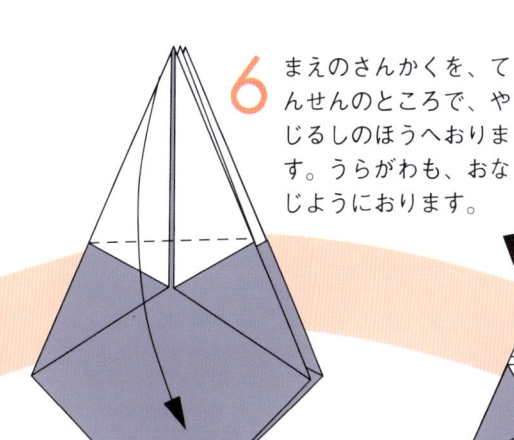

7 6をおったかたちです。さゆうのさんかくも、ひらいて6とおなじようにおります。

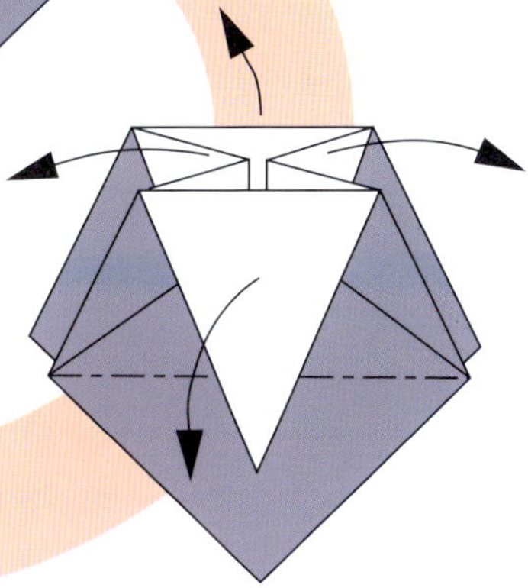

8 ふくろを、やじるしのほうへひらきながら、そこが、しかくになるように、かたちをととのえます。

★できあがり★

9 つのこうばこのできあがりです。

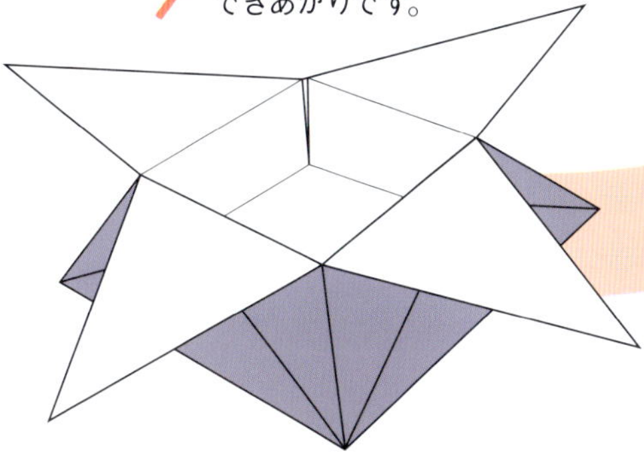

●あそびかた

角香箱《つのこうばこ》は、四方《しほう》に角《つの》のような飾《かざ》りがある、お香《こう》を入《い》れておくもの。きれいな和紙《わし》などでおり、小《ちい》さなお菓子《かし》を入《い》れて。

かしばち
（菓子鉢）

おかしをもりつけるための、いれものだよ。おとなにも、おすすめ。

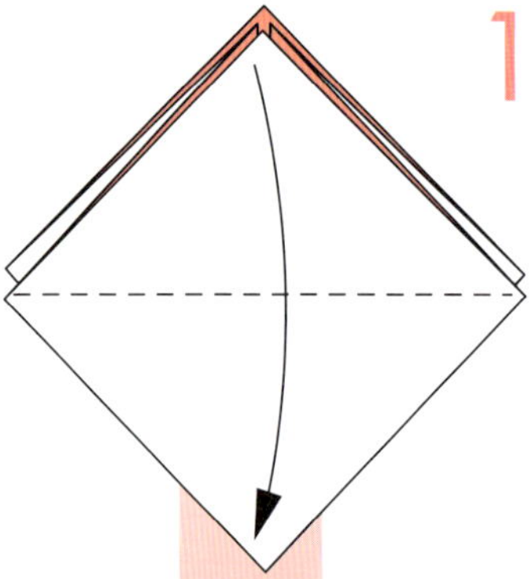

1 いろのついたほうをおもてにして、「つる」（12ページ）の5から、むきをかえておりはじめます。まえの1まいを、てんせんのところで、やじるしのほうへおります。うらがわも、おなじようにおります。

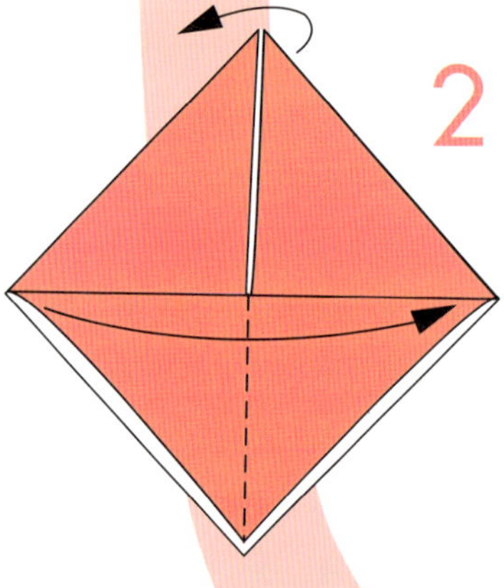

2 てんせんのところで、やじるしのほうへおります。うらがわも、おなじようにおります。

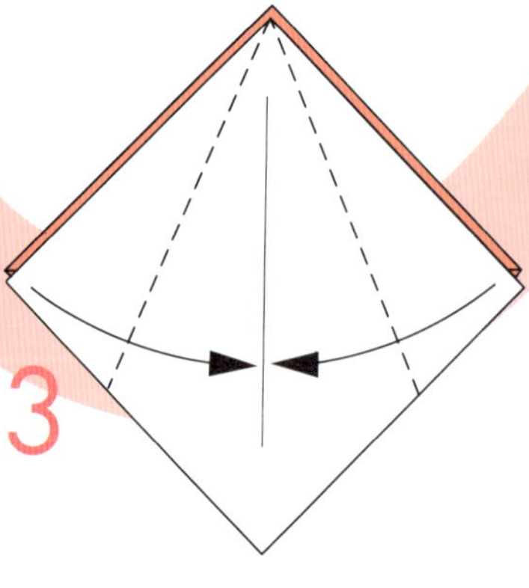

3 てんせんのところで、やじるしのほうへおります。うらがわも、おなじようにおります。

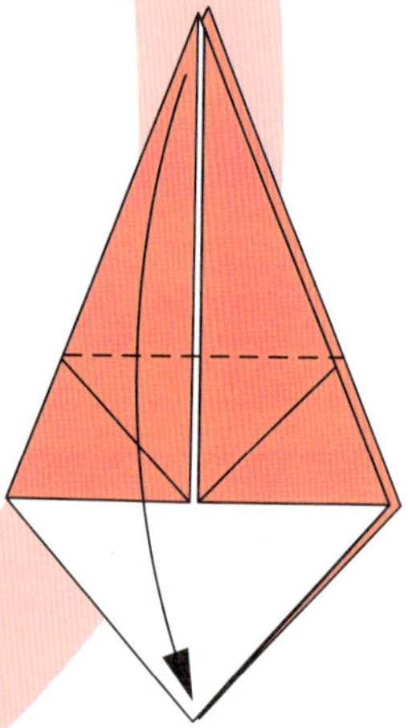

4 まえのぶぶんを、てんせんのところで、やじるしのほうへおります。うらがわも、おなじようにおります。

5 てんせんのところで、やじるしのほうへおります。うらがわも、おなじようにおります。

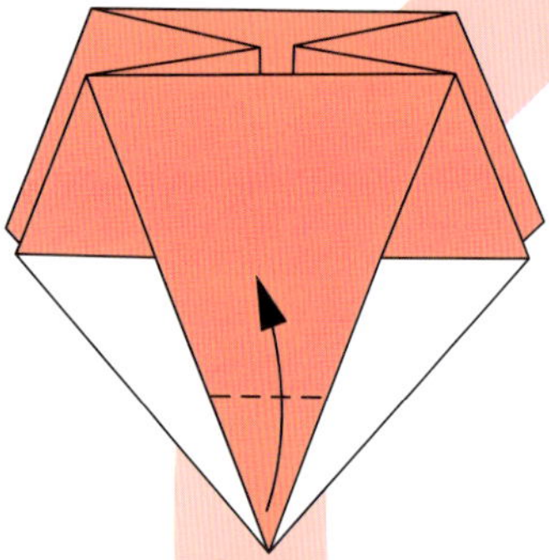

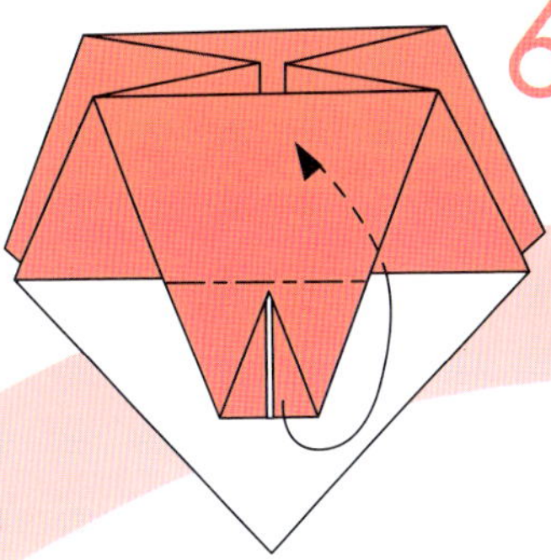

6 てんせんのところで、やじるしのほうへ、うちがわへおりこみます。うらがわも、おなじようにおります。

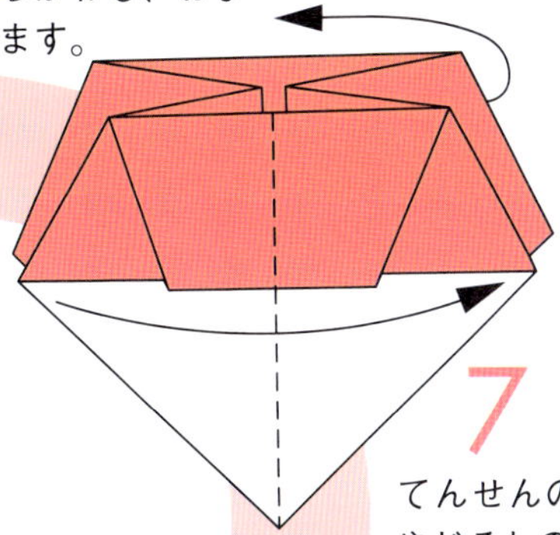

7
てんせんのところで、やじるしのほうへおります。うらがわも、おなじようにおります。

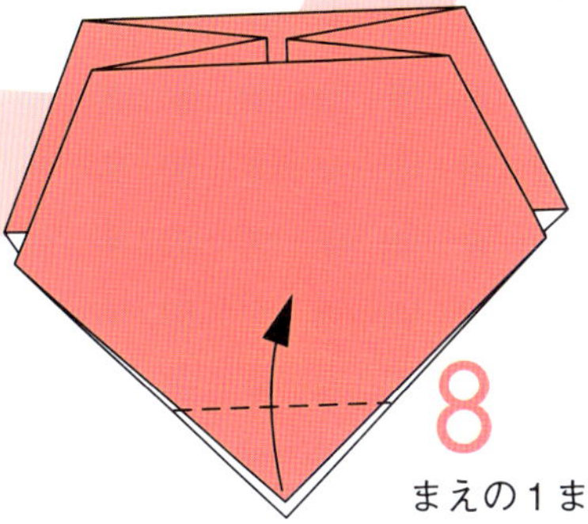

8
まえの1まいを、てんせんのところで、やじるしのほうへおります。うらがわも、おなじようにおります。

9 てんせんのところで、やじるしのほうへ、うちがわへおりこみます。うらがわも、おなじようにおります。

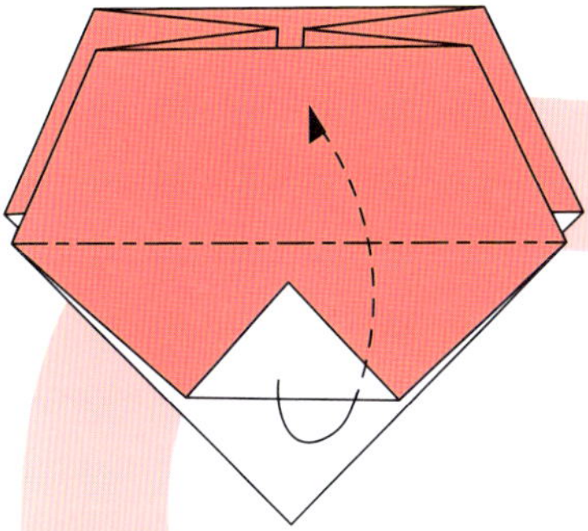

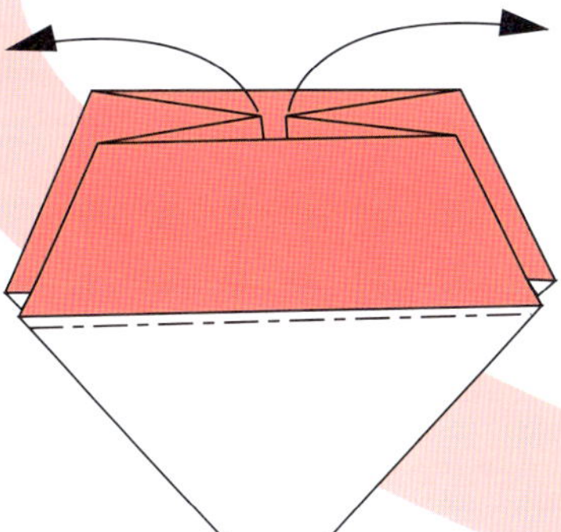

10
ふくろを、やじるしのほうへひらきながら、そこが、しかくになるように、かたちをととのえます。

★できあがり★

11 かしばちのできあがりです。

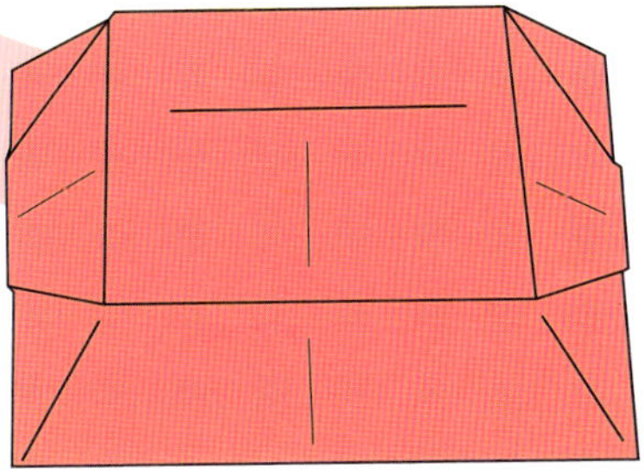

ティッシュケース

すこしおおきなかみでつくると、
ポケットティッシュがいれられるよ。

かんたん

1 いろのついたほうをおもてにします。ずのように、おりめをつけてから、てんせんのところで、やじるしのほうへおります。

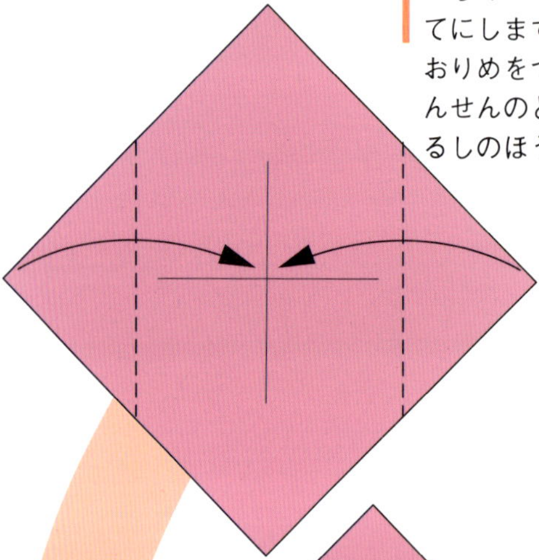

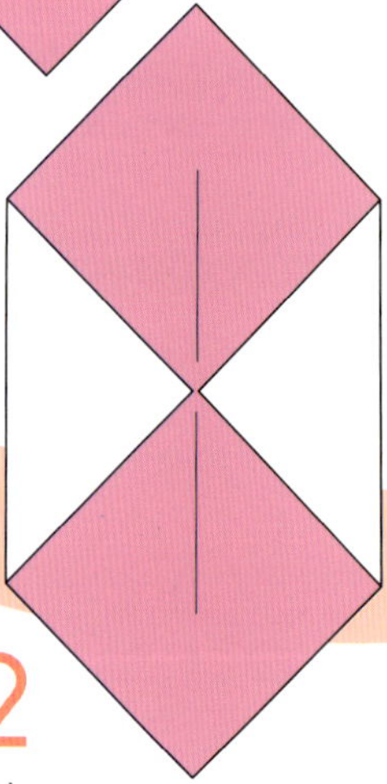

2

1をおったかたちです。

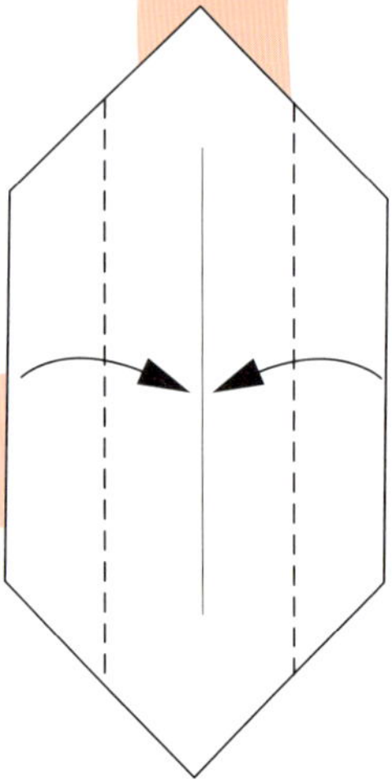

3

2をうらがえします。うらがわのさんかくのかみはおらないようにちゅういして、てんせんのところで、やじるしのほうへおります。

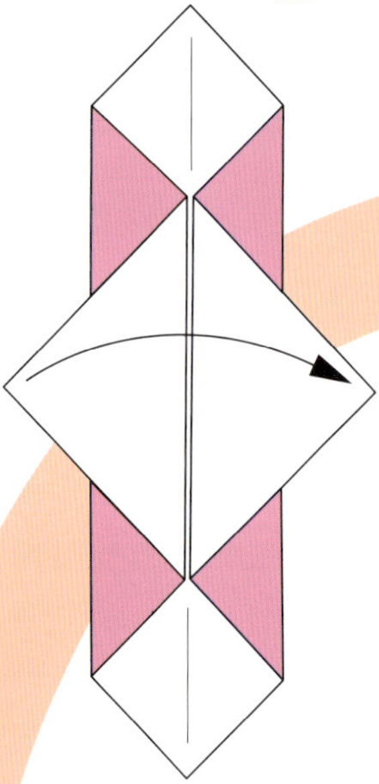

4 3をおったかたちです。まえのさんかくを、やじるしのほうへかさねます。

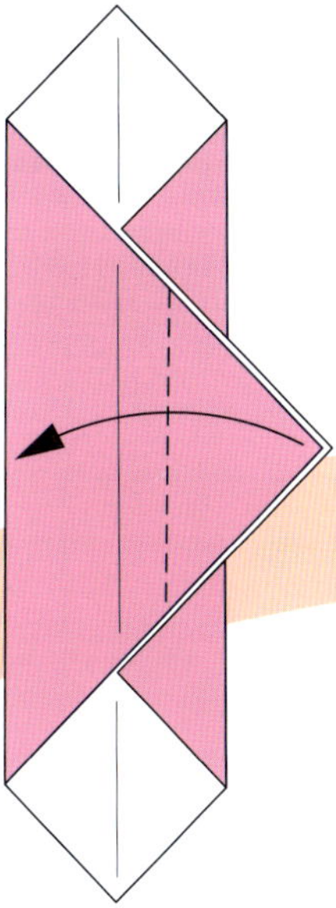

5 まえのさんかくを、てんせんのところで、やじるしのほうへおります。

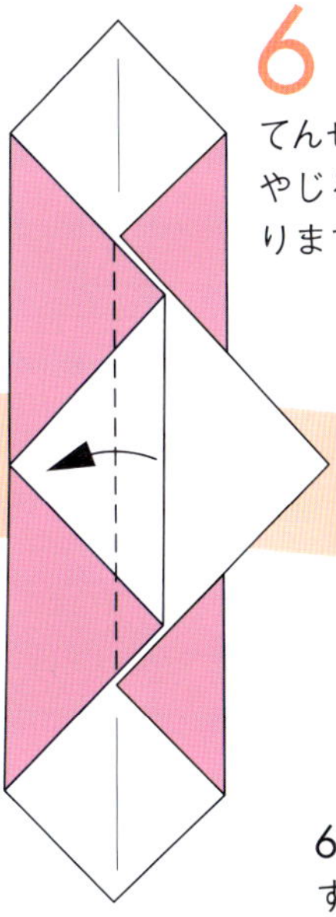

6 てんせんのところで、やじるしのほうへおります。

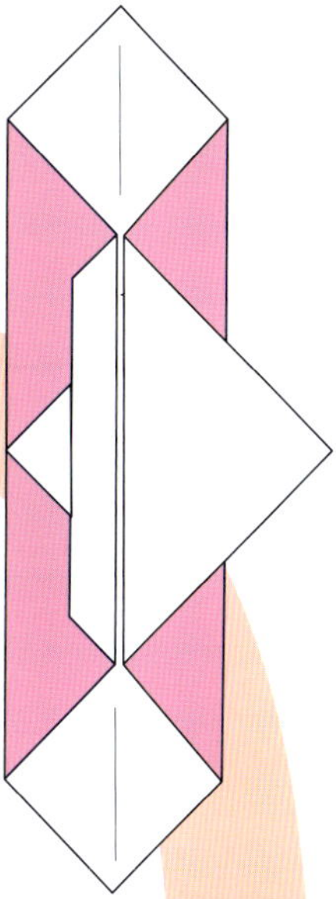

7 6をおったかたちです。もうかたほうも、4～6とおなじようにおります。

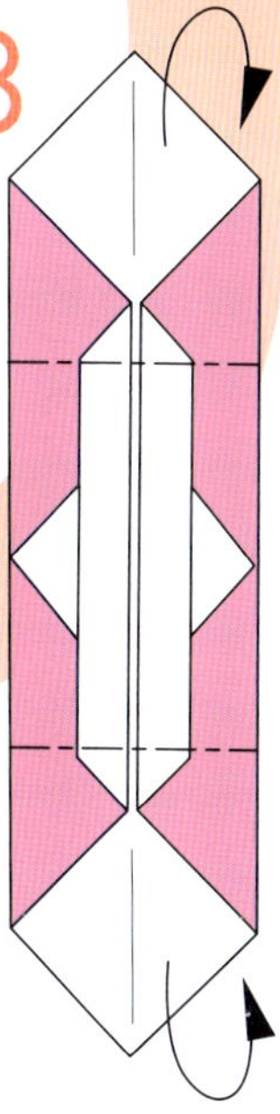

8 てんせんのところで、やじるしのほうへおります。

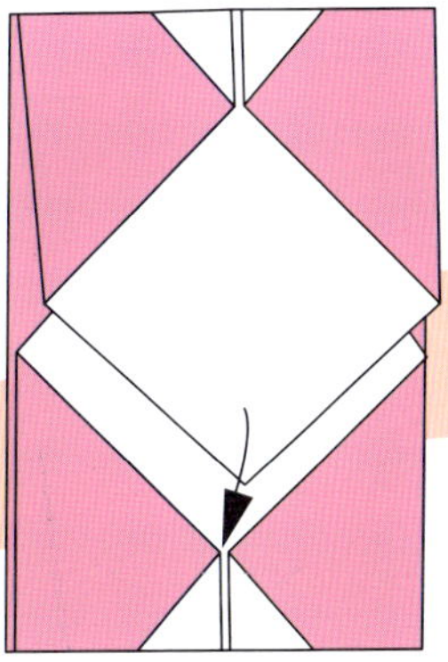

9 8をうらがえします。かさなったさきのぶぶんを、やじるしのほうへさしこみます。

★できあがり★

10 9をうらがえして、ティッシュケースのできあがりです。

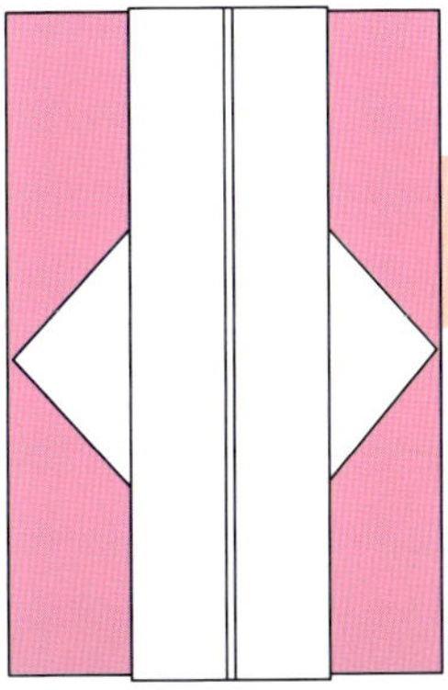

はこ

かみのおおきさをかえると、いろいろなサイズのはこができるよ。

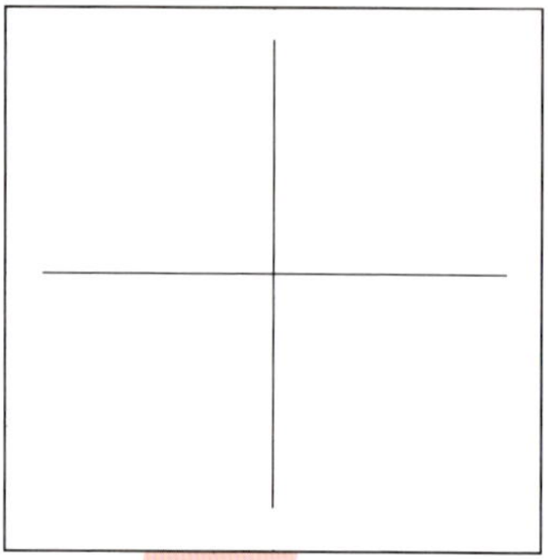

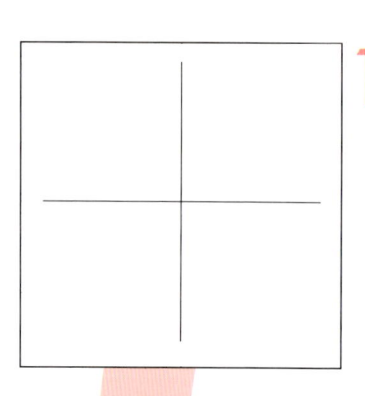

1 たてとよこに、はんぶんにおって、おりめをつけます。

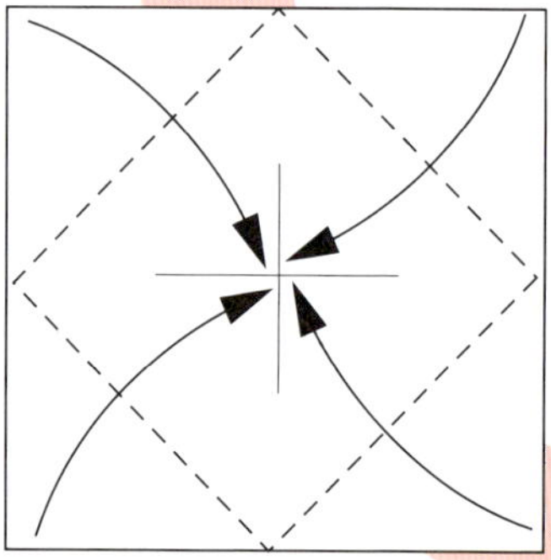

2 てんせんのところで、やじるしのほうへおります。

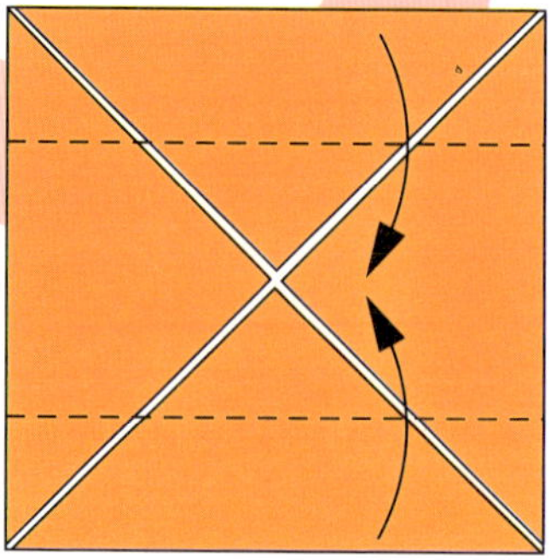

3 てんせんのところで、やじるしのほうへおります。

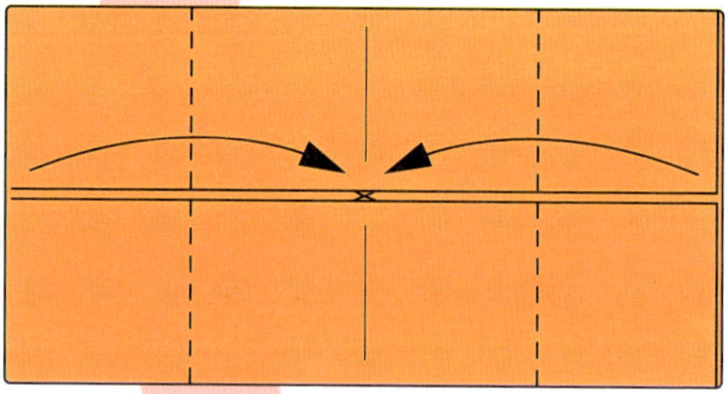

4 はんぶんにおって、おりめをつけてから、てんせんのところで、やじるしのほうへおります。

5 4をおったかたちです。

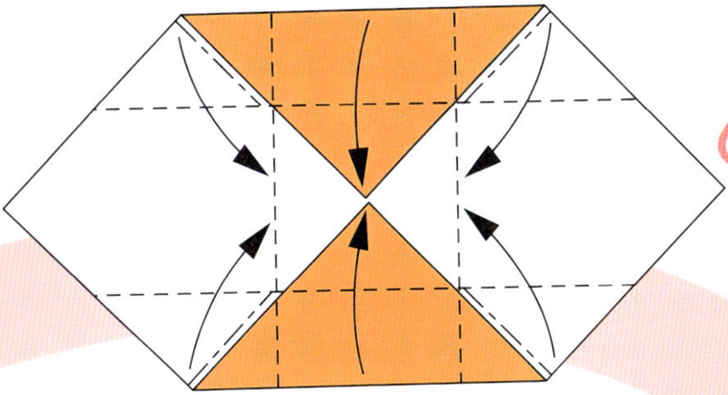

6 5を、ずのようにひらきます。てんせんのところで、やじるしのほうへおります。

7 6をおっている、とちゅうのかたちです。

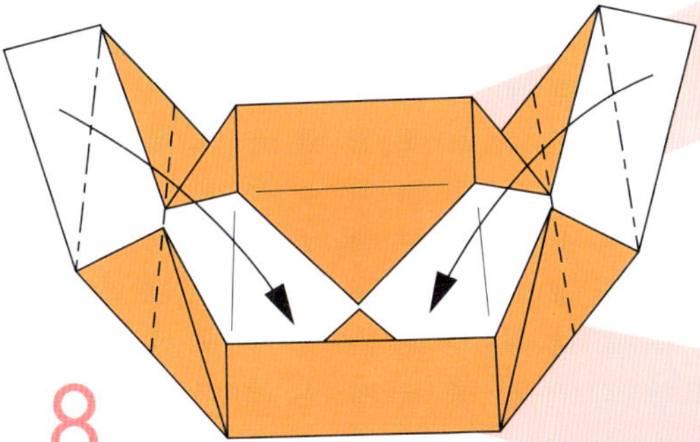

8 てんせんのところで、やじるしのほうへおりこみます。

★できあがり★

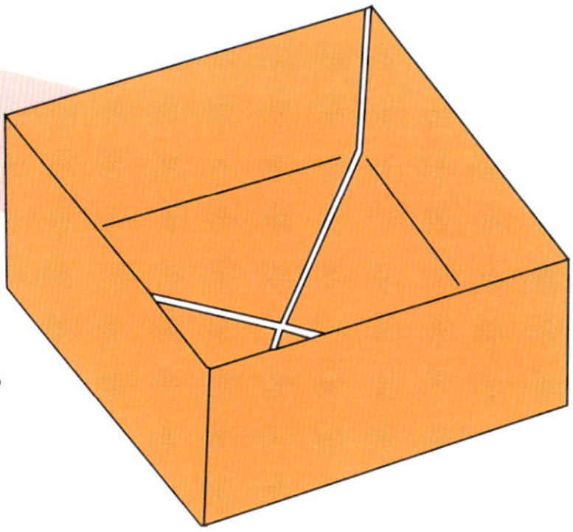

9 はこのできあがりです。

●あそびかた

和紙《わし》など、厚手《あつで》のしっかりした紙《かみ》でおると、実際《じっさい》に使《つか》える箱《はこ》ができます。小《ちい》さなものを入《い》れておくのに、ぴったりです。

てがみいれ

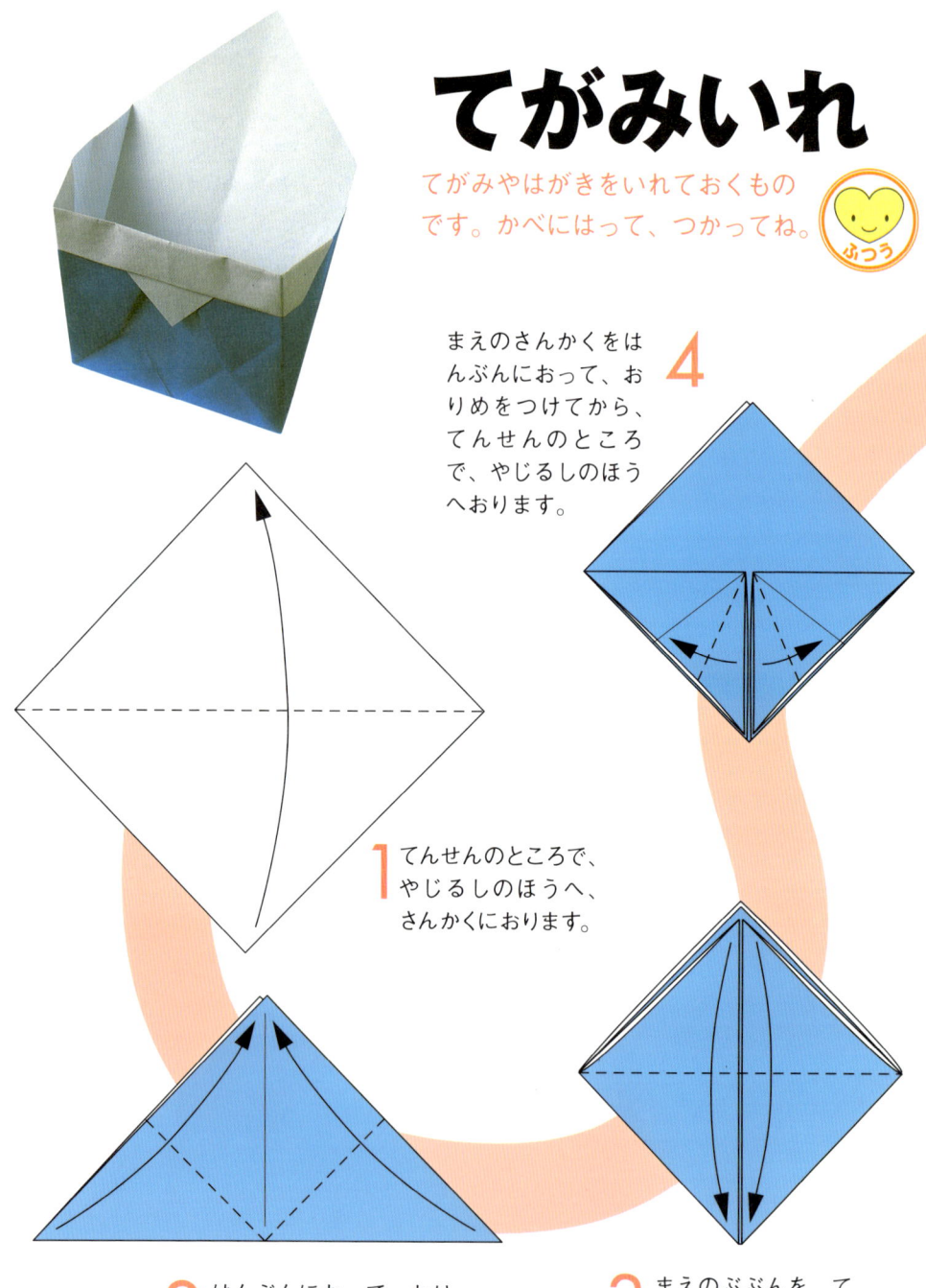

てがみやはがきをいれておくもの
です。かべにはって、つかってね。

ふつう

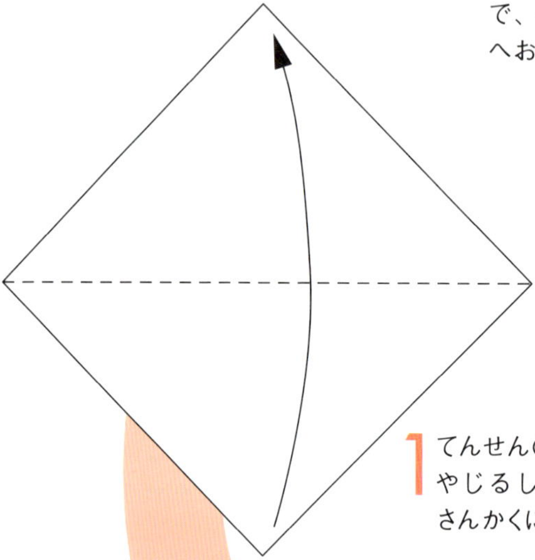

1 てんせんのところで、
やじるしのほうへ、
さんかくにおります。

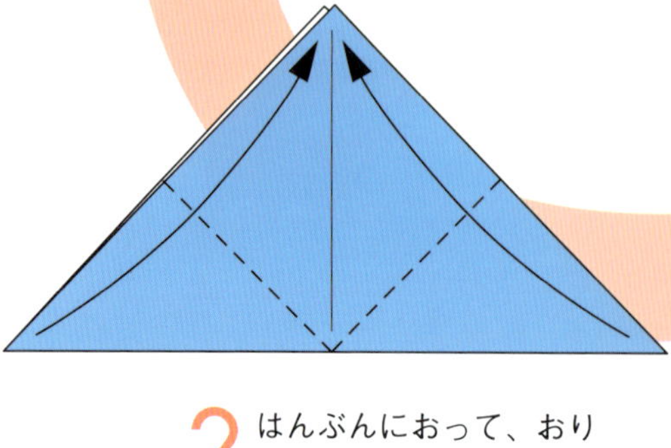

2 はんぶんにおって、おり
めをつけてから、てんせ
んのところで、やじるし
のほうへおります。

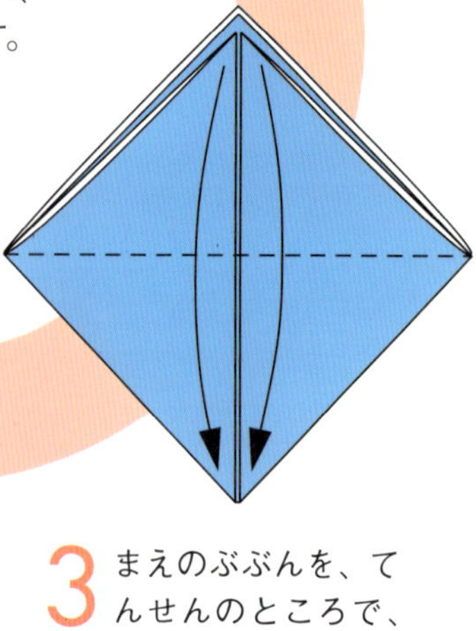

3 まえのぶぶんを、て
んせんのところで、
やじるしのほうへお
ります。

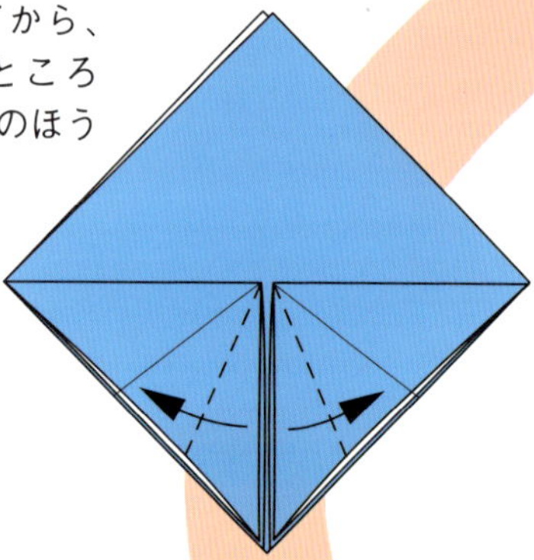

4 まえのさんかくをは
んぶんにおって、お
りめをつけてから、
てんせんのところ
で、やじるしのほう
へおります。

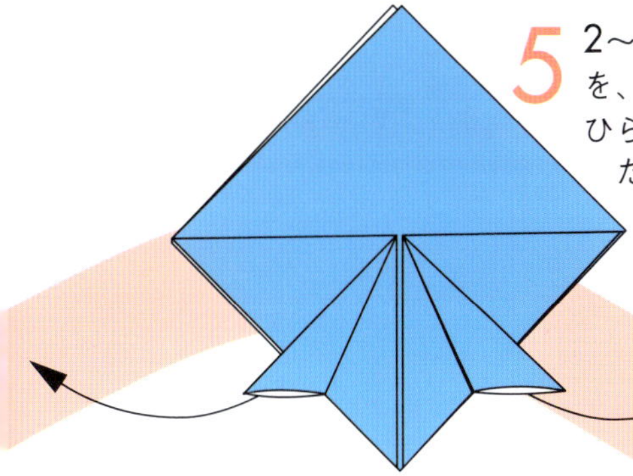

5 2〜3でおったぶぶんを、やじるしのほうへひらきます。4でおったぶぶんは、ひらかないように、ちゅういします。

6 5をひらいたかたちです。てんせんのところで、やじるしのほうへおります。

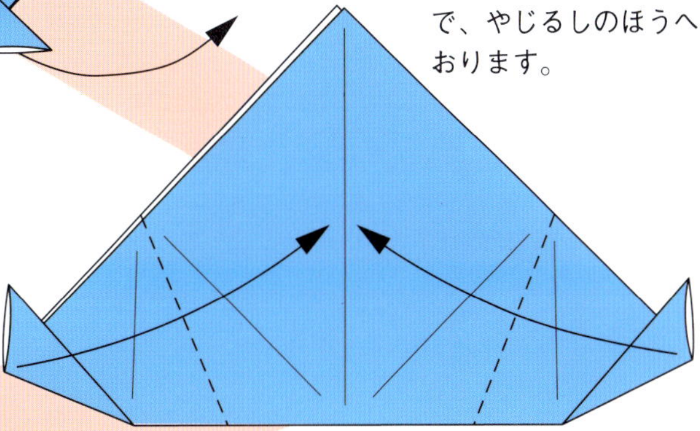

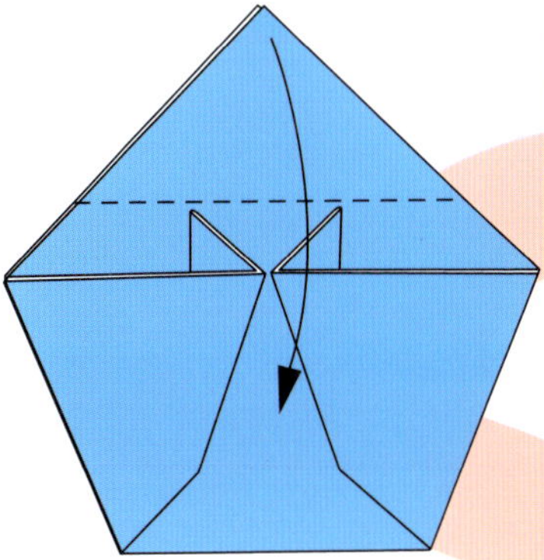

7 まえの1まいを、てんせんのところで、やじるしのほうへおります。

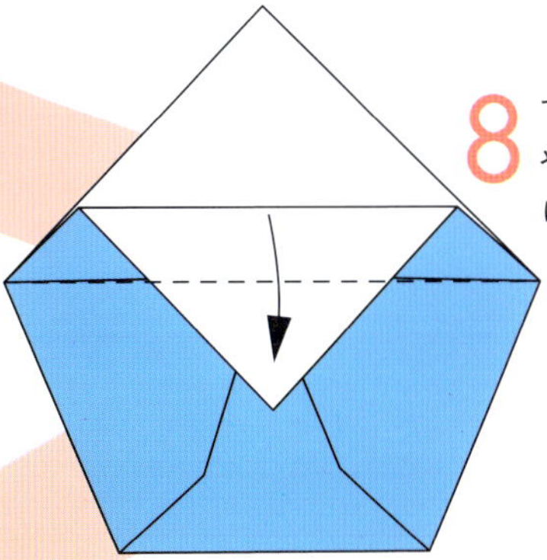

8 てんせんのところで、やじるしのほうへおります。

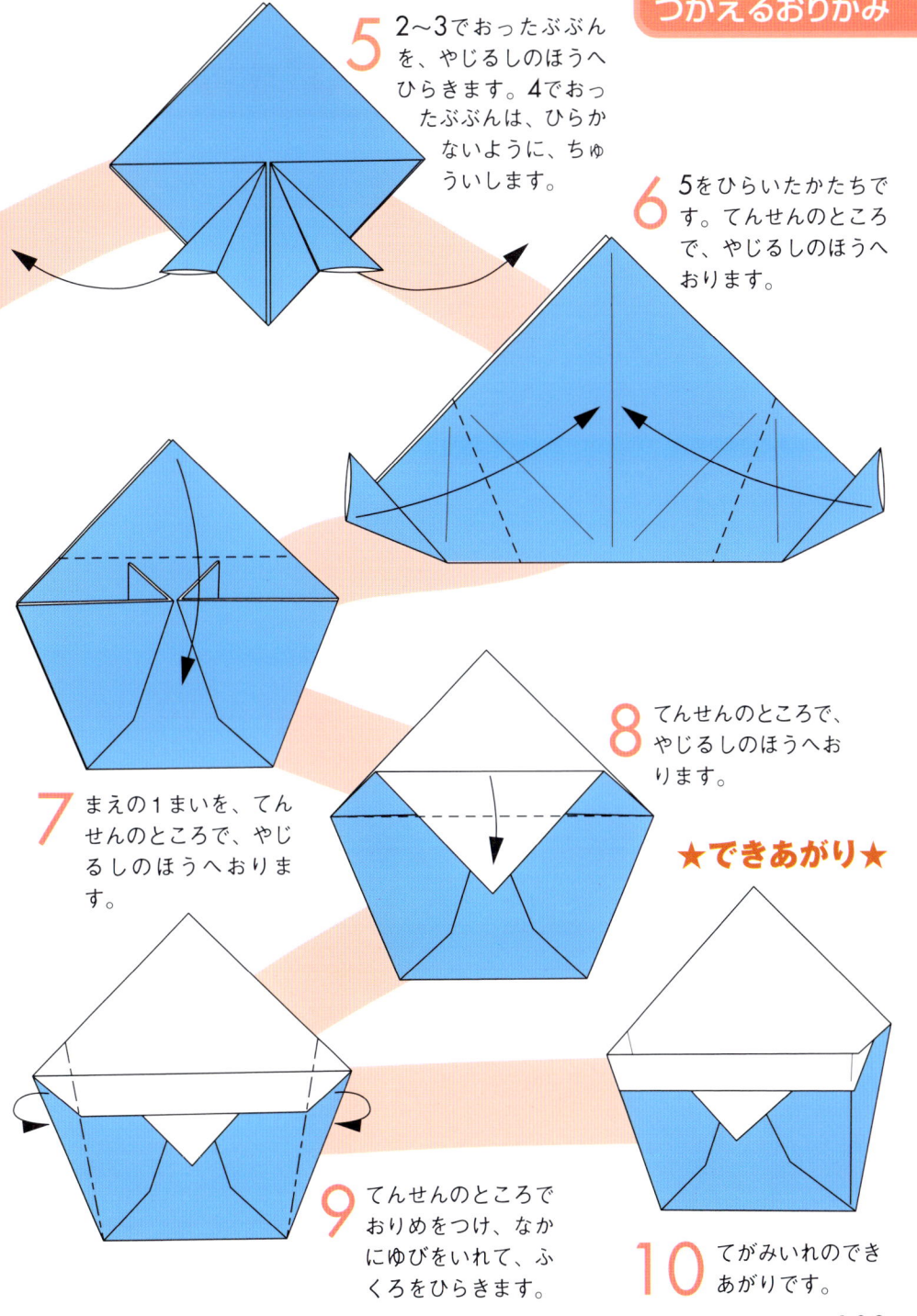

★できあがり★

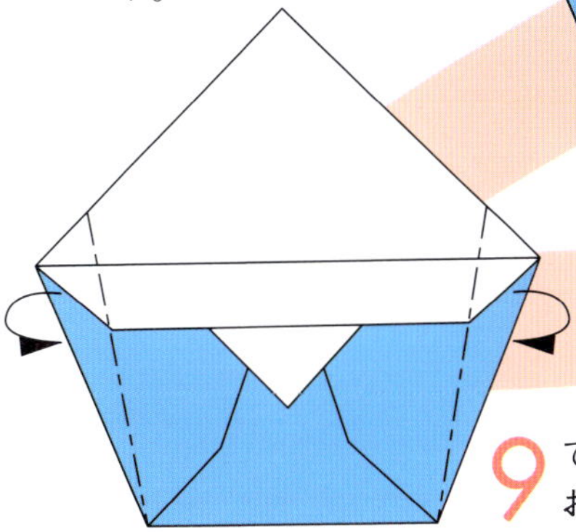

9 てんせんのところでおりめをつけ、なかにゆびをいれて、ふくろをひらきます。

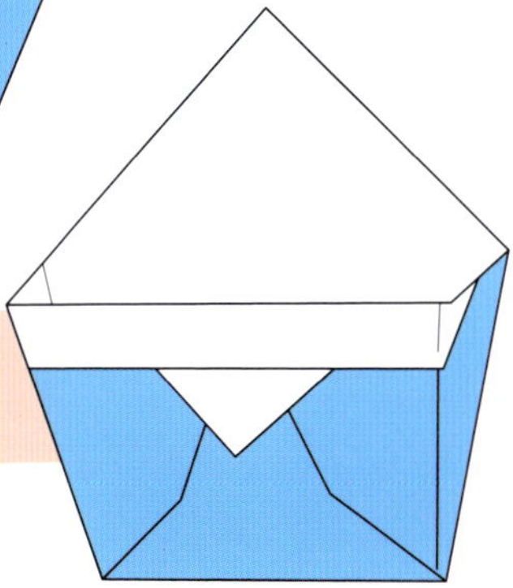

10 てがみいれのできあがりです。

キャンディボックス

じょうずにおれたら、キャンディをたくさんいれておこう。

1 ずのようにおりめをつけます。★と★をあわせ、てんせんのところでおって、ひらきます。

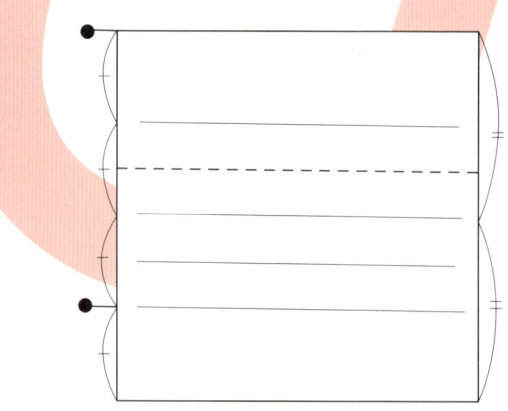

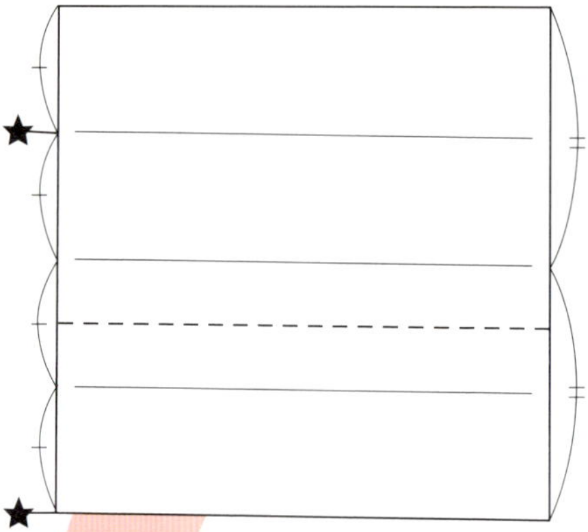

2 ●と●をあわせて、てんせんのところでおって、ひらきます。

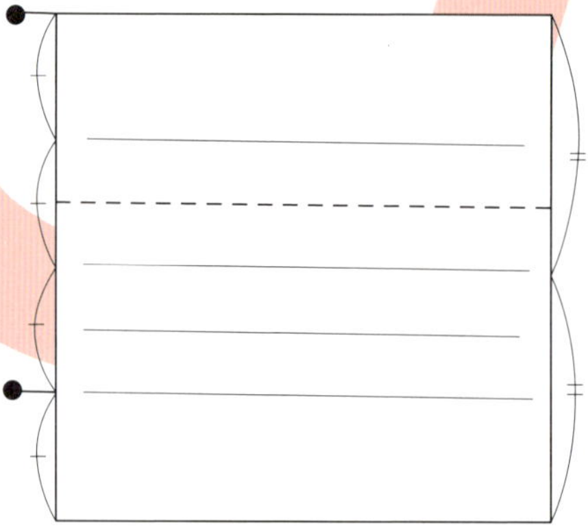

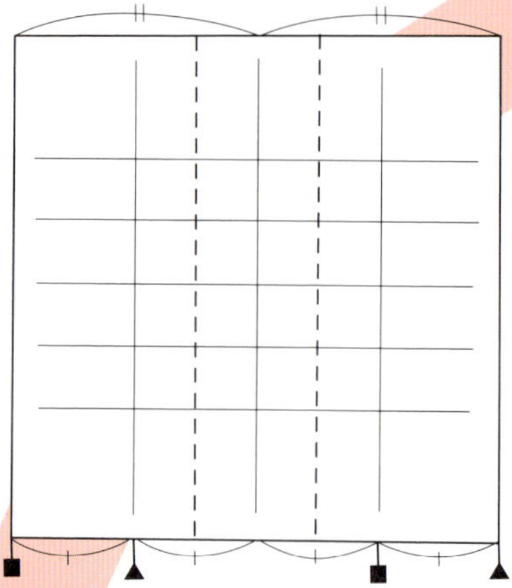

3 たてにはんぶんにおって、おりめをつけ、もういちどはんぶんにおって、おりめを3つつくります。1～2とおなじように、▲と▲、■と■を、それぞれあわせ、てんせんのところでおって、ひらきます。

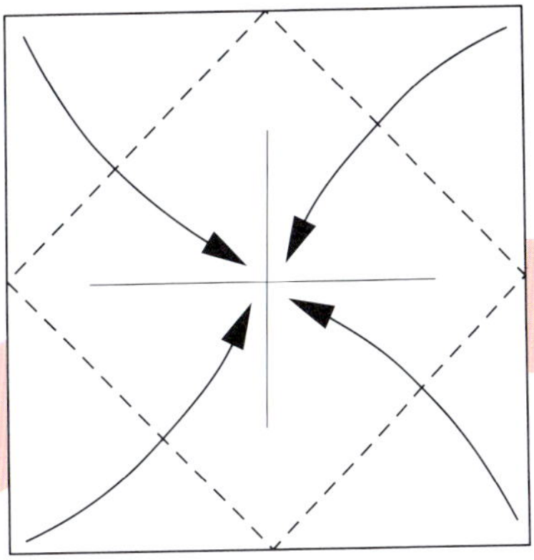

4 てんせんのところで、やじるしのほうへおります。

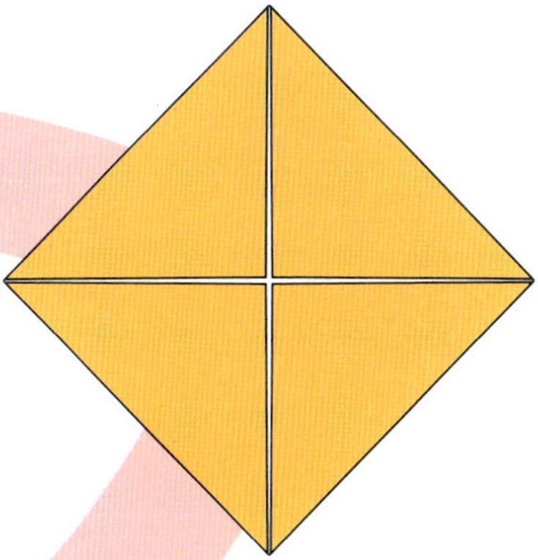

5 4をおったかたちです。

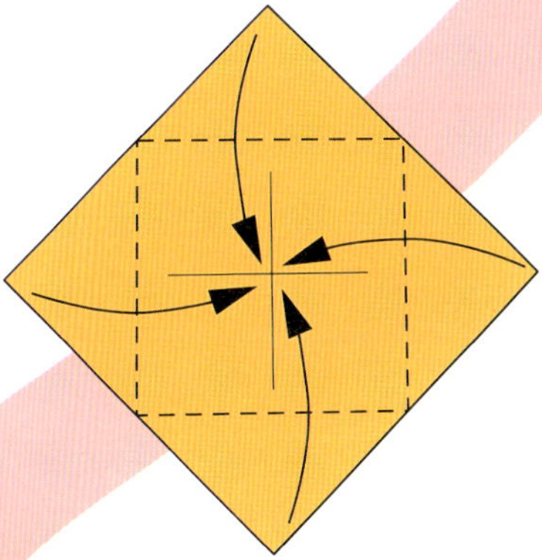

6 5をうらがえして、てんせんのところで、やじるしのほうへおります。

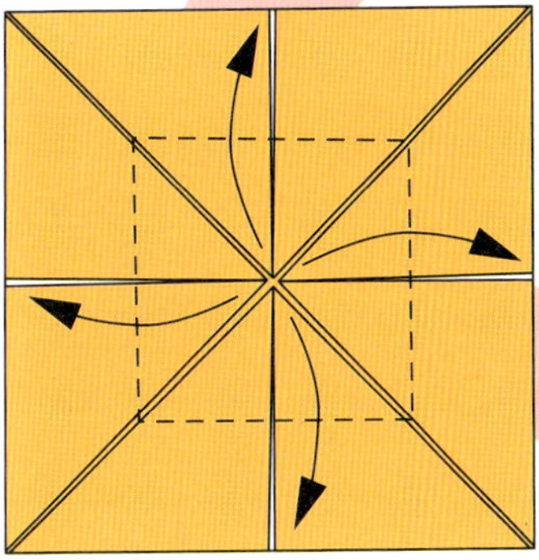

7 てんせんのところで、やじるしのほうへおります。

8 7をおったかたちです。
（112ページにつづく）

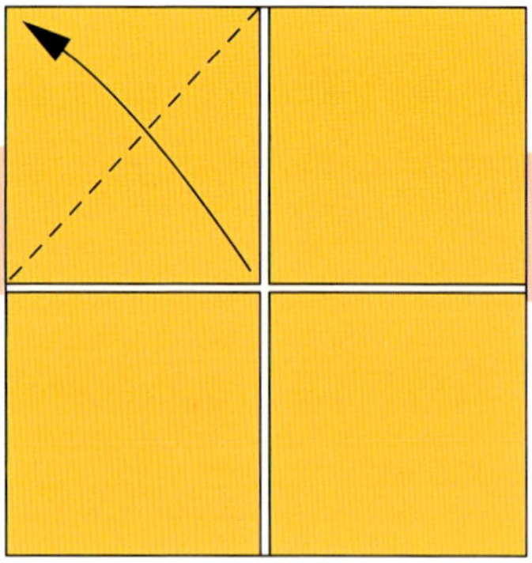

9 8をうらがえして、てんせんのところで、やじるしのほうへおります。ほかの3かしょも、おなじようにおります。

10 さんかくのぶぶんを、やじるしのほうへ、てんせんのようにおりたたみます。

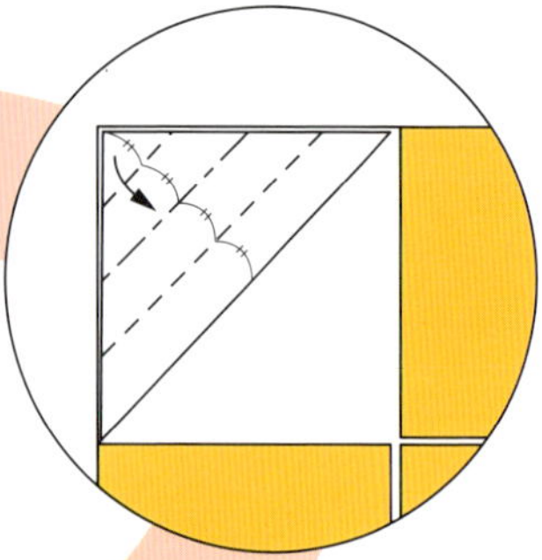

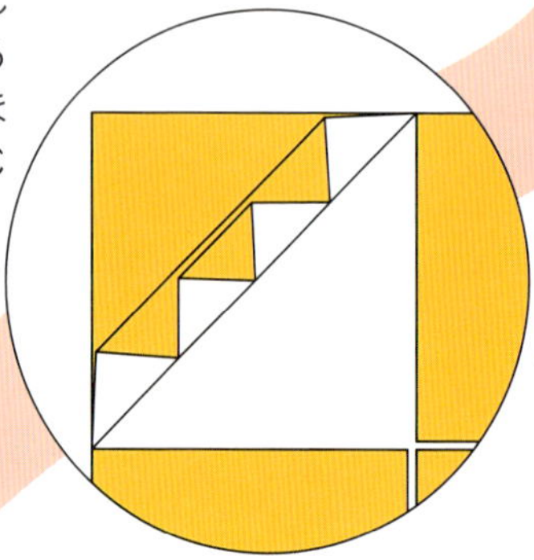

11 10をおったかたちです。ほかの3かしょも、おなじようにおります。

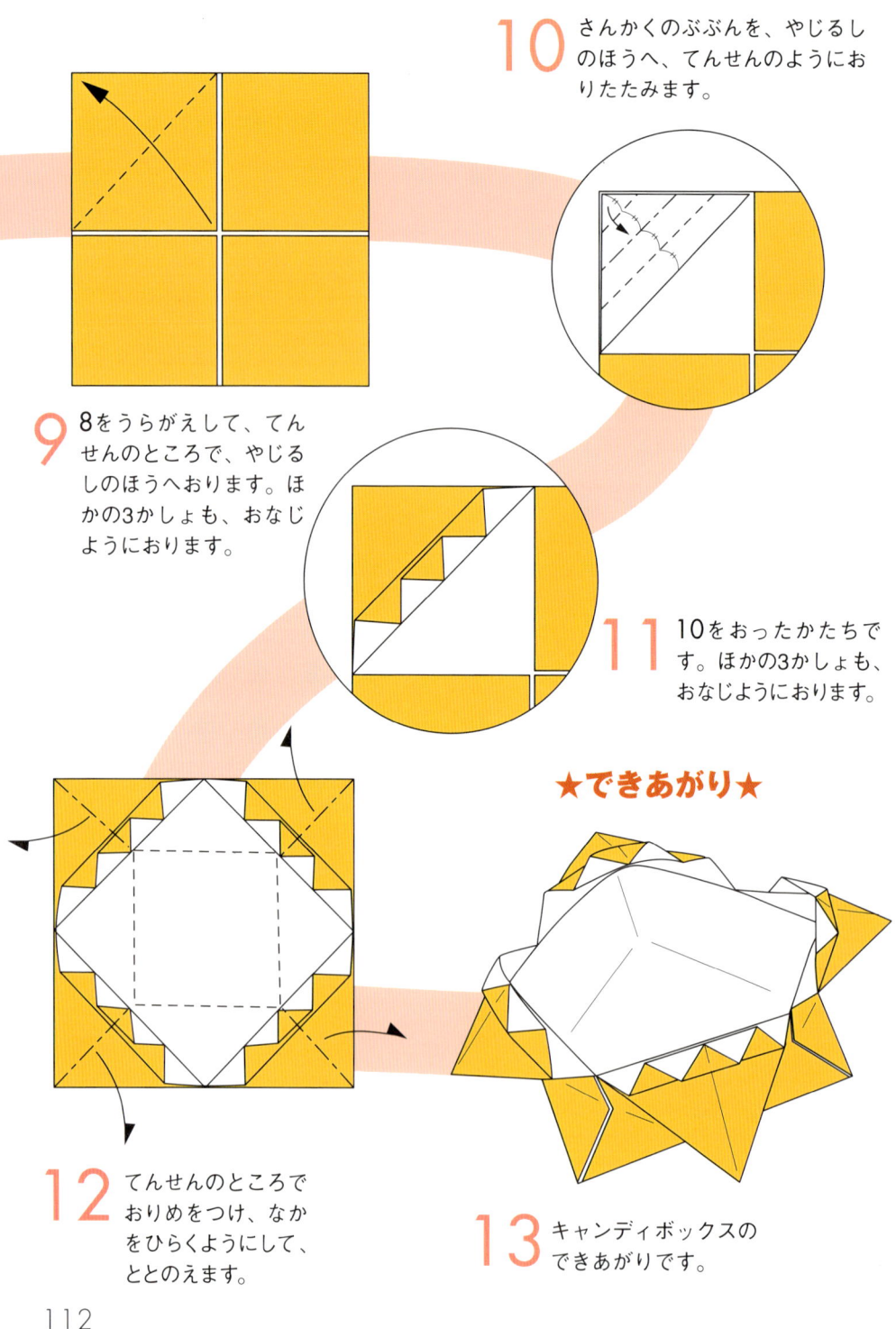

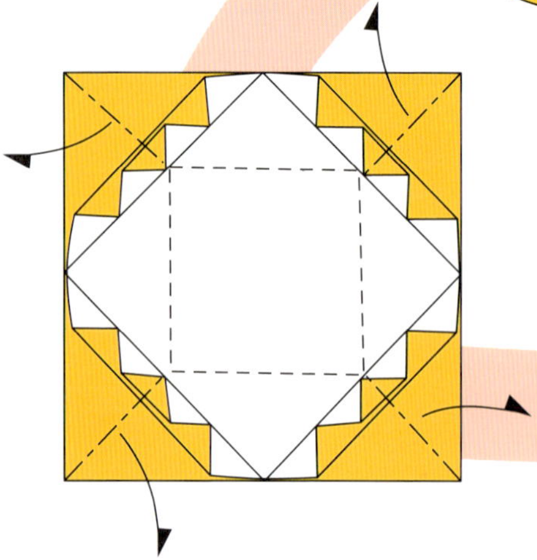

12 てんせんのところでおりめをつけ、なかをひらくようにして、ととのえます。

★できあがり★

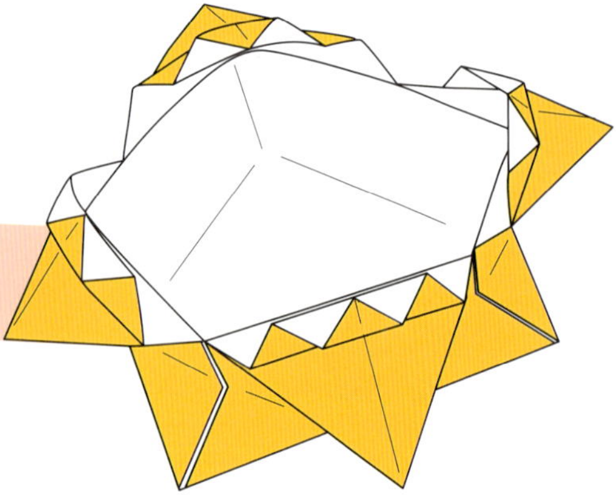

13 キャンディボックスのできあがりです。

PART 4

いきもの

バッタ

みどりいろの、りっぱな、
とのさまバッタだよ。

かんたん

しゃしんの「バッタ」は、おもてとうら
にいろのついたおりがみでおりました。

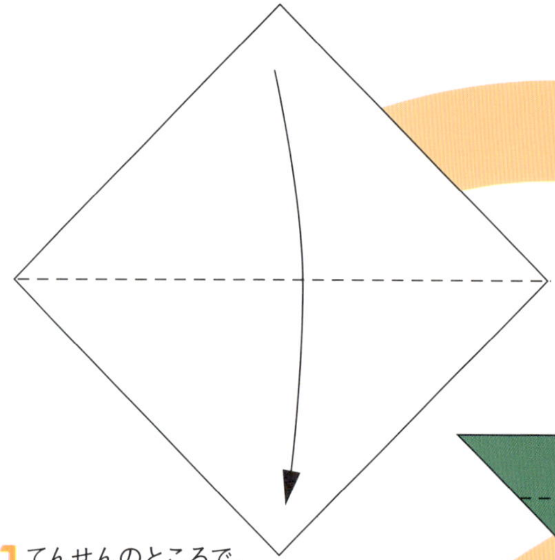

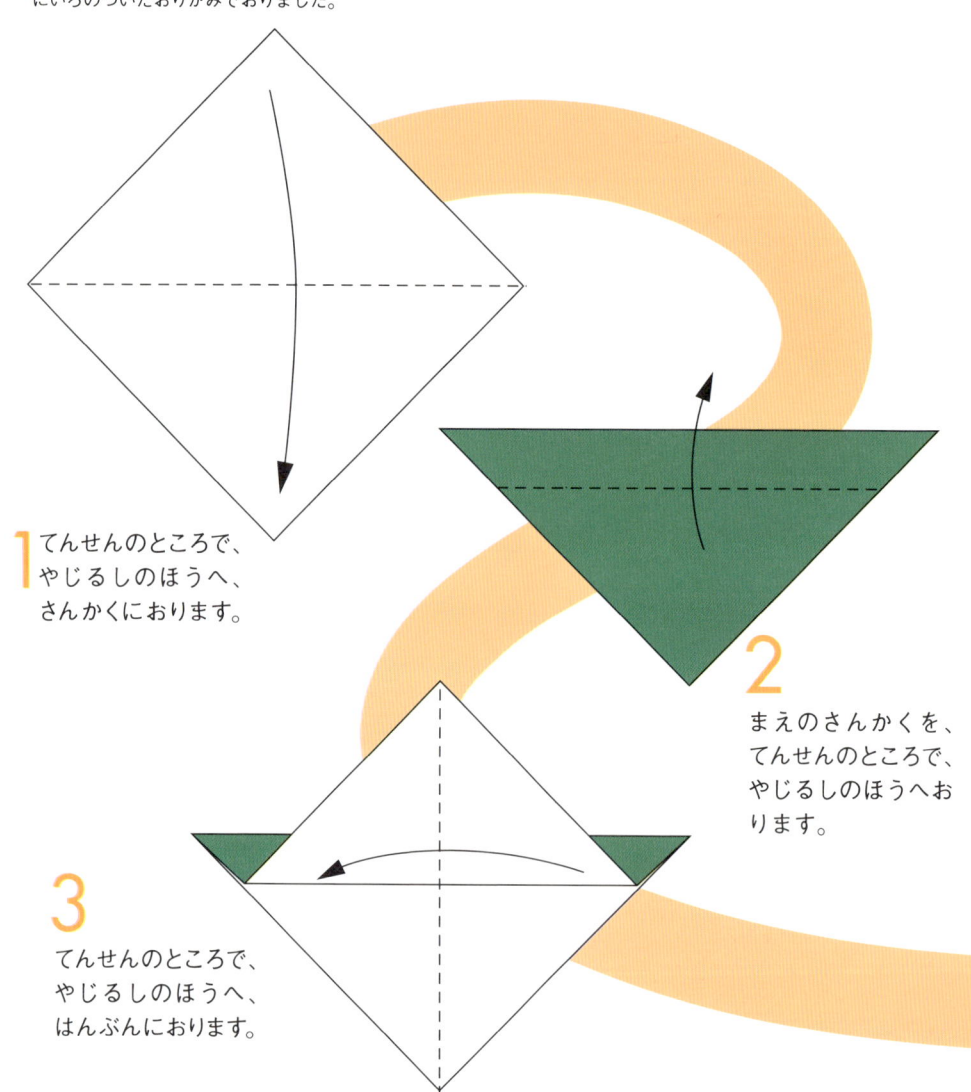

1 てんせんのところで、
やじるしのほうへ、
さんかくにおります。

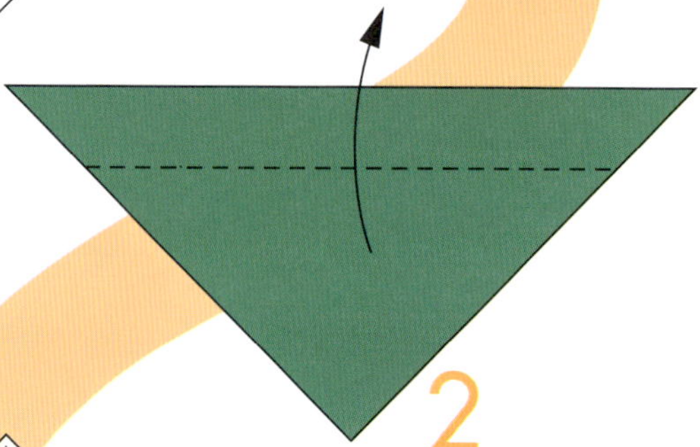

2 まえのさんかくを、
てんせんのところで、
やじるしのほうへお
ります。

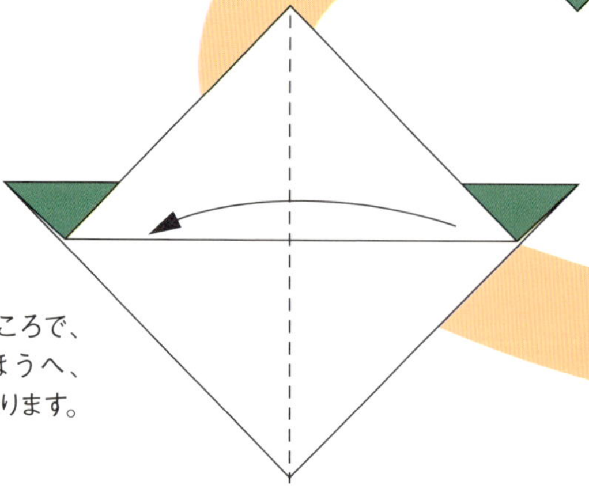

3 てんせんのところで、
やじるしのほうへ、
はんぶんにおります。

★できあがり★

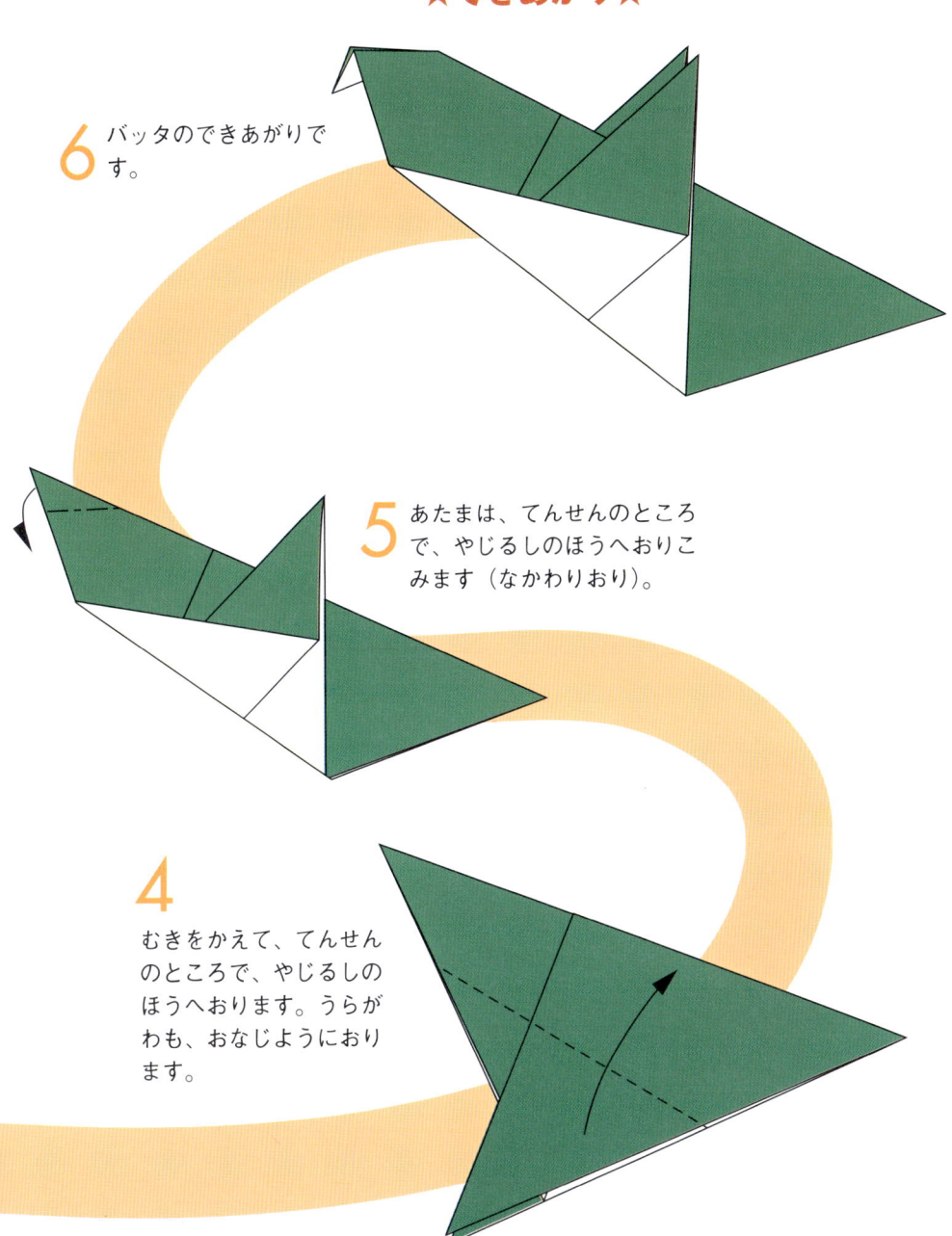

6 バッタのできあがりです。

5 あたまは、てんせんのところで、やじるしのほうへおりこみます（なかわりおり）。

4

むきをかえて、てんせんのところで、やじるしのほうへおります。うらがわも、おなじようにおります。

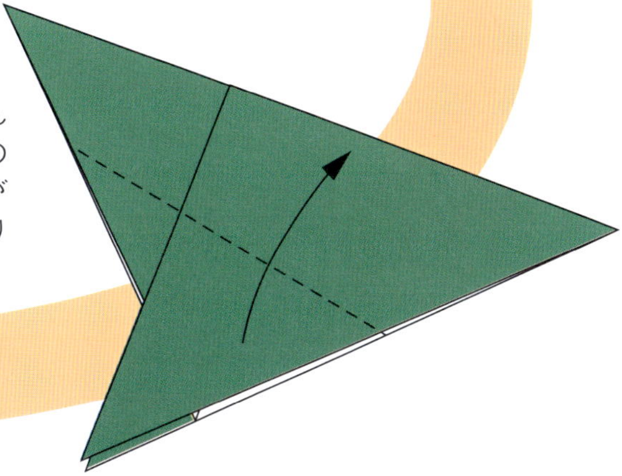

せみ

せみがないたら、もうなつやすみ。いっぱいとれたかな。

1

「かぶと」（18ページ）の3から、むきをかえて、おりはじめます。まえのさんかくを、てんせんのところで、やじるしのほうへおります。

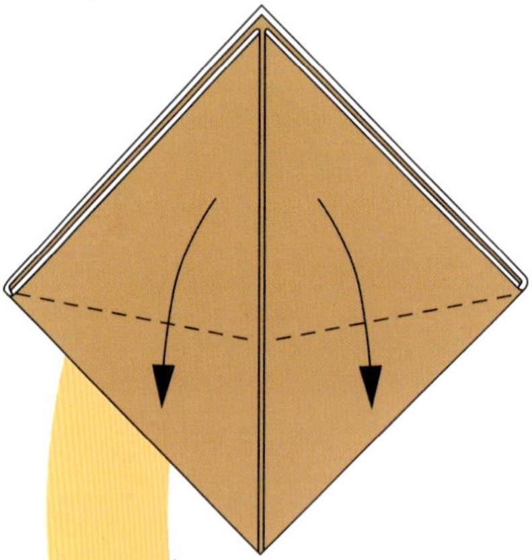

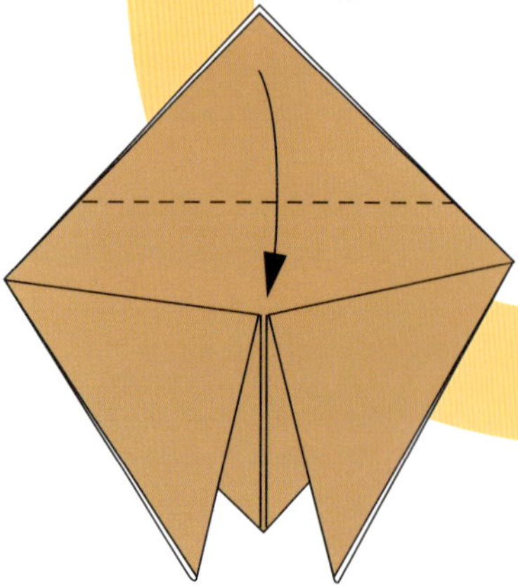

2

まえのさんかくを、てんせんのところで、やじるしのほうへおります。

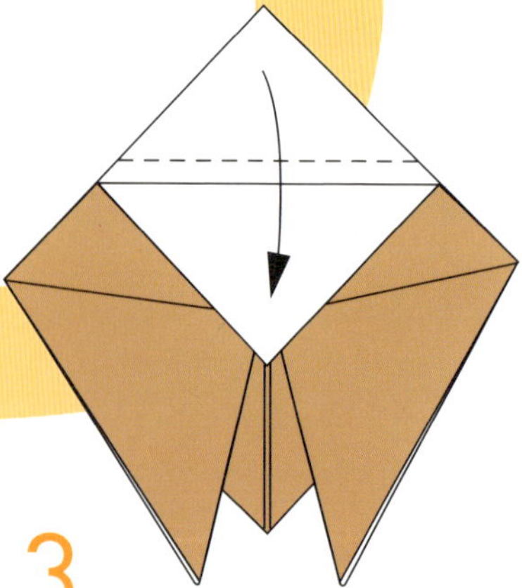

3

てんせんのところで、やじるしのほうへおります。

4

てんせんのところで、やじるしのほうへおります。

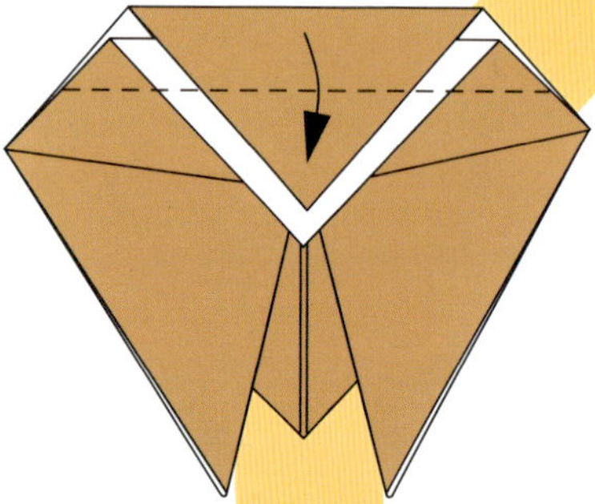

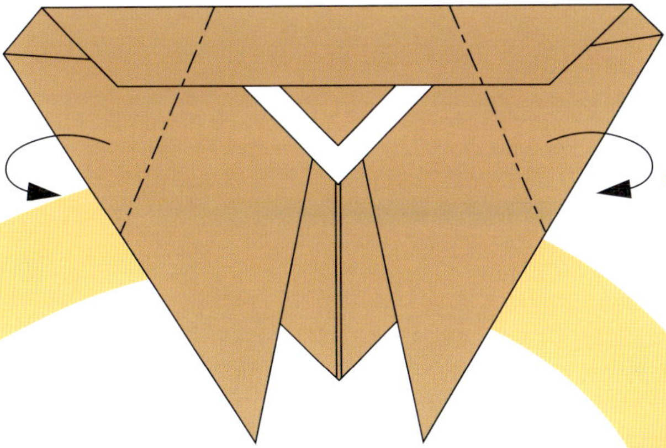

5 てんせんのところで、やじるしのほうへおります。

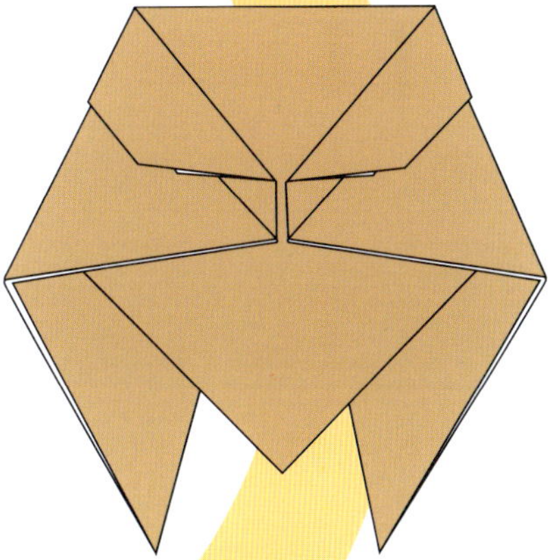

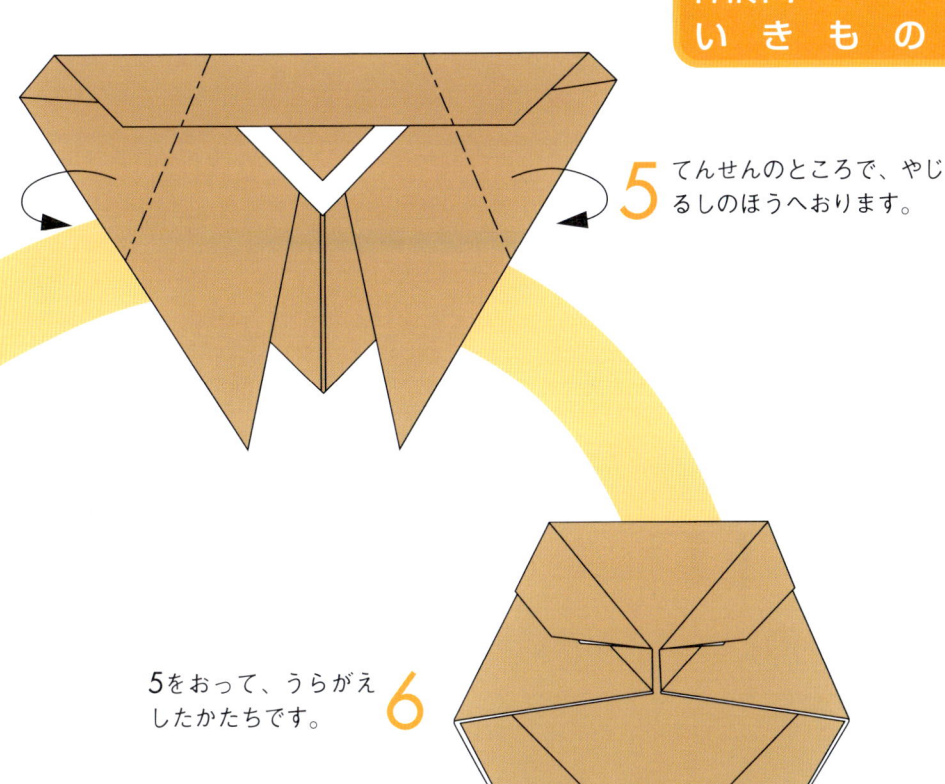

6 5をおって、うらがえしたかたちです。

★できあがり★

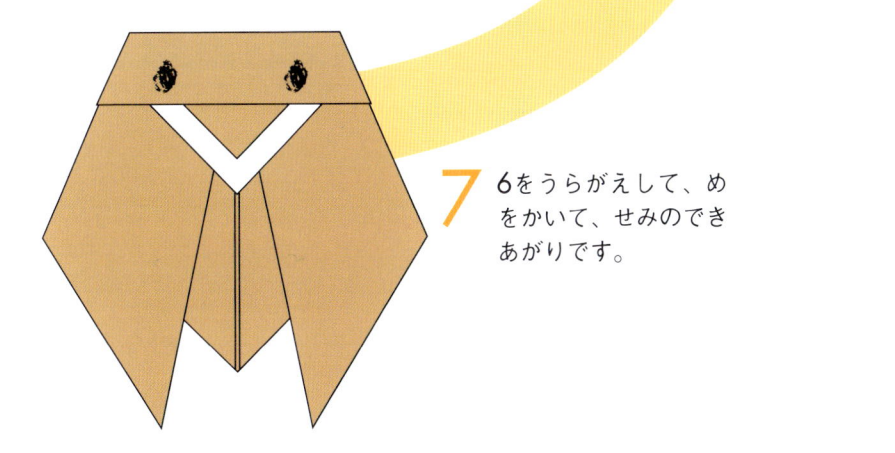

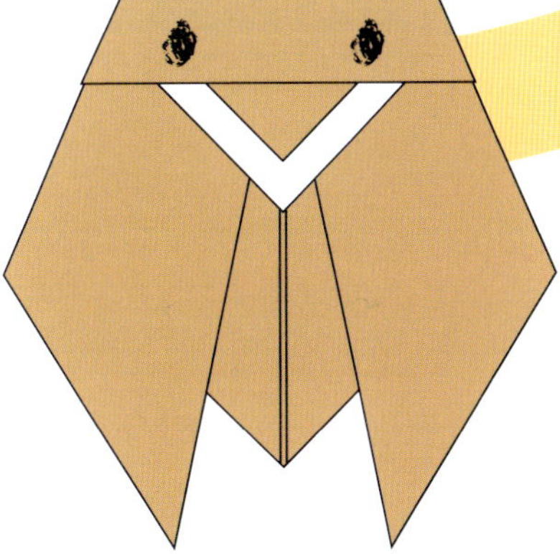

7 6をうらがえして、めをかいて、せみのできあがりです。

くわがた

むしずきの、あこがれのまと。
じょうずにおれるかな。

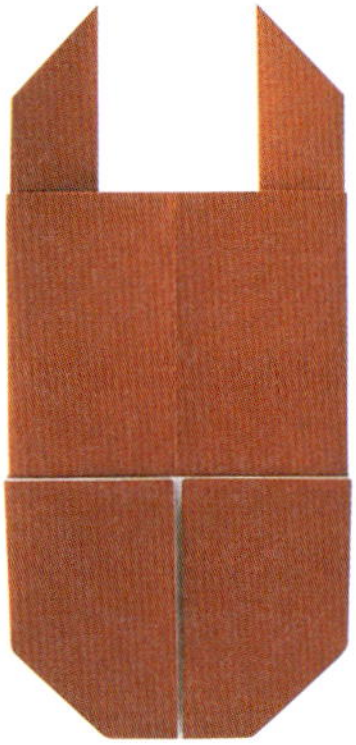

1

はんぶんにおっておりめをつけてから、てんせんのところで、やじるしのほうへはんぶんにおります。

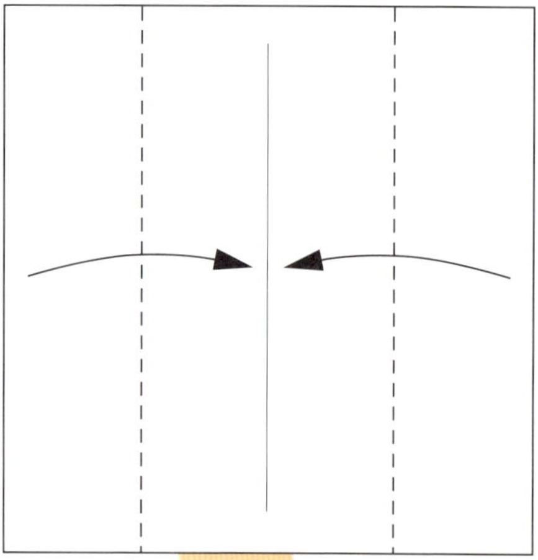

2

ずのようにおりめをつけて、やじるしのようにひらきながら、てんせんのところでおります。

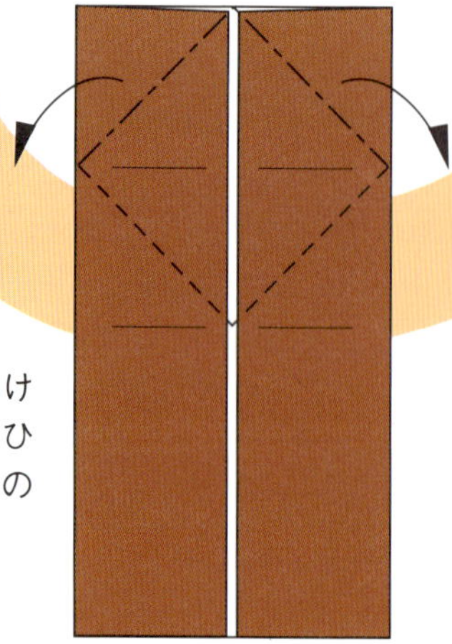

3

2をおったかたちです。てんせんのところで、やじるしのほうへおります。

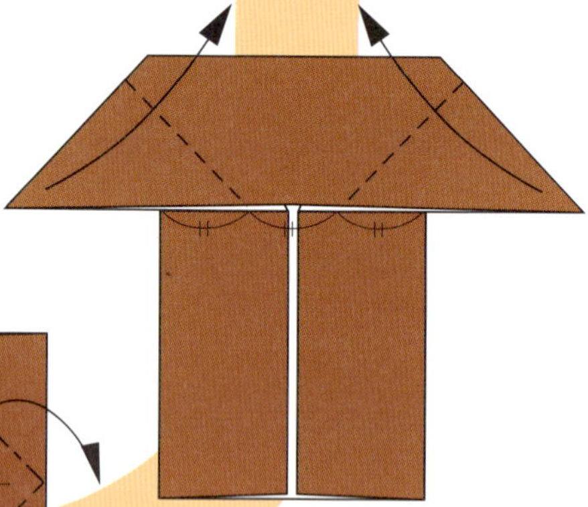

4

3をおったかたちです。

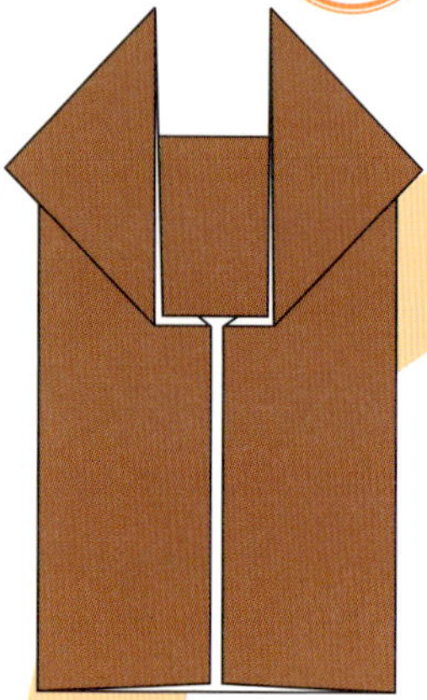

5 4をうらがえして、てんせんのところで、やじるしのほうへおります。

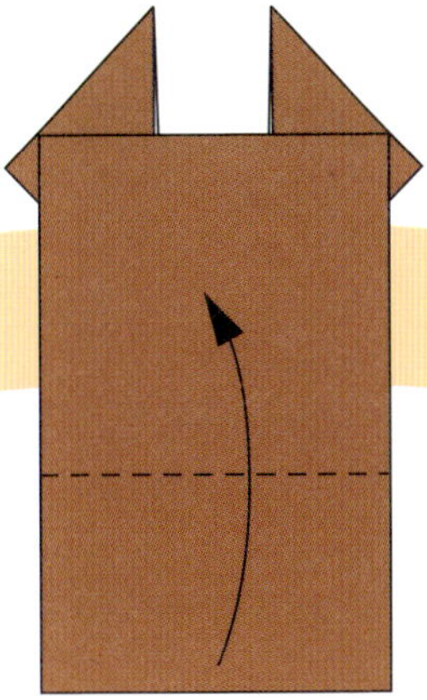

6 5をうらがえして、てんせんのところで、やじるしのほうへおります。

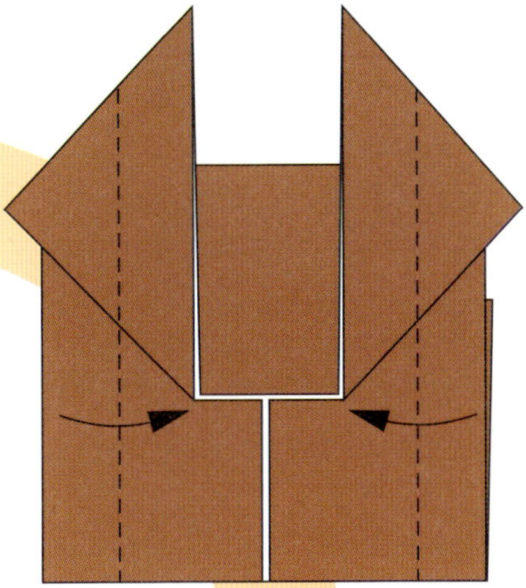

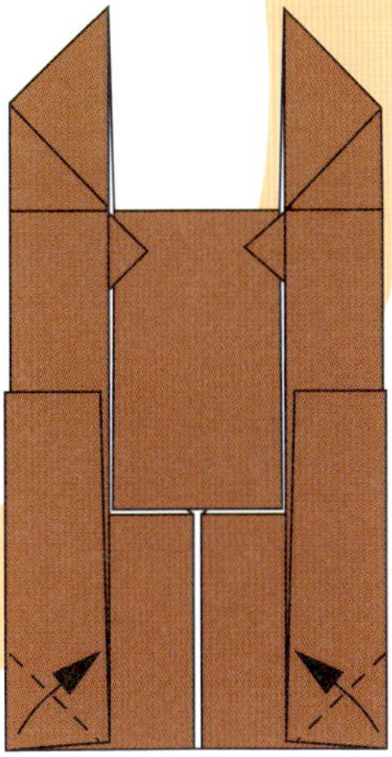

7 てんせんのところで、やじるしのほうへおります。

★できあがり★

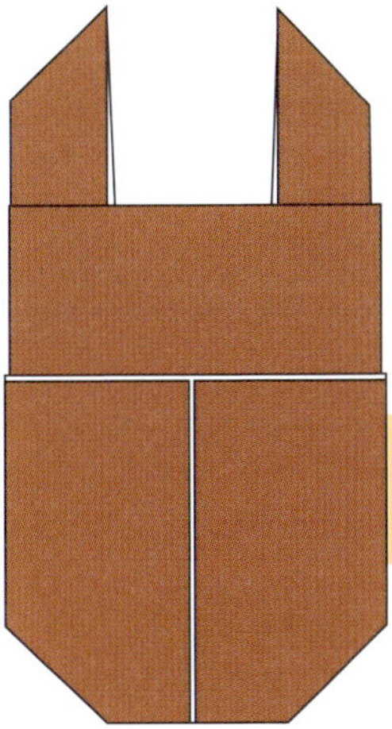

8 7をうらがえして、くわがたのできあがりです。

とんぼ

あかいかみでおると、あかとんぼ。くろでおると、おにやんま。

ふつう

しゃしんの「とんぼ」は、
おもてとうらにいろのついた
おりがみでおりました。

1

さんかくに、はんぶんにおって、おりめをつけてから、ずのようにおります。つぎに、てんせんのところで、やじるしのほうへ、はんぶんにおります。

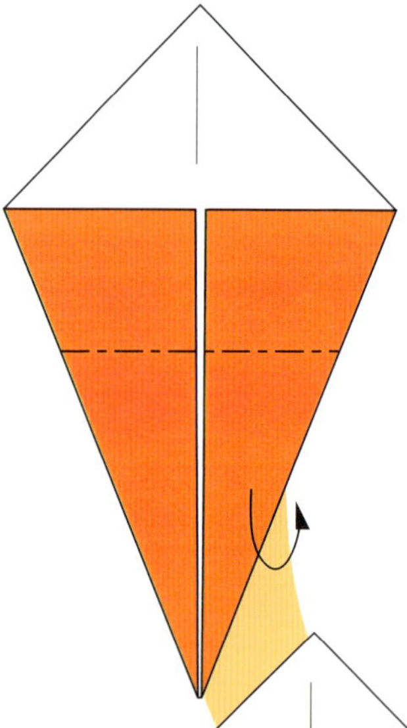

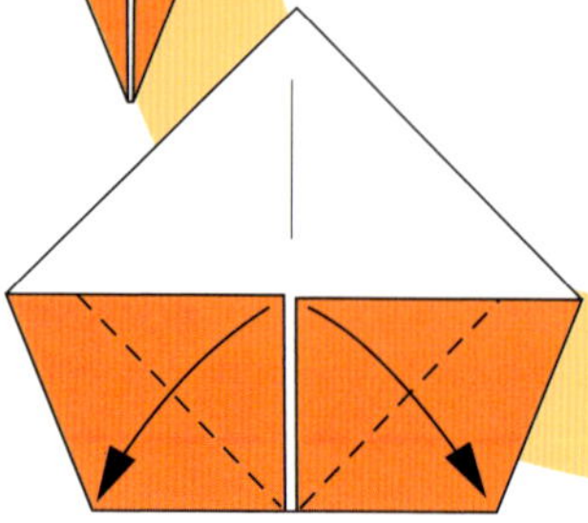

2

てんせんのところで、やじるしのほうへおります。

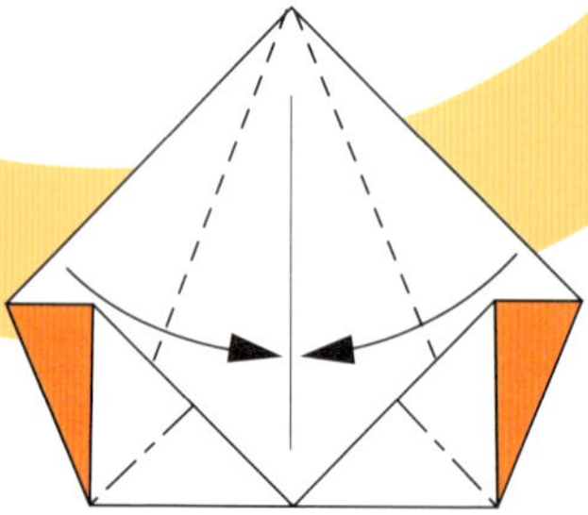

3

やじるしのほうへ、ふくろをひらきながら、てんせんのところで、おります。

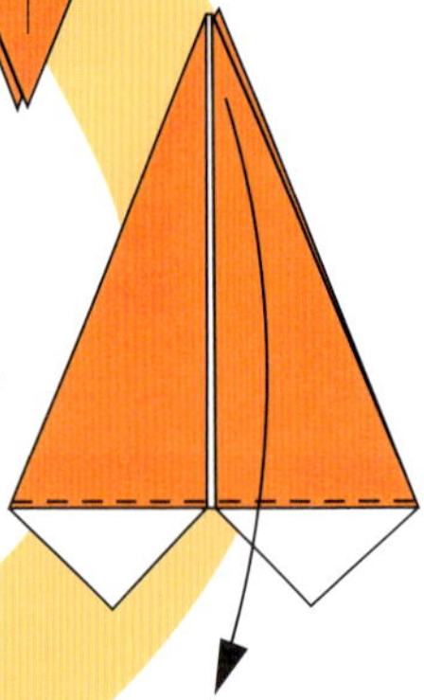

4

てんせんのところで、やじるしのほうへおります。うらがわも、おなじようにおります。

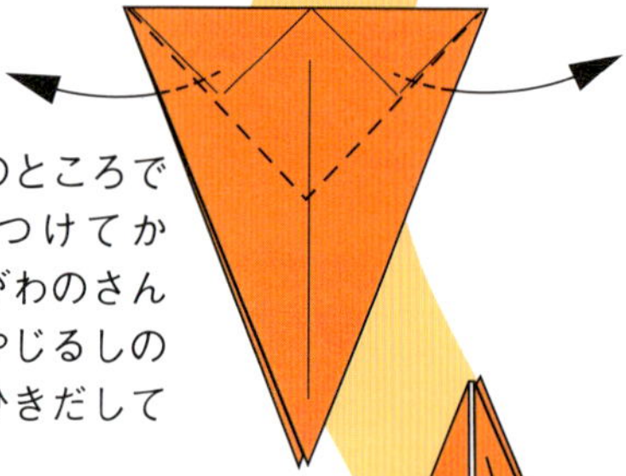

5

てんせんのところでおりめをつけてから、うちがわのさんかくを、やじるしのほうへ、ひきだしております。

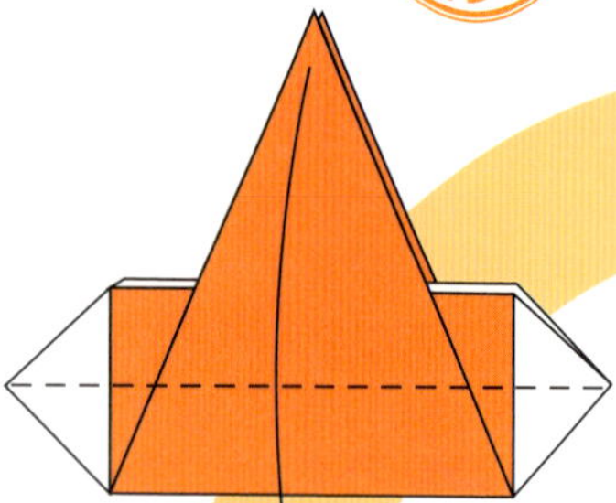

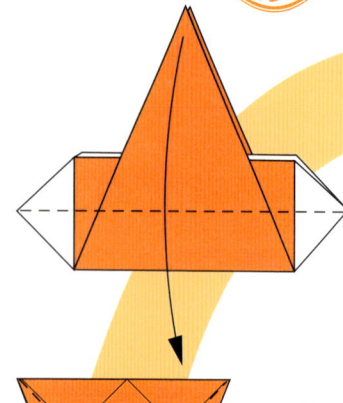

6

5をおって、むきをかえたかたちです。まえのぶぶんを、てんせんのところで、やじるしのほうへおります。

7 6をうらがえして、てんせんのところで、やじるしのほうへおります。

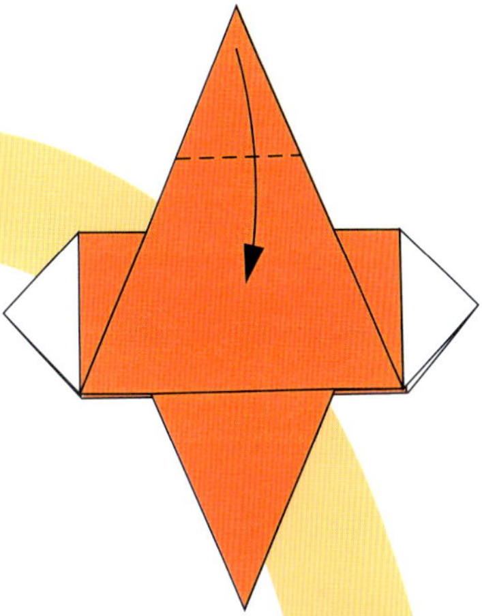

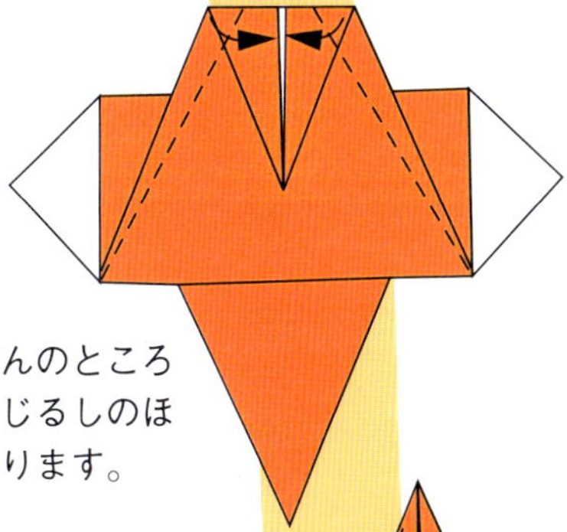

8 てんせんのところで、やじるしのほうへおります。

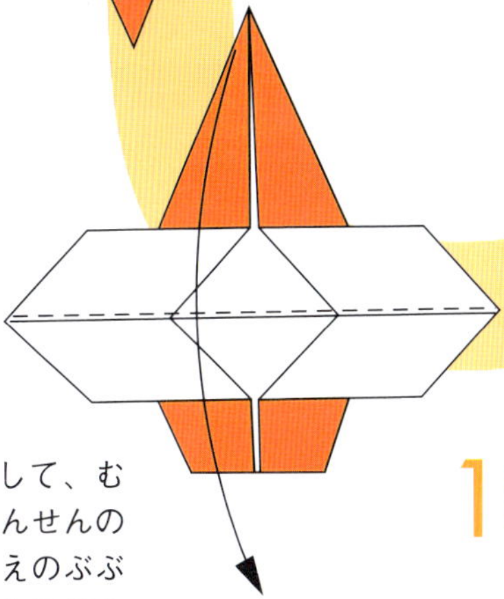

9 8をうらがえして、むきをかえ、てんせんのところで、うえのぶぶんを、やじるしのほうへおります。

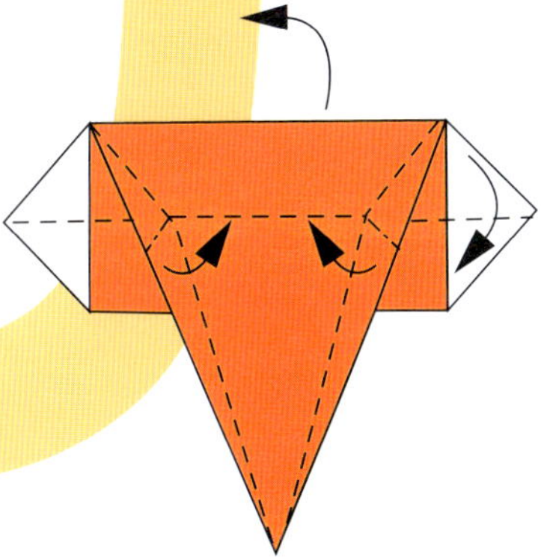

10 てんせんのところで、やじるしのほうへおります。うらがわにかさなっているぶぶんを、うえへおりあげます。

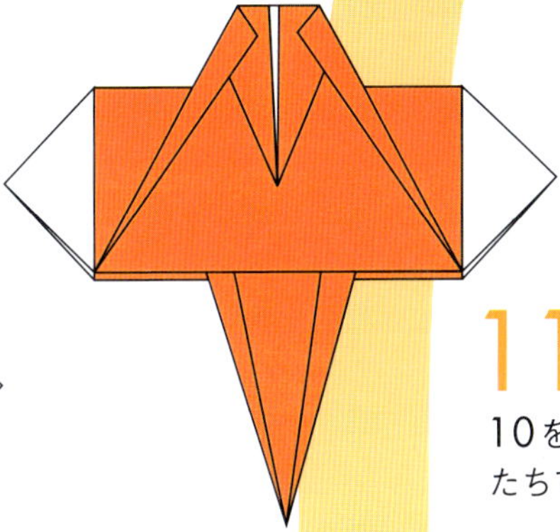

11 10をおったかたちです。

★できあがり★

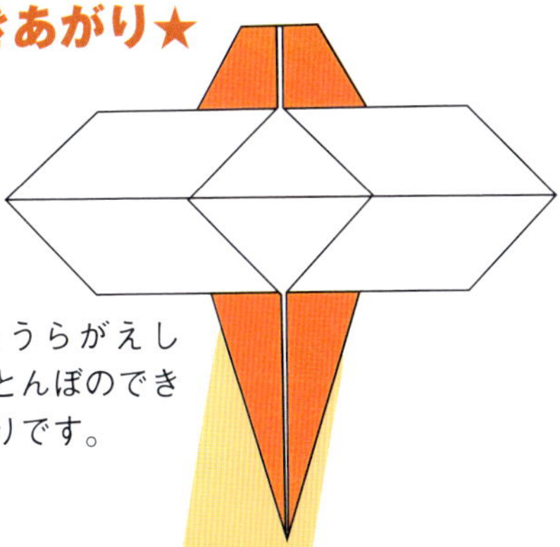

12 11をうらがえして、とんぼのできあがりです。

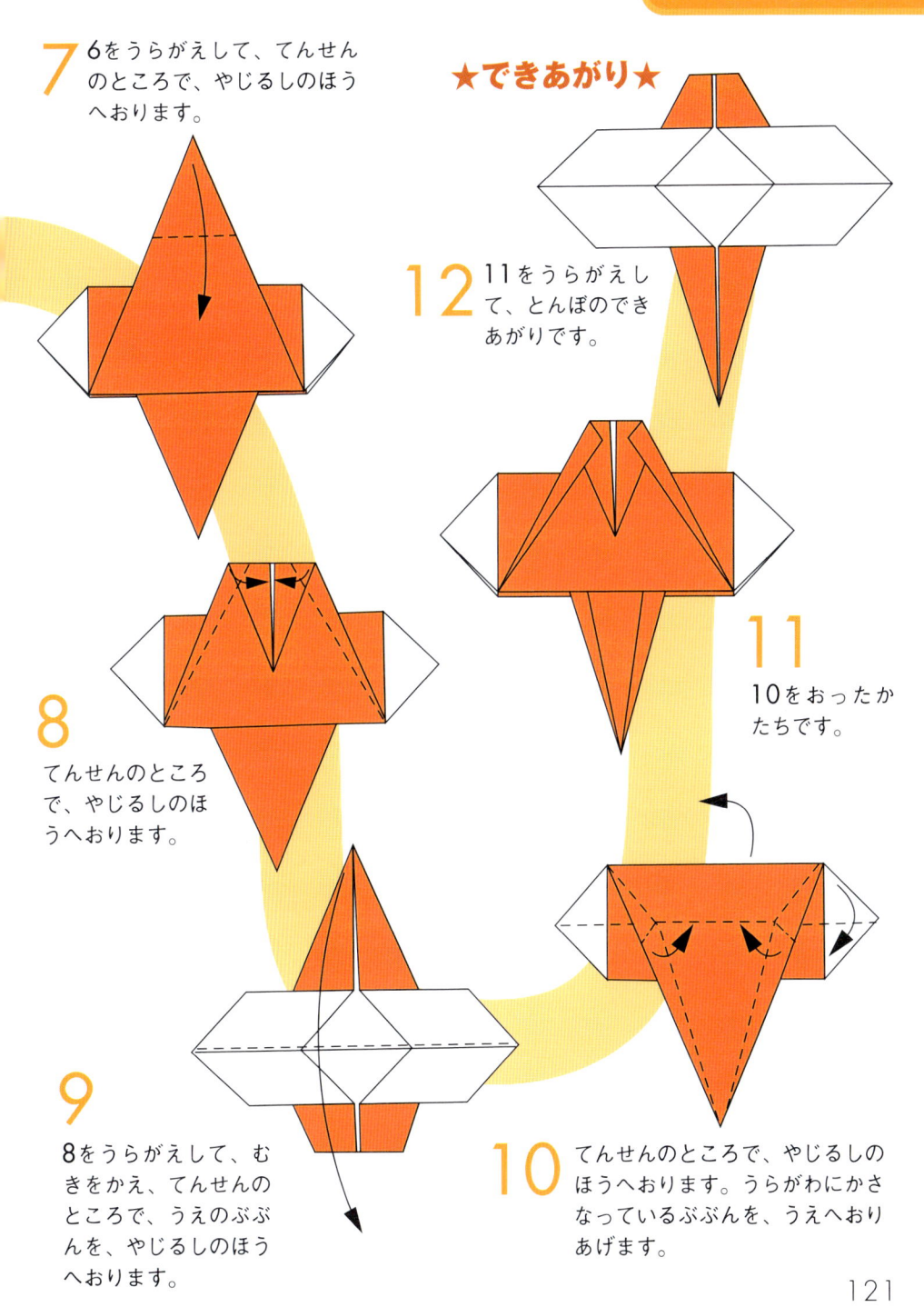

ちょうちょ

はねをひろげたちょうちょが、いまにもひらひらと、とびそうだよ。

ふつう

1

「だましぶね」（46ページ）の5から、おりはじめます。てんせんのところで、やじるしのほうへおります。

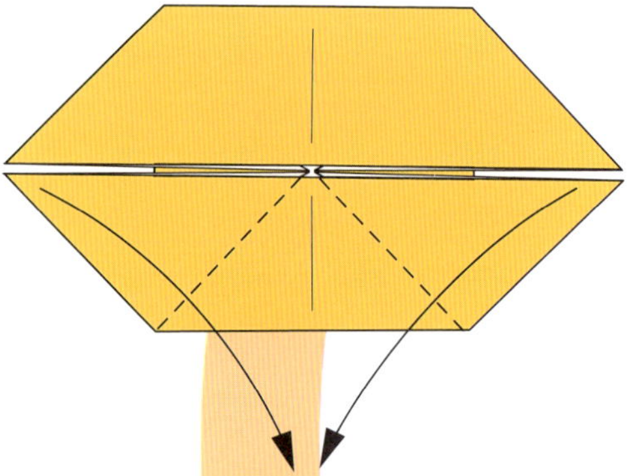

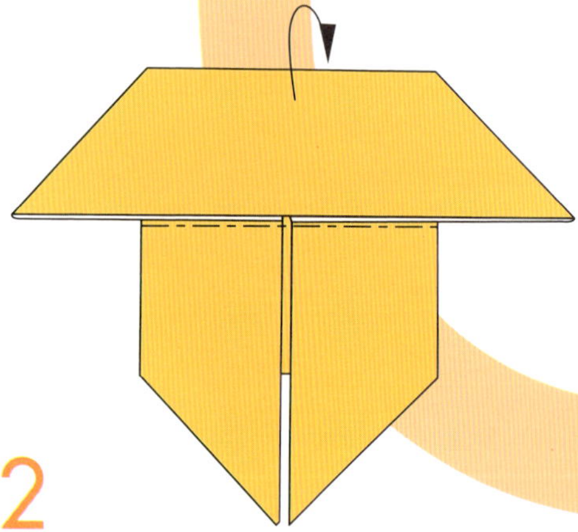

2

てんせんのところで、やじるしのほうへおります。

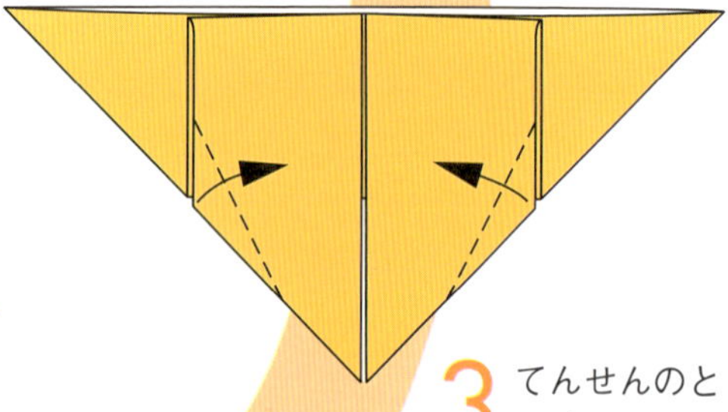

3

てんせんのところで、やじるしのほうへおります。

4

てんせんのところで、やじるしのほうへおります。

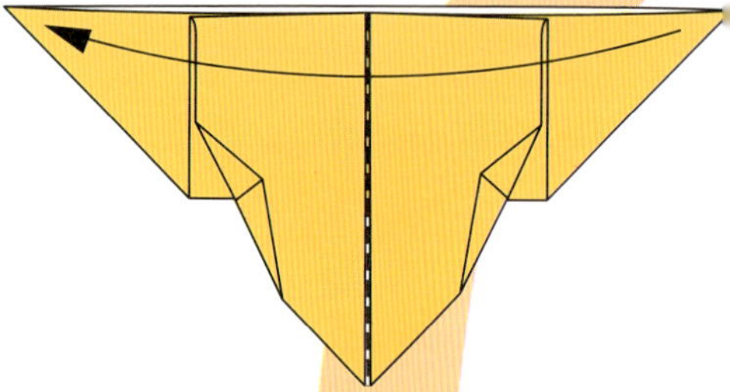

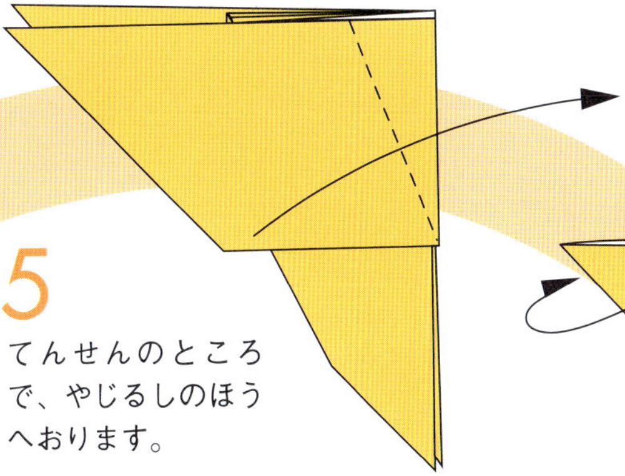

5
てんせんのところで、やじるしのほうへおります。

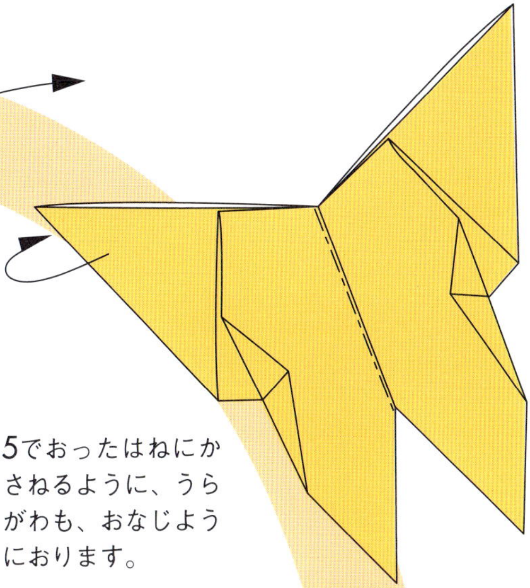

6
5でおったはねにかさねるように、うらがわも、おなじようにおります。

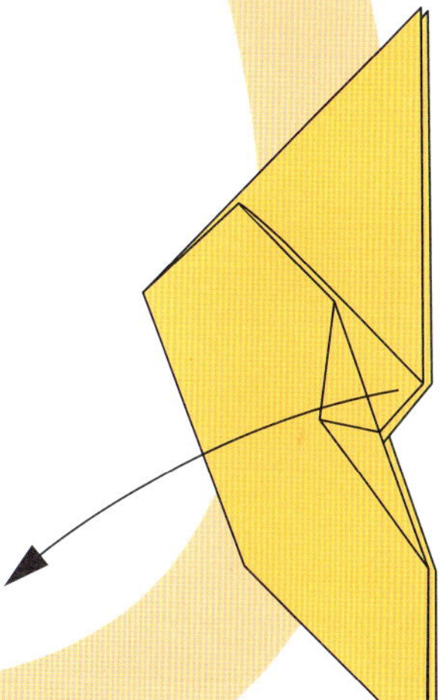

7
やじるしのほうへ、はねをひろげます。

★できあがり★

8
ちょうちょのできあがりです。

ねこ

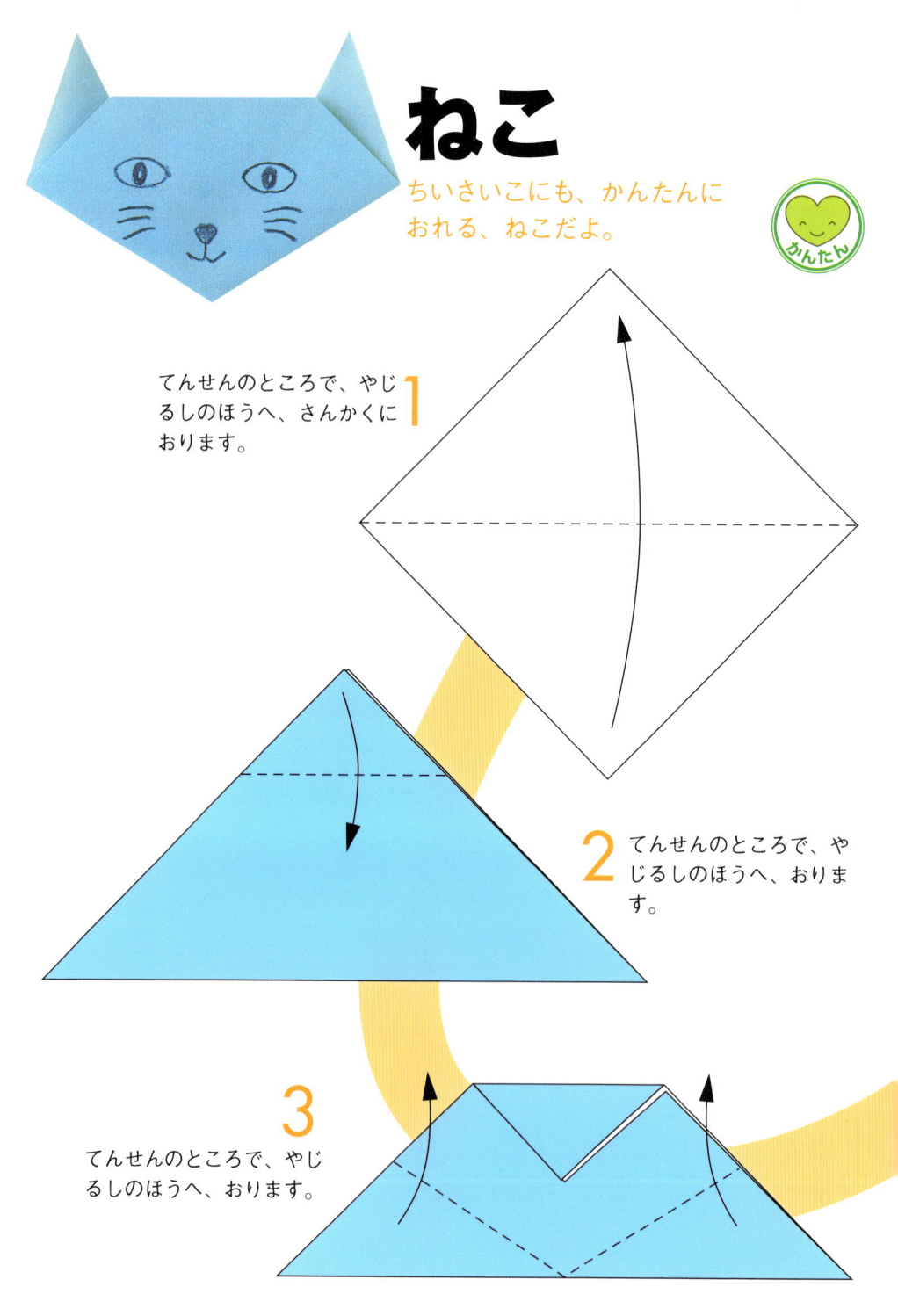

ちいさいこにも、かんたんに
おれる、ねこだよ。

かんたん

1 てんせんのところで、やじるしのほうへ、さんかくにおります。

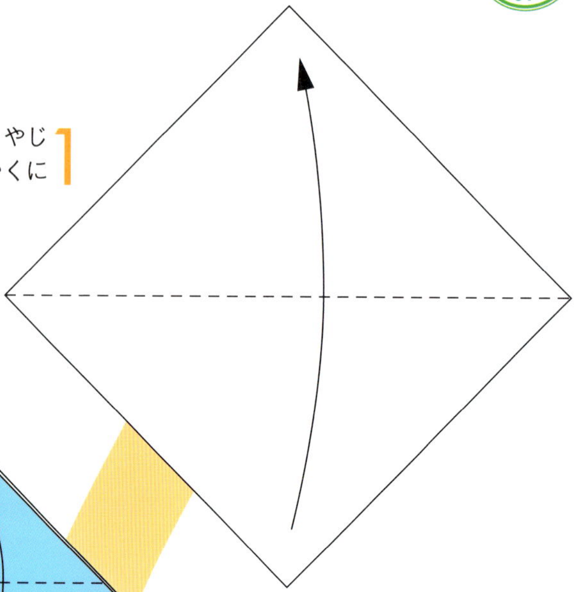

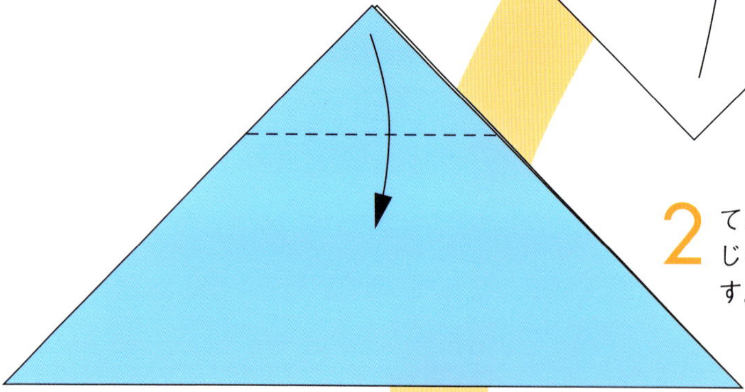

2 てんせんのところで、やじるしのほうへ、おります。

3 てんせんのところで、やじるしのほうへ、おります。

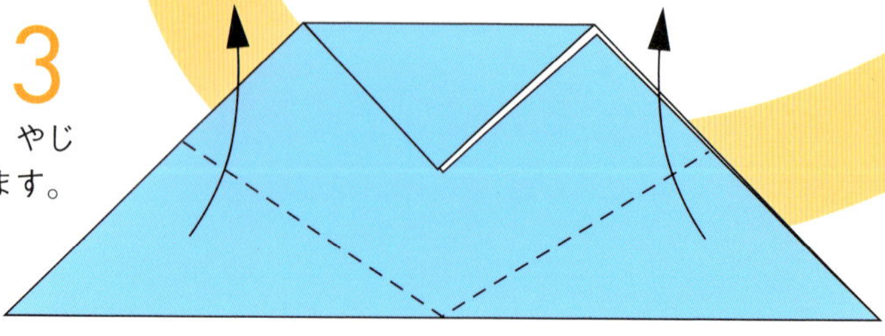

★できあがり★

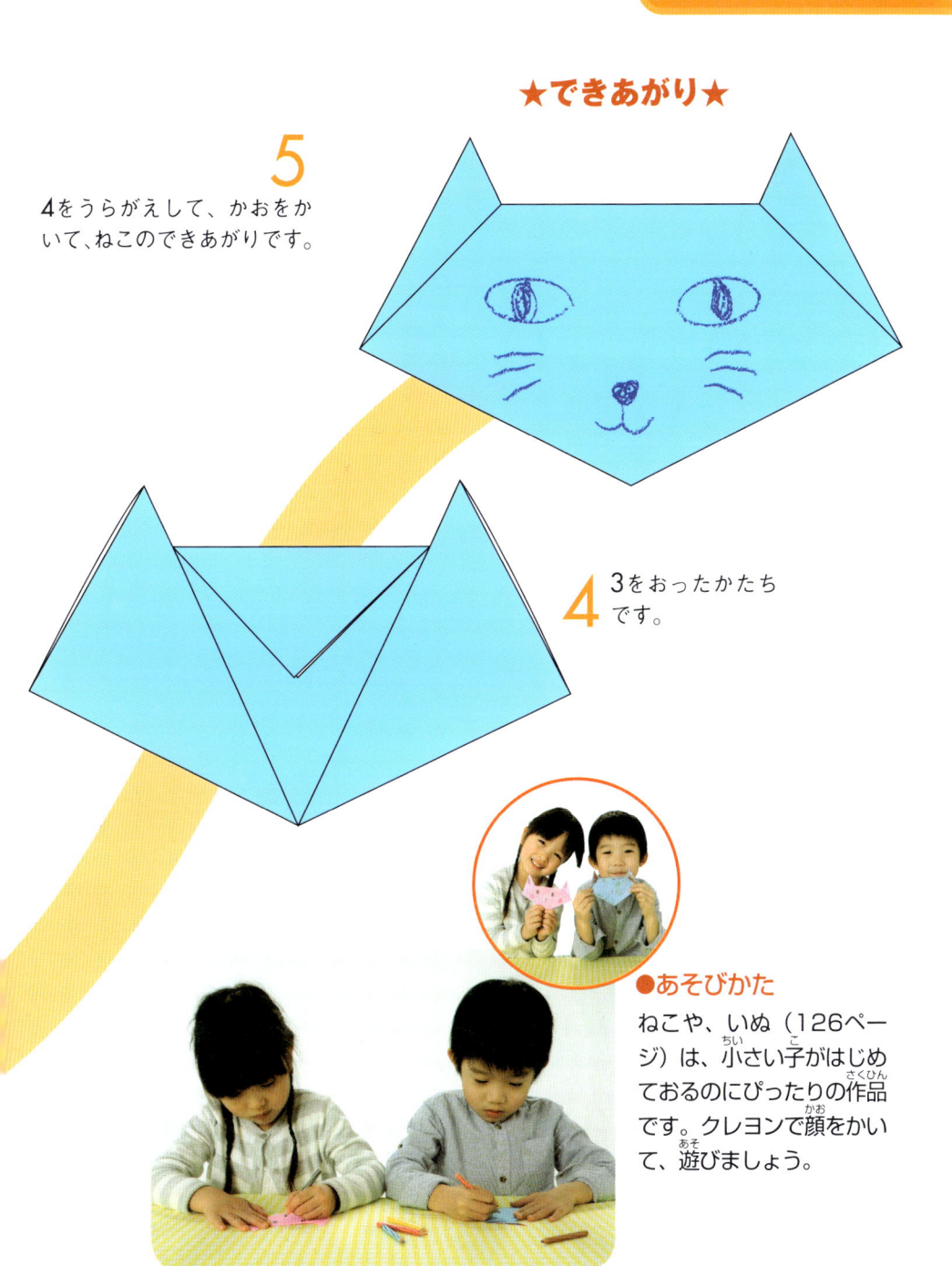

5

4をうらがえして、かおをかいて、ねこのできあがりです。

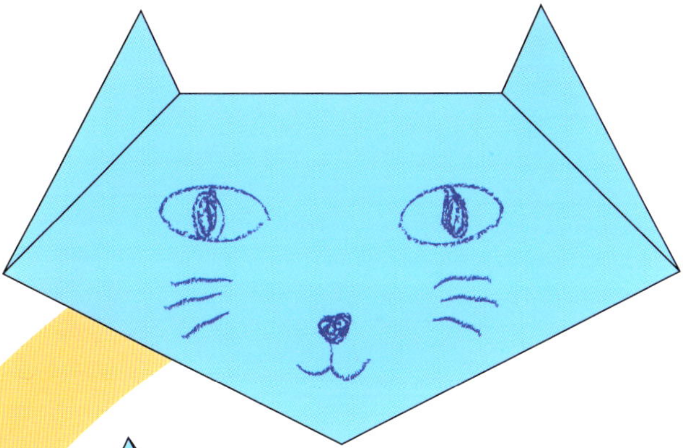

4

3をおったかたちです。

●あそびかた

ねこや、いぬ（126ページ）は、小《ちい》さい子《こ》がはじめておるのにぴったりの作品《さくひん》です。クレヨンで顔《かお》をかいて、遊《あそ》びましょう。

いぬ

たれたみみがかわいい、いぬ。
とてもかんたんにおれるよ。

かんたん

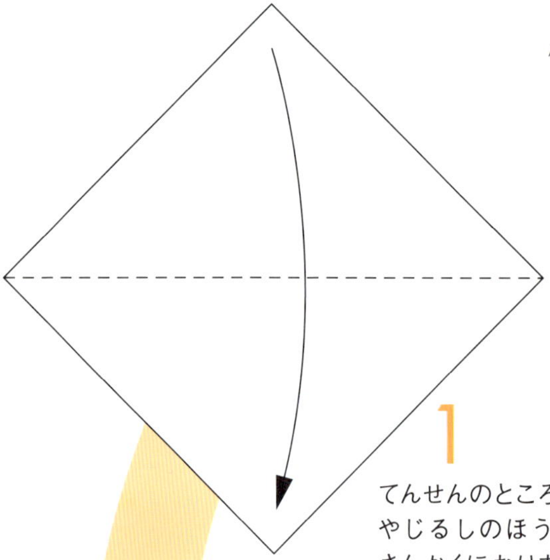

1

てんせんのところで、
やじるしのほうへ、
さんかくにおります。

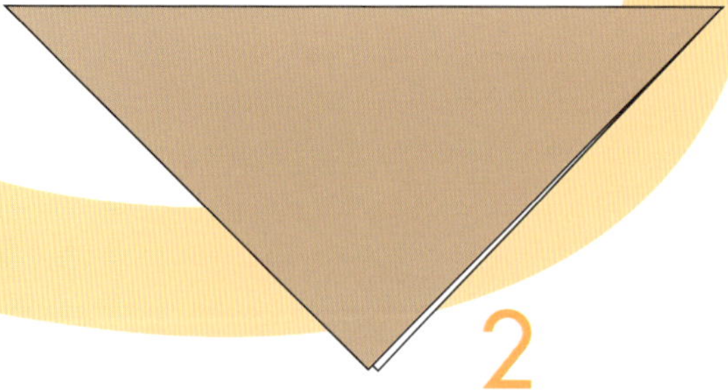

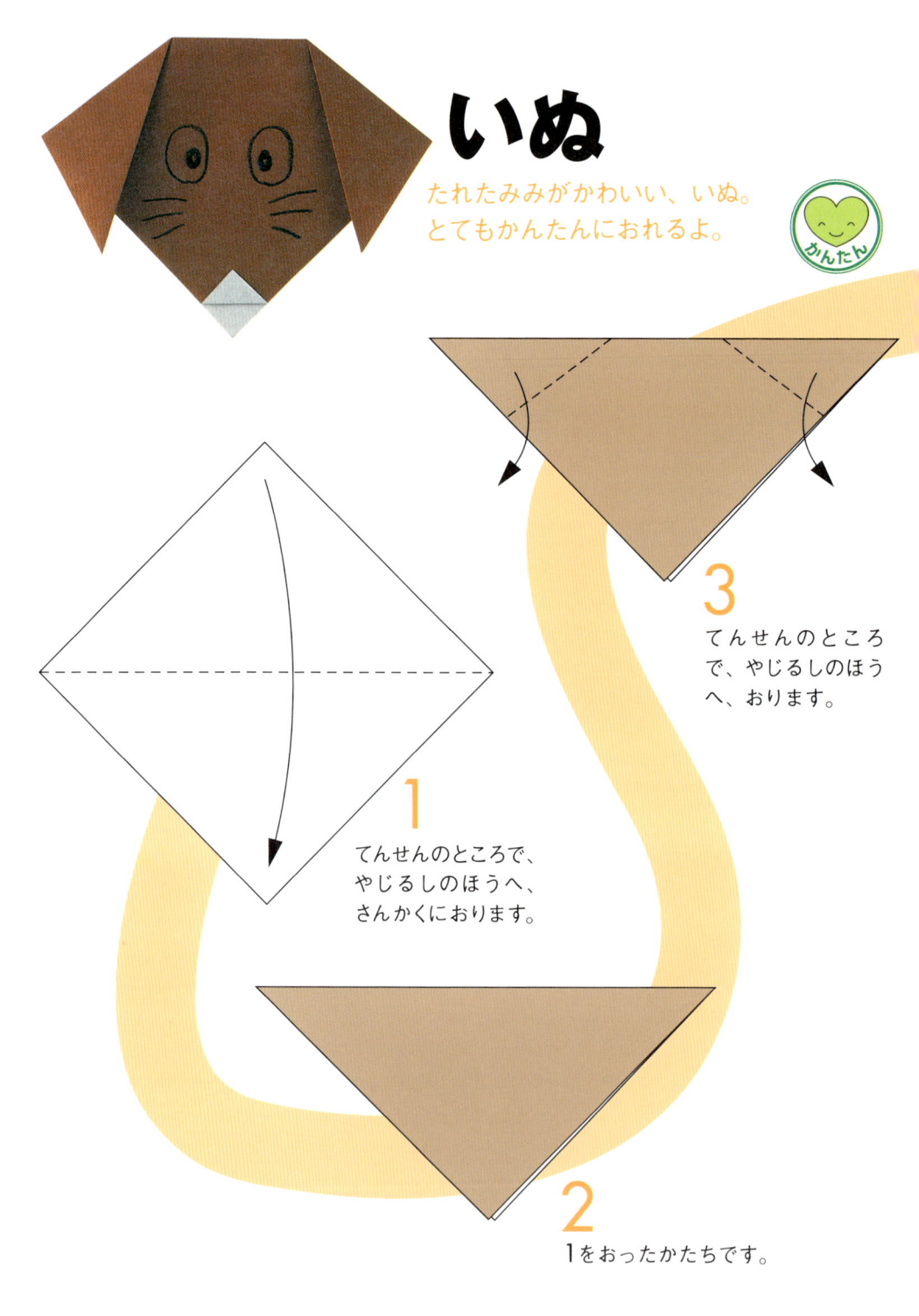

2

1をおったかたちです。

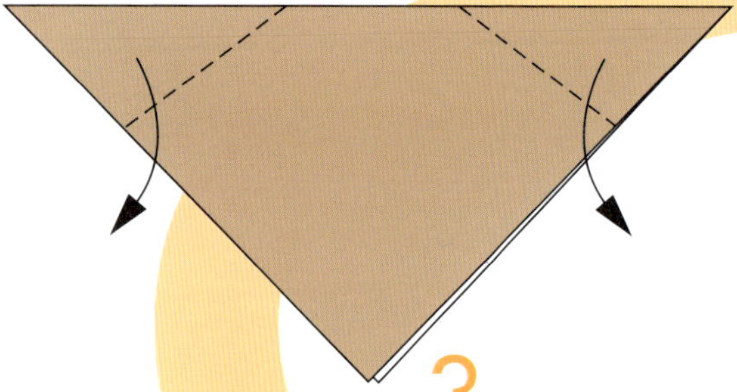

3

てんせんのところ
で、やじるしのほう
へ、おります。

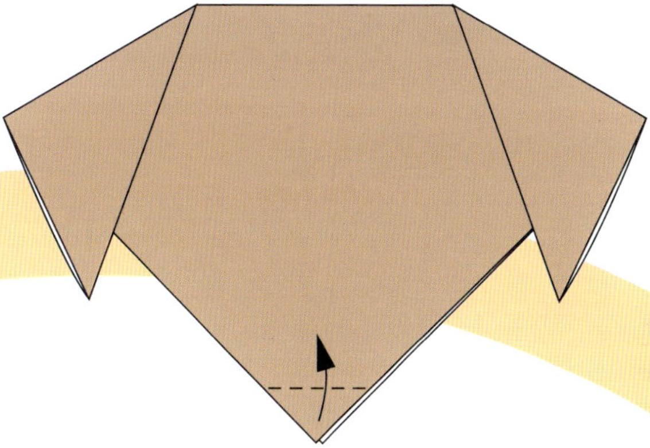

4 うえのさんかくを、てんせんのところで、やじるしのほうへおりあげます。

★できあがり★

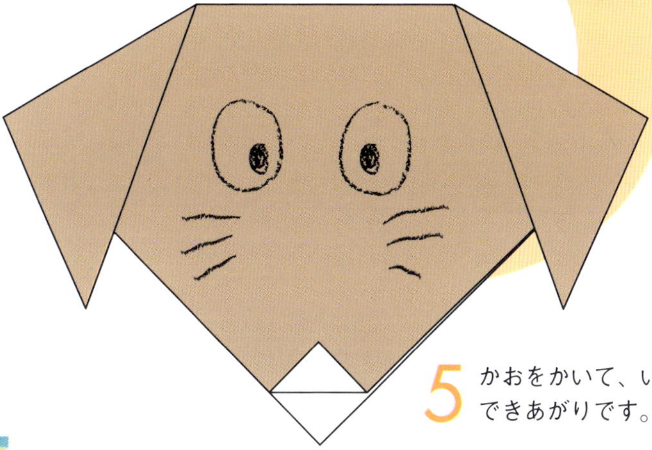

5 かおをかいて、いぬのできあがりです。

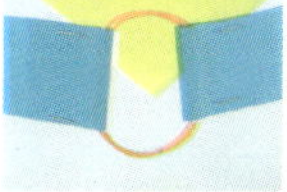

ベルトは、テープやゴムでとめてください。

●あそびかた

包装紙《ほうそうし》のような大《おお》きな紙《かみ》でおり、図《ず》のようにベルトをつけると、頭《あたま》にかぶって遊《あそ》ぶことができます。ねこ（124ページ）でもできます。

しゃしんの「うさぎ」は、おもてとうらにいろのついたおりがみでおりました。

うさぎ

まるくてかわいいからだは、くうきをいれてふくらませよう。

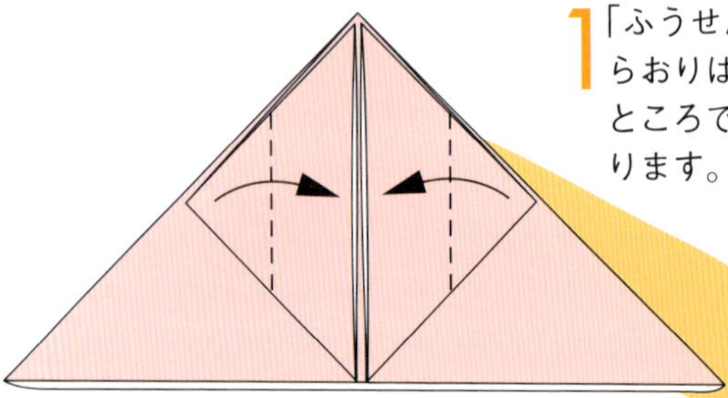

1 「ふうせん」（52ページ）の6からおりはじめます。てんせんのところで、やじるしのほうへおります。

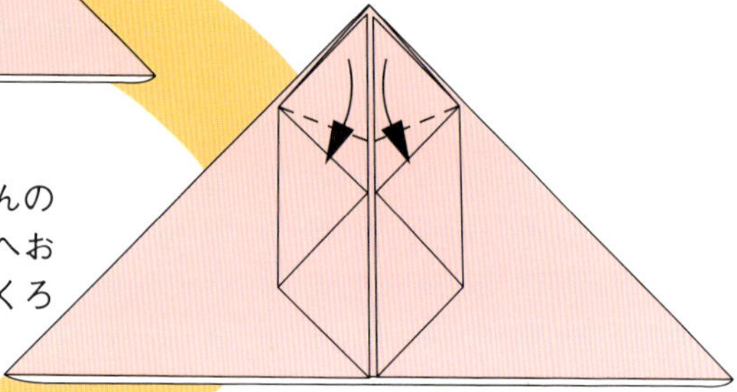

2 うえのさんかくを、てんせんのところで、やじるしのほうへおり、かどを、さんかくのふくろのなかにいれます。

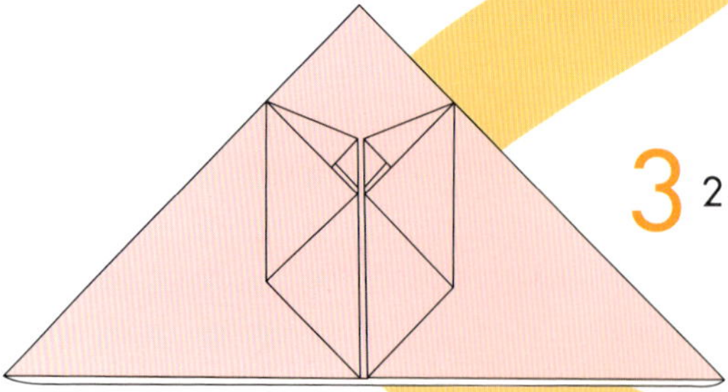

3 2をおったかたちです。

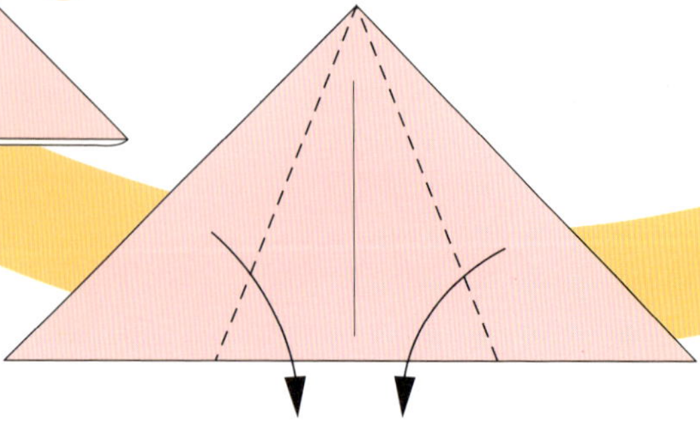

4 3をうらがえして、てんせんのところで、やじるしのほうへおります。

5 てんせんのところで、やじるしのほうへ、おりあげます。

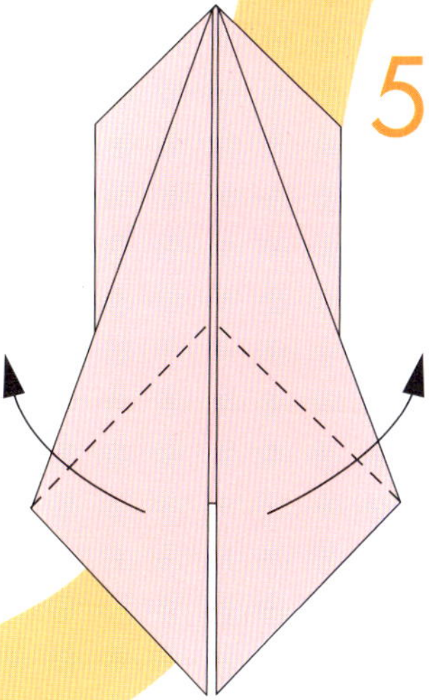

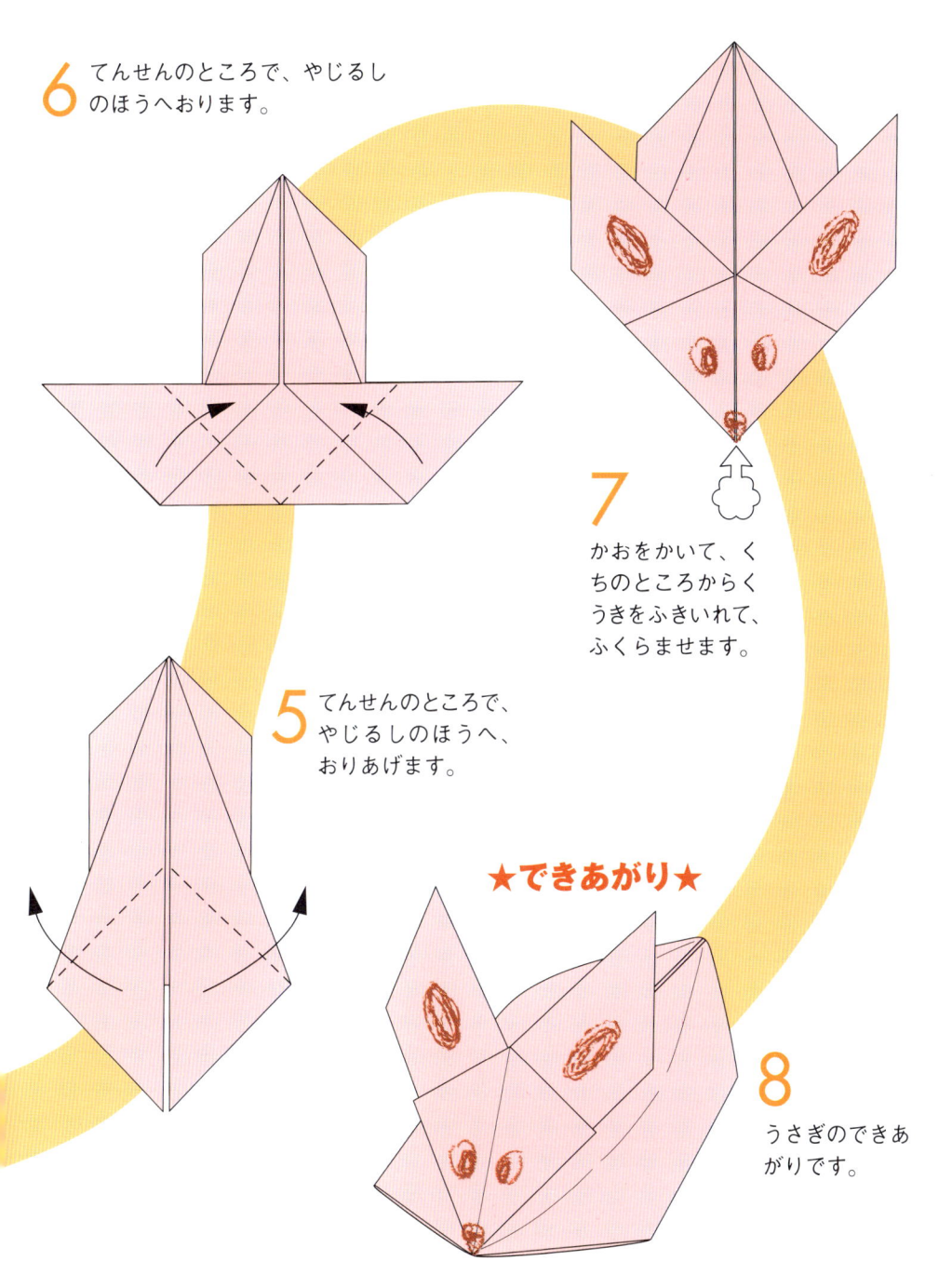

6 てんせんのところで、やじるしのほうへおります。

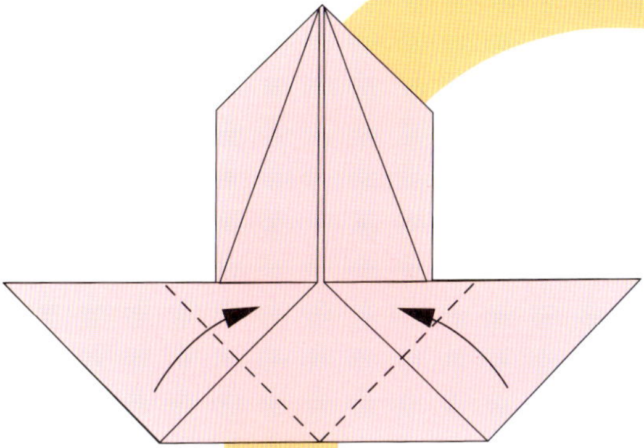

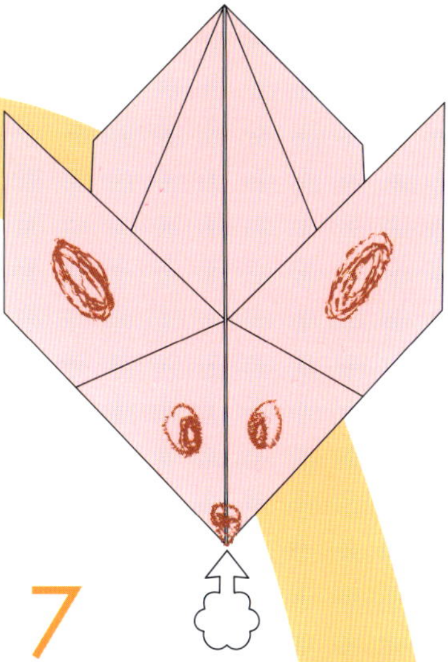

7 かおをかいて、くちのところからくうきをふきいれて、ふくらませます。

★できあがり★

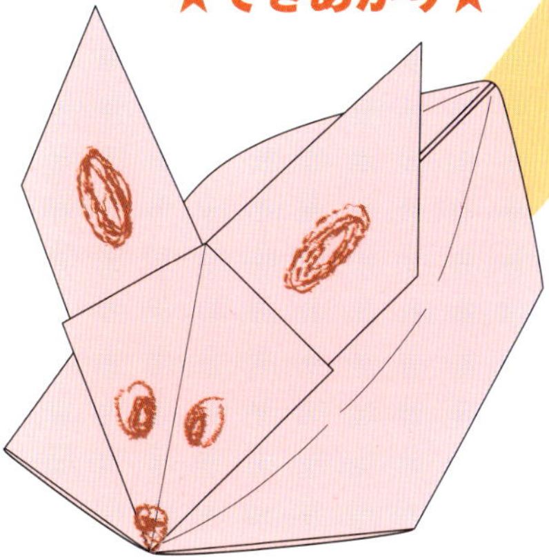

8 うさぎのできあがりです。

ぶた

しっぽはちいさく、はなはおおきめにおるのがポイントだよ。

ふつう

1 はんぶんにおっておりめをつけ、てんせんのところで、やじるしのほうへ、はんぶんにおります。

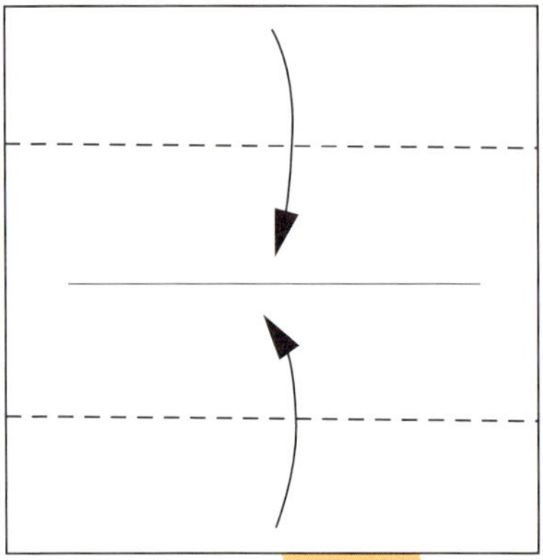

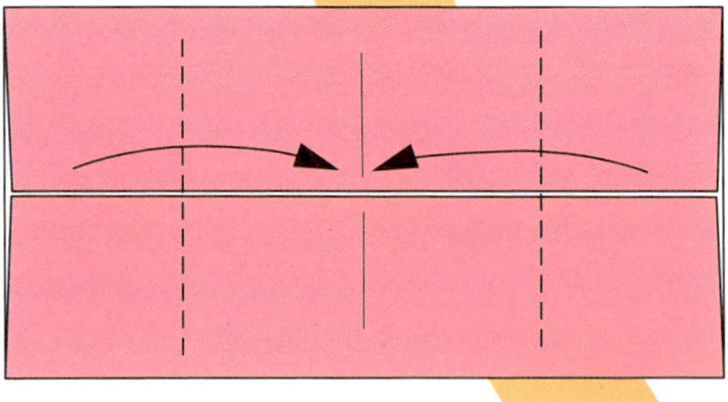

2 はんぶんにおって、おりめをつけ、てんせんのところで、おりめをつけてひらきます。

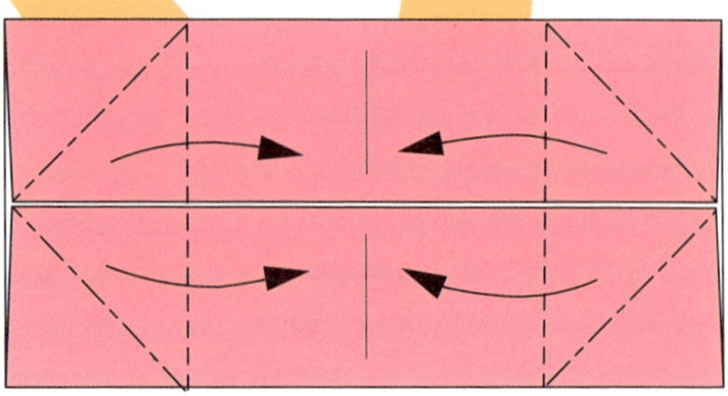

3 てんせんのところで、やじるしのほうへ、ひらきながらおります。

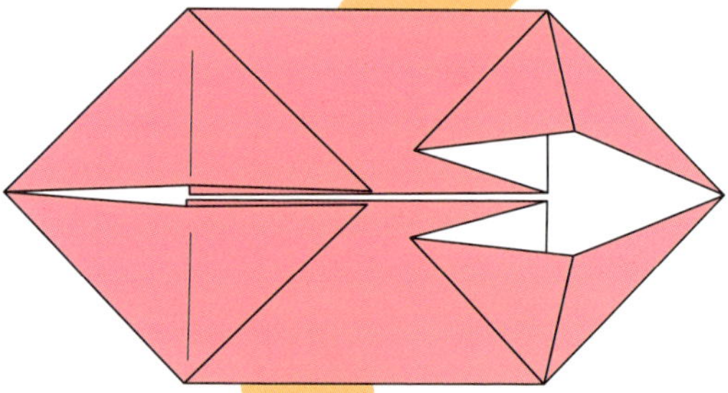

4 3をおる、とちゅうのかたちです。

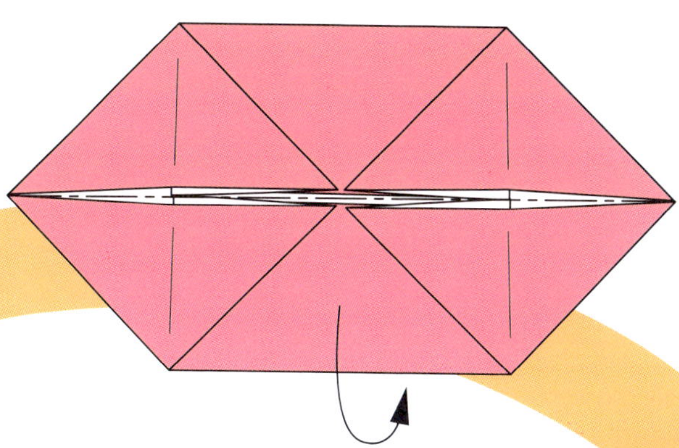

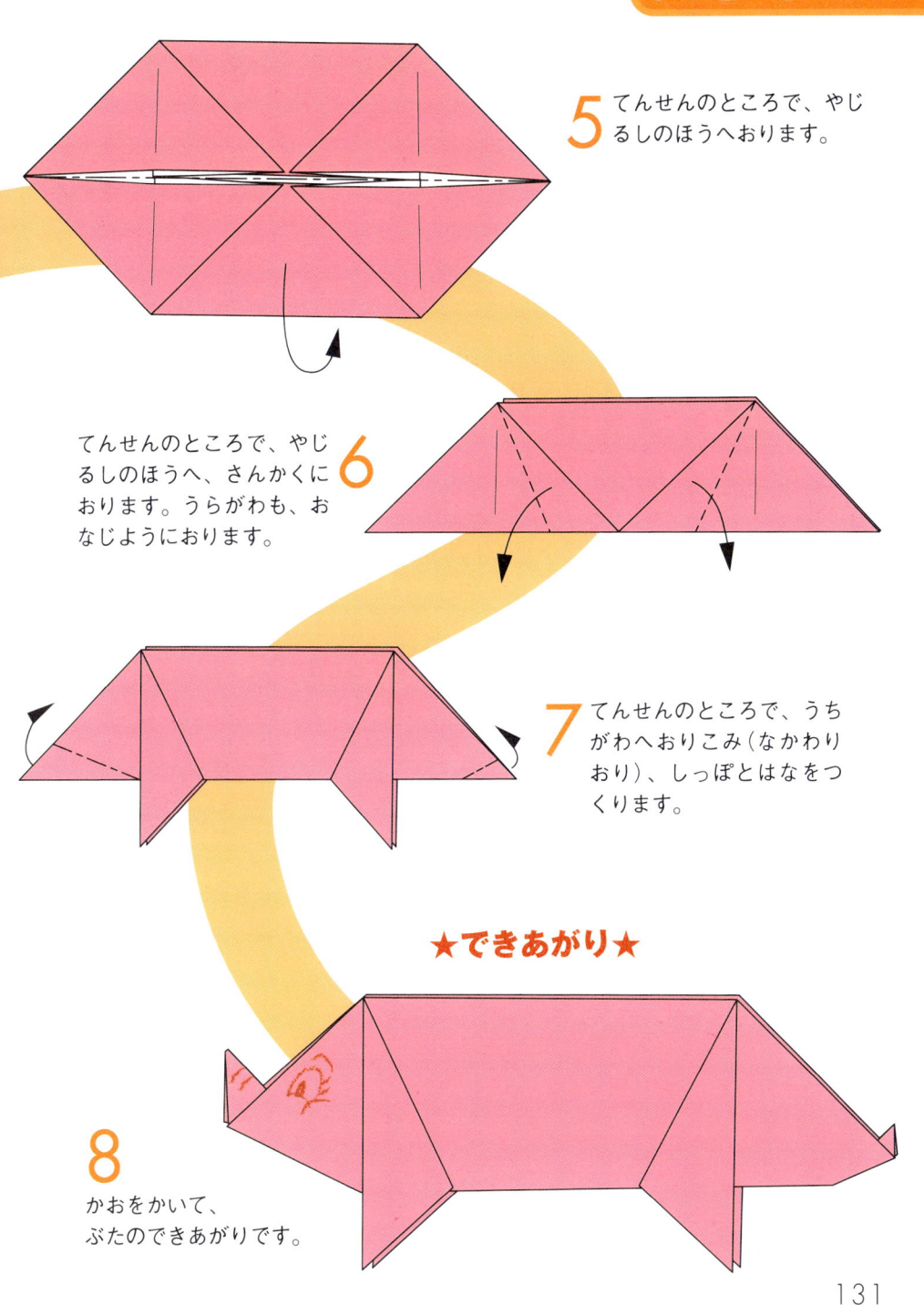

5 てんせんのところで、やじるしのほうへおります。

6 てんせんのところで、やじるしのほうへ、さんかくにおります。うらがわも、おなじようにおります。

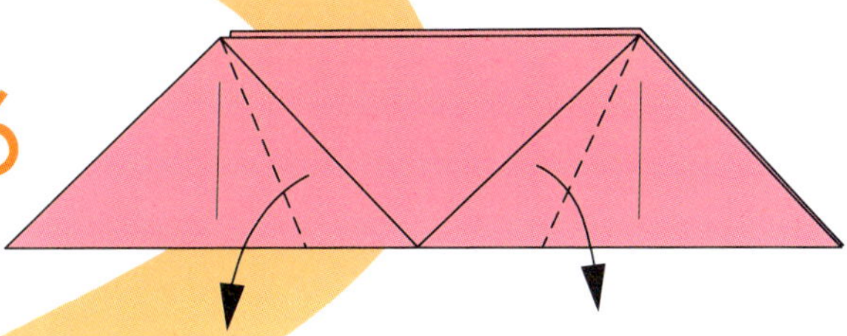

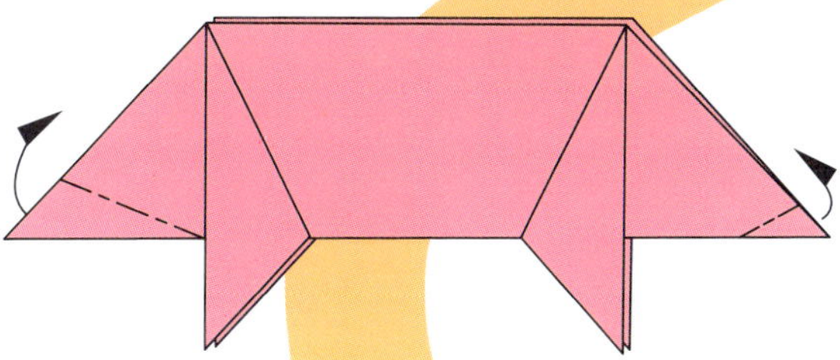

7 てんせんのところで、うちがわへおりこみ(なかわりおり)、しっぽとはなをつくります。

★できあがり★

8 かおをかいて、ぶたのできあがりです。

はと

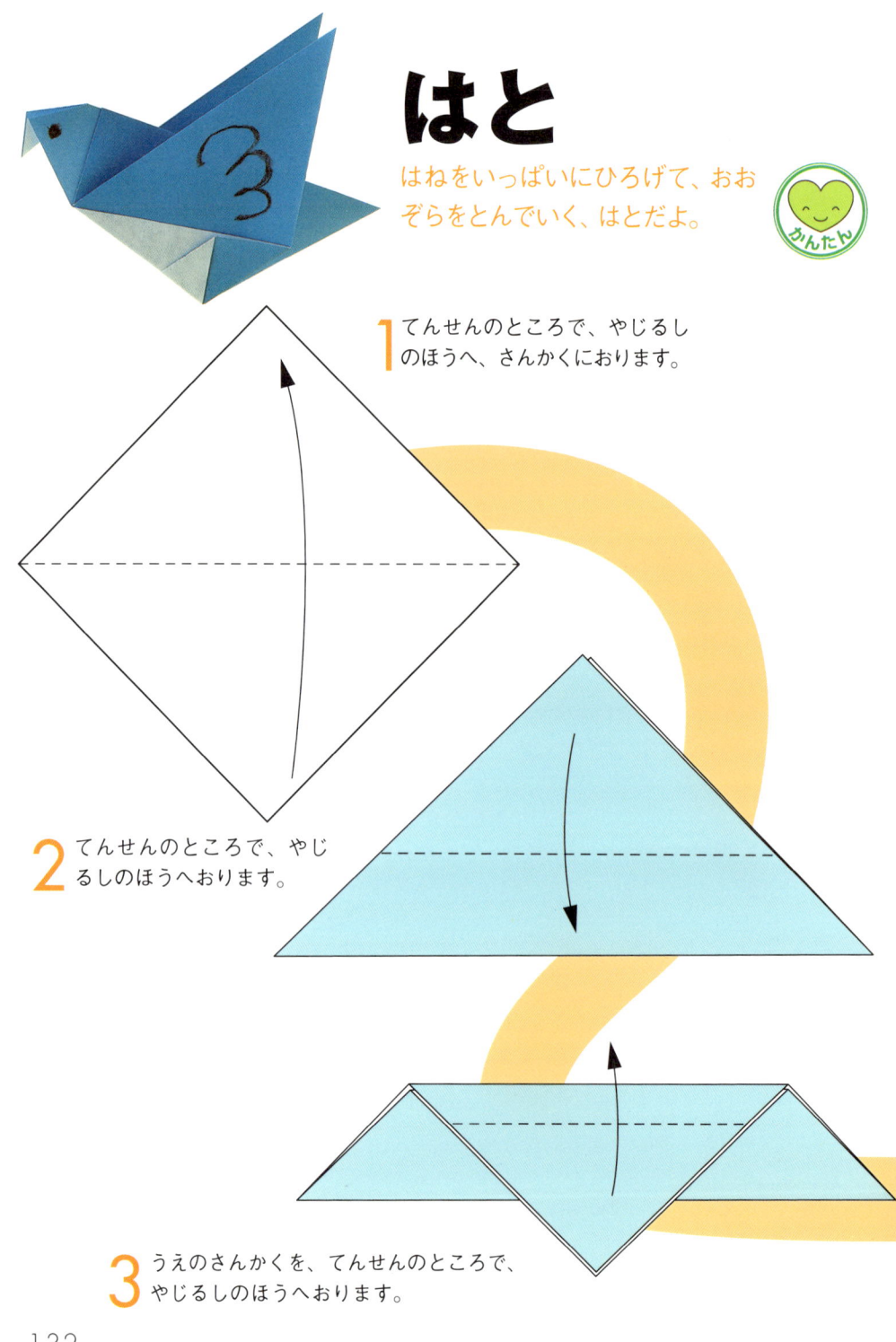

はねをいっぱいにひろげて、おおぞらをとんでいく、はとだよ。

かんたん

1 てんせんのところで、やじるしのほうへ、さんかくにおります。

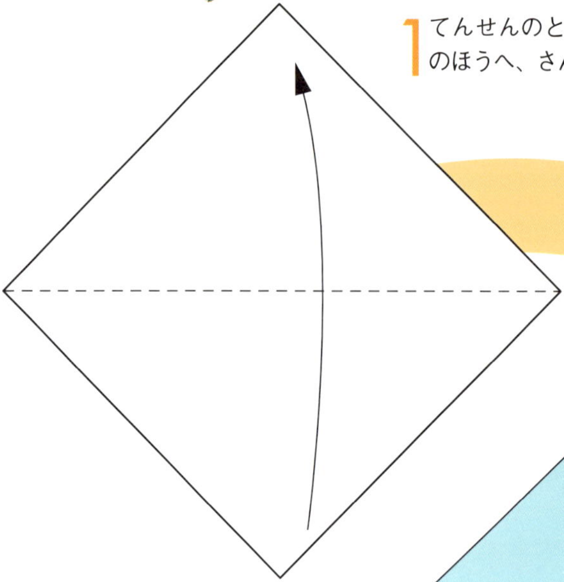

2 てんせんのところで、やじるしのほうへおります。

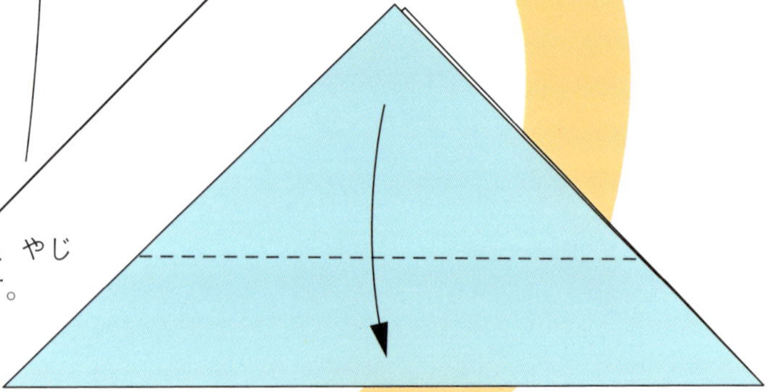

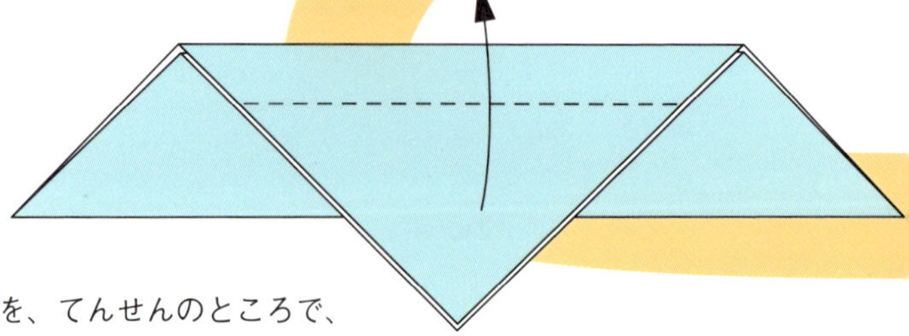

3 うえのさんかくを、てんせんのところで、やじるしのほうへおります。

★できあがり★

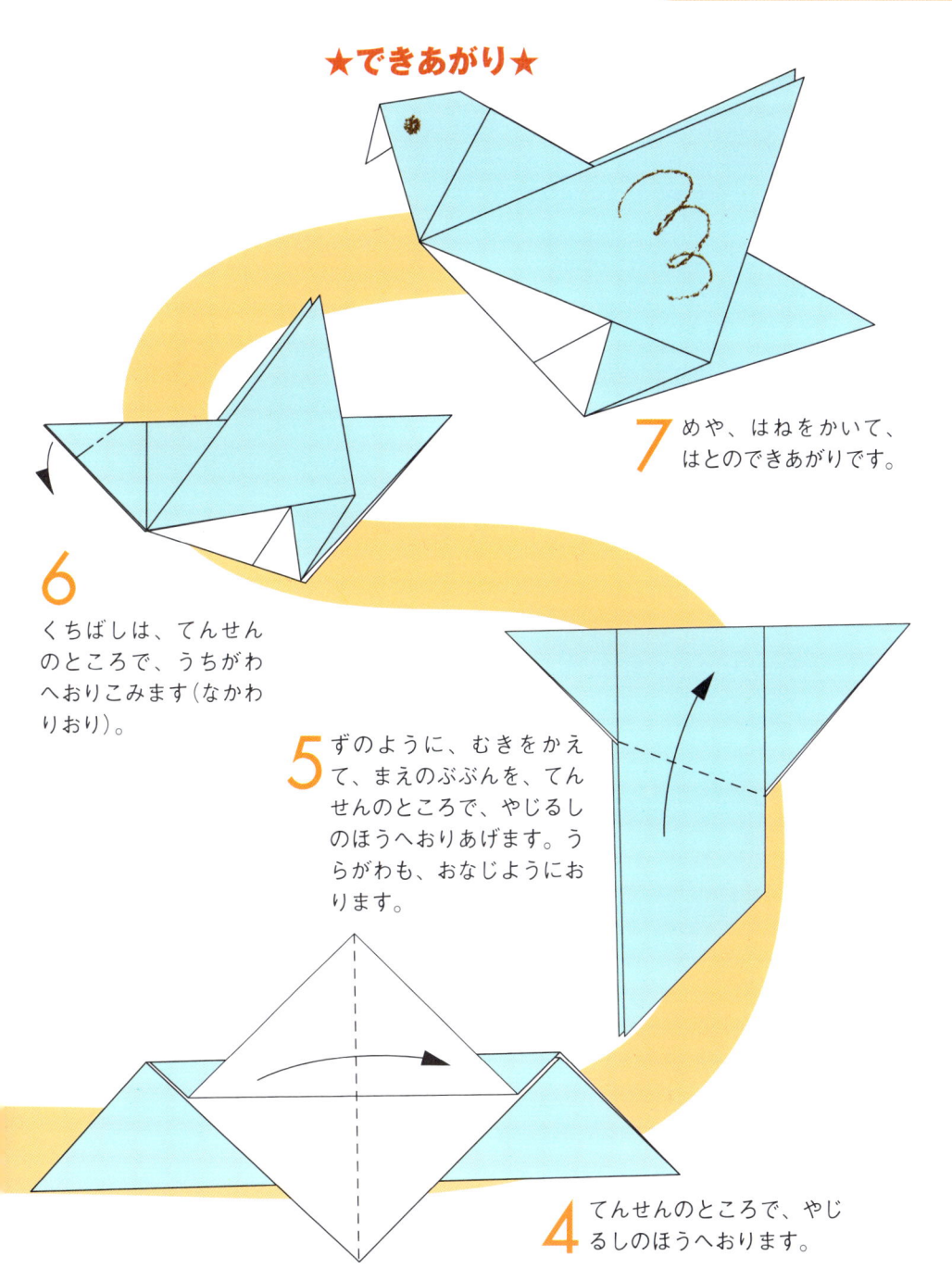

7 めや、はねをかいて、はとのできあがりです。

6
くちばしは、てんせんのところで、うちがわへおりこみます（なかわりおり）。

5 ずのように、むきをかえて、まえのぶぶんを、てんせんのところで、やじるしのほうへおりあげます。うらがわも、おなじようにおります。

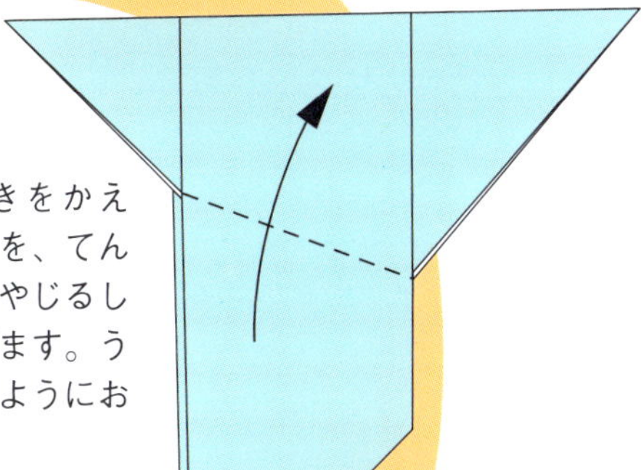

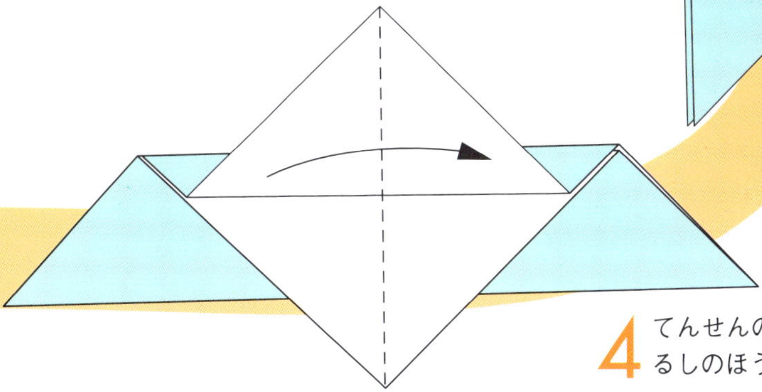

4 てんせんのところで、やじるしのほうへおります。

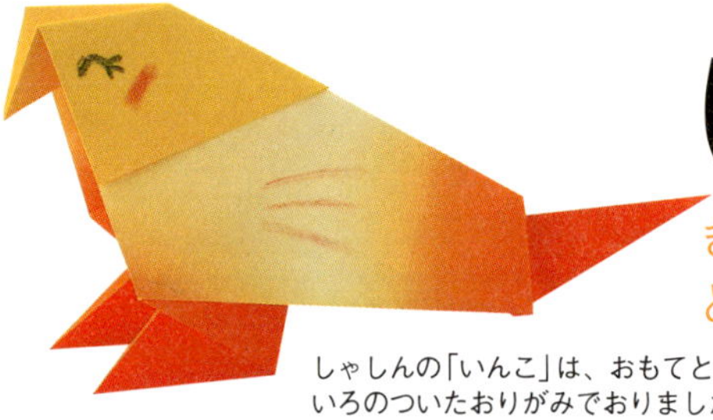

いんこ

きれいないろの、おりがみでおると、うつくしいいんこになるよ。

しゃしんの「いんこ」は、おもてとうらにいろのついたおりがみでおりました。

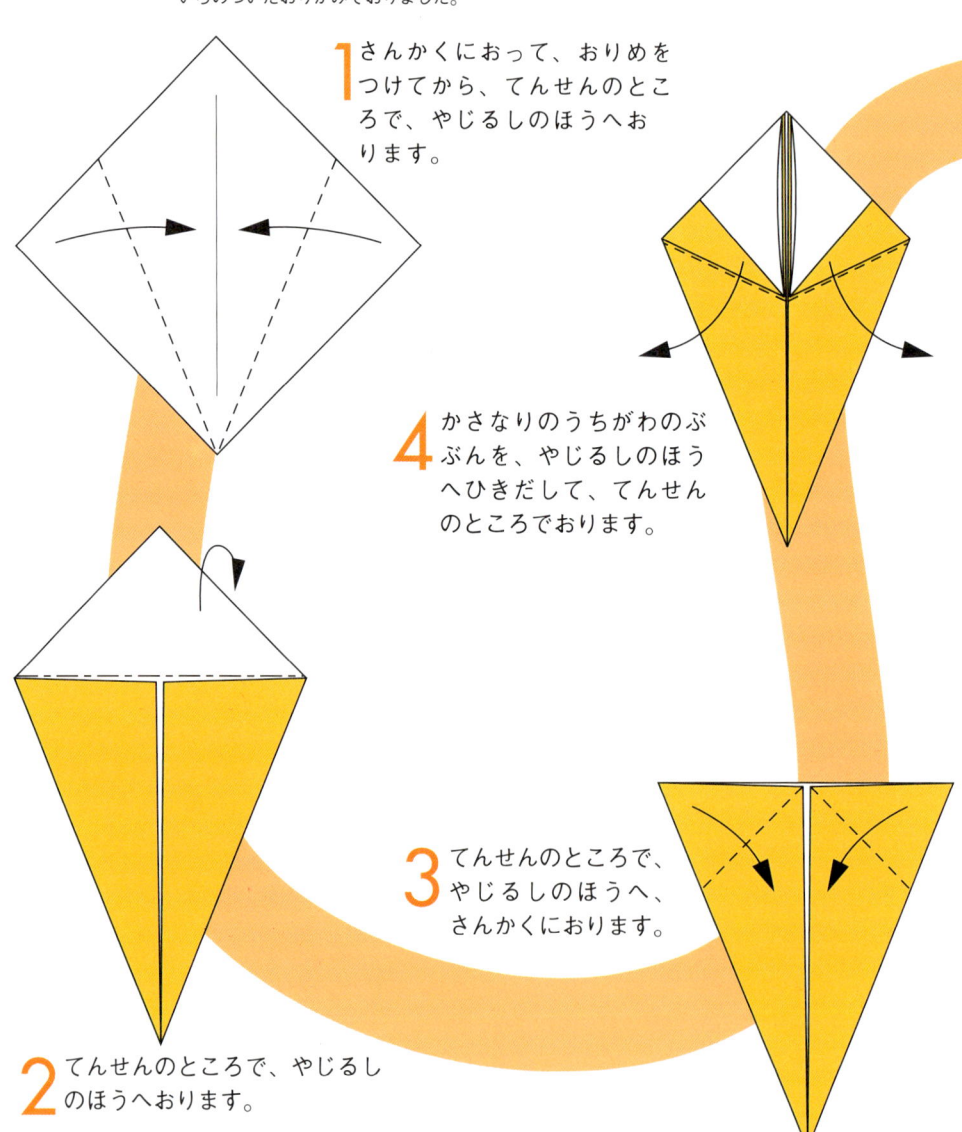

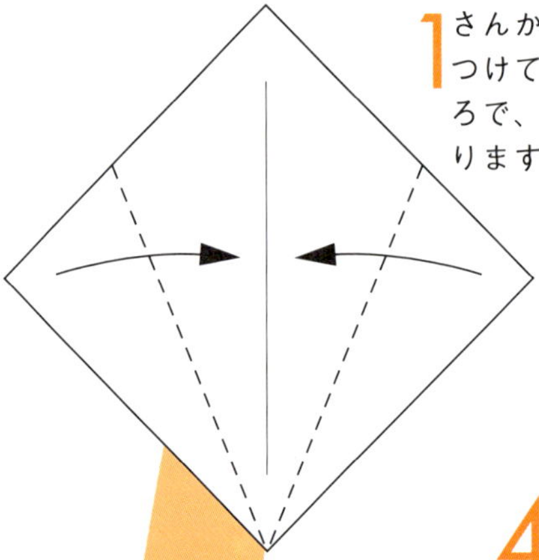

1 さんかくにおって、おりめをつけてから、てんせんのところで、やじるしのほうへおります。

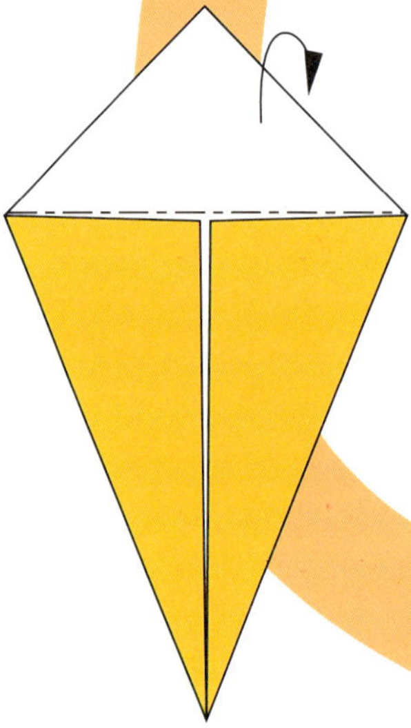

2 てんせんのところで、やじるしのほうへおります。

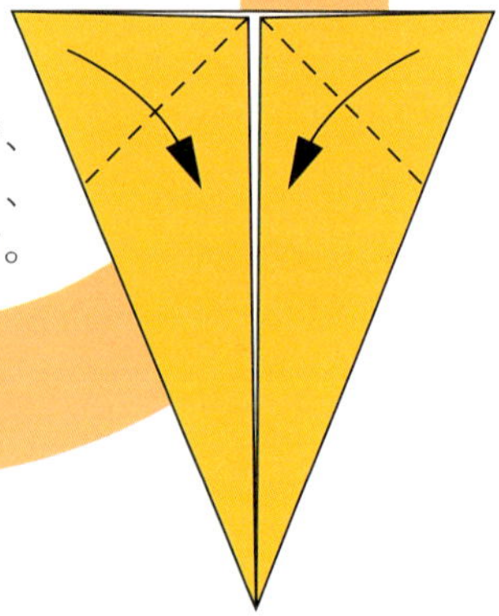

3 てんせんのところで、やじるしのほうへ、さんかくにおります。

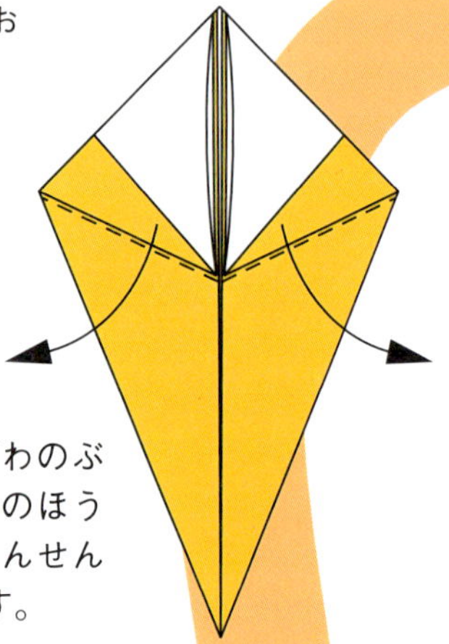

4 かさなりのうちがわのぶぶんを、やじるしのほうへひきだして、てんせんのところでおります。

5

まえのぶぶんを、てんせんのところで、やじるしのほうへおります。

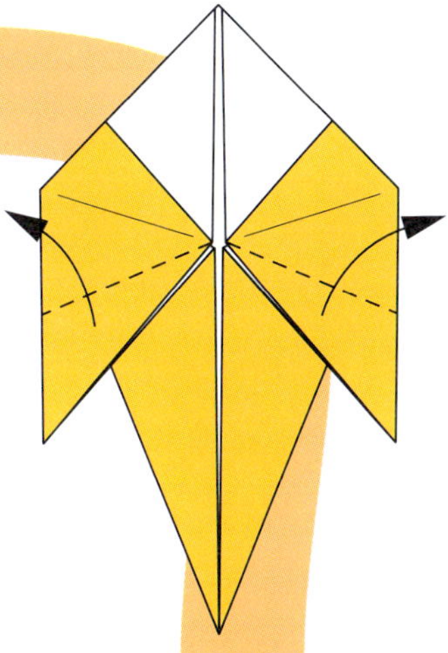

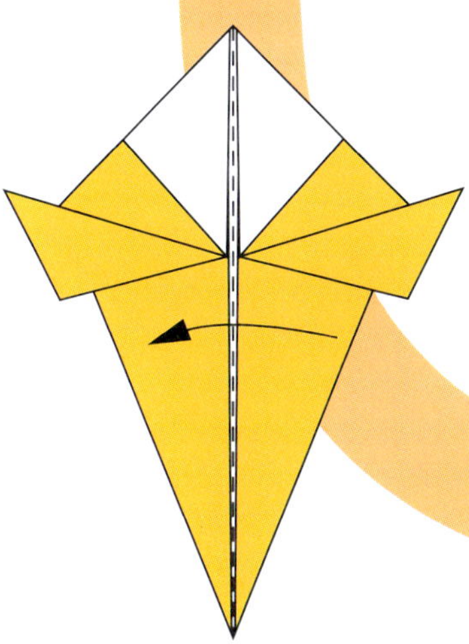

6

てんせんのところで、やじるしのほうへおります。

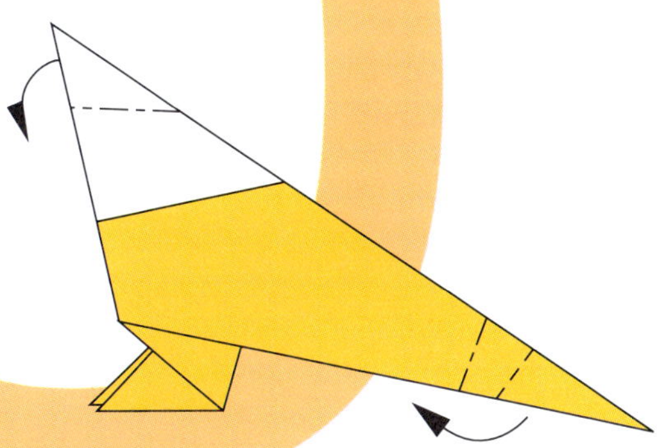

7

くちばしは、てんせんのところで、うちがわへおりこみます（なかわりおり）。おは、いったんうちがわへおりこんでから（なかわりおり）、そとがわへひきだします。

★できあがり★

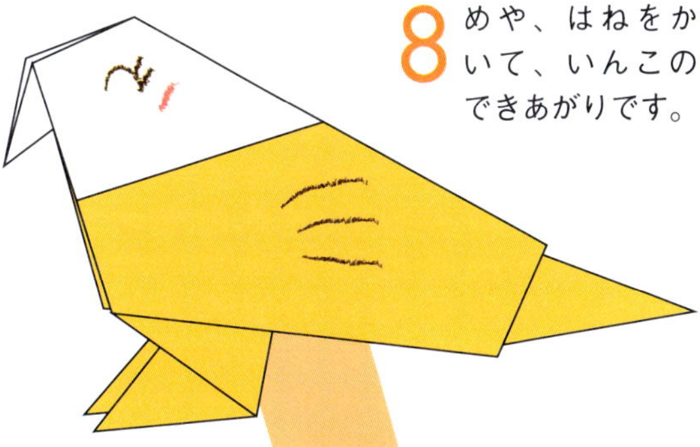

8

めや、はねをかいて、いんこのできあがりです。

みずどり

いけや、みずうみにうかぶ、みずどり。ちいさいこにも、おれるよ。

かんたん

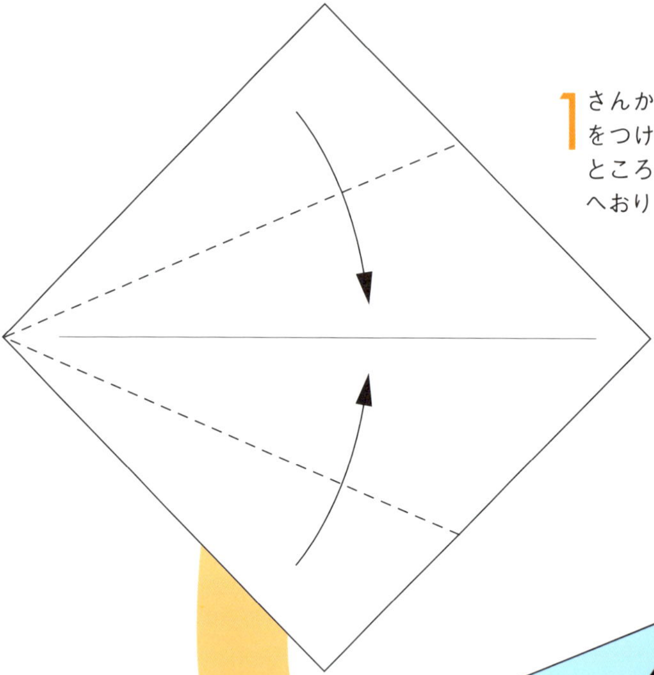

1 さんかくにおって、おりめをつけてから、てんせんのところで、やじるしのほうへおります。

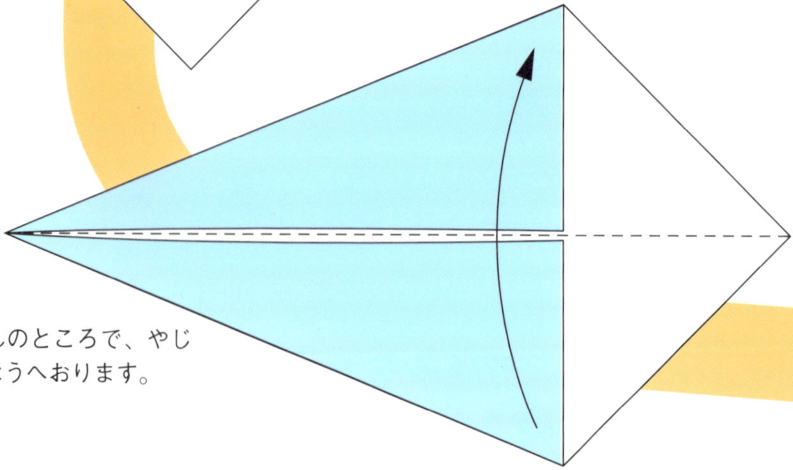

2 てんせんのところで、やじるしのほうへおります。

★できあがり★

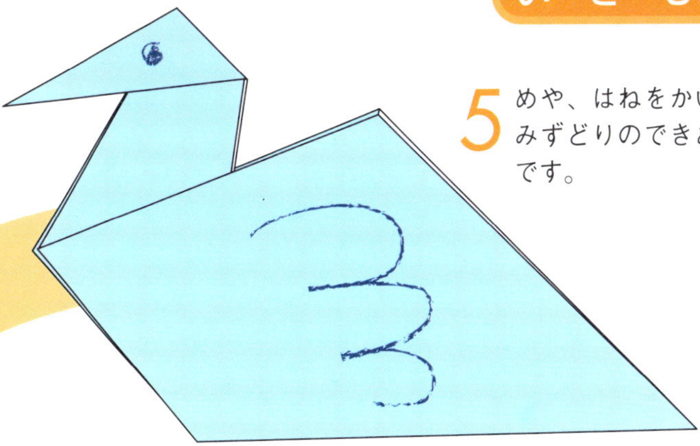

5 めや、はねをかいて、みずどりのできあがりです。

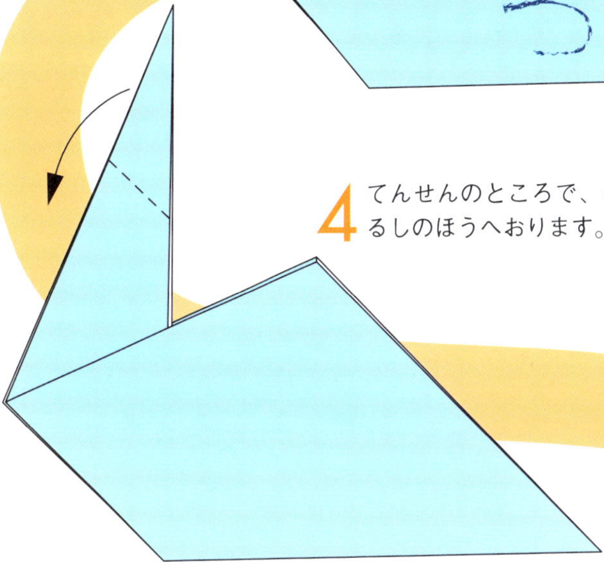

4 てんせんのところで、やじるしのほうへおります。

3 てんせんのところで、うちがわへおりこみます（なかわりおり）。

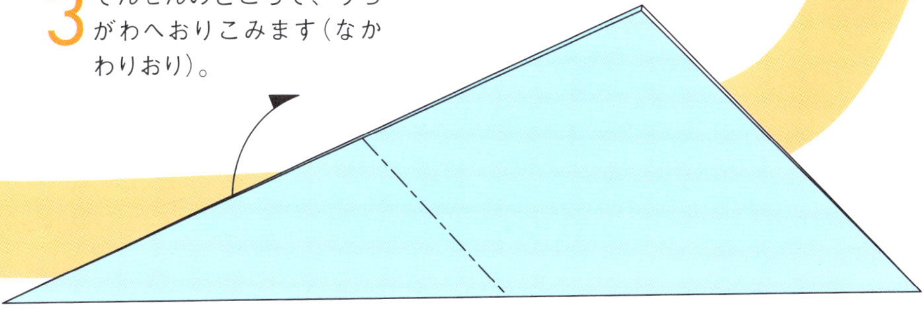

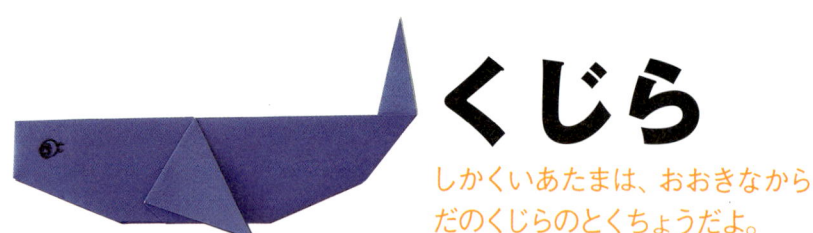

くじら

しかくいあたまは、おおきなからだのくじらのとくちょうだよ。

ふつう

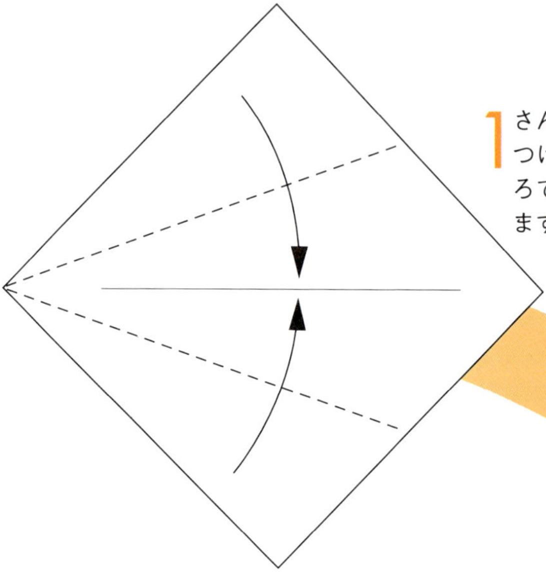

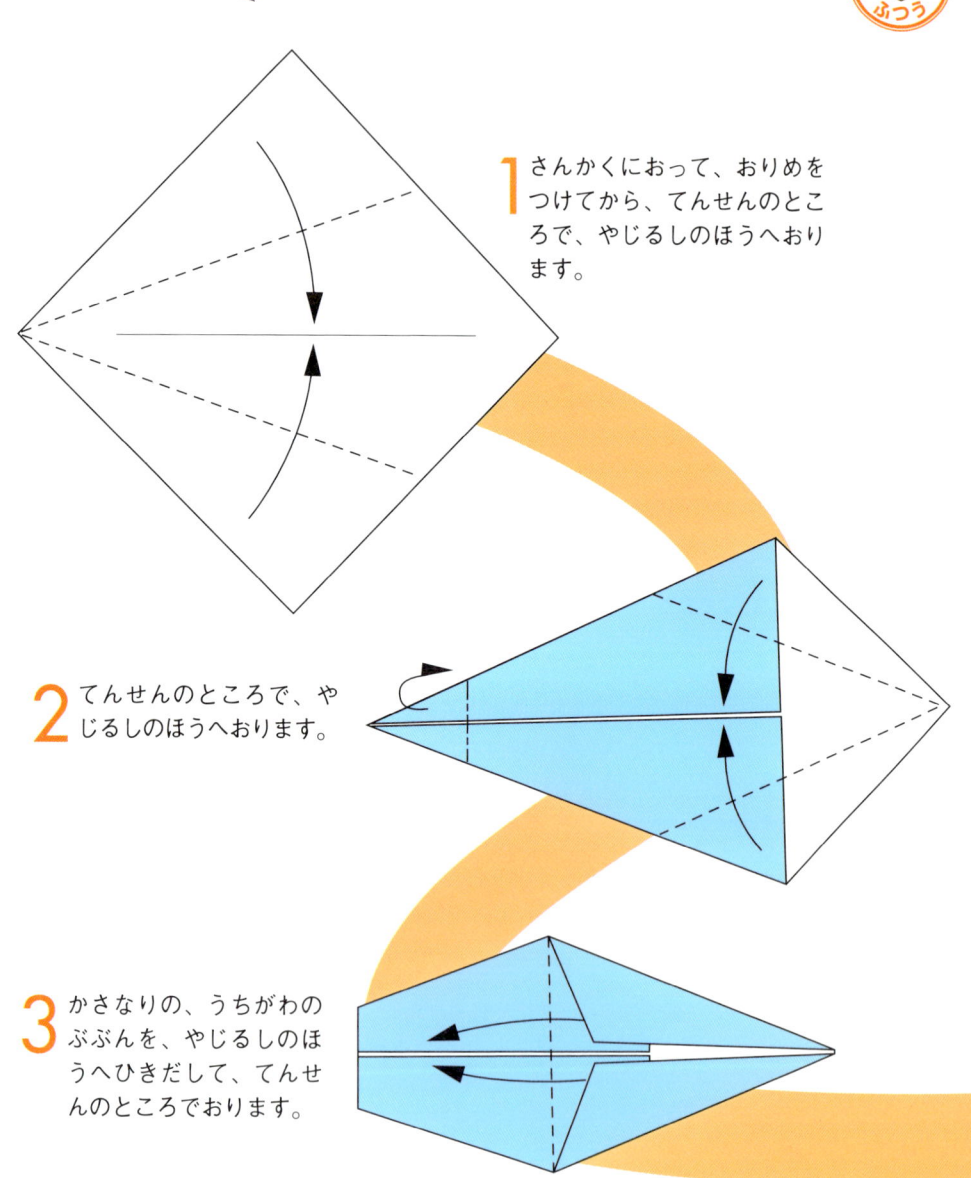

1 さんかくにおって、おりめをつけてから、てんせんのところで、やじるしのほうへおります。

2 てんせんのところで、やじるしのほうへおります。

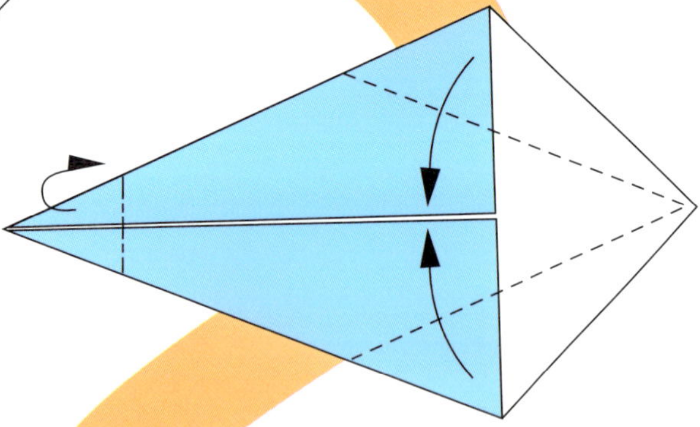

3 かさなりの、うちがわのぶぶんを、やじるしのほうへひきだして、てんせんのところでおります。

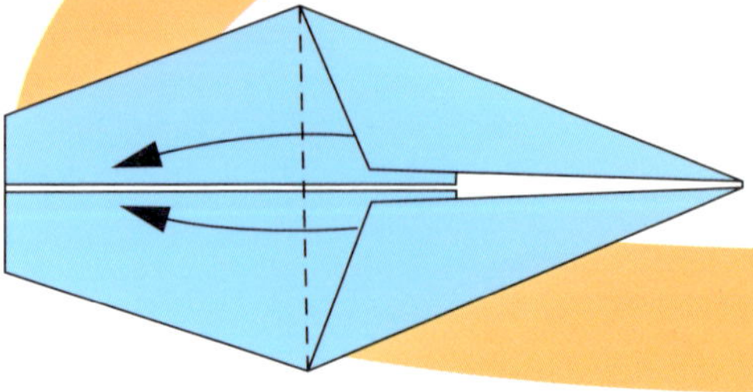

★できあがり★

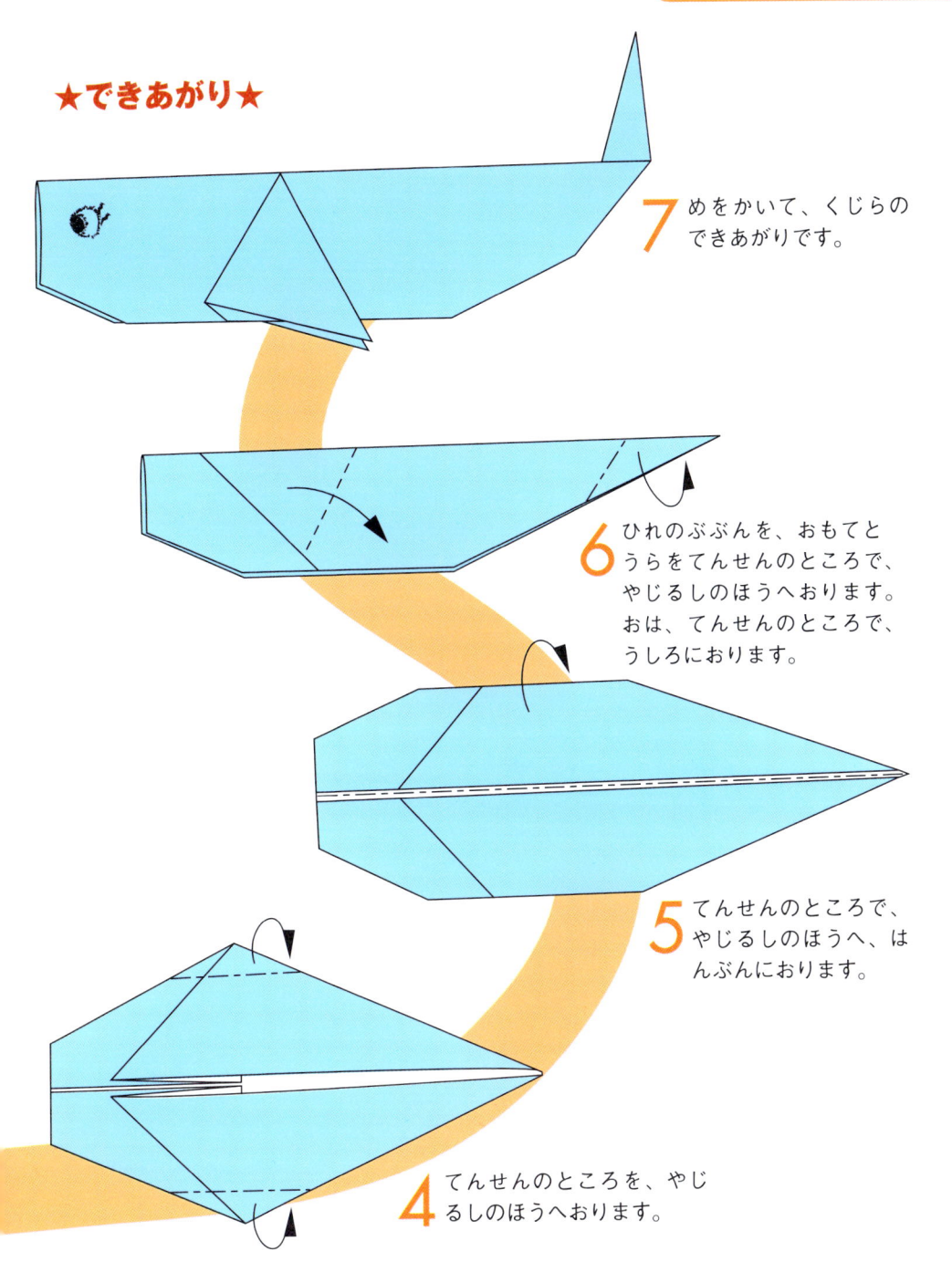

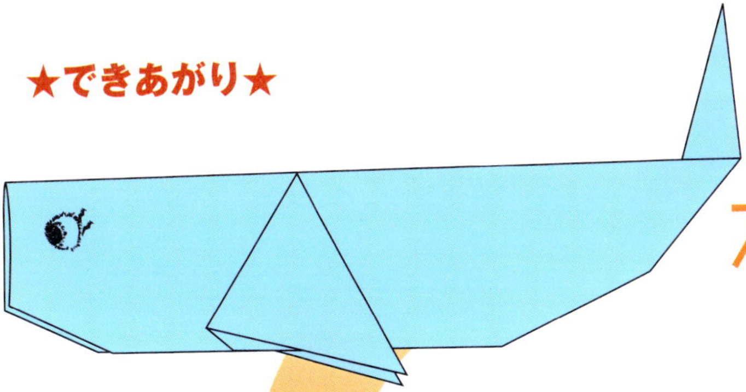

7 めをかいて、くじらのできあがりです。

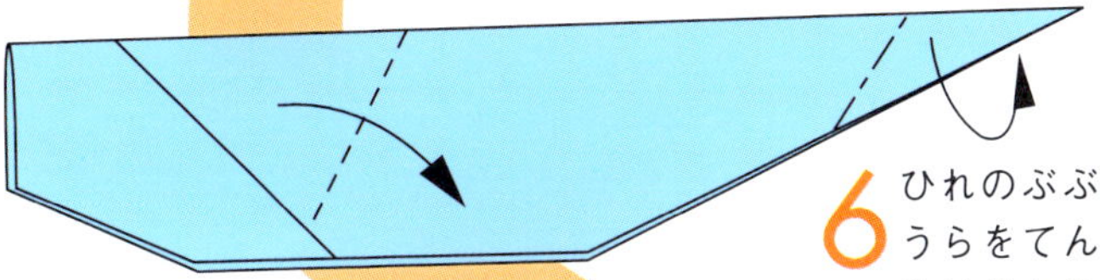

6 ひれのぶぶんを、おもてとうらをてんせんのところで、やじるしのほうへおります。おは、てんせんのところで、うしろにおります。

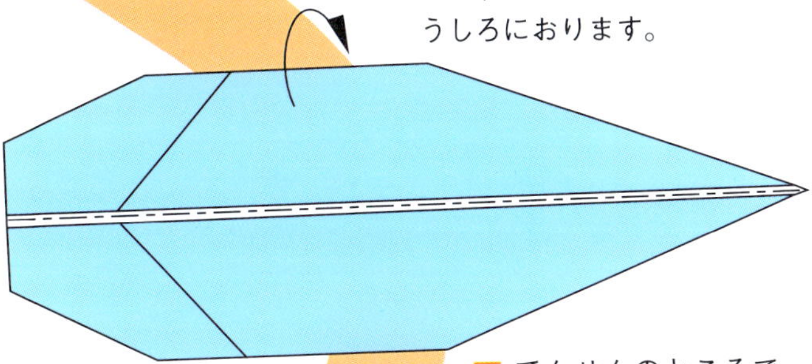

5 てんせんのところで、やじるしのほうへ、はんぶんにおります。

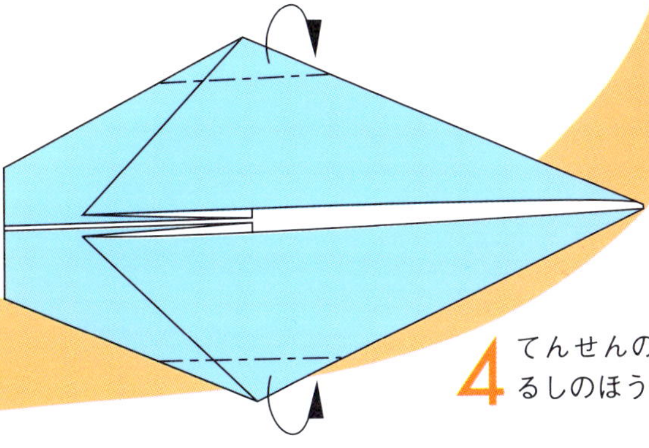

4 てんせんのところを、やじるしのほうへおります。

ペンギン

あるくすがたがかわいい、ペンギンのおやこだよ。

かんたん

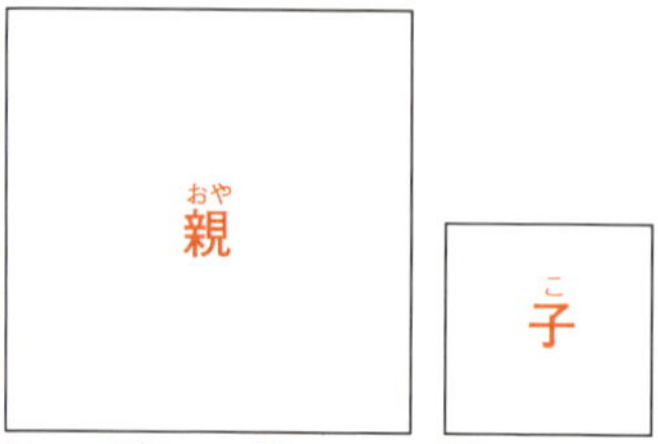

子《こ》は親《おや》の4分《ぶん》の1の大《おお》きさの紙《かみ》でおります。

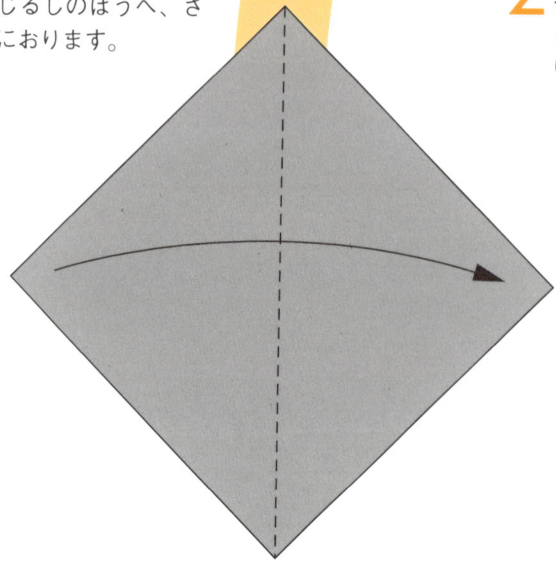

1 いろのついたほうをおもてにして、てんせんのところで、やじるしのほうへ、さんかくにおります。

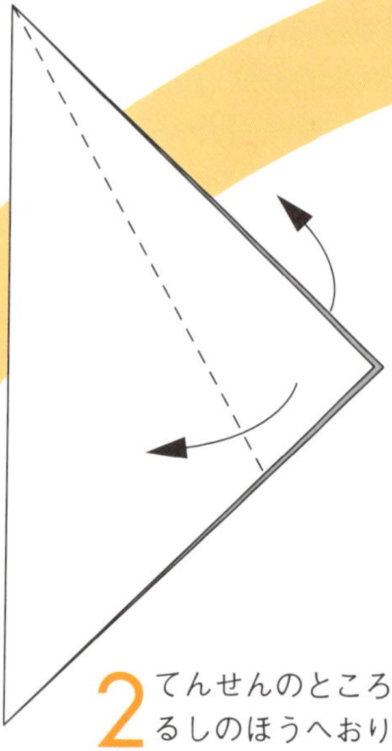

2 てんせんのところで、やじるしのほうへおります。うらがわも、おなじようにおります。

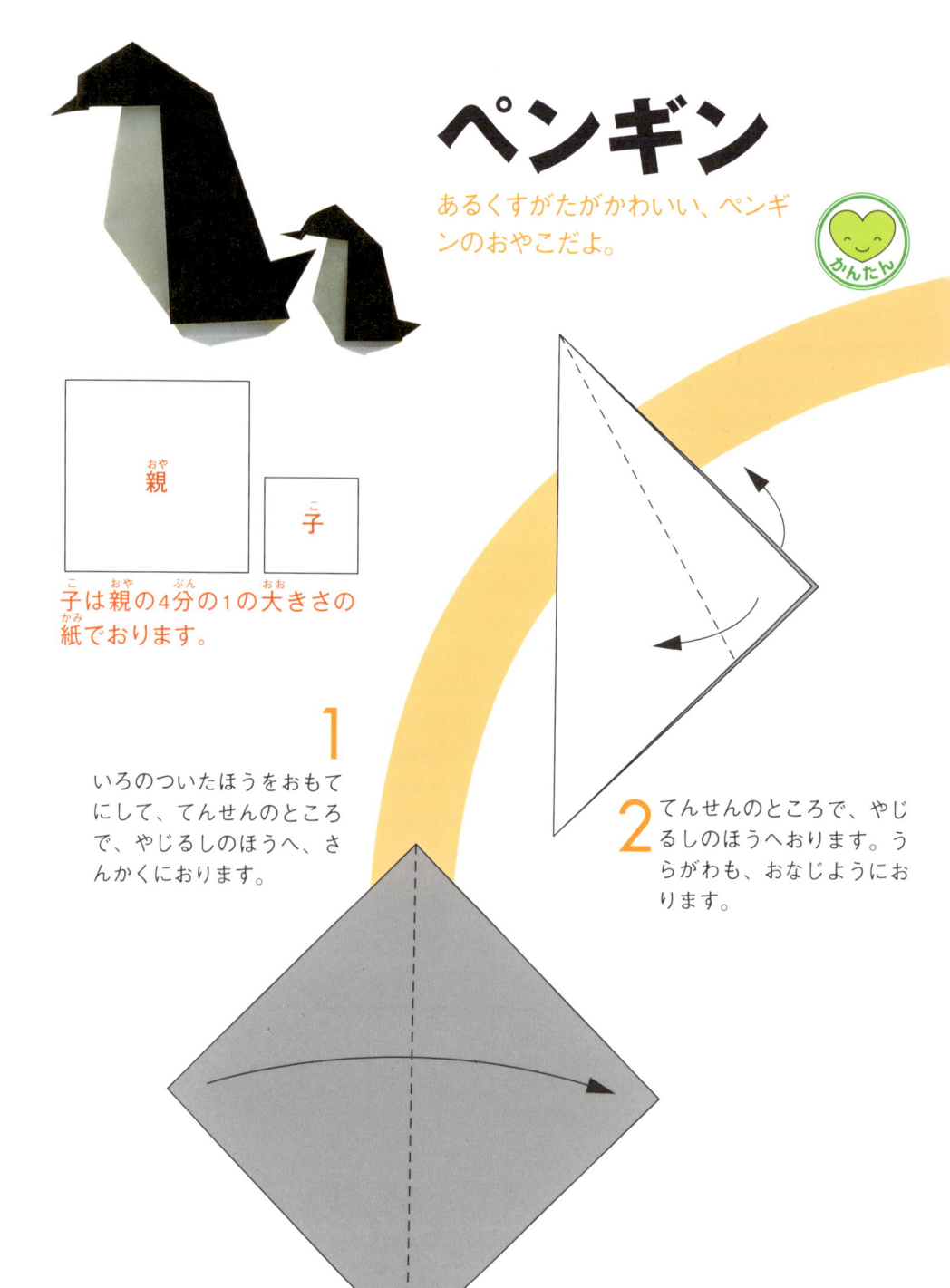

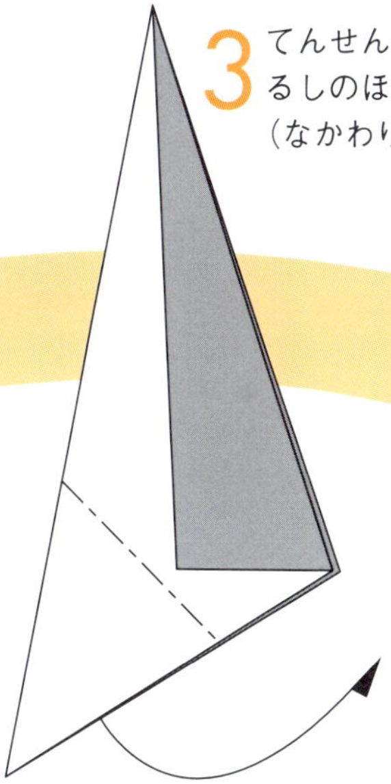

3 てんせんのところで、やじるしのほうへおりこみます（なかわりおり）。

4 てんせんのところで、やじるしのほうへおります（あたまは、そとわりおり）。

5 てんせんのところでおって、くちばしをつくります。あしは、やじるしのほうへひらきます。

★できあがり★

6 ペンギンのできあがりです。

オットセイ

いまにも、うごきだしそうなオットセイが、おりがみでおれるよ。

ふつう

1 「つる」（12ページ）の5からおりはじめます。まえのしかくに、てんせんのところで、おりめをつけてから、やじるしのほうへひらきます。

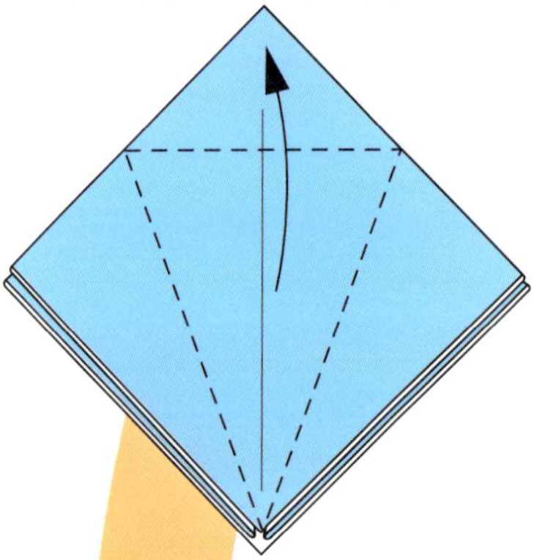

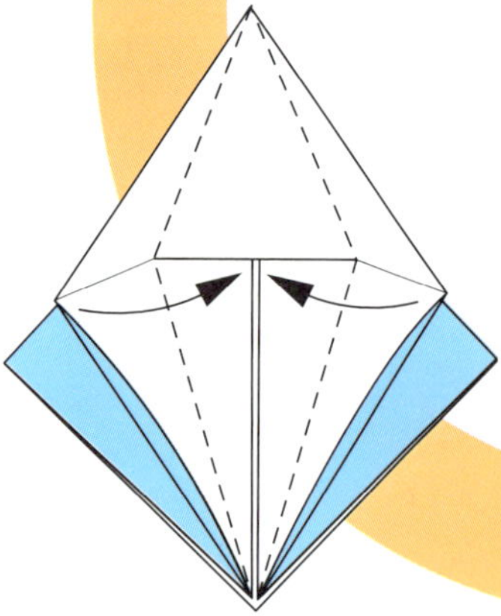

2 てんせんのところで、おりめのほうへおります。うらがわも、おなじようにおります。

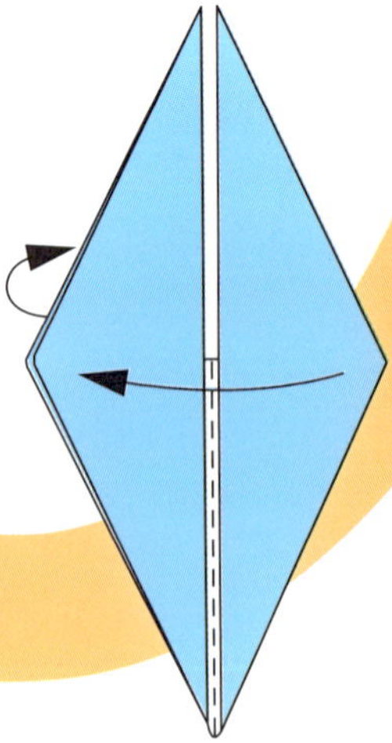

3 2のうえとしたを、ひっくりかえします。てんせんのところで、やじるしのほうへおります。うらがわも、おなじようにおります。

4 てんせんのところで、やじるしのほうへおります。

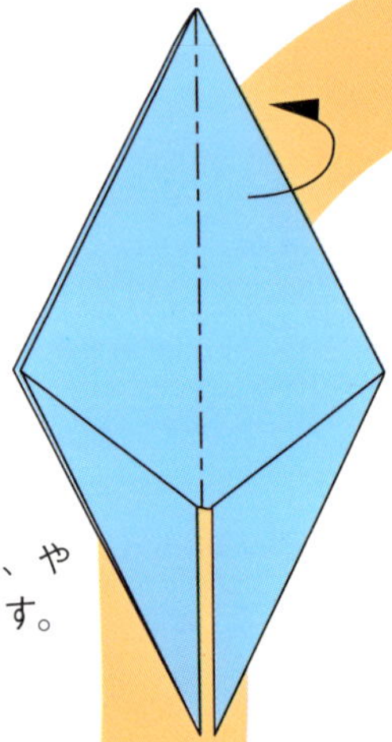

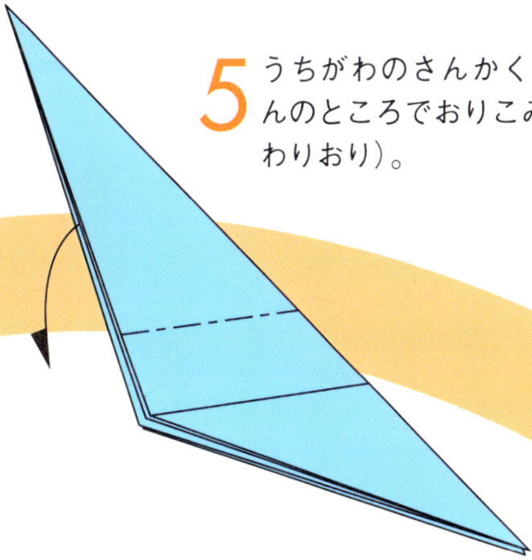

5 うちがわのさんかくを、てんせんのところでおりこみます（なかわりおり）。

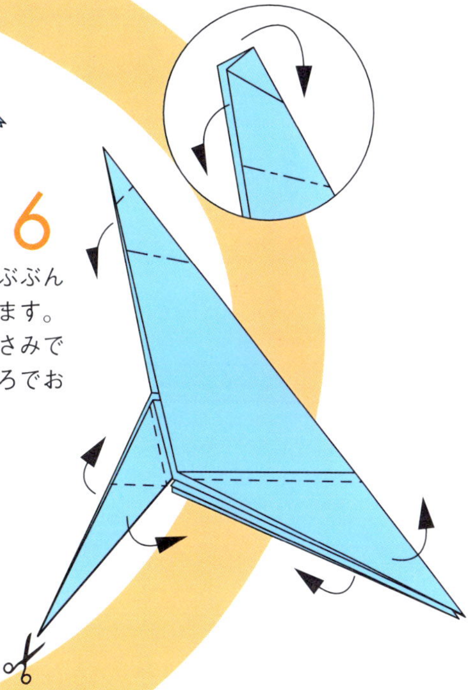

6 あたまと、うしろあしになるぶぶんを、てんせんのところでおります。まえあしになるぶぶんを、はさみできりひらき、てんせんのところでおります。

★できあがり★

7 めをかいて、オットセイのできあがりです。

かたつむり

ちいさなおりがみでおると、ふんいきがでるよ。

しゃしんの「かたつむり」は、おもてとうらにいろのついたおりがみでおりました。

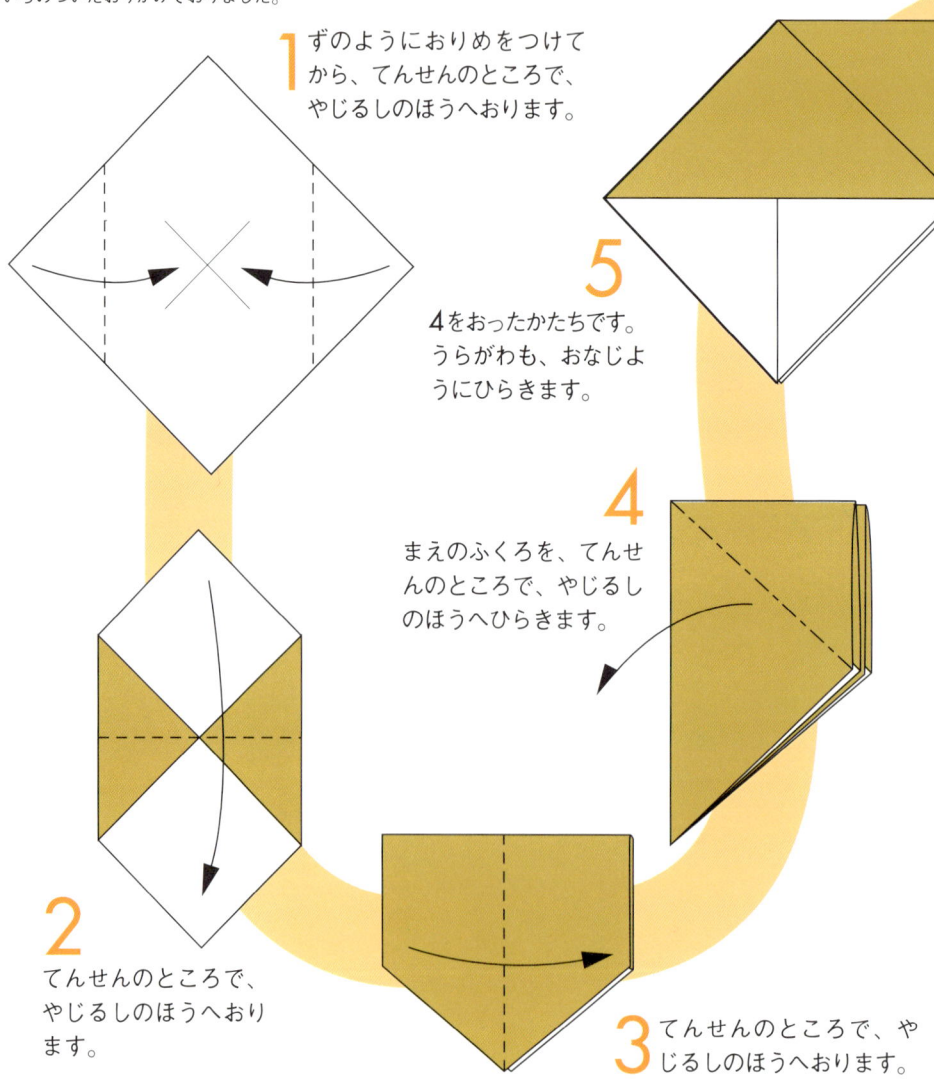

1 ずのようにおりめをつけてから、てんせんのところで、やじるしのほうへおります。

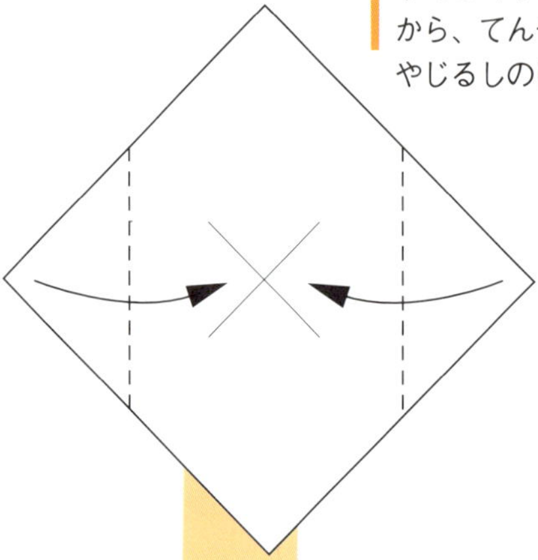

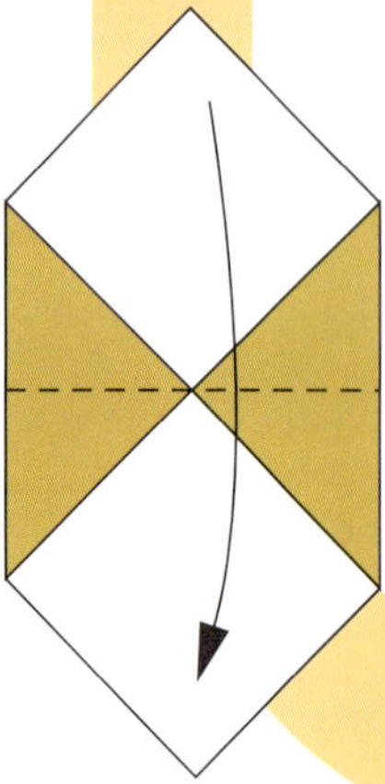

2 てんせんのところで、やじるしのほうへおります。

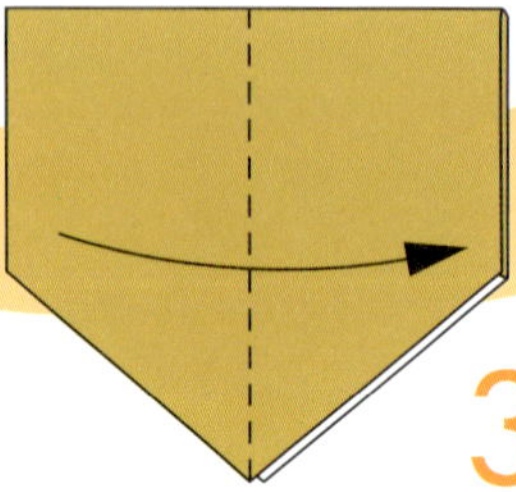

3 てんせんのところで、やじるしのほうへおります。

4 まえのふくろを、てんせんのところで、やじるしのほうへひらきます。

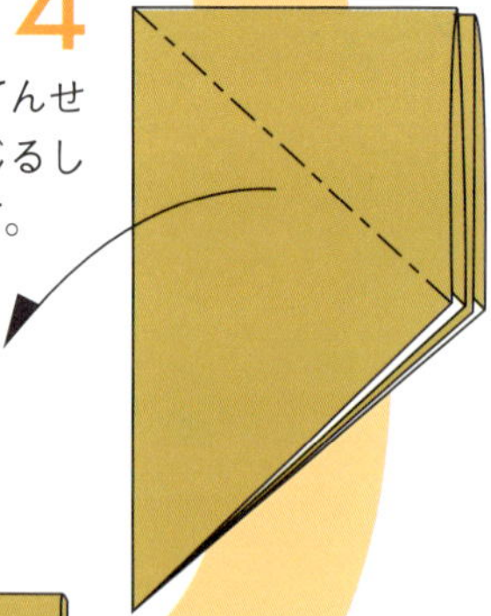

5 4をおったかたちです。うらがわも、おなじようにひらきます。

6 てんせんのところで、やじるしのほうへおります。うらがわも、おなじようにおります。

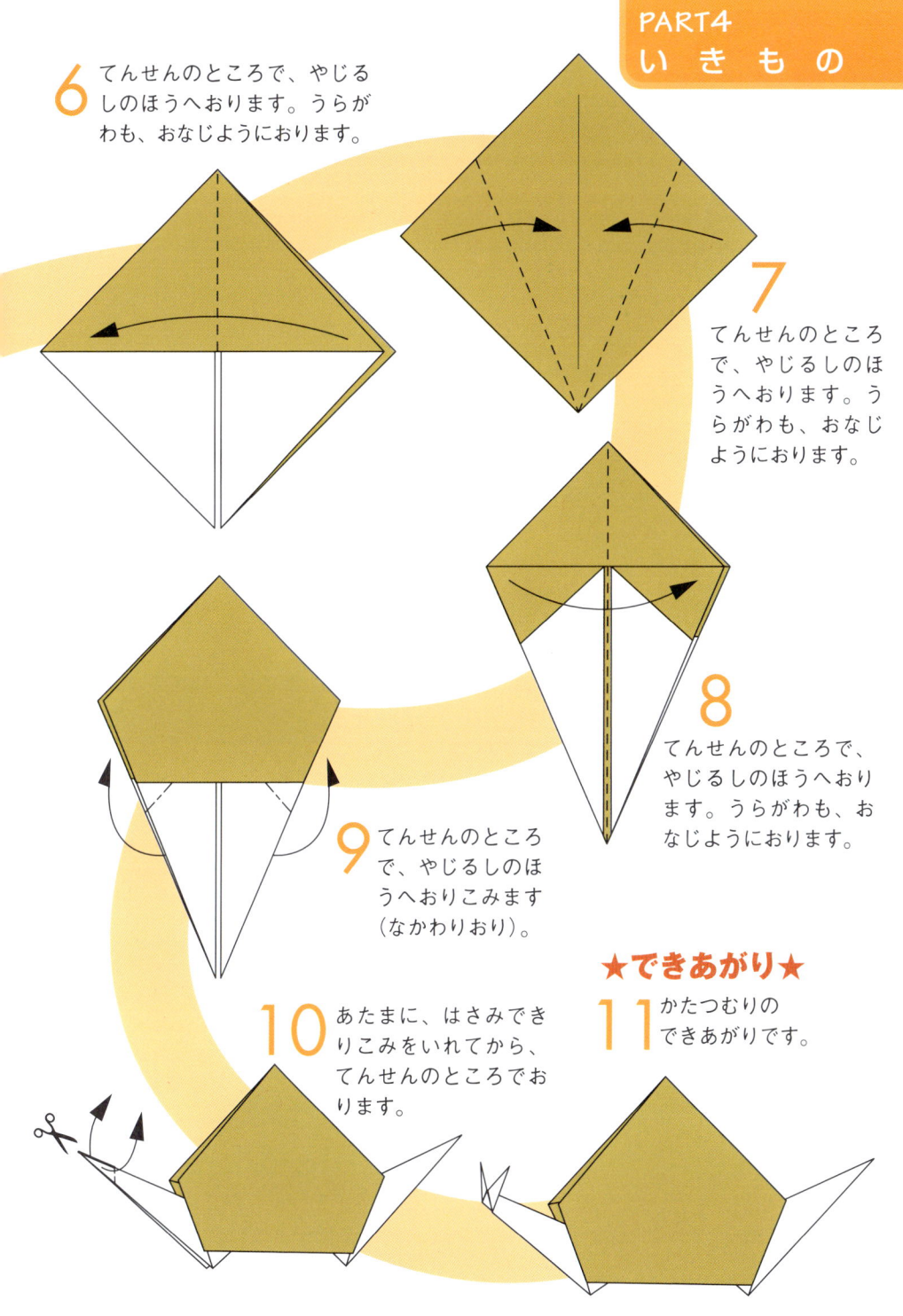

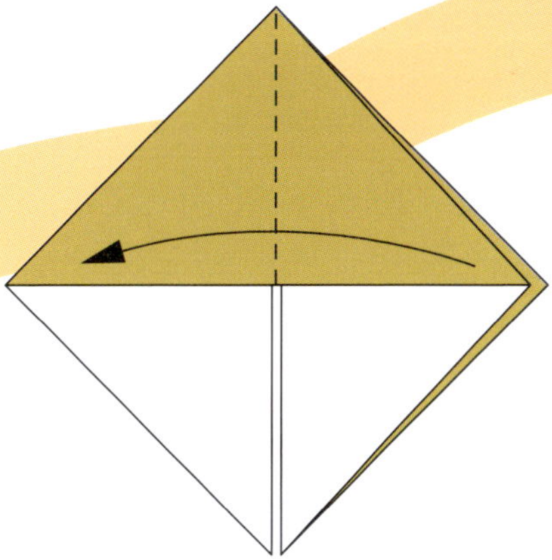

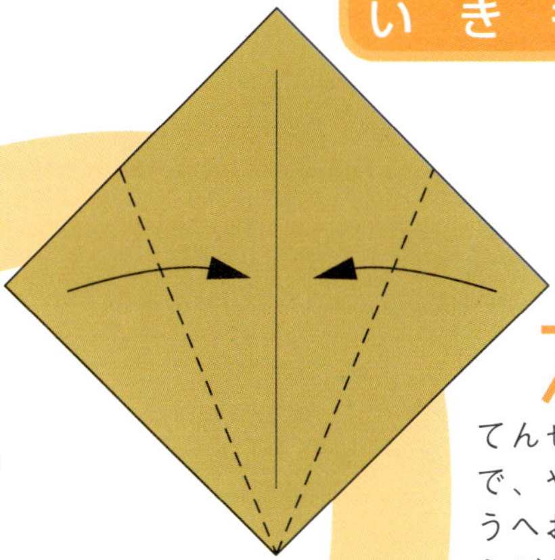

7 てんせんのところで、やじるしのほうへおります。うらがわも、おなじようにおります。

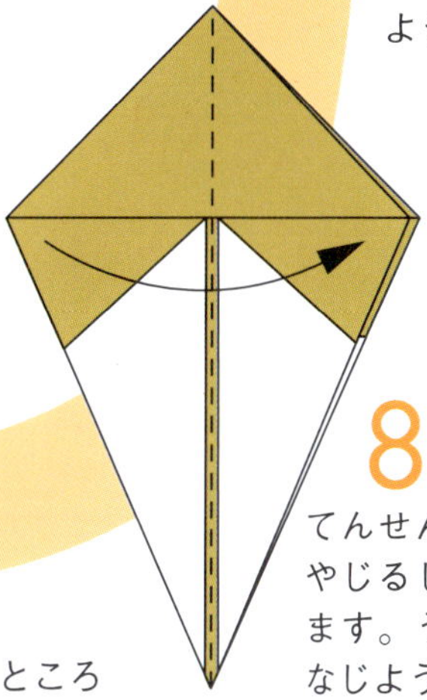

8 てんせんのところで、やじるしのほうへおります。うらがわも、おなじようにおります。

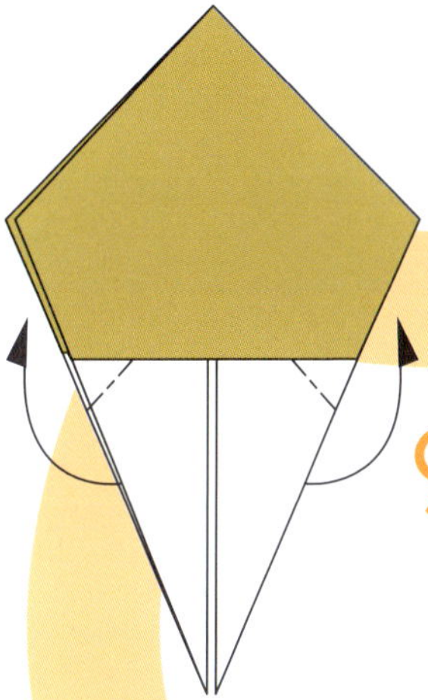

9 てんせんのところで、やじるしのほうへおりこみます(なかわりおり)。

10 あたまに、はさみできりこみをいれてから、てんせんのところでおります。

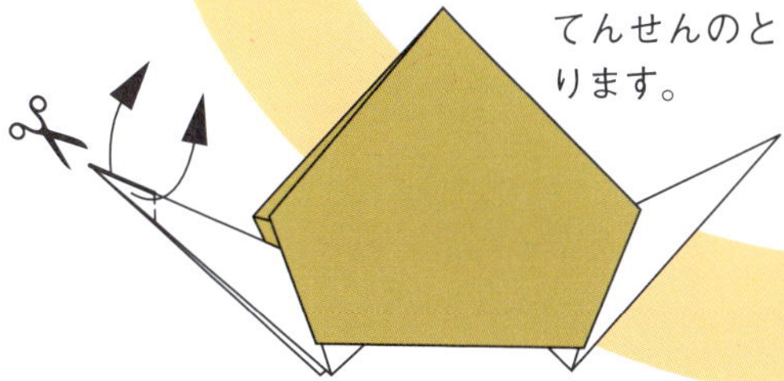

★できあがり★

11 かたつむりのできあがりです。

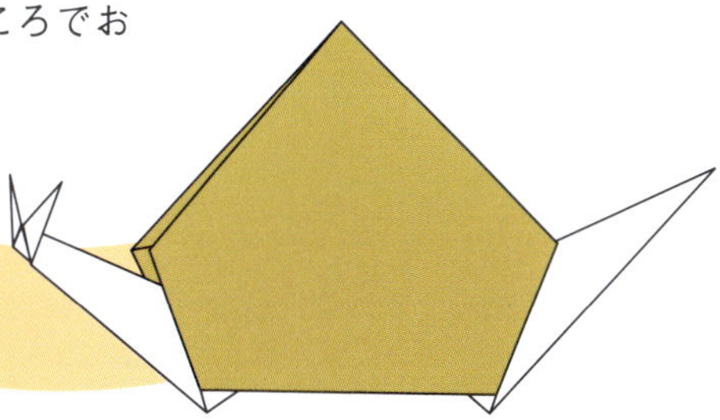

かえる

ちいさなかみなら、あまがえる。
おおきなかみなら、がまがえる。

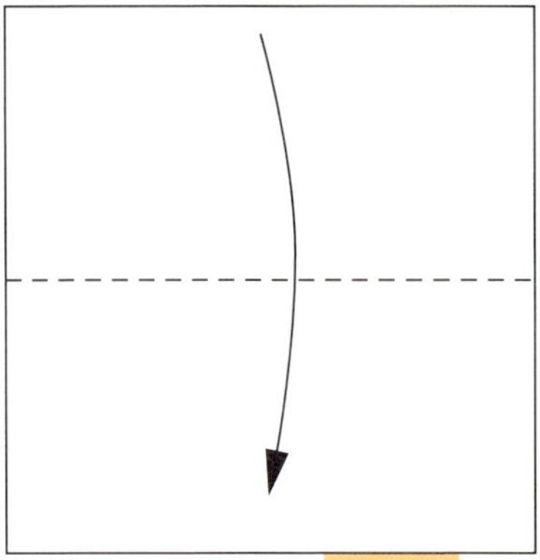

1
てんせんのところで、やじるしのほうへ、はんぶんにおります。

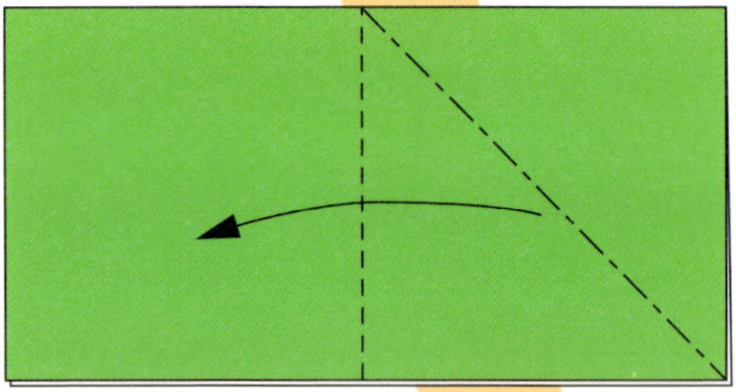

2
はんぶんにおって、おりめをつけ、やじるしのほうへふくろをひらきながら、てんせんのところで、さんかくにおります。

3
2をおったかたちです。

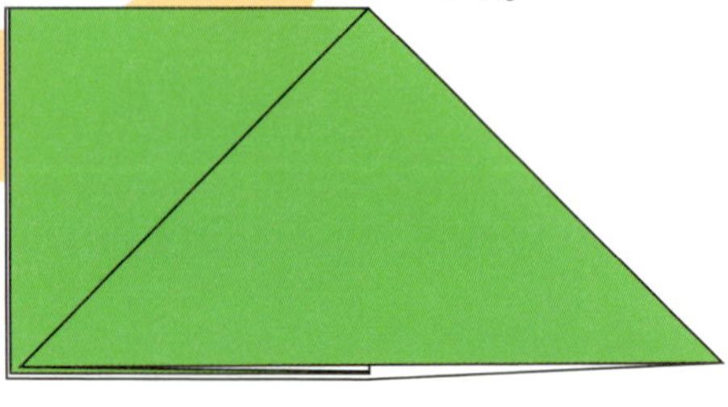

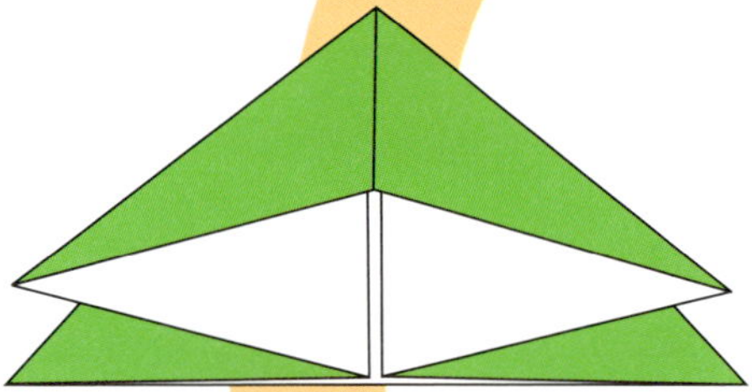

4
うらがわも、おなじように、さんかくにひらきます。

5 4をおったかたちです。

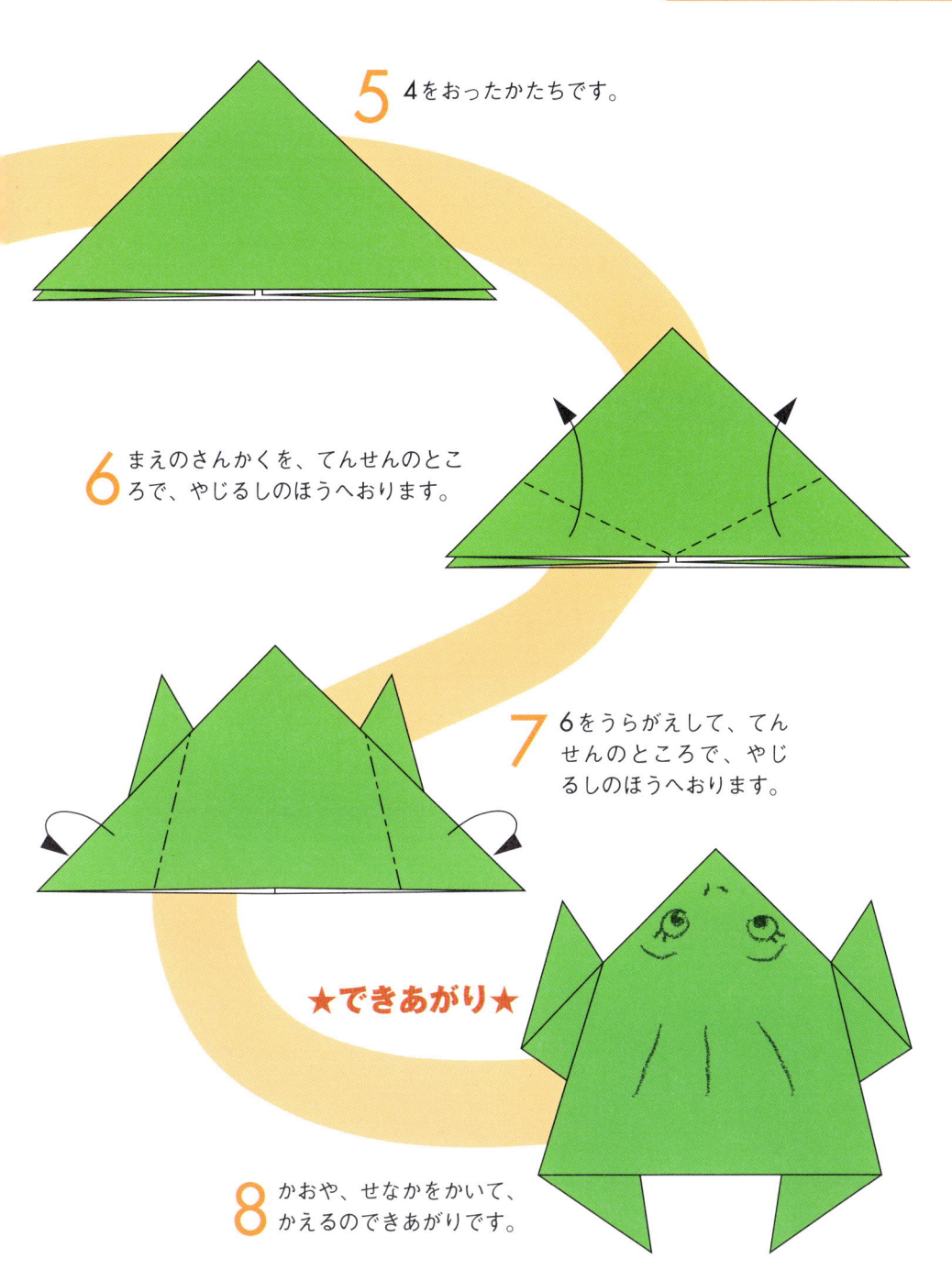

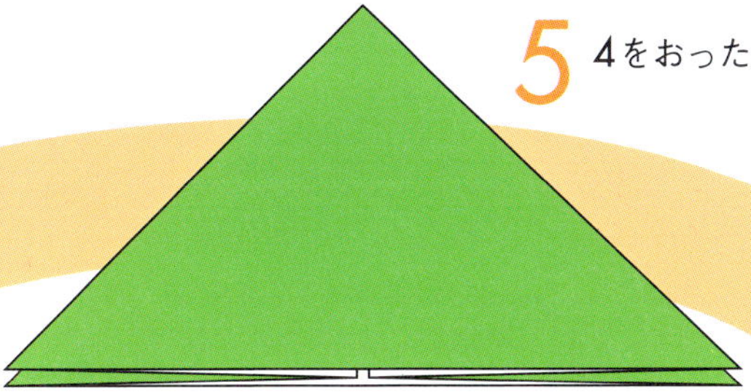

6 まえのさんかくを、てんせんのところで、やじるしのほうへおります。

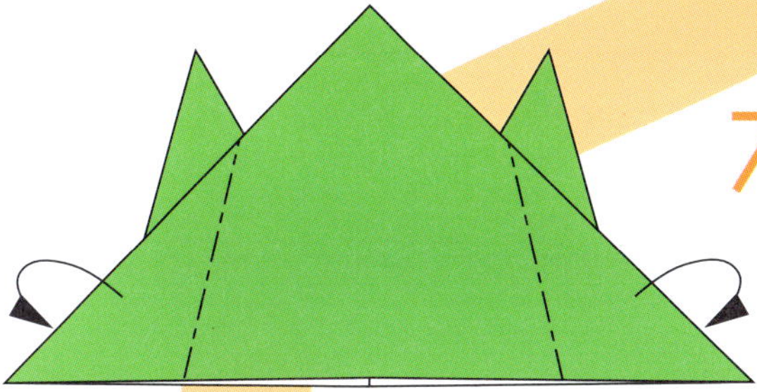

7 6をうらがえして、てんせんのところで、やじるしのほうへおります。

★できあがり★

8 かおや、せなかをかいて、かえるのできあがりです。

おたまじゃくし

ちいさなかみでおると、かわいらしく、しあがるよ。

ふつう

1 ずのように、おりめをつけてから、てんせんのところで、やじるしのほうへおります。

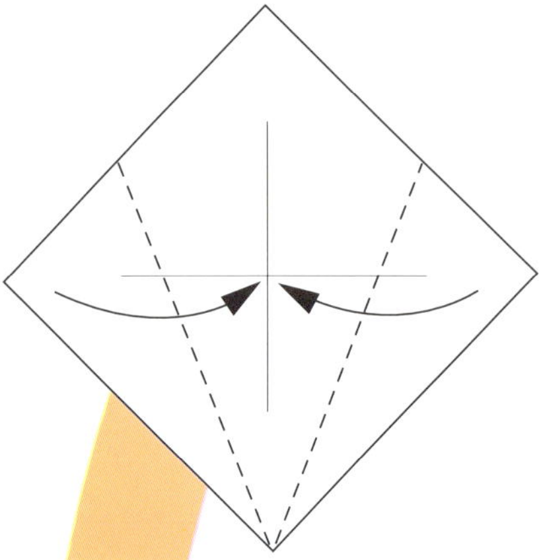

2 うえのてんせんのところで、やじるしのほうへおります。つぎに、したのてんせんのところで、やじるしのほうへおりあげます。

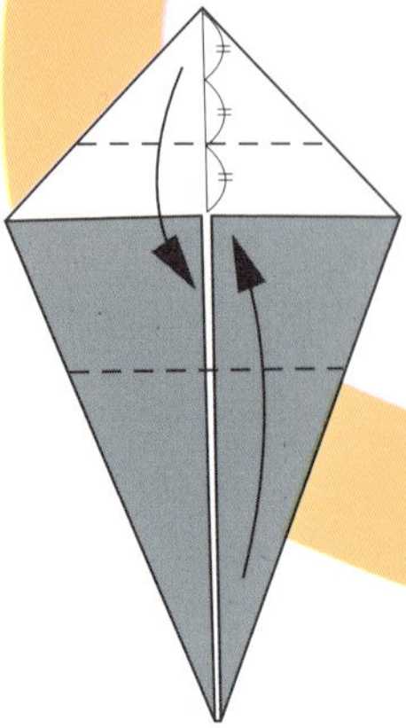

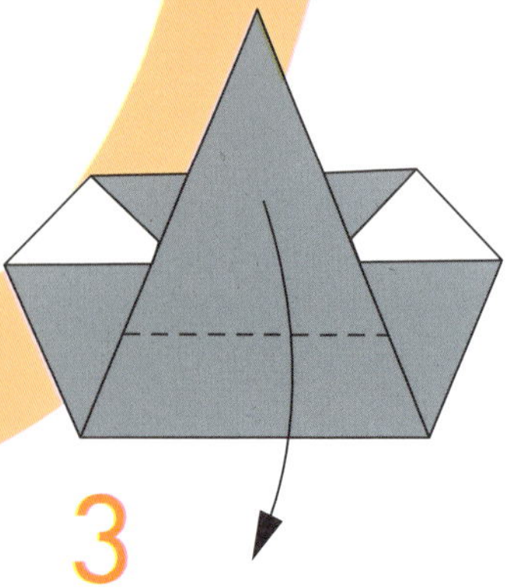

3 てんせんのところで、やじるしのほうへおります。

4 やじるしのほうへひらきながら、てんせんのところで、おります。

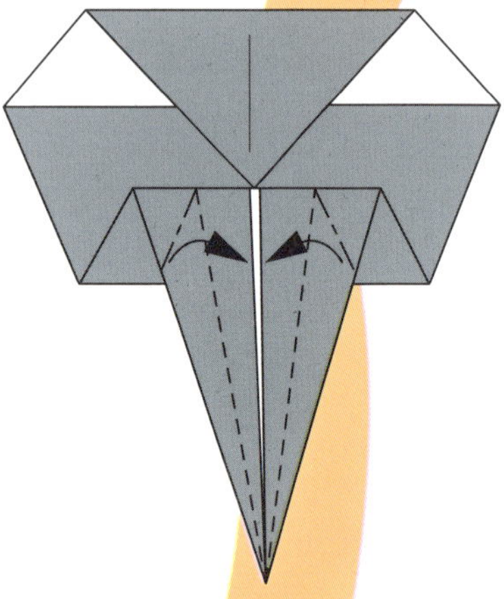

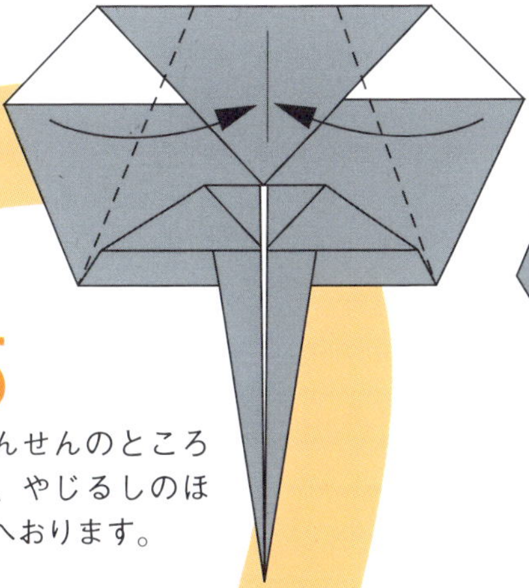

5

てんせんのところで、やじるしのほうへおります。

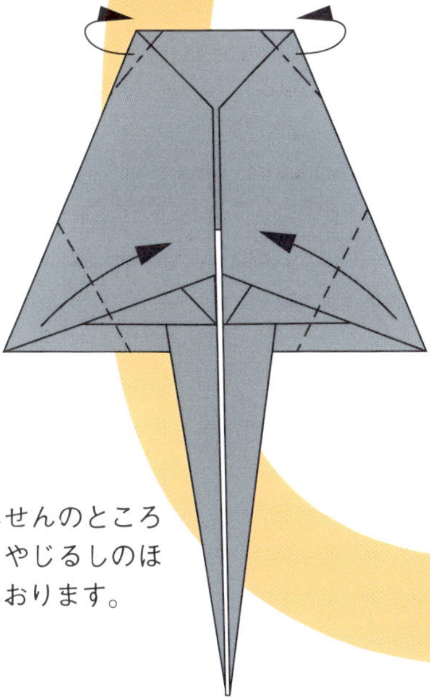

6

てんせんのところで、やじるしのほうへおります。

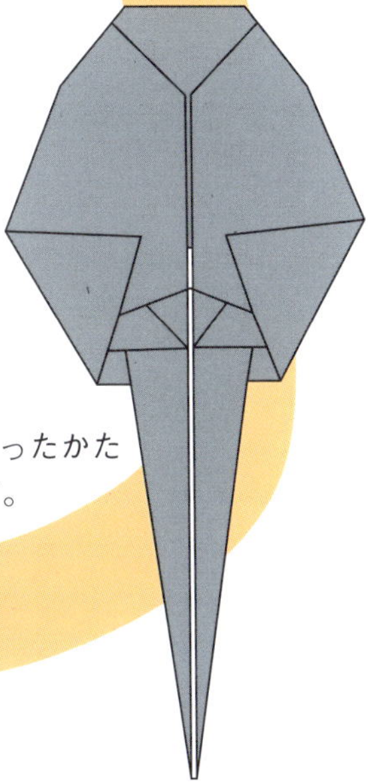

7

6をおったかたちです。

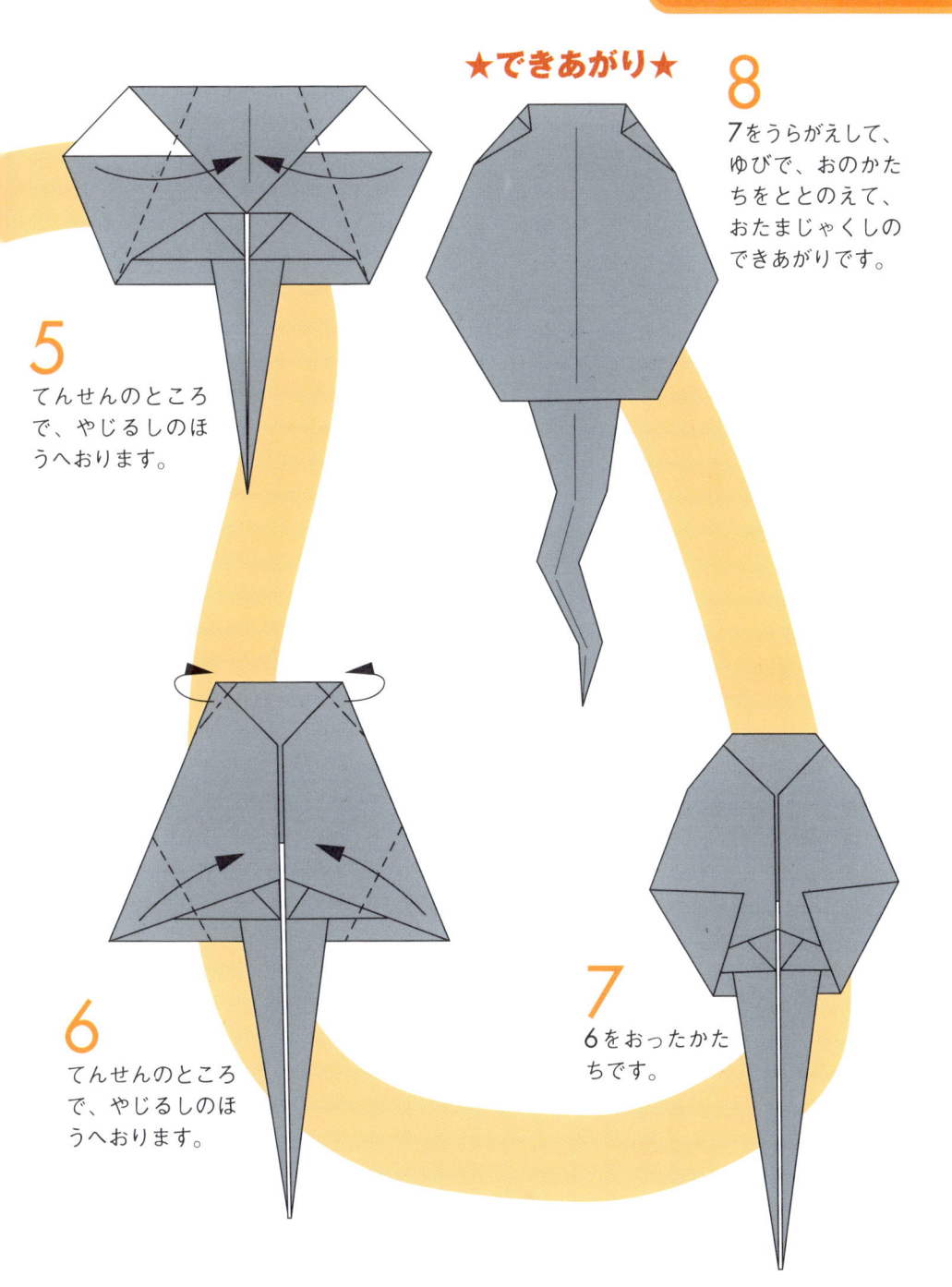

★できあがり★

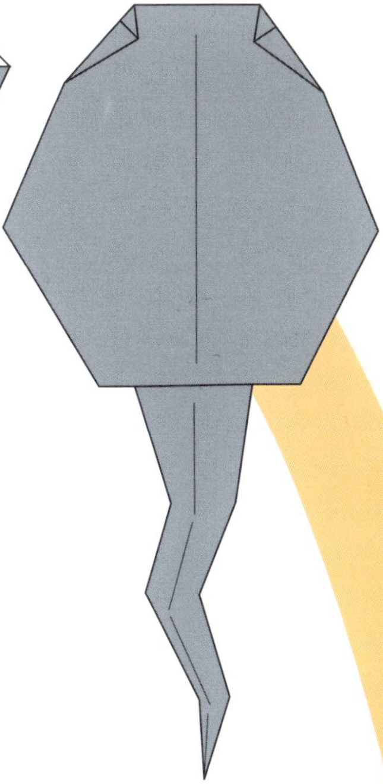

8

7をうらがえして、ゆびで、おのかたちをととのえて、おたまじゃくしのできあがりです。

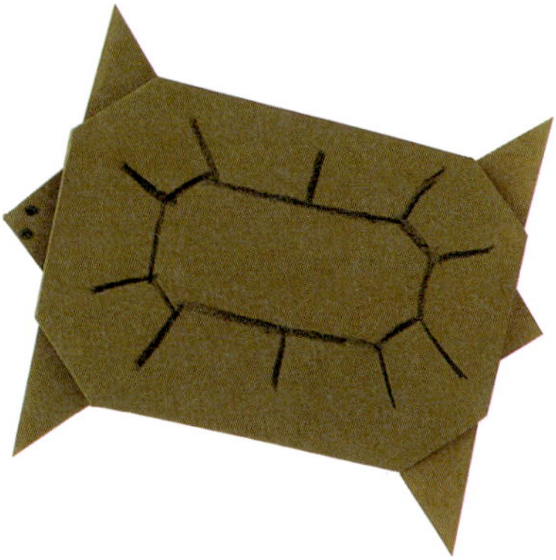

かめ

おおきさのちがうかみでおると、
かめのおやこができるよ。

1 「かぶと」(18ページ)の3から、おりはじめます。まえのさんかくを、てんせんのところで、やじるしのほうへおります。

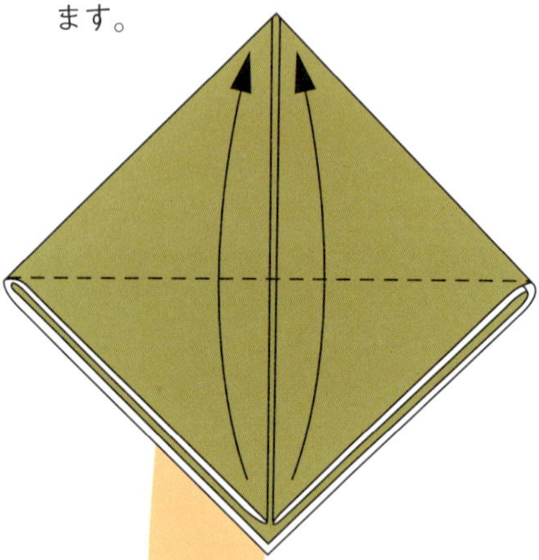

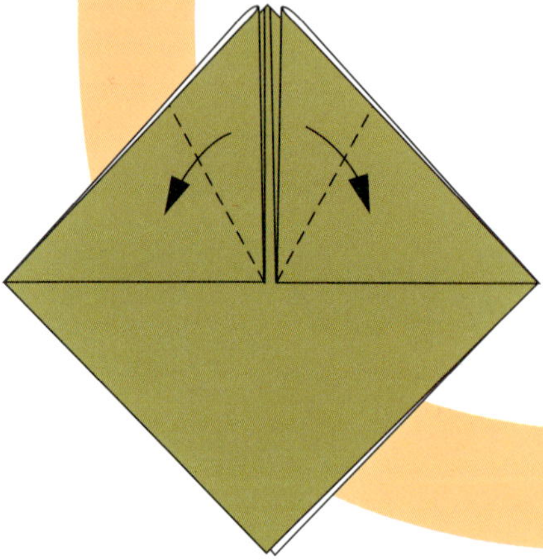

2 てんせんのところで、やじるしのほうへ、おります。

3 てんせんのところで、やじるしのほうへおります。

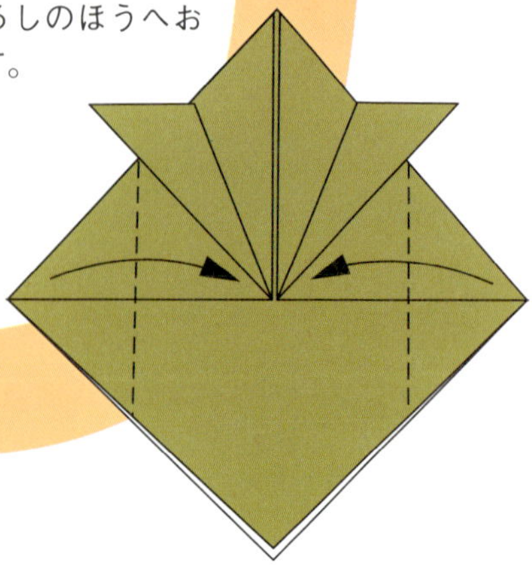

4 まえの1まいに、ずのように、きりこみをいれ、てんせんのところで、やじるしのほうへおります。

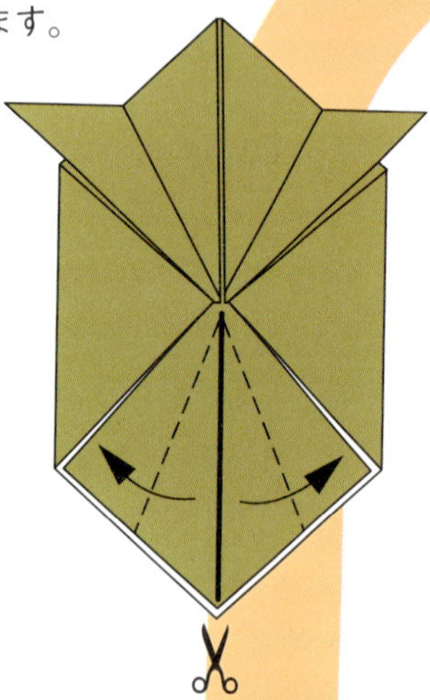

5

4をおったかたちです。

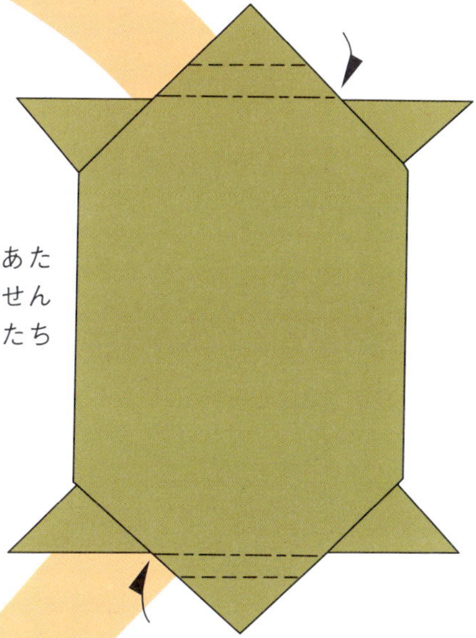

6

5をうらがえして、あたまとしっぽを、てんせんのところでおり、かたちをつくります。

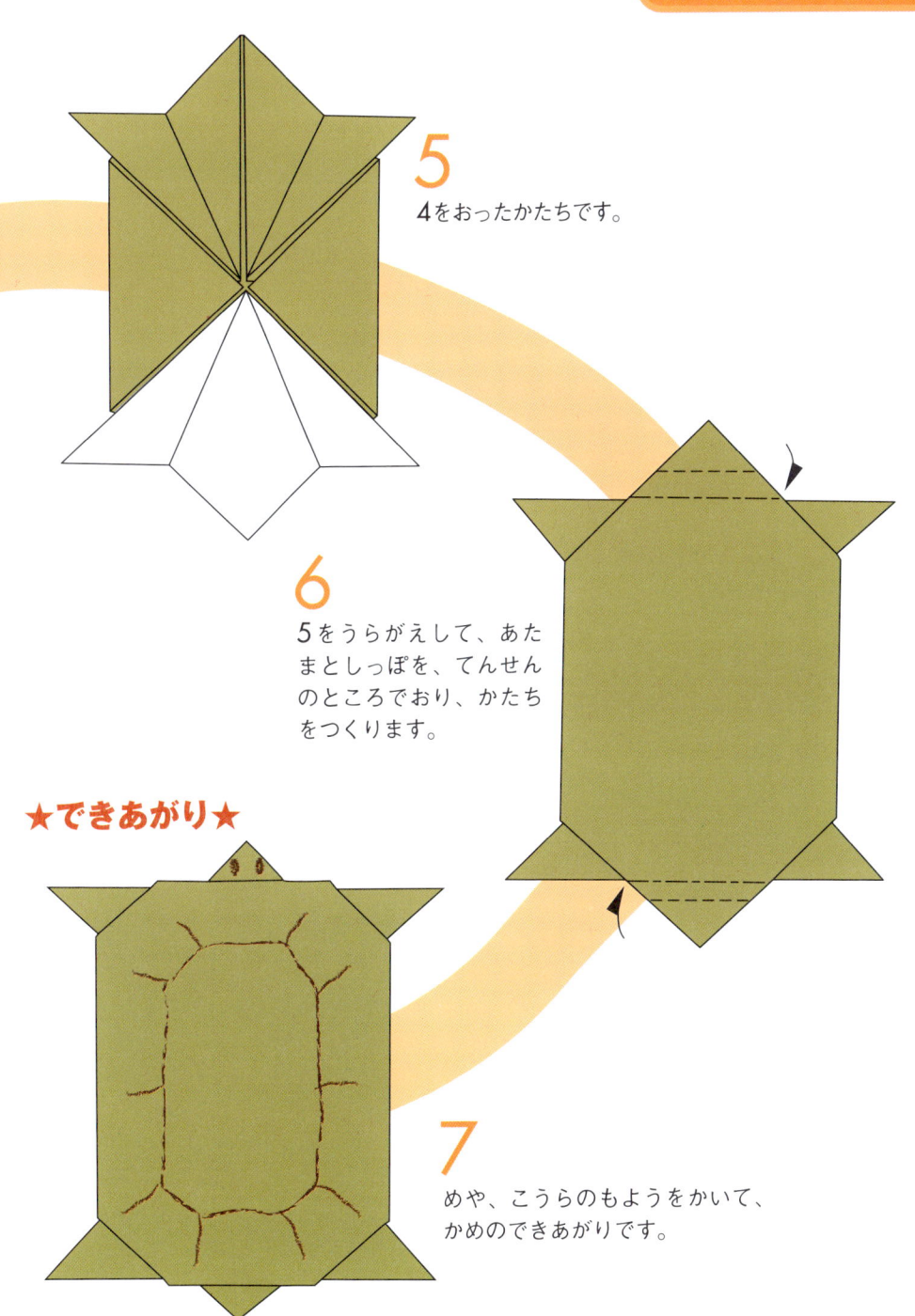

★できあがり★

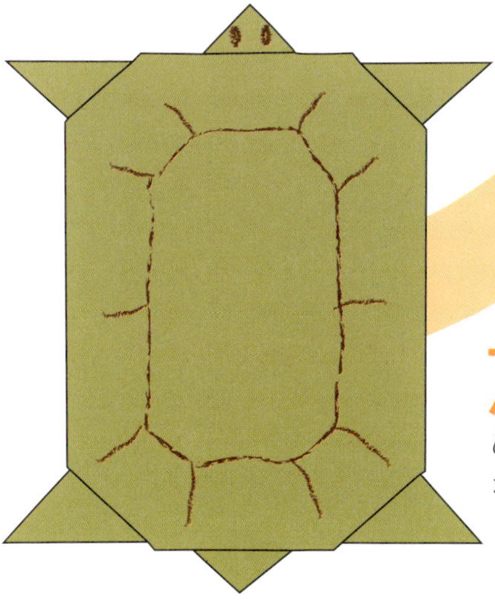

7

めや、こうらのもようをかいて、かめのできあがりです。

かに

マッチぼうがないときは、つまようじのさきをつぶしてつかって。

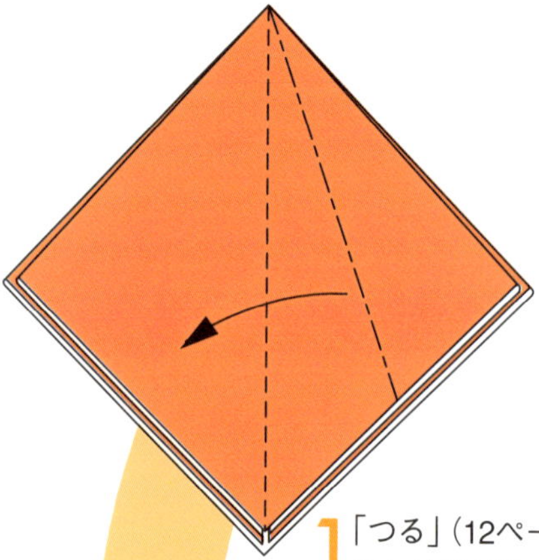

1 「つる」（12ページ）の5からおりはじめます。まえのしかくのふくろを、やじるしのほうへひらきながら、てんせんのところでおります。

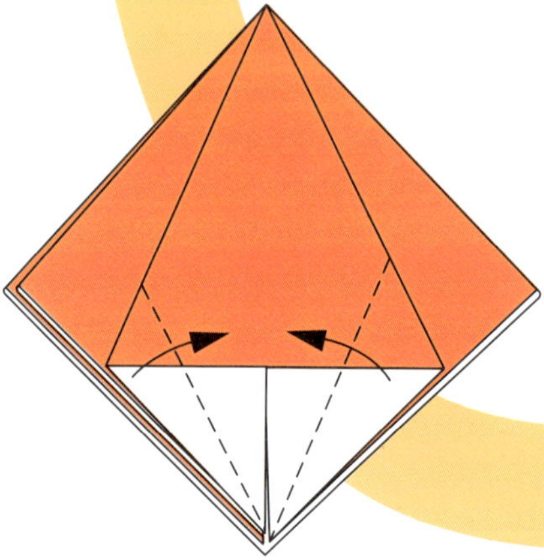

2 てんせんのところで、やじるしのほうへおります。

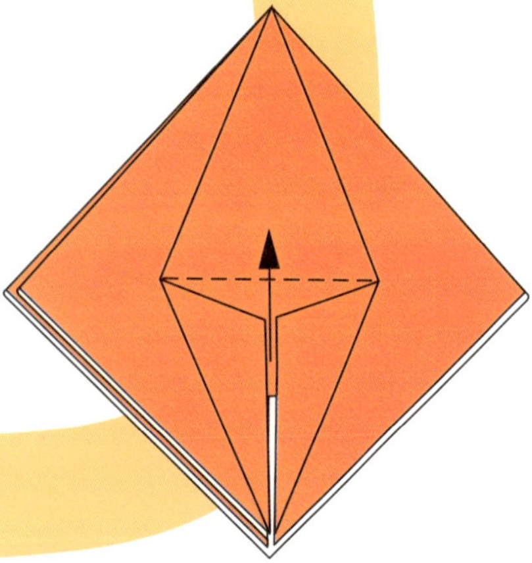

3 かさなりのうちがわのぶぶんを、やじるしのほうへひきだして、てんせんのところでおります。

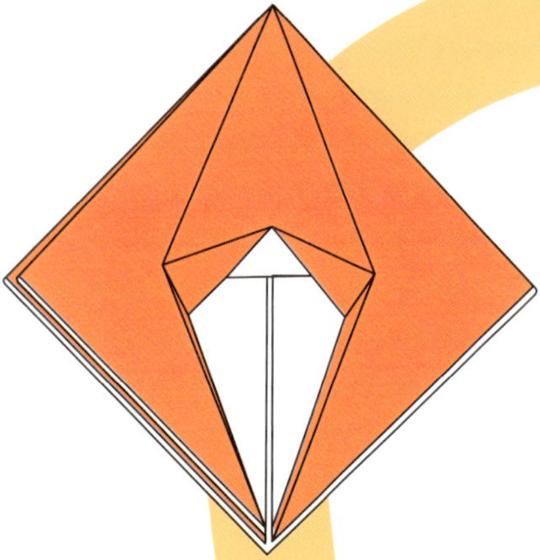

4 かさなりをひらいている、とちゅうのかたちです。

5

4をおったかたちです。ほかの3かしょも、1〜4とおなじようにおります。

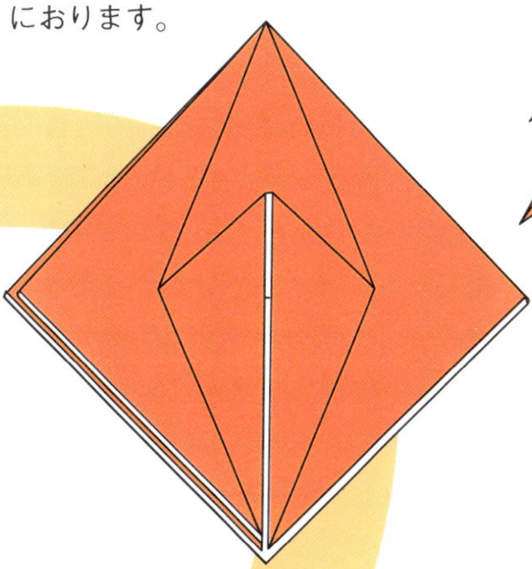

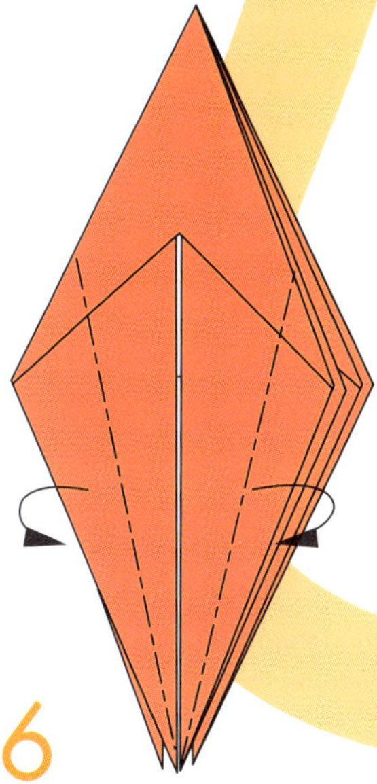

6

てんせんのところで、やじるしのほうへおります。ほかの3かしょも、おなじようにおります。

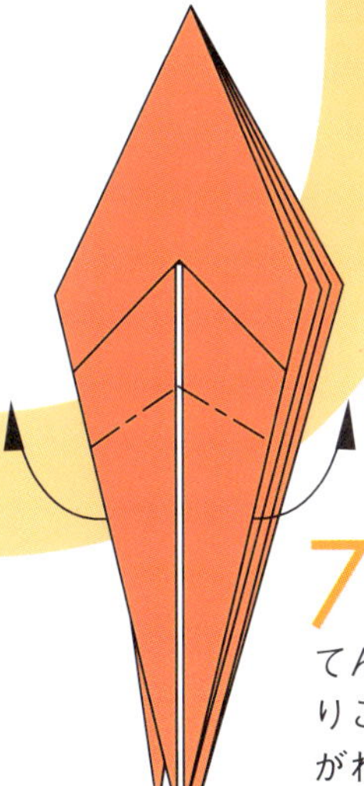

7

てんせんのところで、うちがわへおりこみます（なかわりおり）。うらがわも、おなじようにおります。

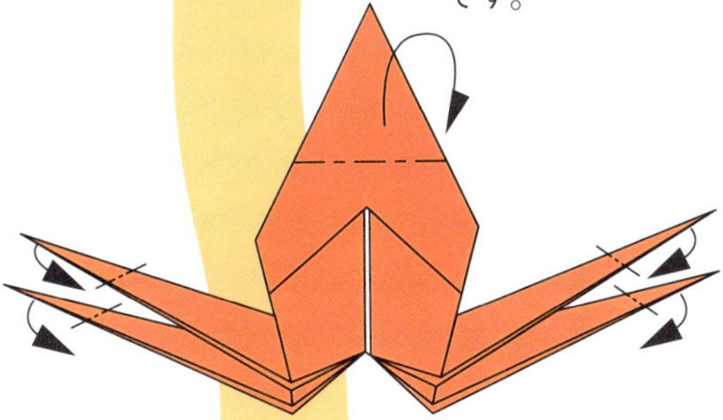

8

てんせんのところでおります（あしは、なかわりおり）。

★できあがり★

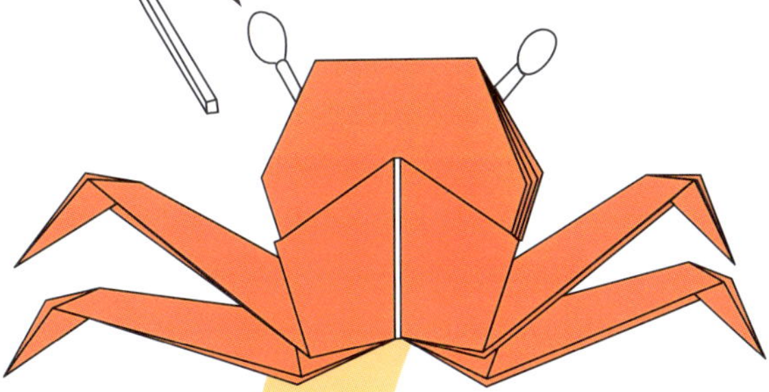

9

うらがわに、マッチぼうを、セロハンテープでとめて、かにのできあがりです。

きんぎょ①

おびれがおおきくて、きれいなきんぎょができあがるよ。

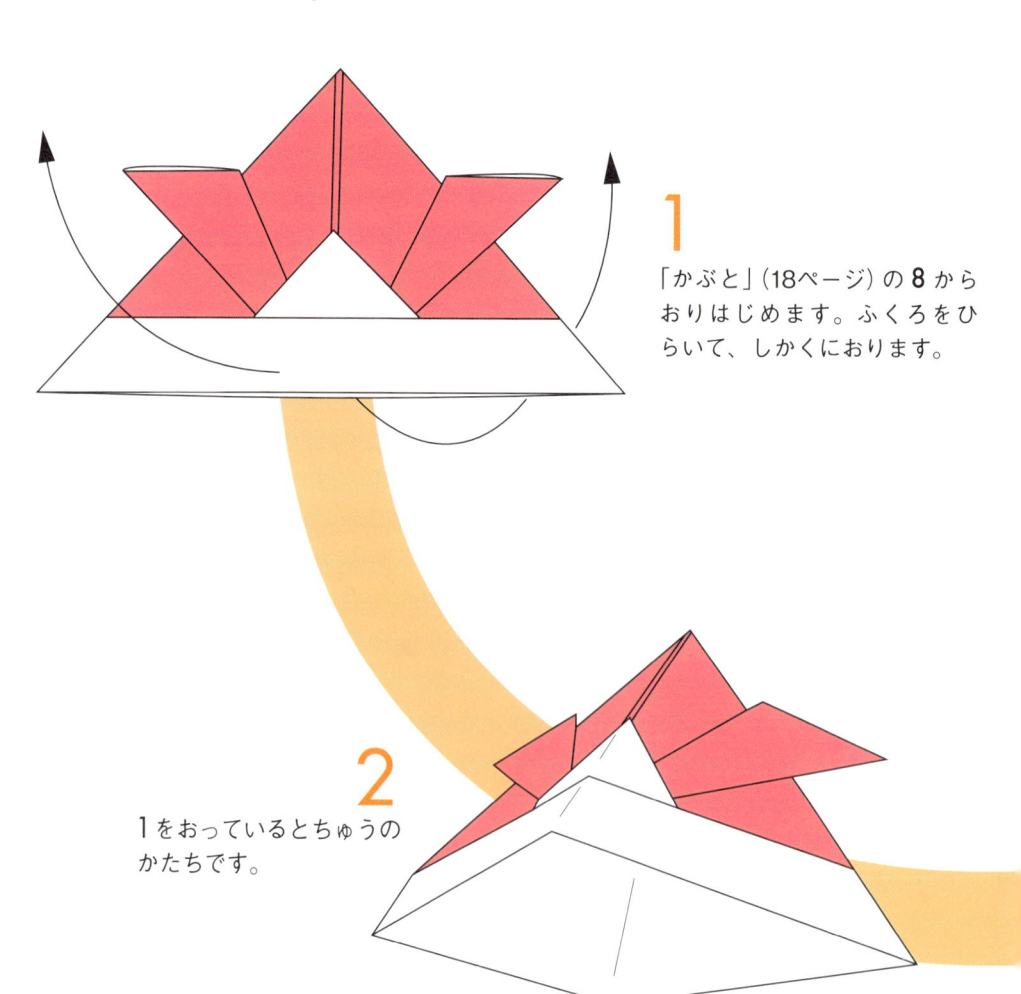

しゃしんの「きんぎょ①」は、おもてとうらにいろのついたおりがみでおりました。

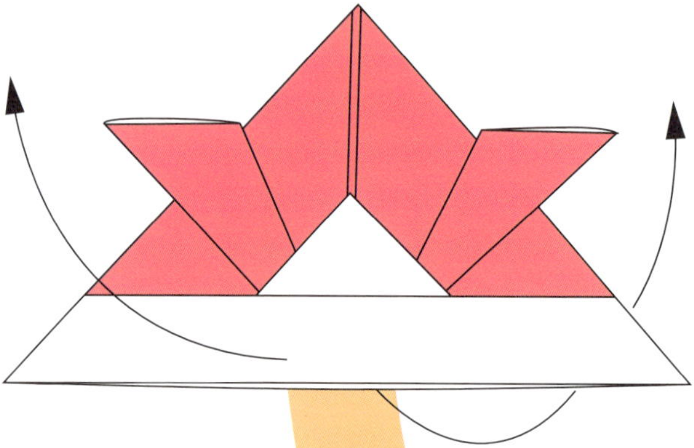

1

「かぶと」（18ページ）の**8**からおりはじめます。ふくろをひらいて、しかくにおります。

2

1をおっているとちゅうのかたちです。

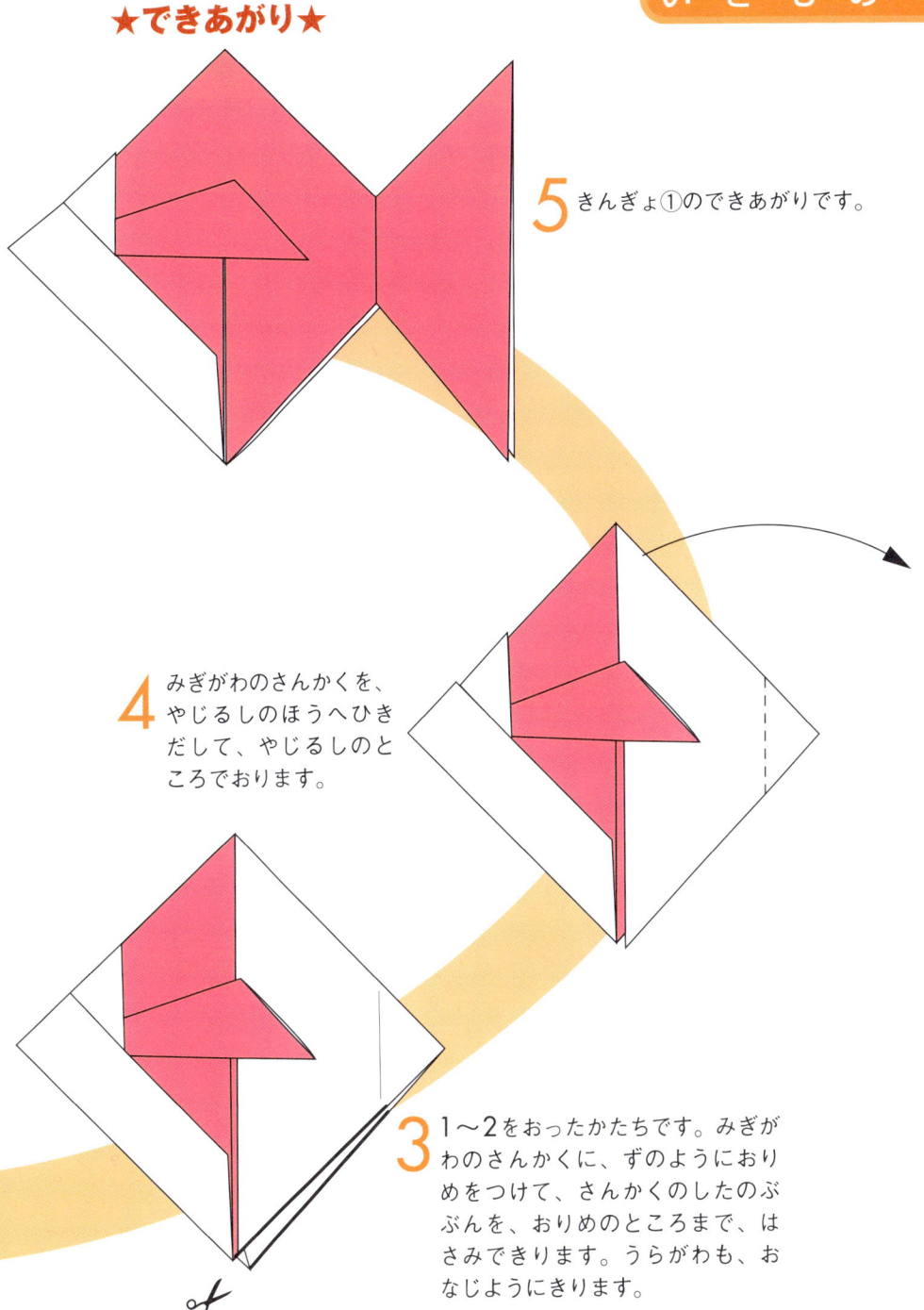

★できあがり★

5 きんぎょ①のできあがりです。

4 みぎがわのさんかくを、やじるしのほうへひきだして、やじるしのところでおります。

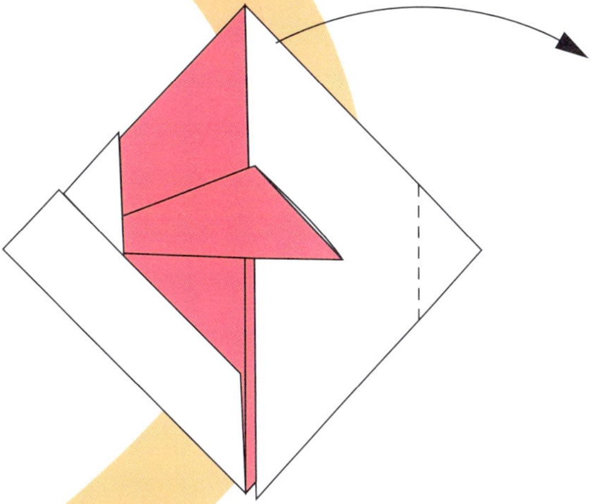

3 1～2をおったかたちです。みぎがわのさんかくに、ずのようにおりめをつけて、さんかくのしたのぶぶんを、おりめのところまで、はさみできります。うらがわも、おなじようにきります。

きんぎょ②

おひれが、ひらひらとなみうつかたちに、しあげよう。

ふつう

しゃしんの「きんぎょ②」は、おもてとうらにいろのついたおりがみでおりました。

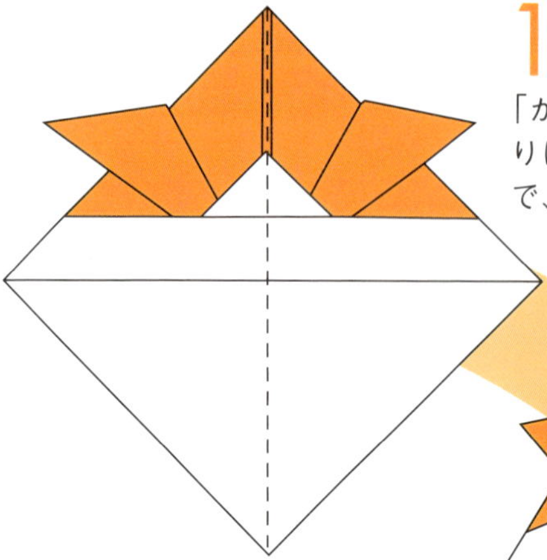

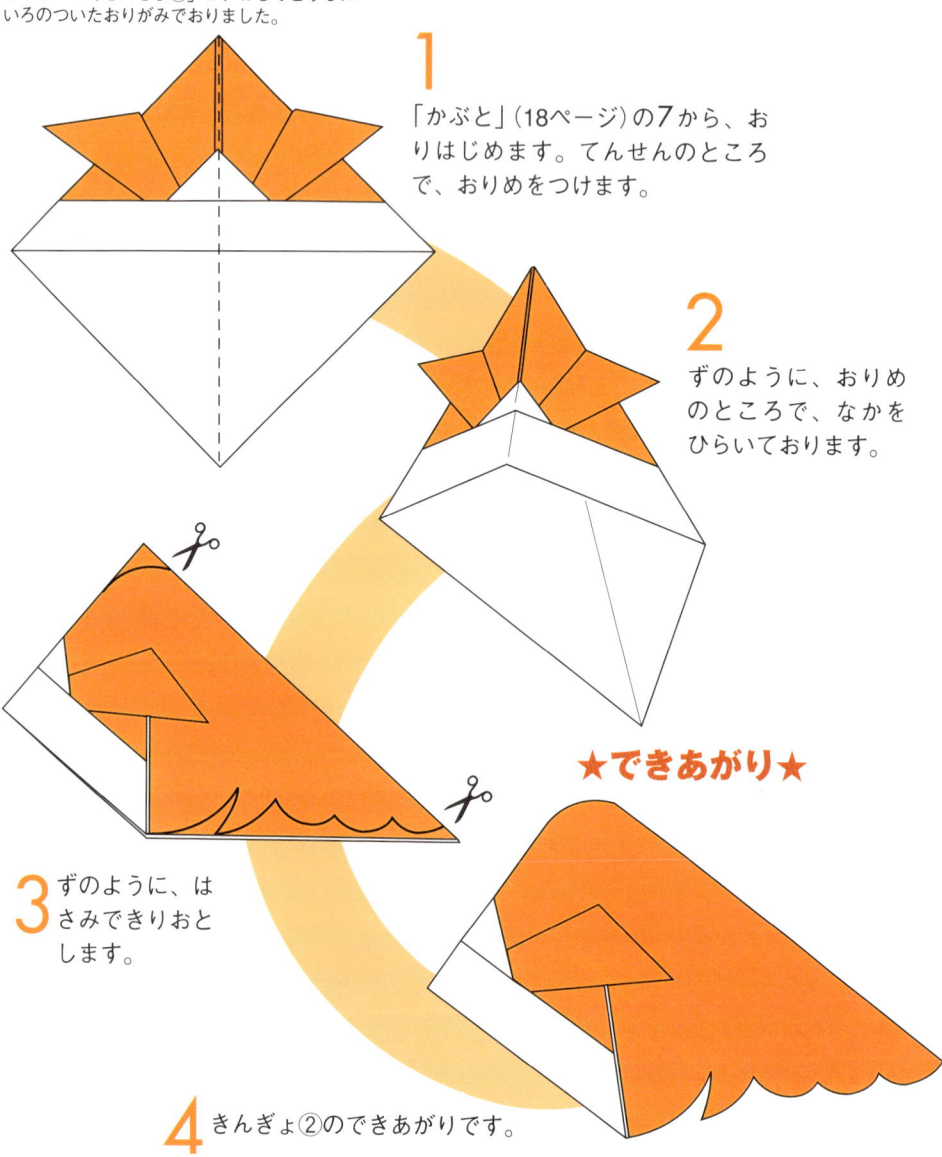

1

「かぶと」(18ページ)の7から、おりはじめます。てんせんのところで、おりめをつけます。

2

ずのように、おりめのところで、なかをひらいております。

3 ずのように、はさみできりおとします。

★できあがり★

4 きんぎょ②のできあがりです。

PART 5

しぜん

あさがお

ピンクやむらさきのかみでおると、
ほんものみたい！

かんたん

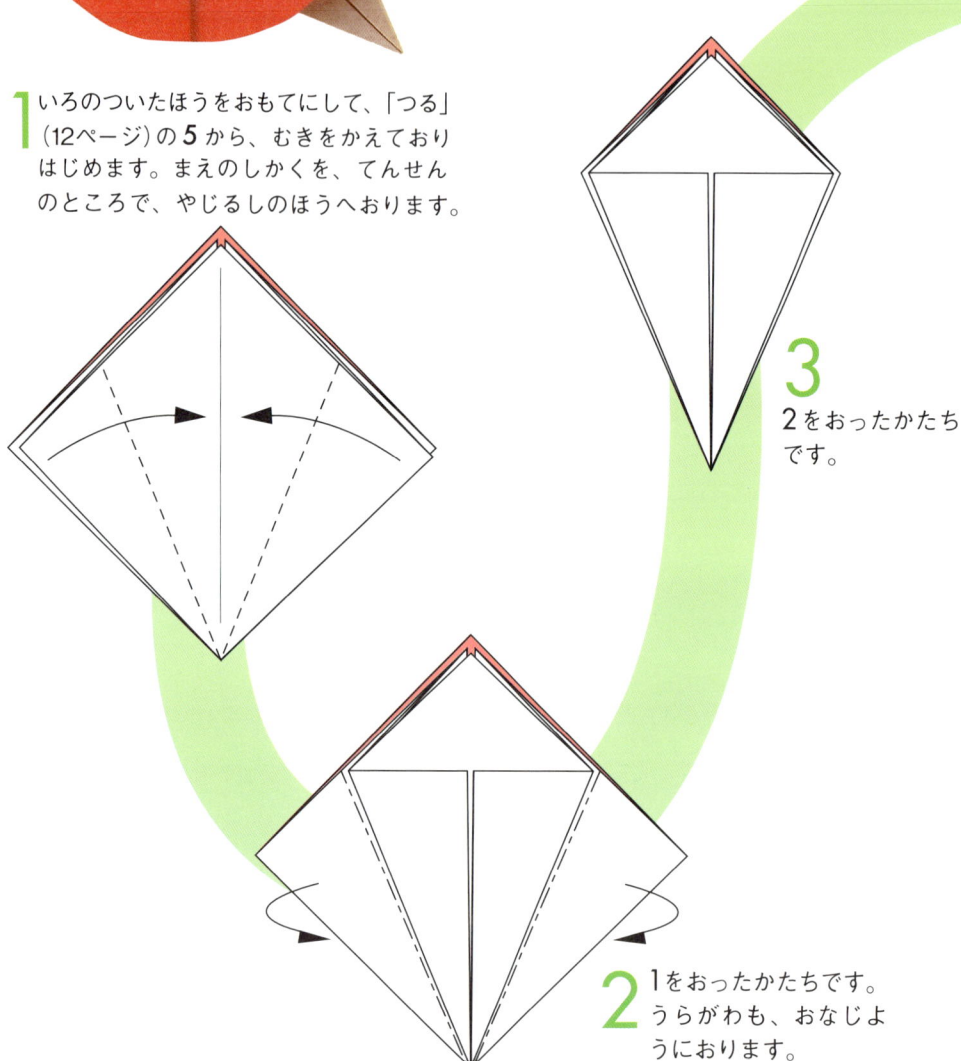

1 いろのついたほうをおもてにして、「つる」（12ページ）の**5**から、むきをかえておりはじめます。まえのしかくを、てんせんのところで、やじるしのほうへおります。

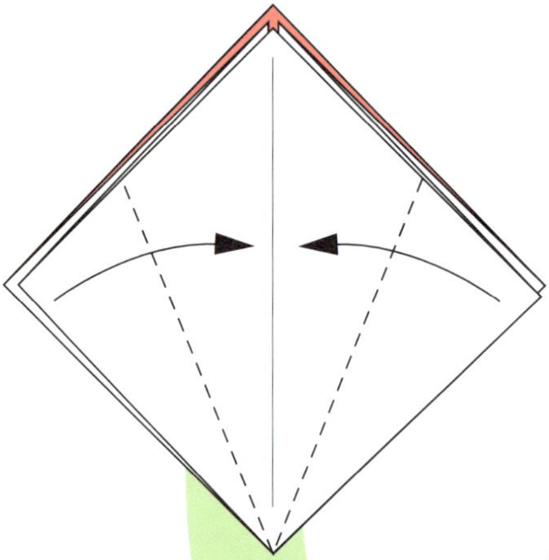

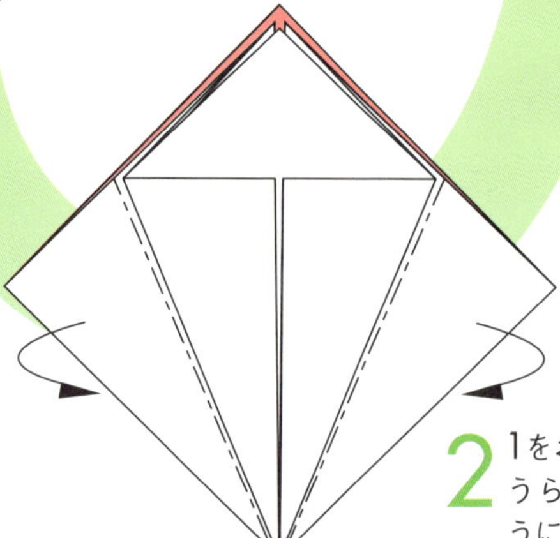

2 1をおったかたちです。うらがわも、おなじようにおります。

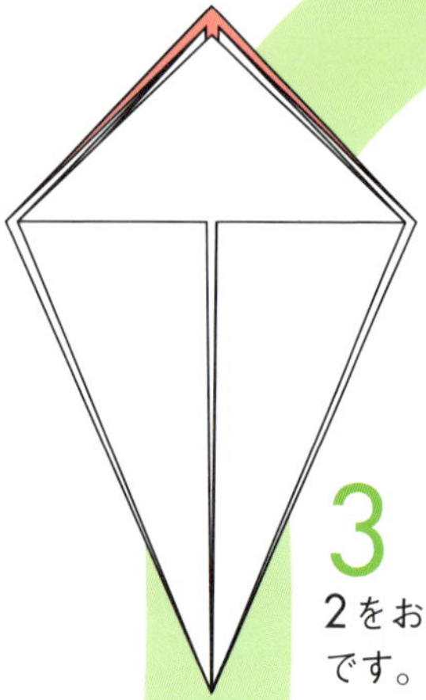

3 2をおったかたちです。

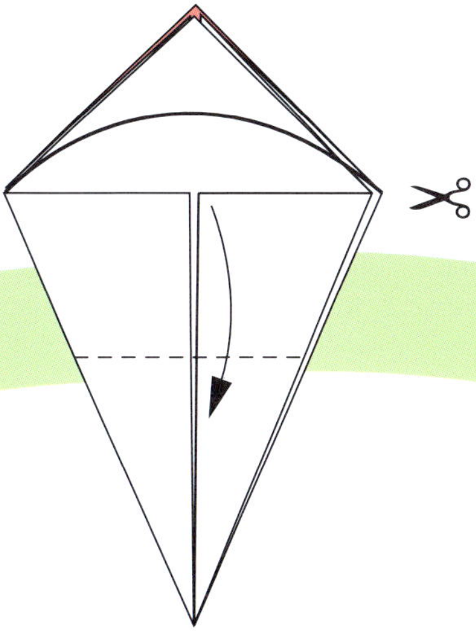

4 ずのように、はさみできり、てんせんのところで、やじるしのほうへおります。

★できあがり★

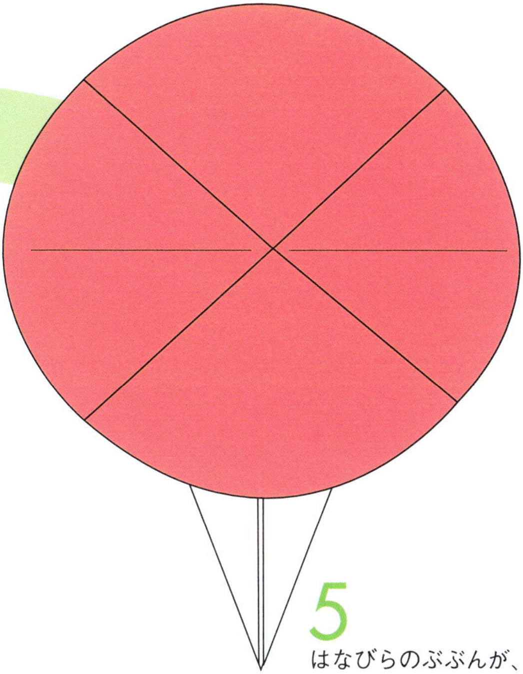

5 はなびらのぶぶんが、きちんとたいらになるようにひらいて、あさがおのできあがりです。

●あそびかた

切《き》り方《かた》を変《か》えると、いろいろな花《はな》ができます

なでしこ

●ギザギザのはさみできって、ひらくと、なでしこのできあがり。

おしろいばな

●ハートのかたちのようにきって、ひらくと、おしろいばなのできあがり。

あじさい

●きらずに、そのままひらくと、しかくいはなびらの、あじさいのできあがり。

つきみそう

ちいさなかみでおると、かわいらしいつきみそうができるよ。

ふつう

しゃしんの「つきみそう」は、おもてとうらにいろのついたおりがみでおりました。

1 いろのついたほうをおもてにして、「つる」（12ページ）の**5**から、むきをかえておりはじめます。てんせんのところで、やじるしのほうへおります。うらがわもおなじようにおります。

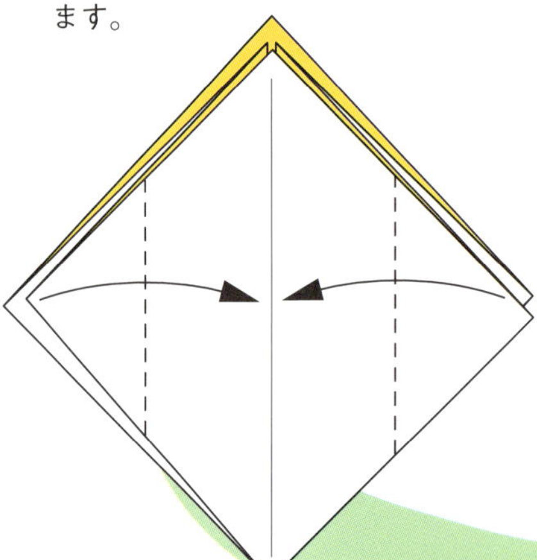

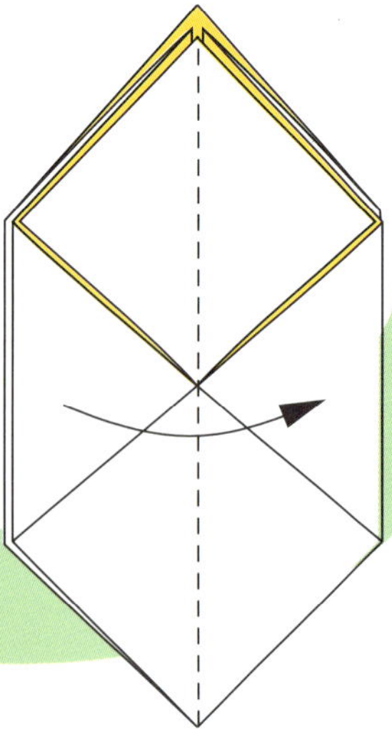

2 てんせんのところで、たてにはんぶんにおります。

3 ずのように、はさみでまるくきります。

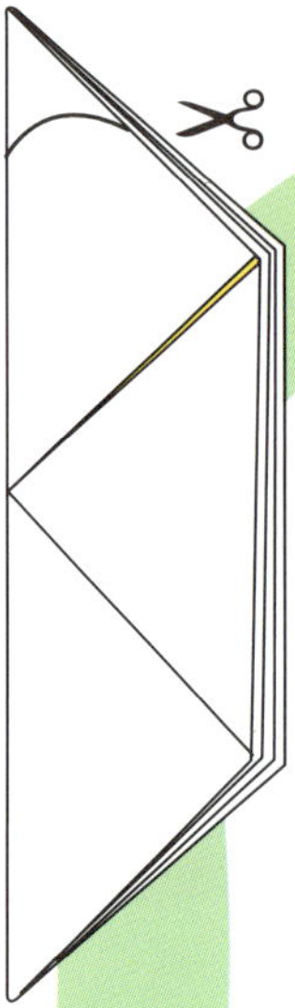

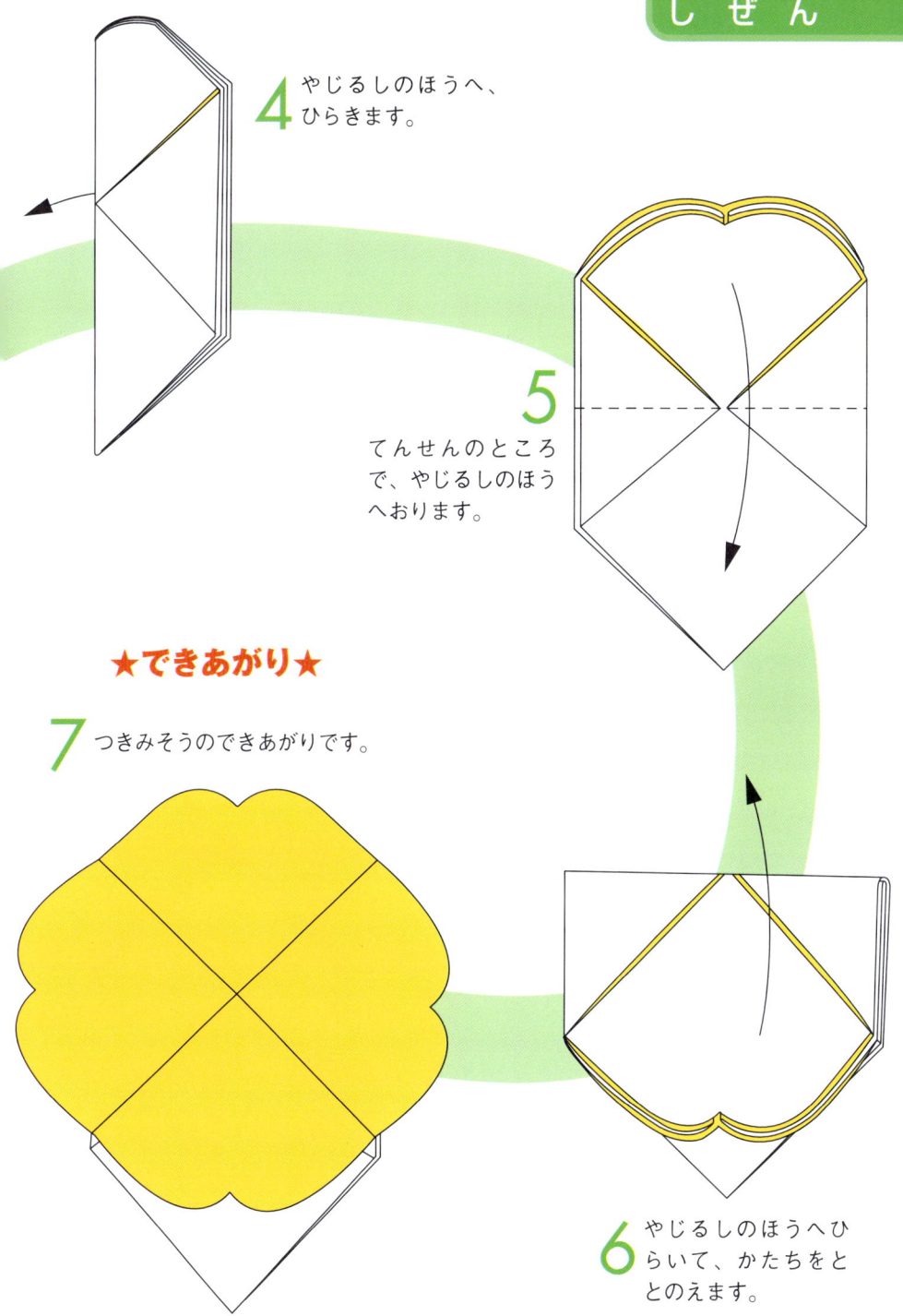

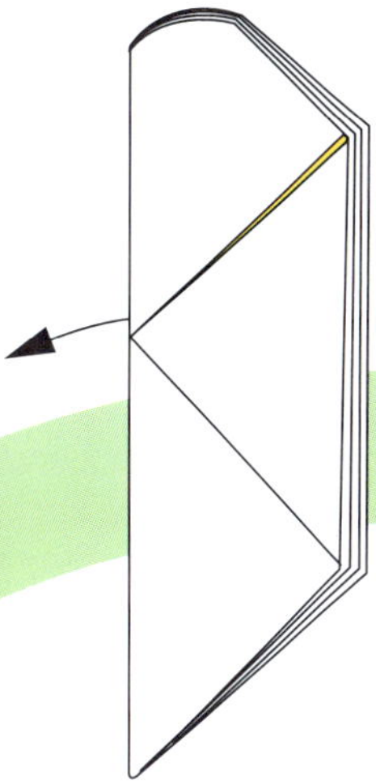

4 やじるしのほうへ、
ひらきます。

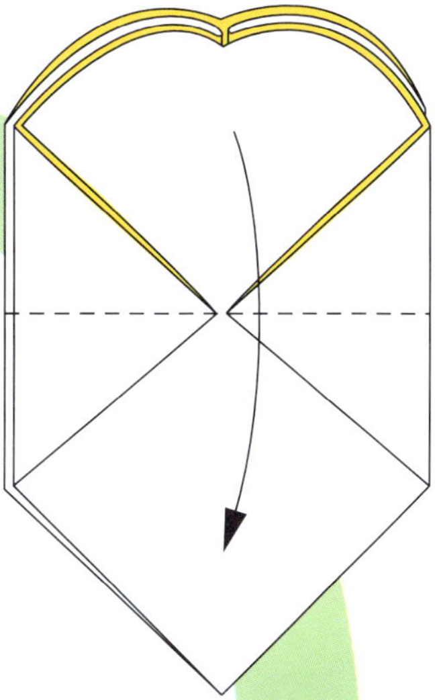

5 てんせんのところで、やじるしのほうへおります。

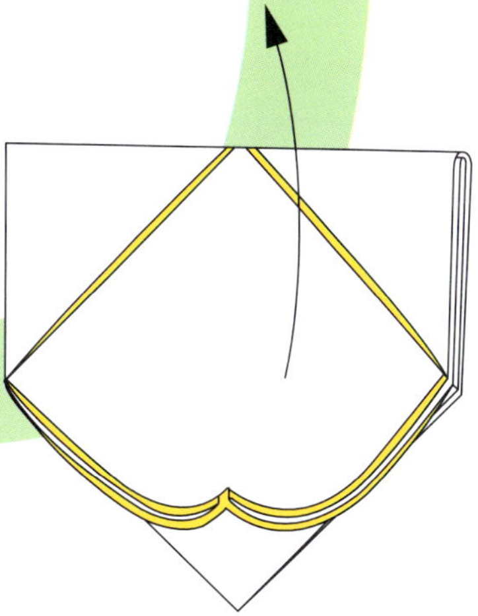

6 やじるしのほうへひらいて、かたちをととのえます。

★できあがり★

7 つきみそうのできあがりです。

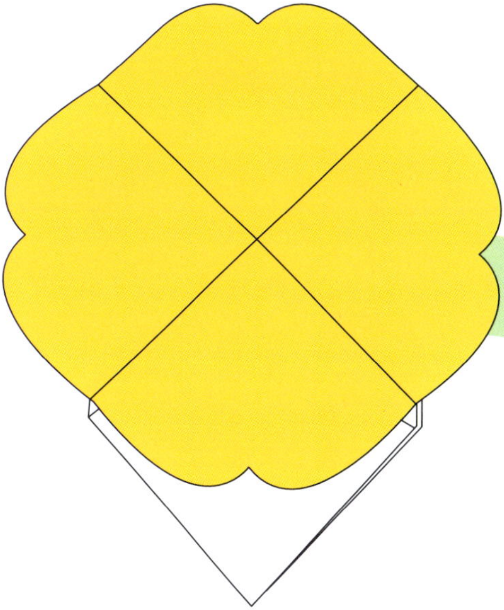

つりがねそう

つりがねのようなかたちのちいさなはなをつける、しょくぶつだよ。

1 いろのついたほうをおもてにして、「つる」（12ページ）の**5**から、むきをかえておりはじめます。てんせんのところで、やじるしのほうへおります。

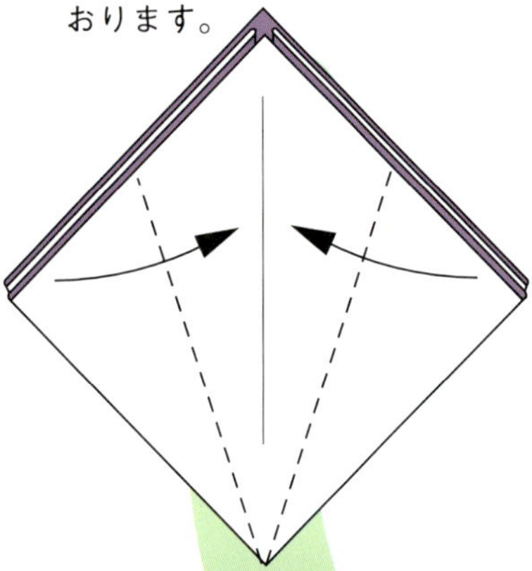

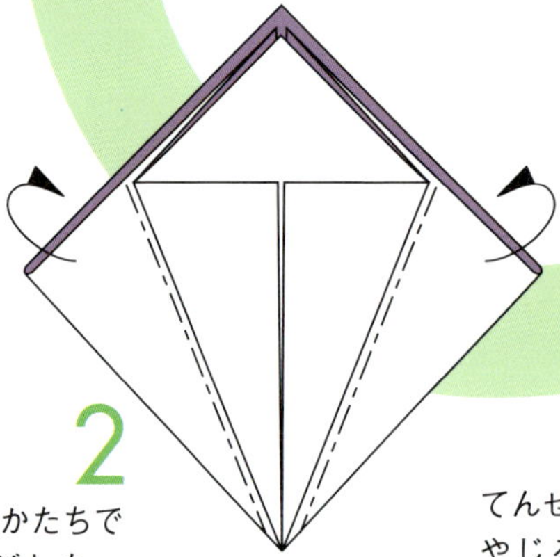

2

1をおったかたちです。うらがわも、おなじようにおります。

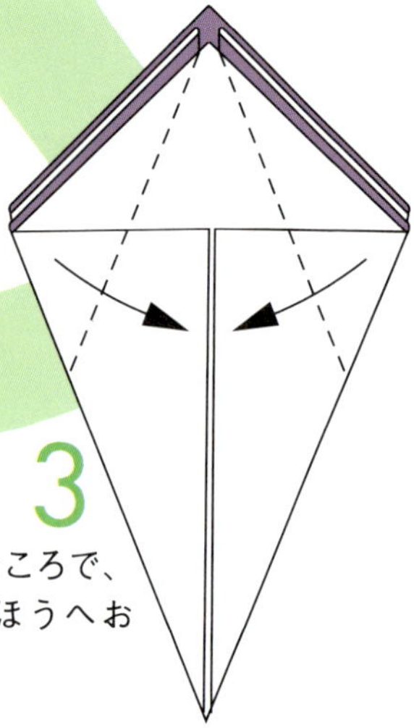

3

てんせんのところで、やじるしのほうへおります。

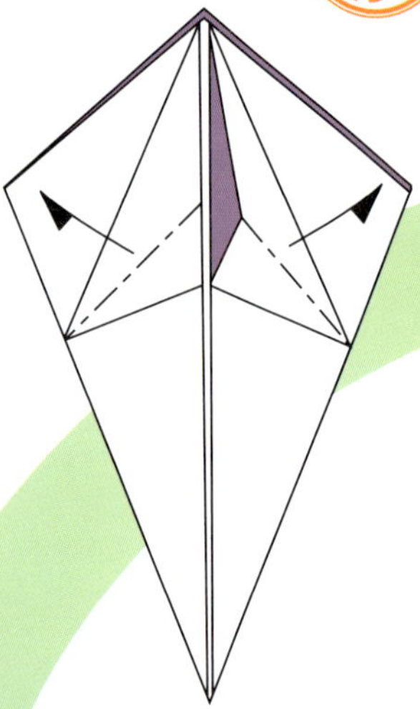

4 おったふくろのぶぶんを、やじるしのほうへひらきながら、てんせんのところでおります。

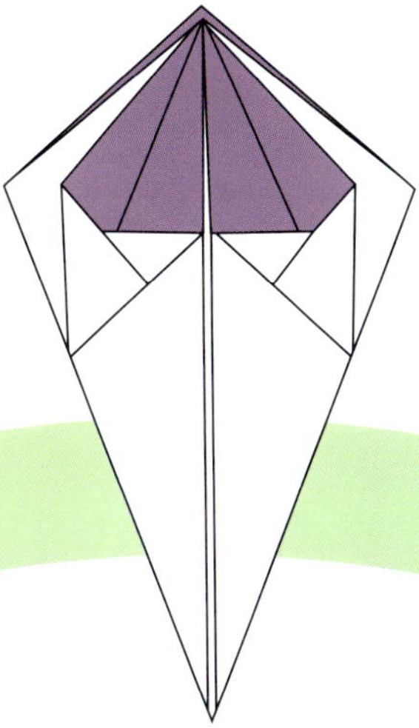

5 4をおったかたちです。うらがわも、3〜4とおなじようにおります。

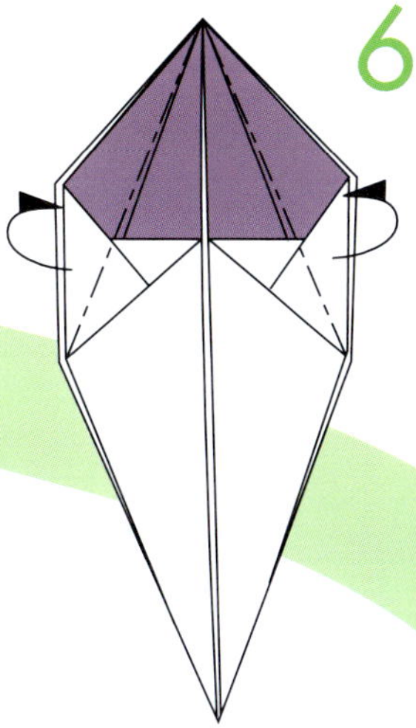

6 てんせんのところで、やじるしのほうへおります。うらがわも、おなじようにおります。

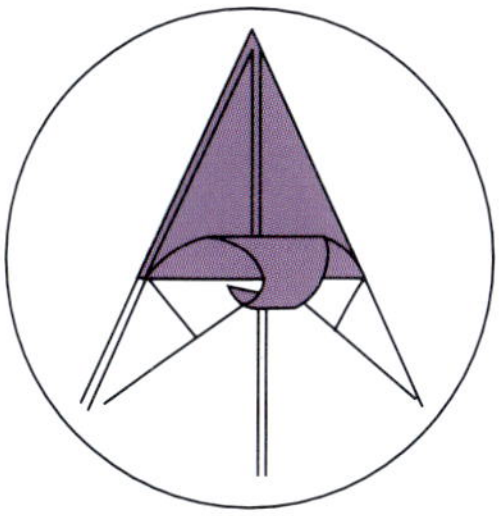

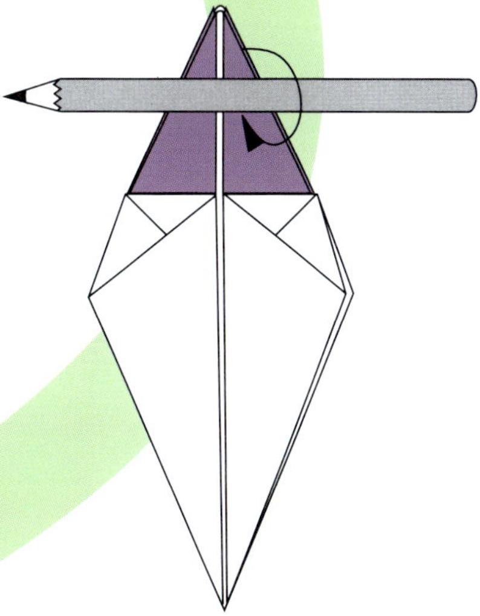

7 えんぴつなどのほそいぼうで、やじるしのほうへ、くるくるとまいて、はなびらのかたちをつくります。ほかの3かしょも、おなじようにまきます。

★できあがり★

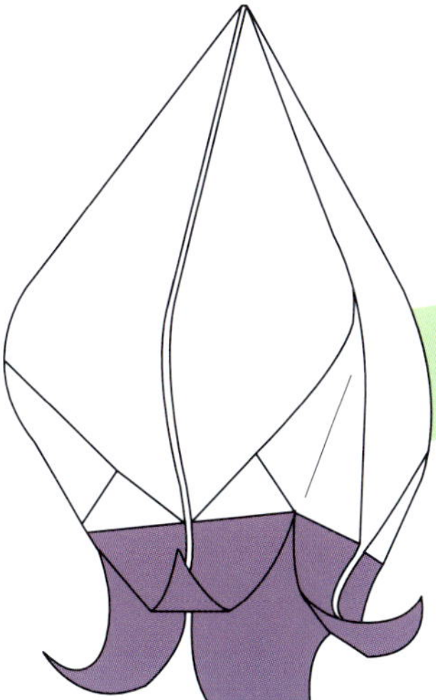

8 ぜんたいをふくらませるように、かたちをととのえて、つりがねそうのできあがりです。

バラ

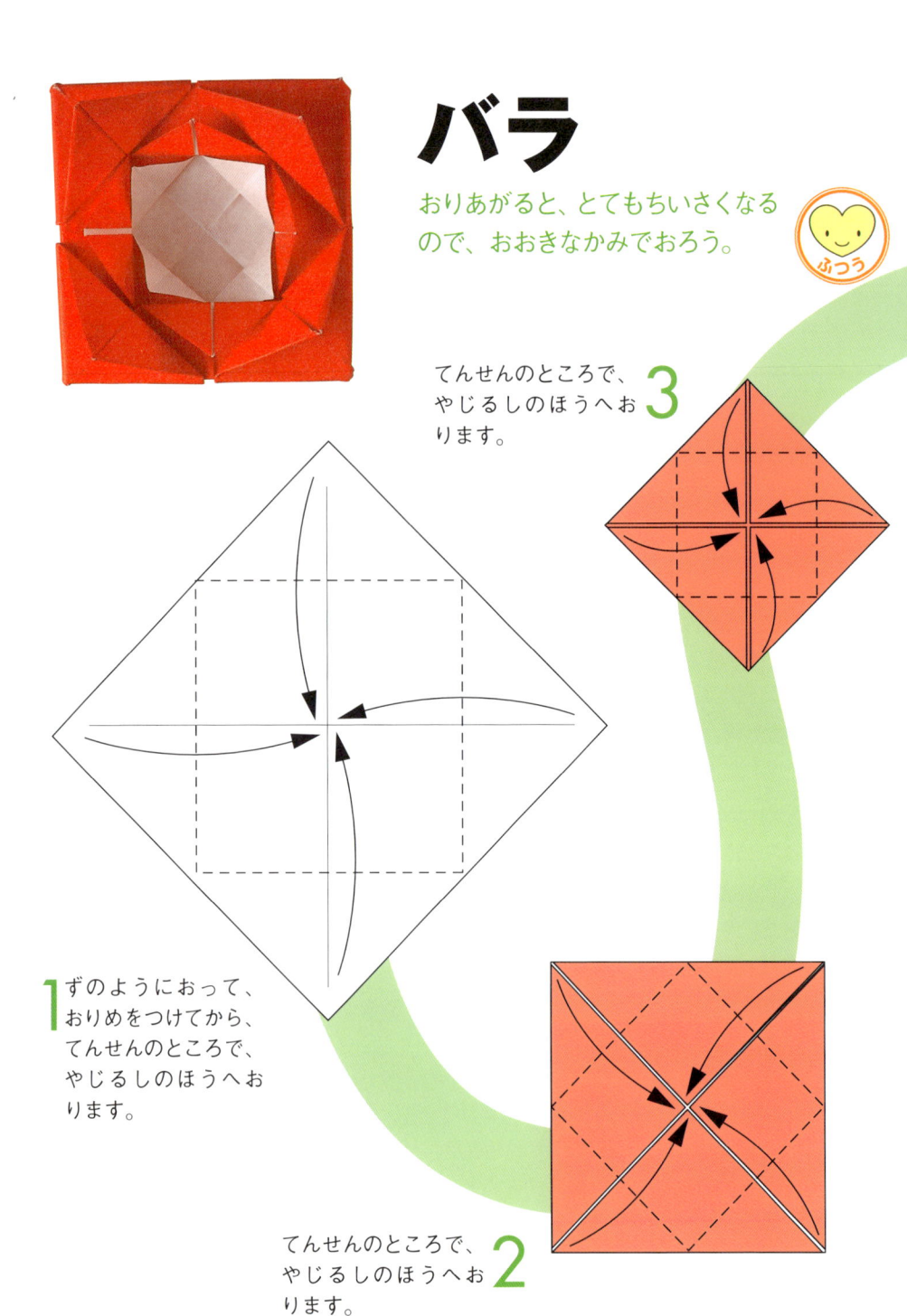

おりあがると、とてもちいさくなるので、おおきなかみでおろう。

ふつう

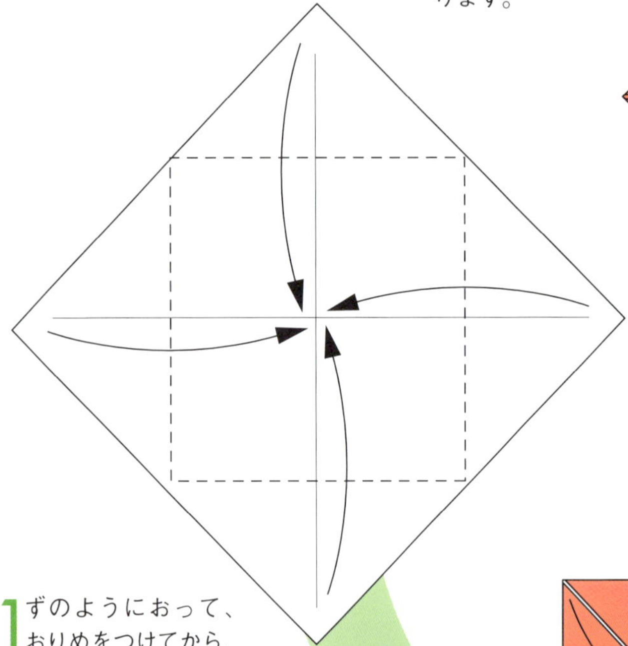

1 ずのようにおって、おりめをつけてから、てんせんのところで、やじるしのほうへおります。

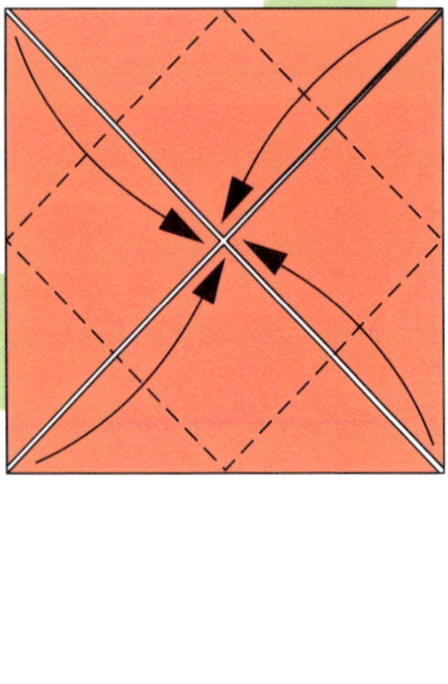

2 てんせんのところで、やじるしのほうへおります。

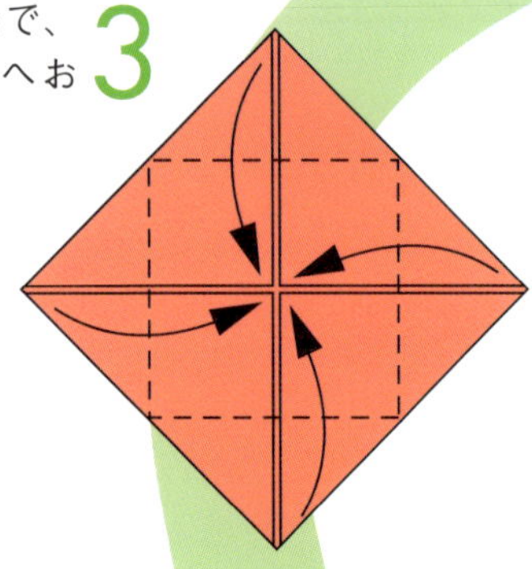

3 てんせんのところで、やじるしのほうへおります。

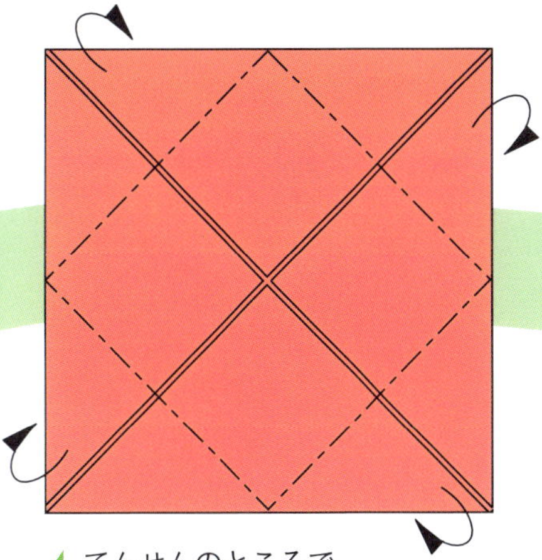

4 てんせんのところで、やじるしのほうへおります。

5 むきをかえて、てんせんのところで、やじるしのほうへおります。

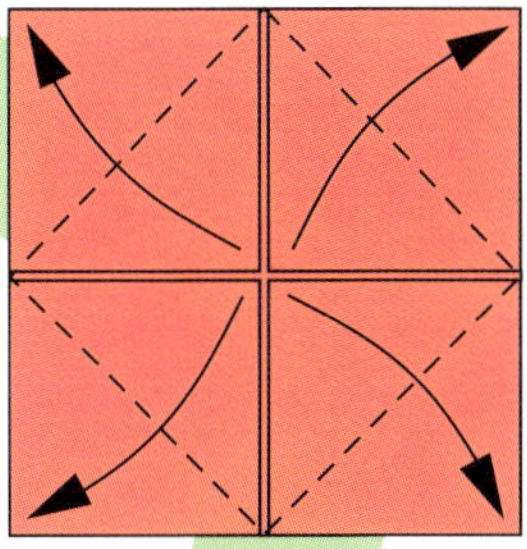

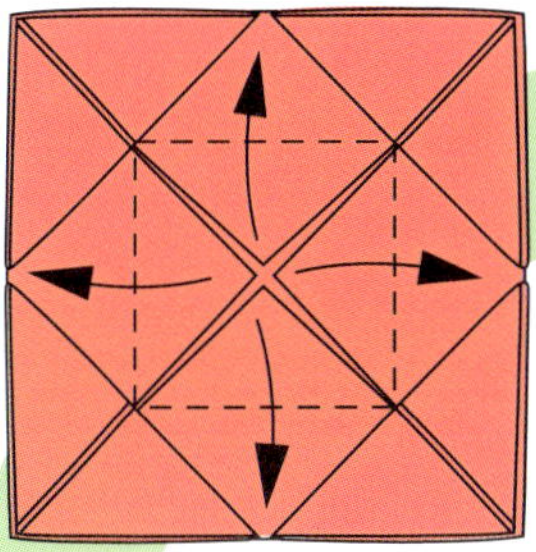

6 てんせんのところで、やじるしのほうへおります。

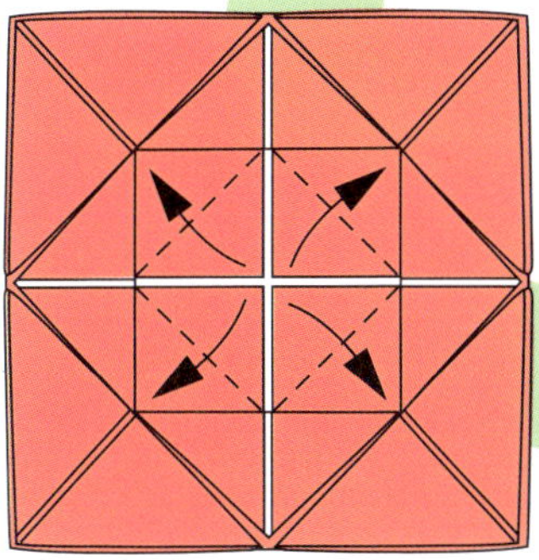

7 てんせんのところで、やじるしのほうへおります。

★できあがり★

8 バラのできあがりです。

チューリップ

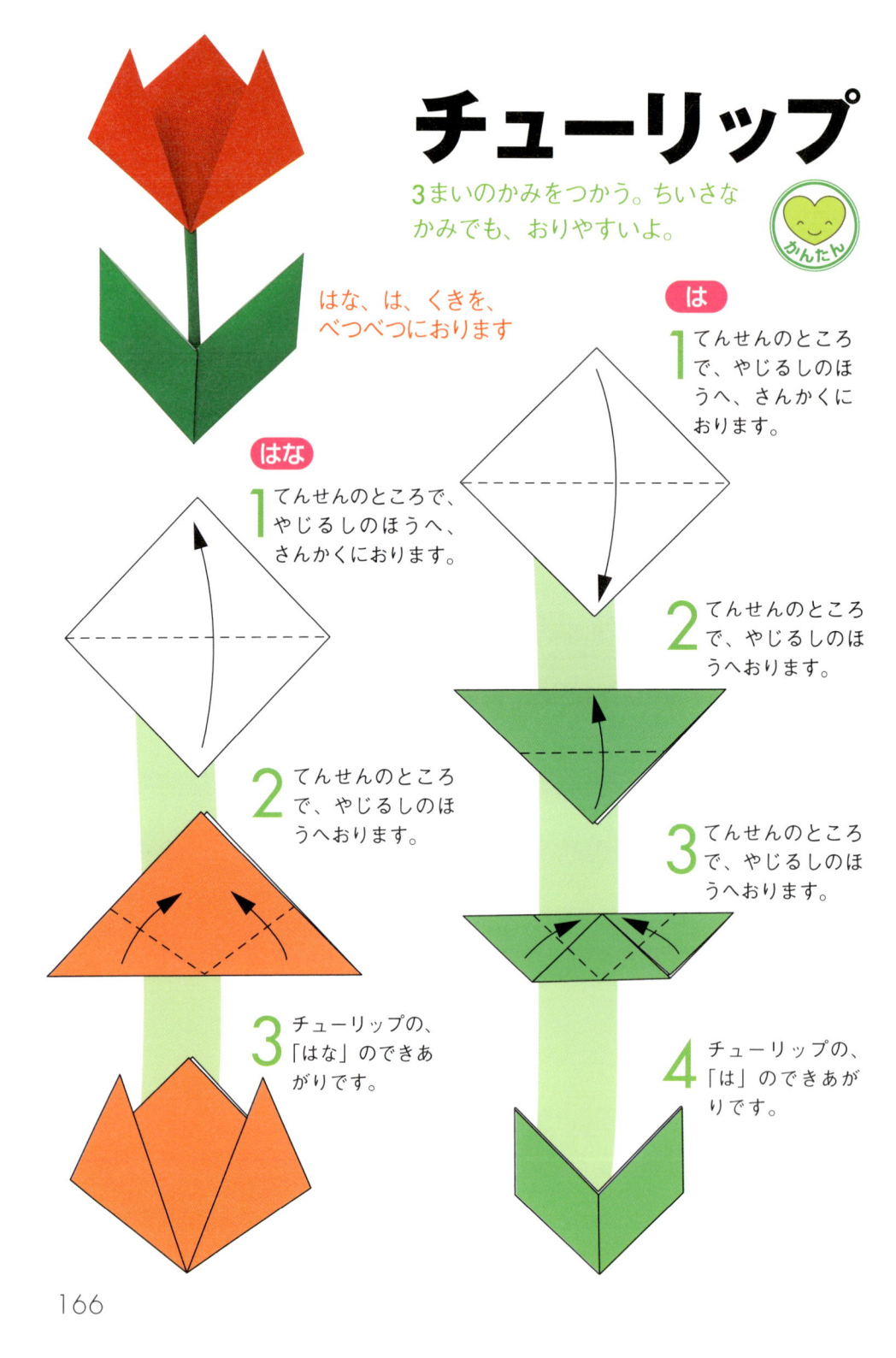

3まいのかみをつかう。ちいさなかみでも、おりやすいよ。

かんたん

はな、は、くきを、べつべつにおります

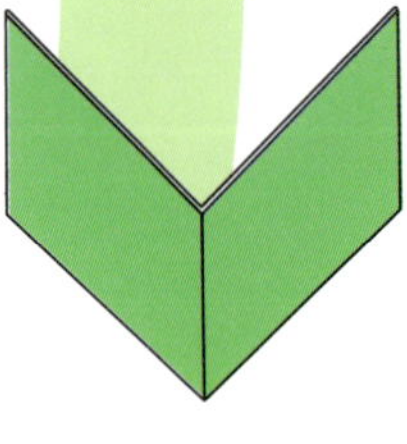

はな

1 てんせんのところで、やじるしのほうへ、さんかくにおります。

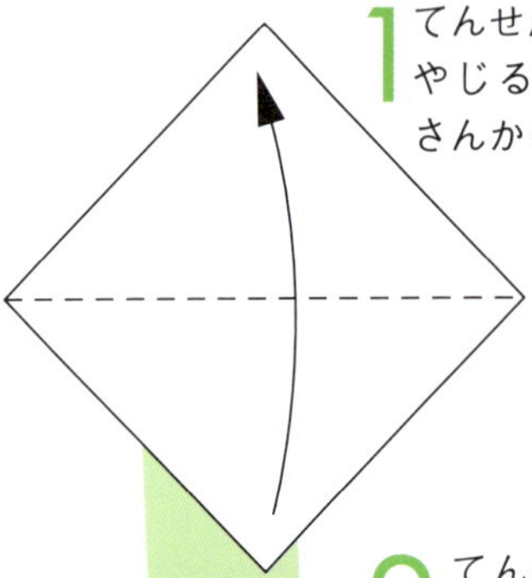

2 てんせんのところで、やじるしのほうへおります。

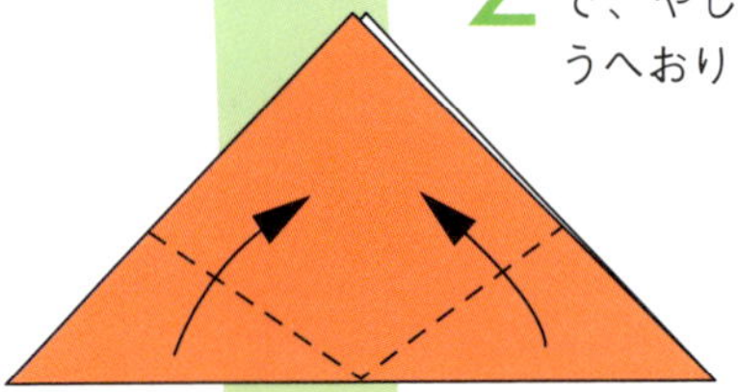

3 チューリップの、「はな」のできあがりです。

は

1 てんせんのところで、やじるしのほうへ、さんかくにおります。

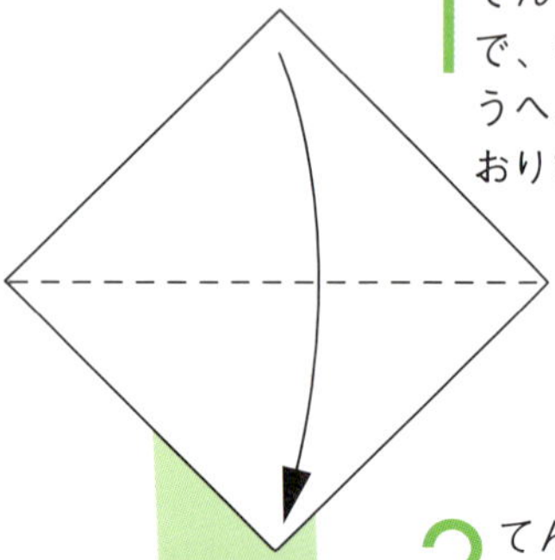

2 てんせんのところで、やじるしのほうへおります。

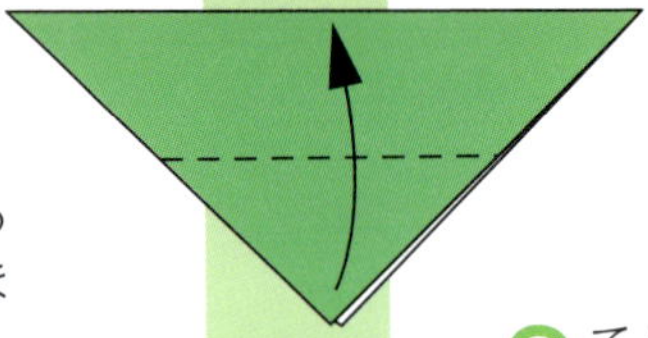

3 てんせんのところで、やじるしのほうへおります。

4 チューリップの、「は」のできあがりです。

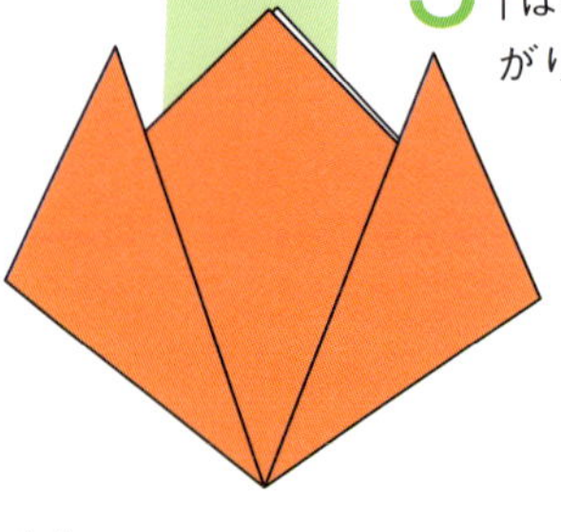

くき

1「はな」と「は」は、おなじおおきさのおりがみをつかいます。

2 ずのように、はしからくるくると、ほそくまいていきます。

3 はしをのりでとめて、チューリップの、「くき」のできあがりです。

「はな」と「は」を、うらがえして、ずのように、くきにセロハンテープでとめます。

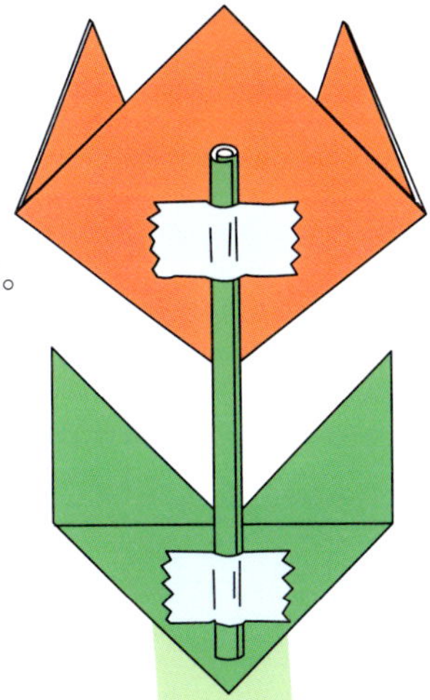

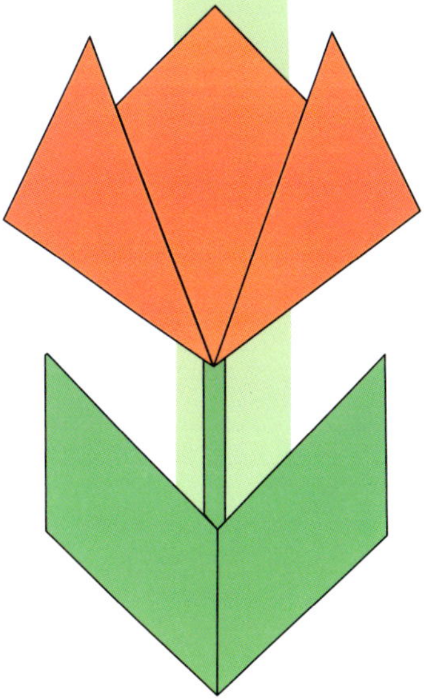

★できあがり★

うらがえして、チューリップのできあがりです。

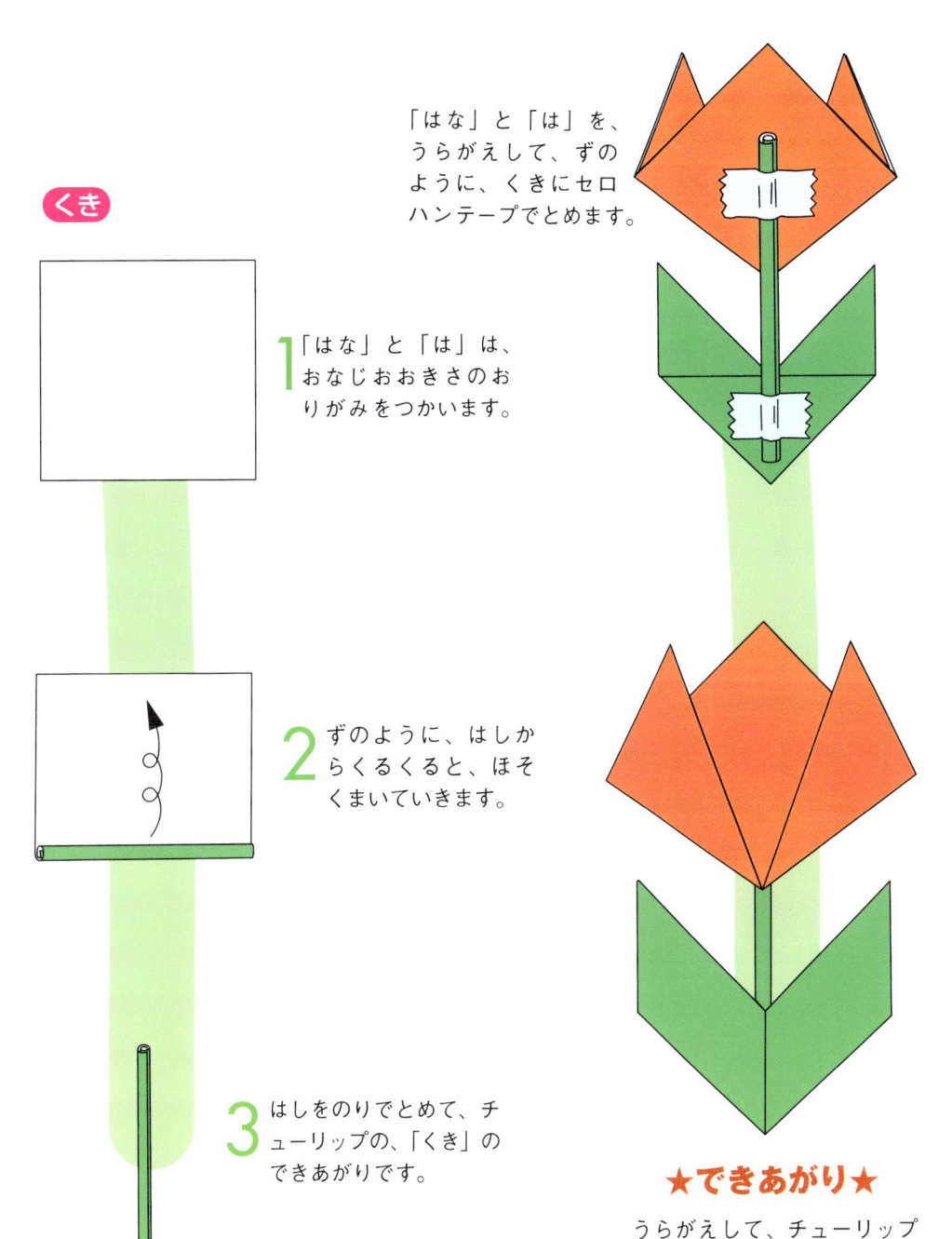

きのこ

ころんとかわいらしい
もりのきのこだよ。

しゃしんの「きのこ」は、おもてとうらに
いろのついたおりがみでおりました。

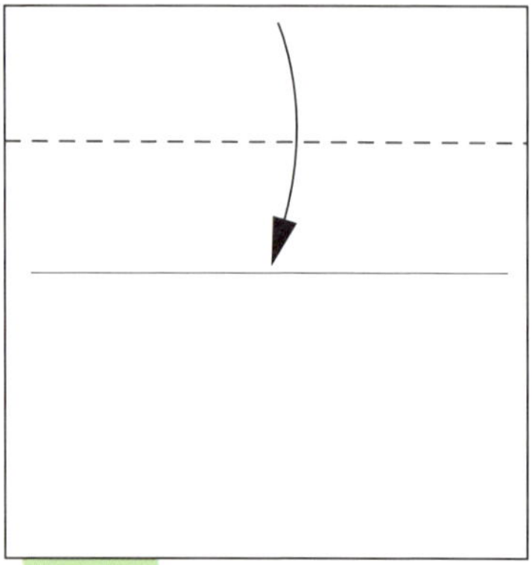

1 はんぶんにおって、おりめをつけてから、てんせんのところで、やじるしのほうへおります。

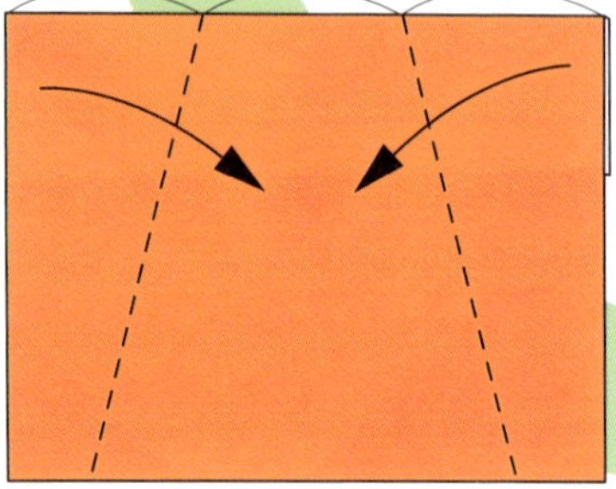

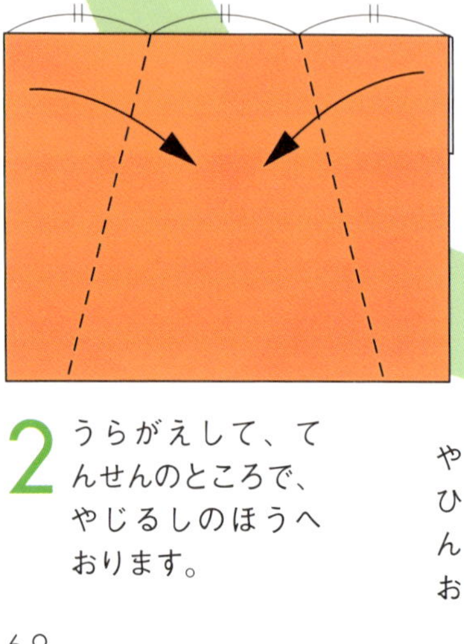

2 うらがえして、てんせんのところで、やじるしのほうへおります。

3 やじるしのほうへひらきながら、てんせんのところでおります。

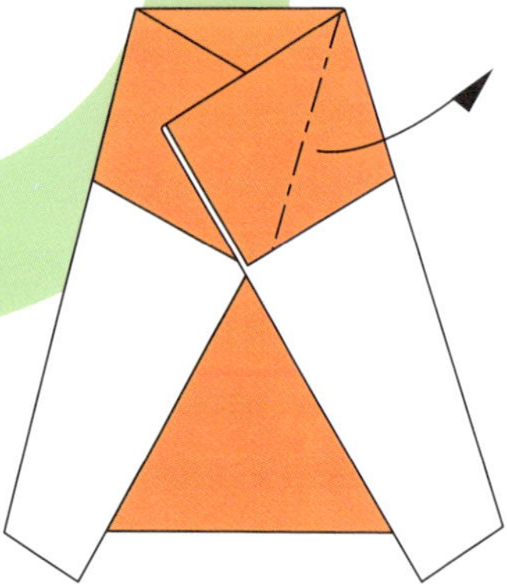

4 もうかたほうも、てんせんのところで、やじるしのほうへひらきます。

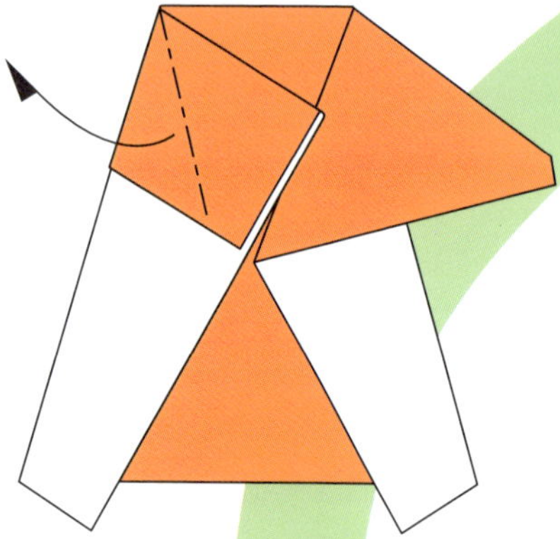

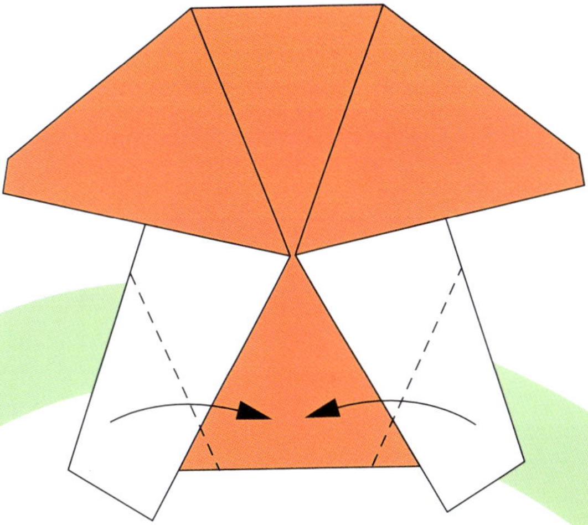

5 てんせんのところで、やじるしのほうへおります。

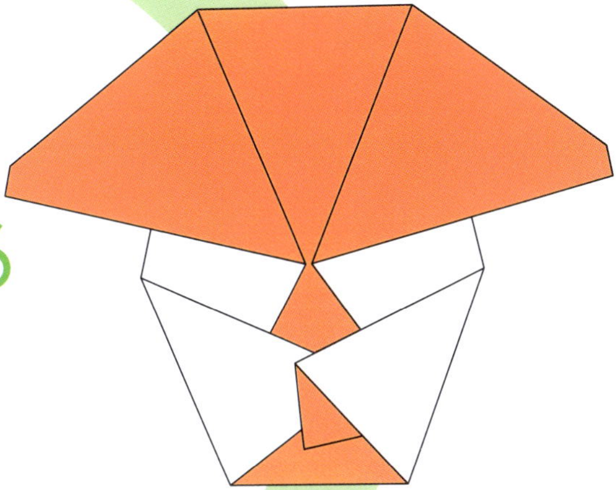

5をおったかたちです。 6

★できあがり★

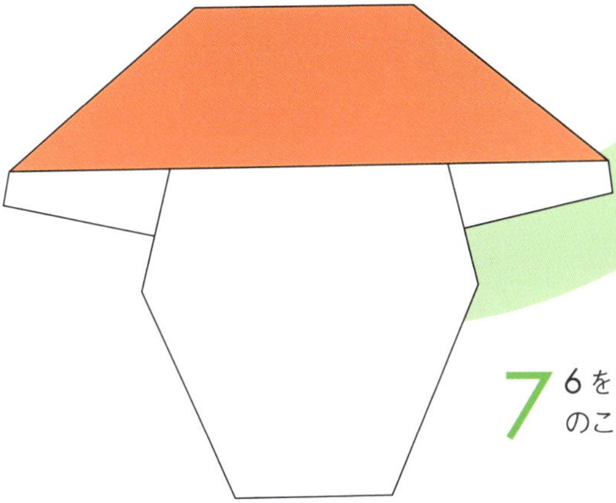

7 6をうらがえして、きのこのできあがりです。

くり

いががわれて、おいしそうなくりのみがとびだした。

ふつう

しゃしんの「くり」は、おもてとうらにいろのついたおりがみでおりました。

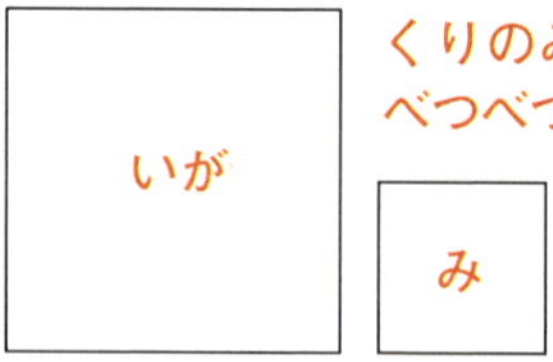

くりのみと、くりのいがは、べつべつのかみでおります。

くりのみ

1 くりのみは、いがの4ぶんの1のおおきさのかみでおります。いろのついたほうをおもてにして、さんかくにはんぶんにおって、おりめをつけます。てんせんのところで、やじるしのほうへおります。

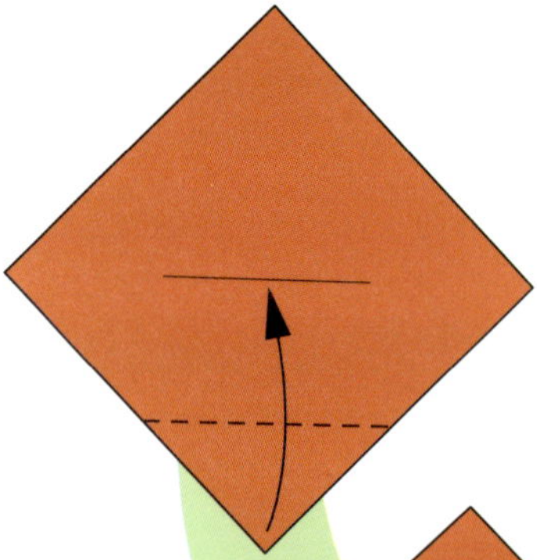

2 てんせんのところで、やじるしのほうへおります。

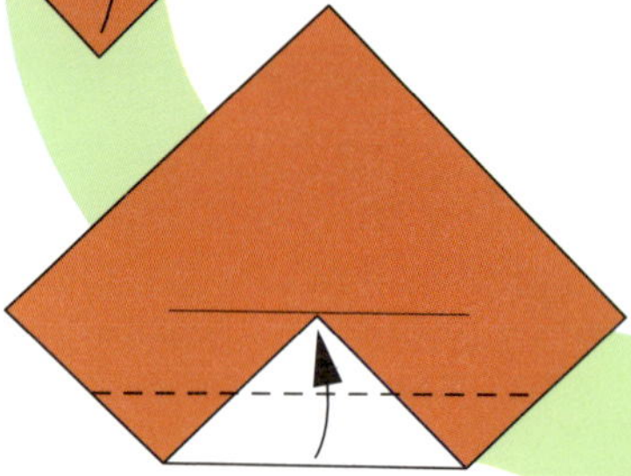

3 てんせんのところで、やじるしのほうへおります。

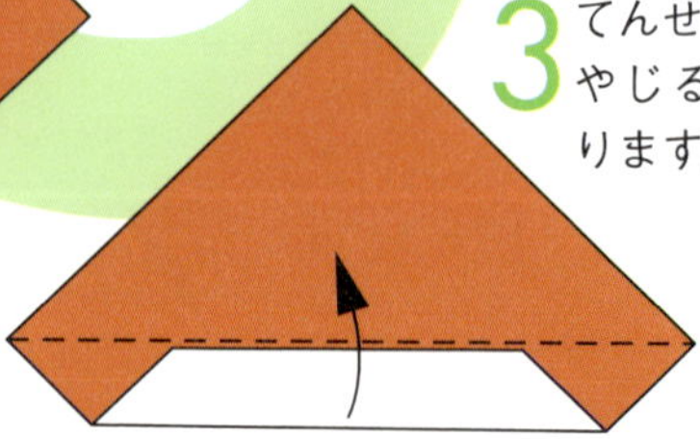

4 3をおったかたちです。

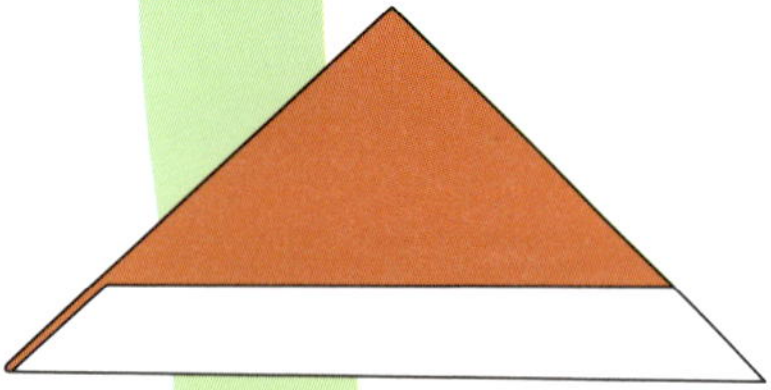

5 4をうらがえして、てんせんのところで、やじるしのほうへおります。

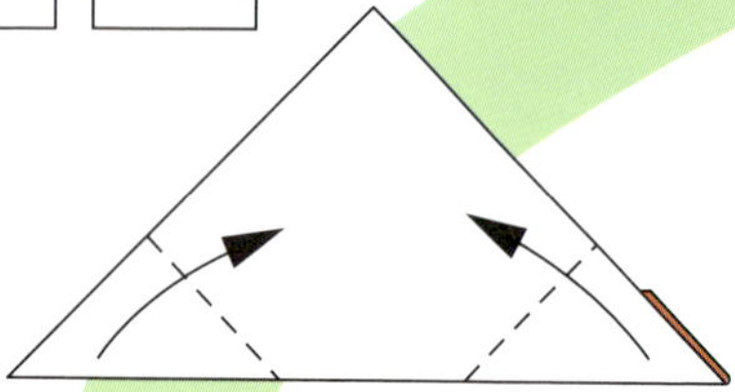

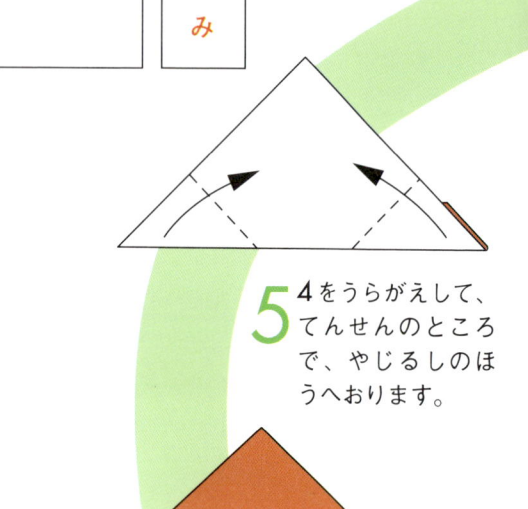

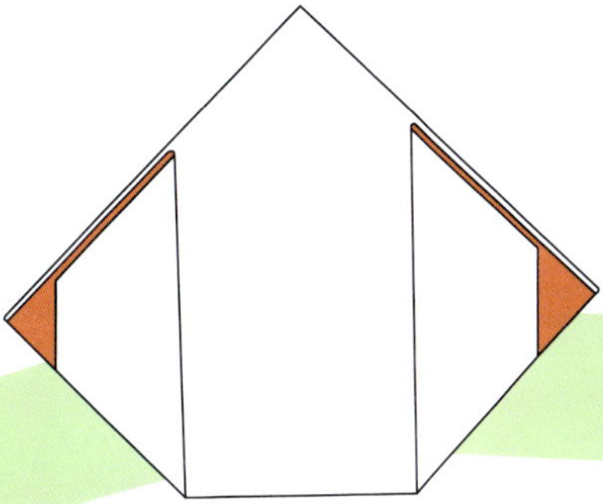

6 5をおったかたちです。

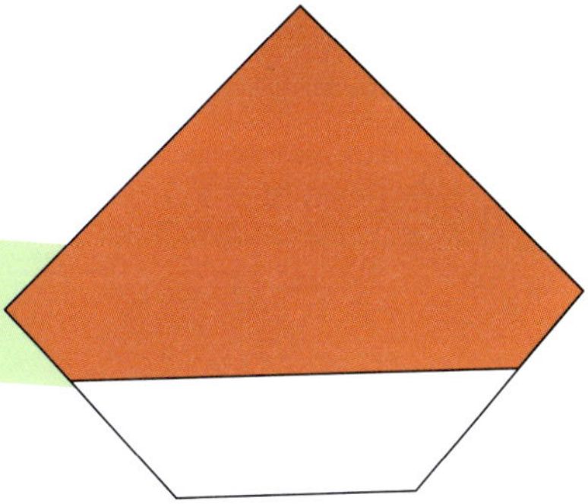

7 6をうらがえして、くりのみのできあがりです。

くりのいが

1 「はかま」(16ページ)の6から、むきをかえて、おりはじめます。てんせんのところで、うちがわへおりこみます。うらがわも、おなじようにおります。

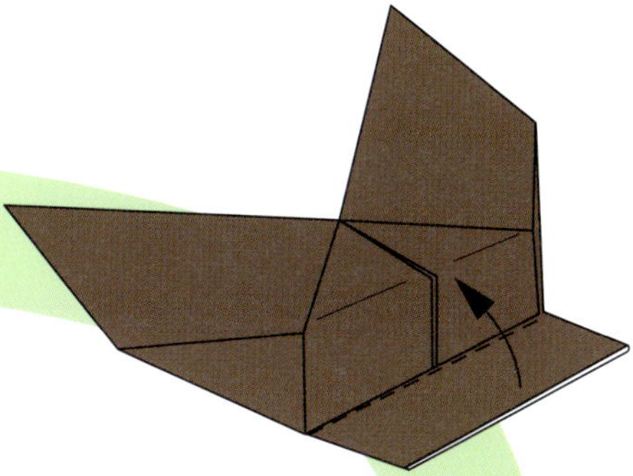

2 おったぶぶんをかさねて、のりではりあわせます。

3 くりのいがの、できあがりです。

★できあがり★

4 なかに、くりのみをいれて、くりのできあがりです。

どんぐり

ちいさなおりがみでおると、かわいいどんぐりのできあがり。

かんたん

しゃしんの「どんぐり」は、おもてとうらにいろのついたおりがみでおりました。

1 いろのついたほうをおもてにして、さんかくにはんぶんにおって、おりめをつけます。てんせんのところで、やじるしのほうへおります。

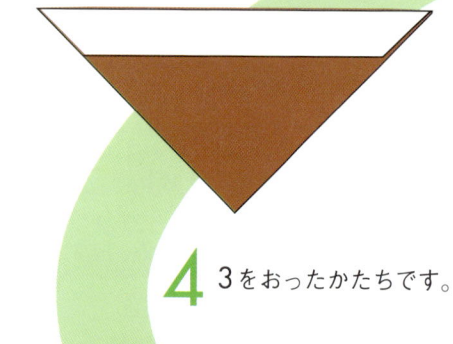

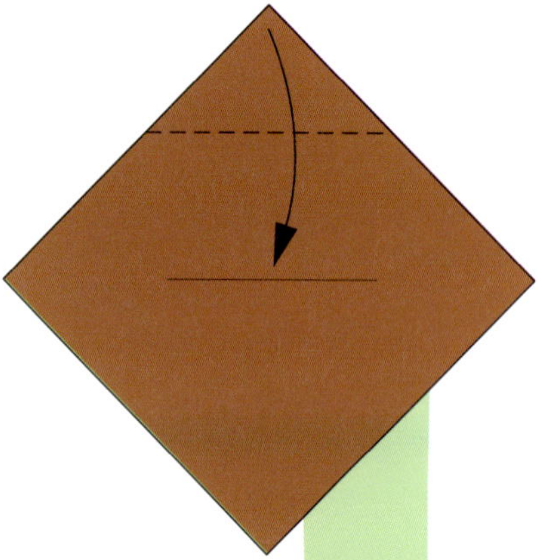

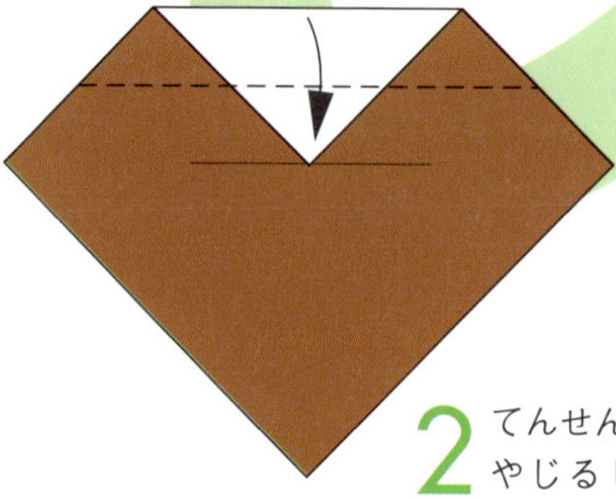

2 てんせんのところで、やじるしのほうへおります。

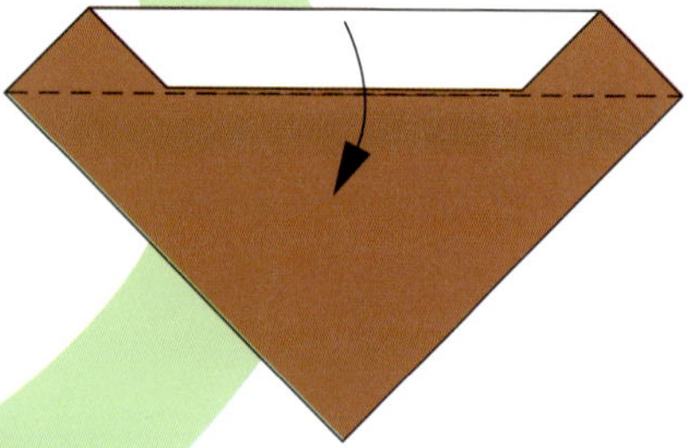

3 てんせんのところで、やじるしのほうへおります。

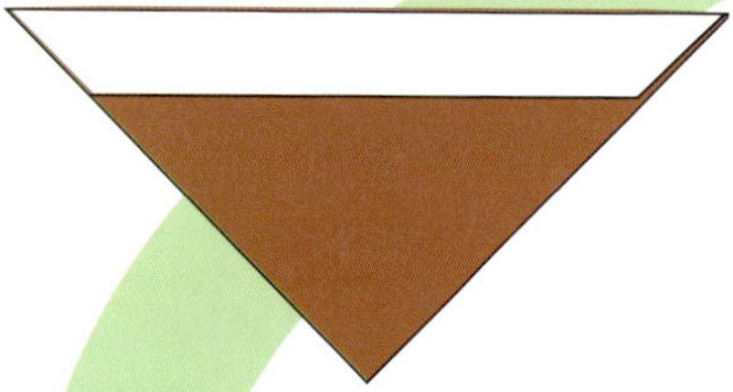

4 3をおったかたちです。

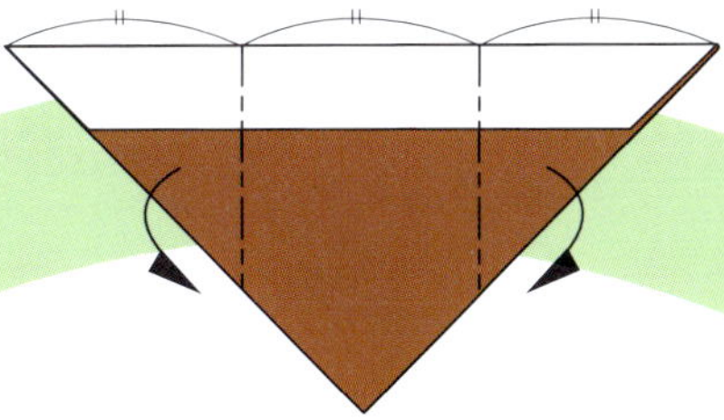

5 てんせんのところで、ひだりがわから、やじるしのほうへおります。

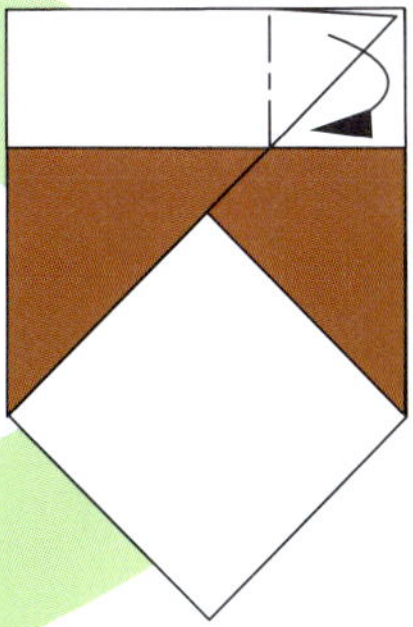

6 5をうらがえして、てんせんのところで、うちがわへおります。

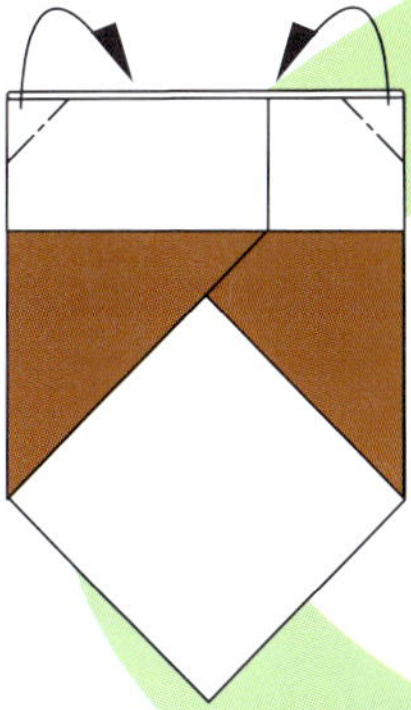

7 てんせんのところで、やじるしのほうへおりこみます（なかわりおり）。

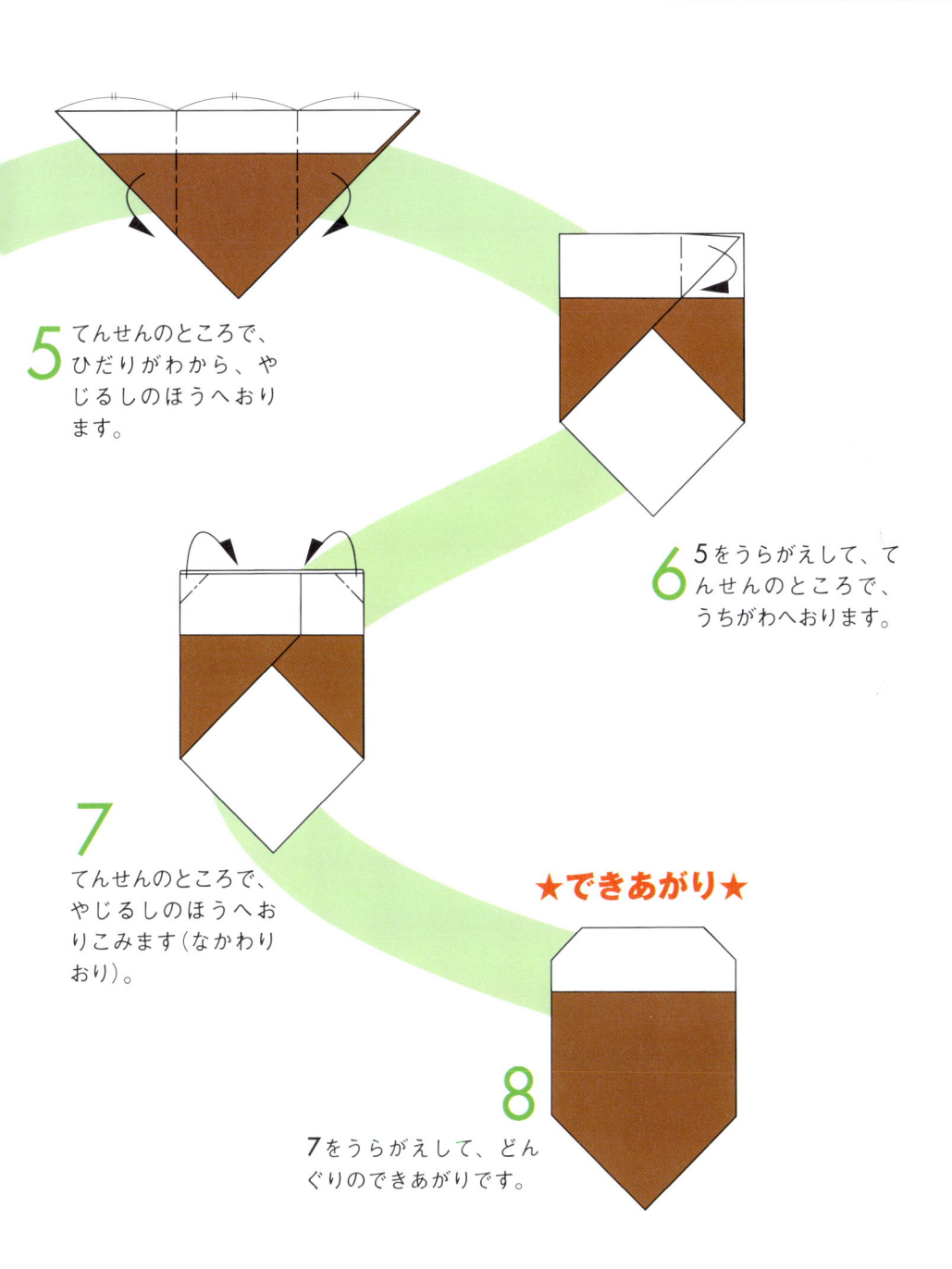

★できあがり★

8 7をうらがえして、どんぐりのできあがりです。

おちば

きいろやちゃいろ、あかなどのおちば。いろんないろでおってね。

かんたん

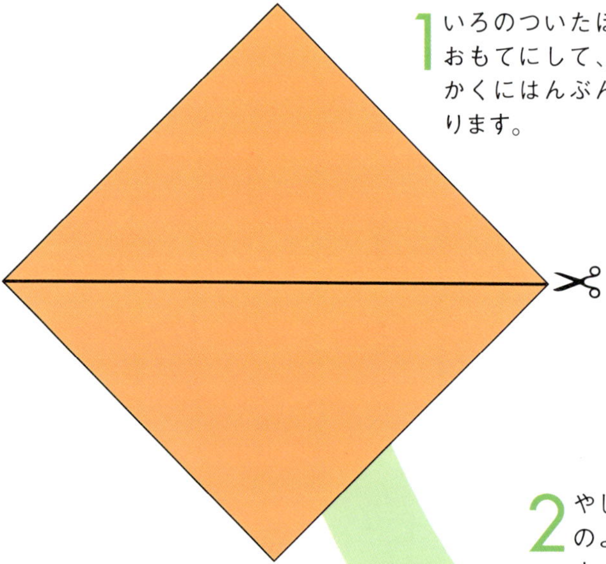

1 いろのついたほうをおもてにして、さんかくにはんぶんにきります。

2 やじるしのほうへ、てんせんのように、おりたたんでいきます。

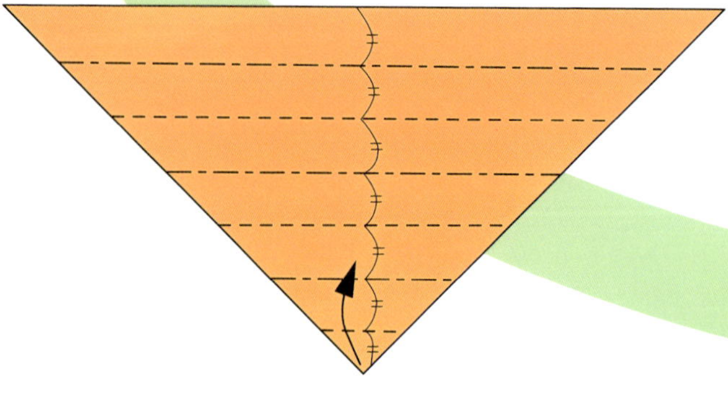

★できあがり★

6 はをひろげてかたちをととのえて、おちばのできあがりです。「つばき」（182ページ）のしゃしんにでているはっぱも、つくりかたはおなじです。

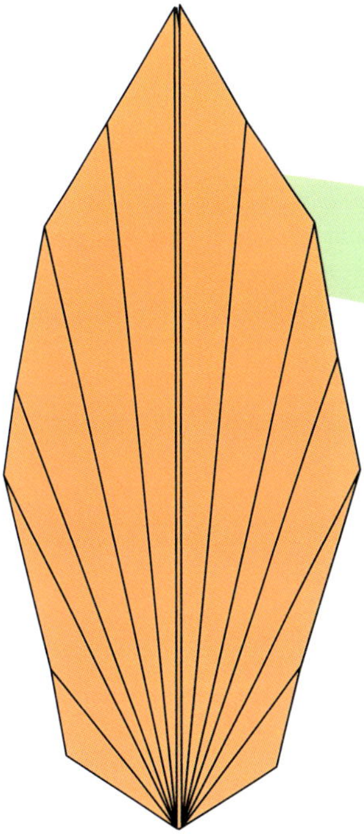

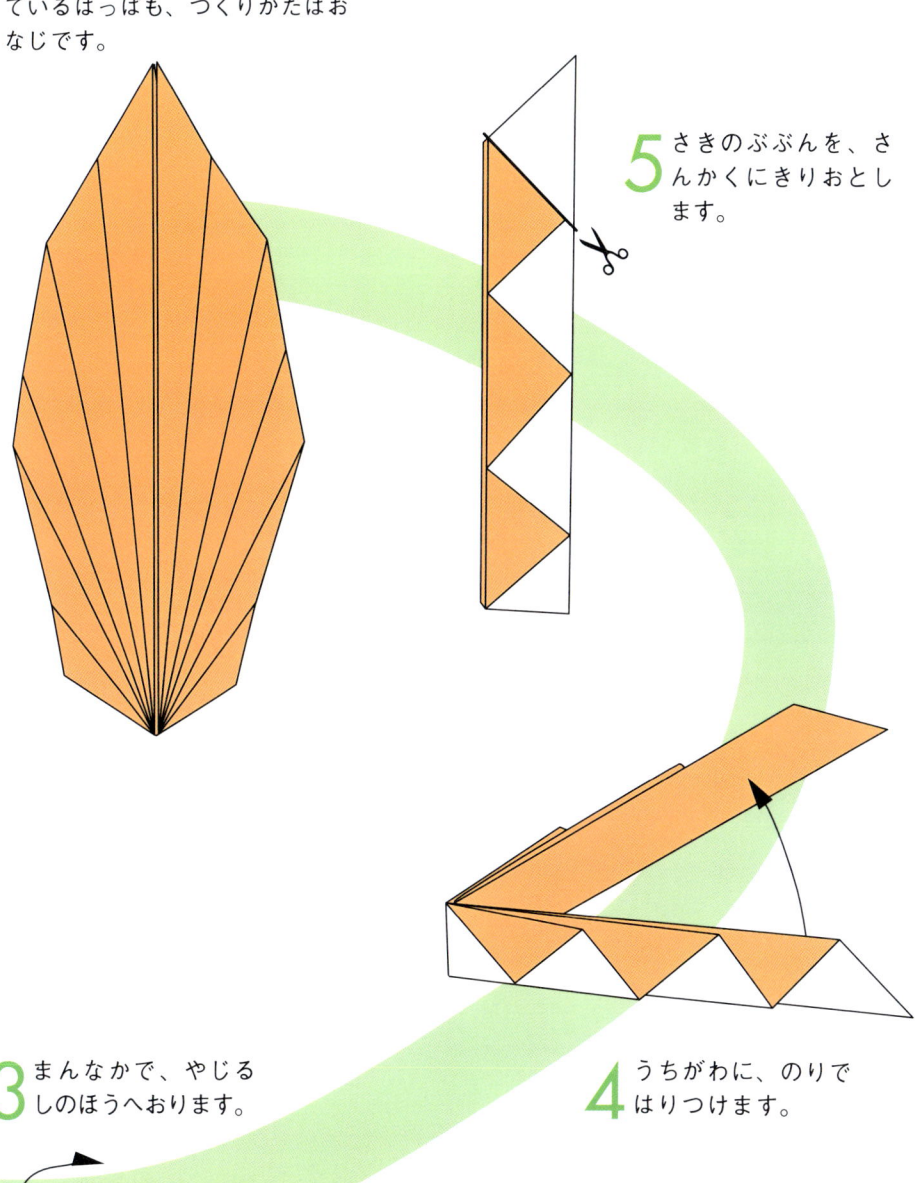

5 さきのぶぶんを、さんかくにきりおとします。

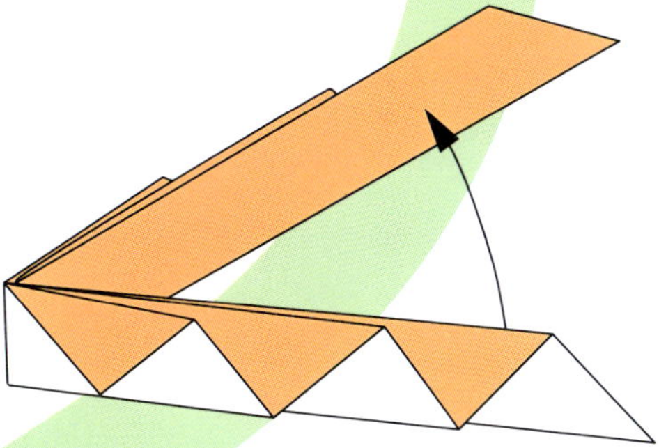

4 うちがわに、のりではりつけます。

3 まんなかで、やじるしのほうへおります。

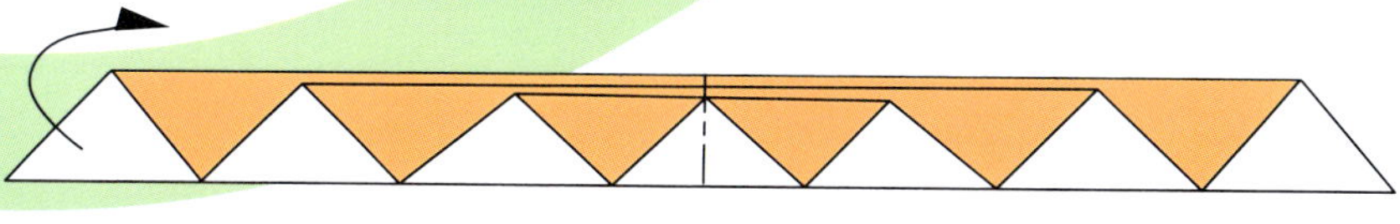

いちご

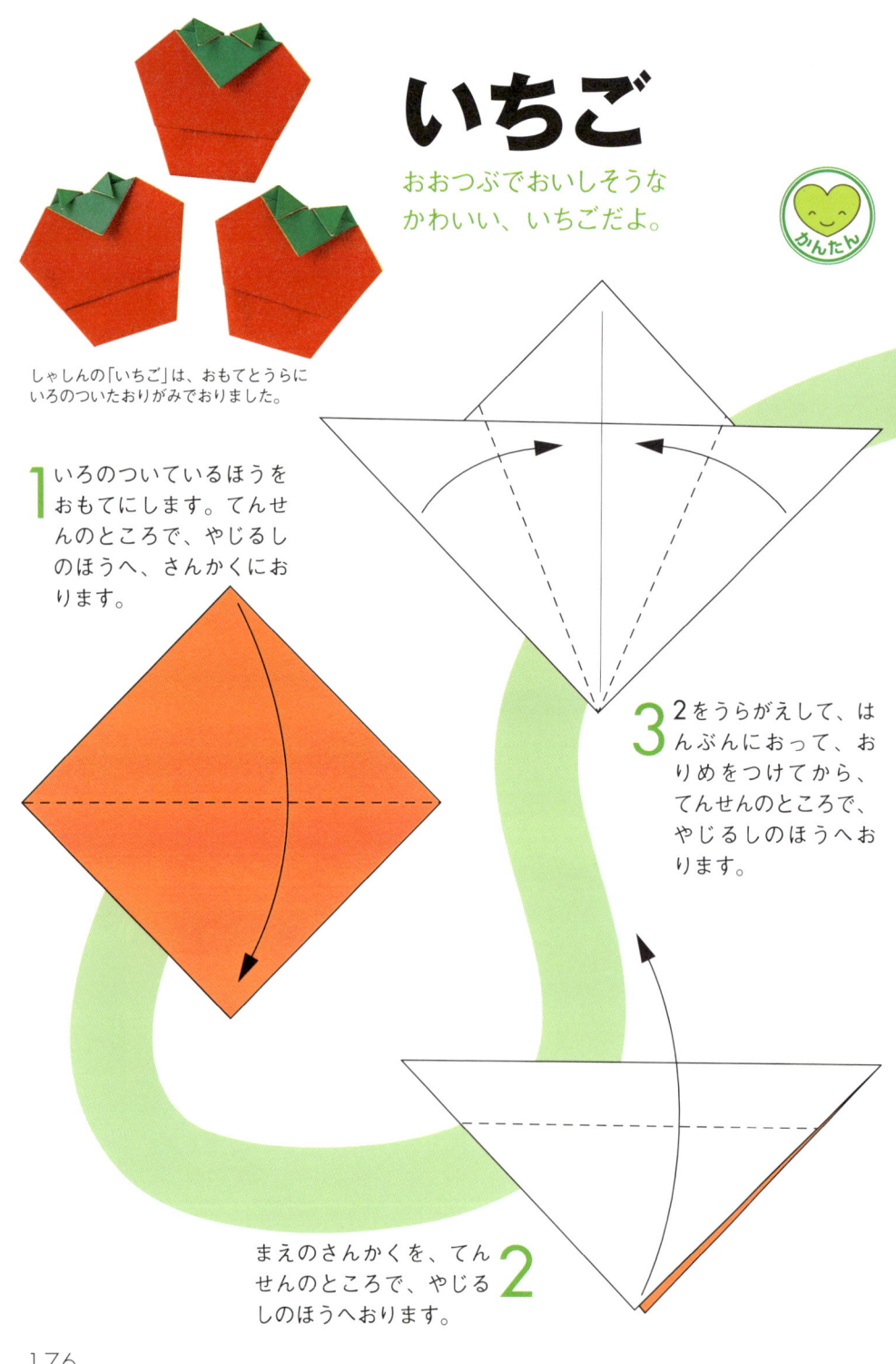

おおつぶでおいしそうな
かわいい、いちごだよ。

しゃしんの「いちご」は、おもてとうらに
いろのついたおりがみでおりました。

1 いろのついているほうをおもてにします。てんせんのところで、やじるしのほうへ、さんかくにおります。

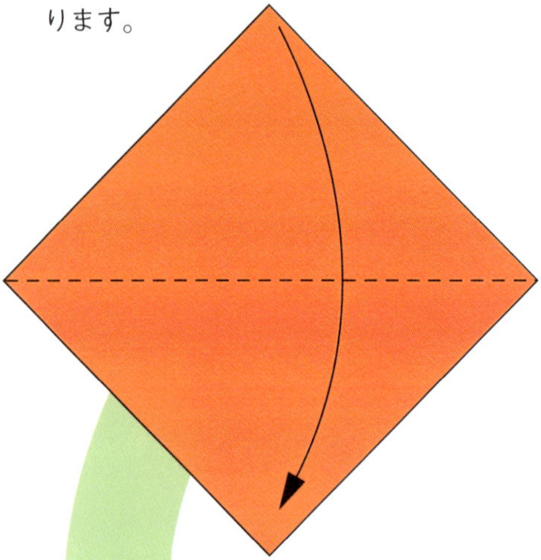

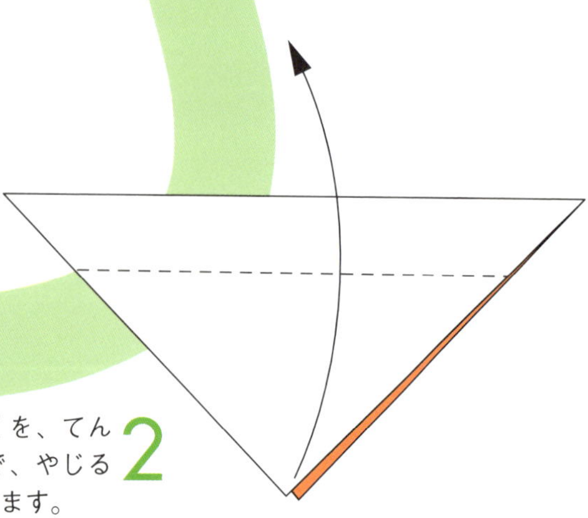

2 まえのさんかくを、てんせんのところで、やじるしのほうへおります。

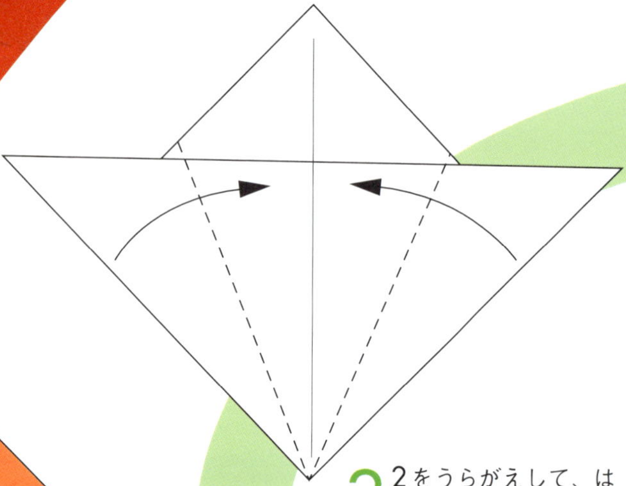

3 2をうらがえして、はんぶんにおって、おりめをつけてから、てんせんのところで、やじるしのほうへおります。

4 てんせんのところで、やじるしのほうへおります。

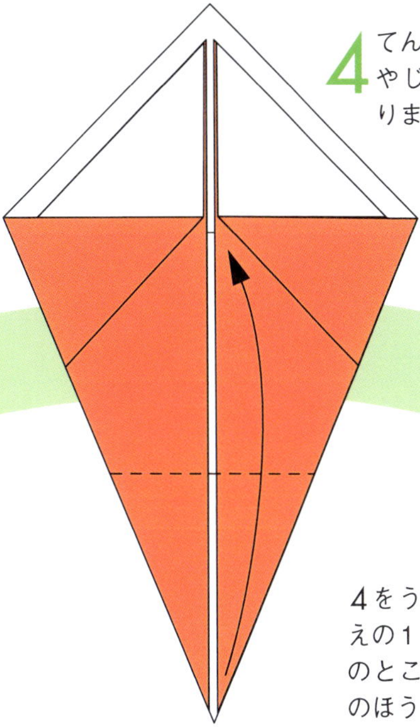

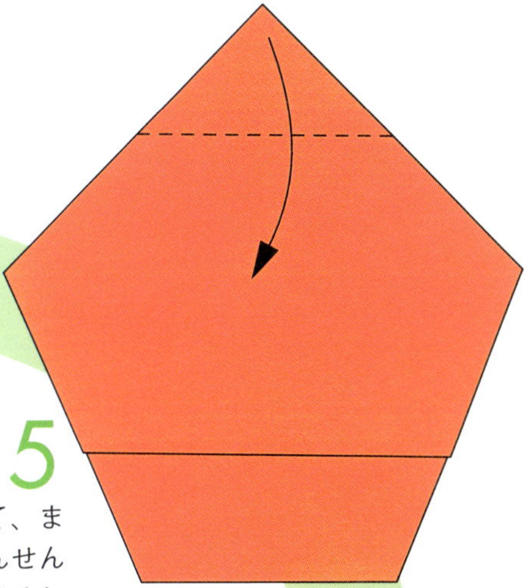

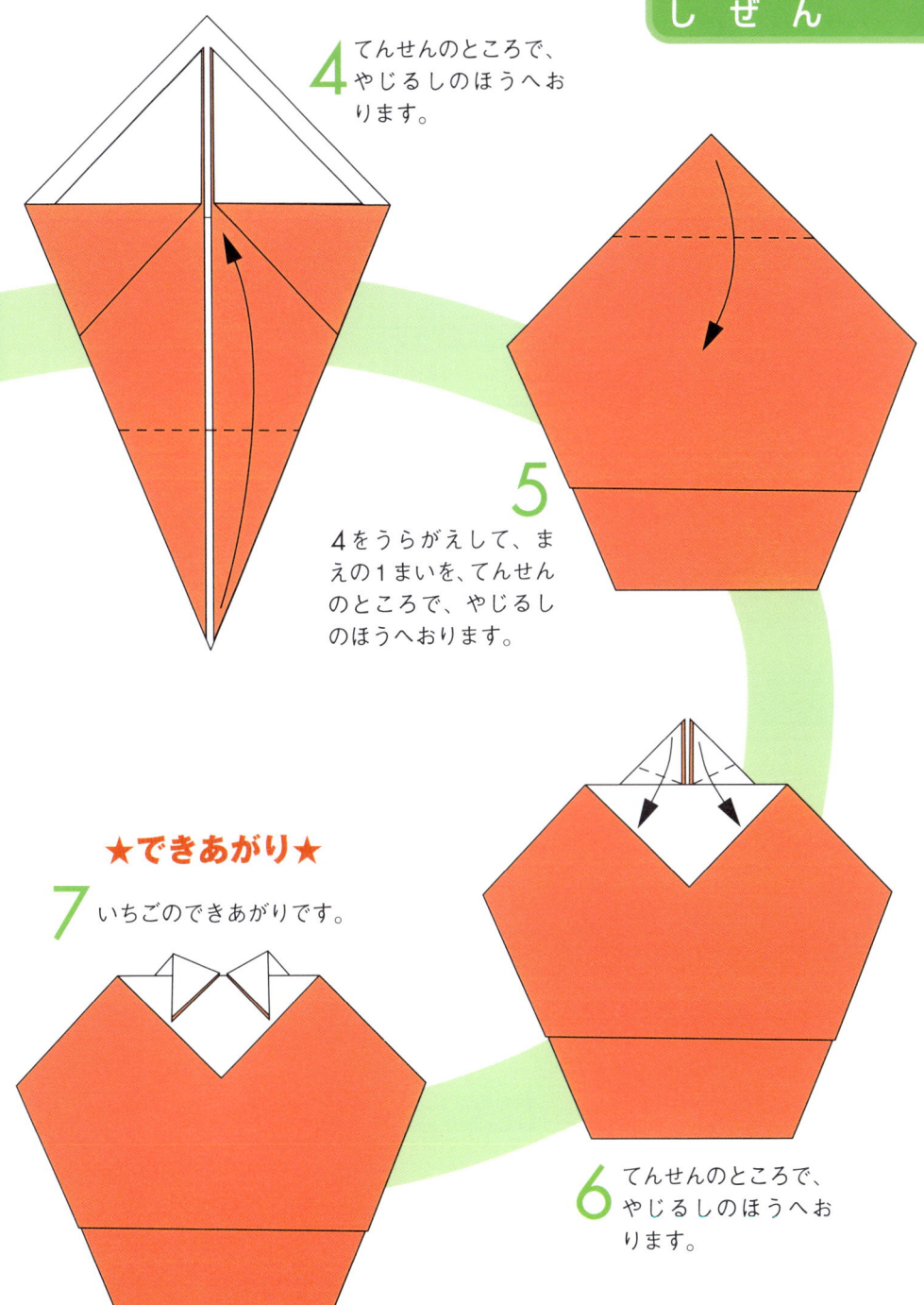

5 4をうらがえして、まえの1まいを、てんせんのところで、やじるしのほうへおります。

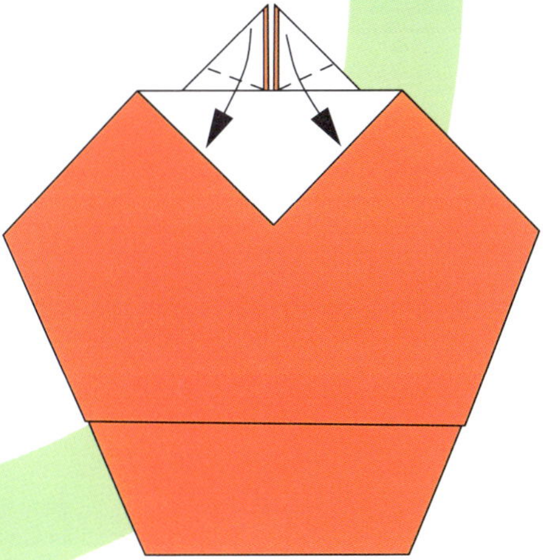

6 てんせんのところで、やじるしのほうへおります。

★できあがり★

7 いちごのできあがりです。

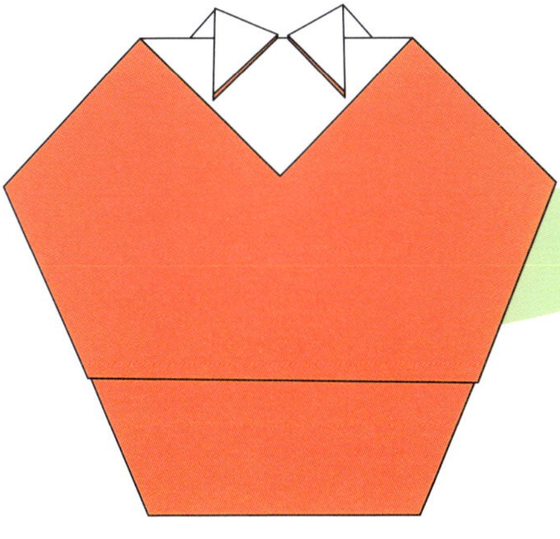

バナナ

なんどもおりかさねるので、うすいおりがみのほうがおりやすいよ。

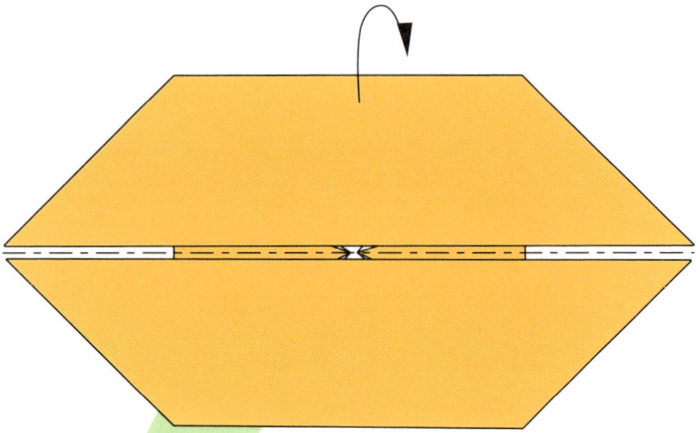

1

「だましぶね」(46ページ)の5から、おりはじめます。てんせんのところで、やじるしのほうへおります。

2

うらがわになっているほうを、やじるしのほうへ、すこしずらします。

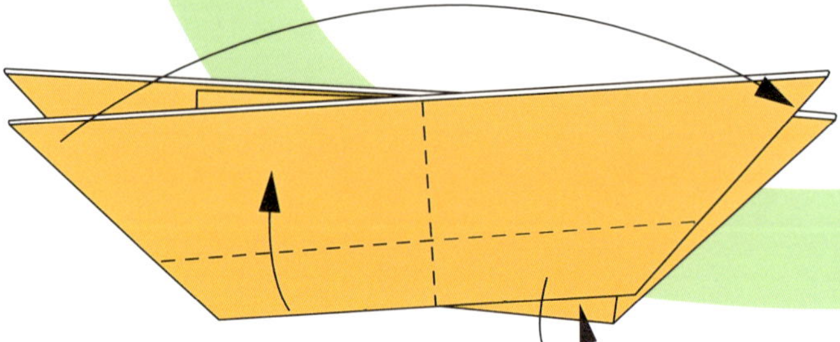

3

まえのぶぶんを、てんせんのようにおりながら、ぜんたいをやじるしのほうへ、はんぶんにおりたたみます。

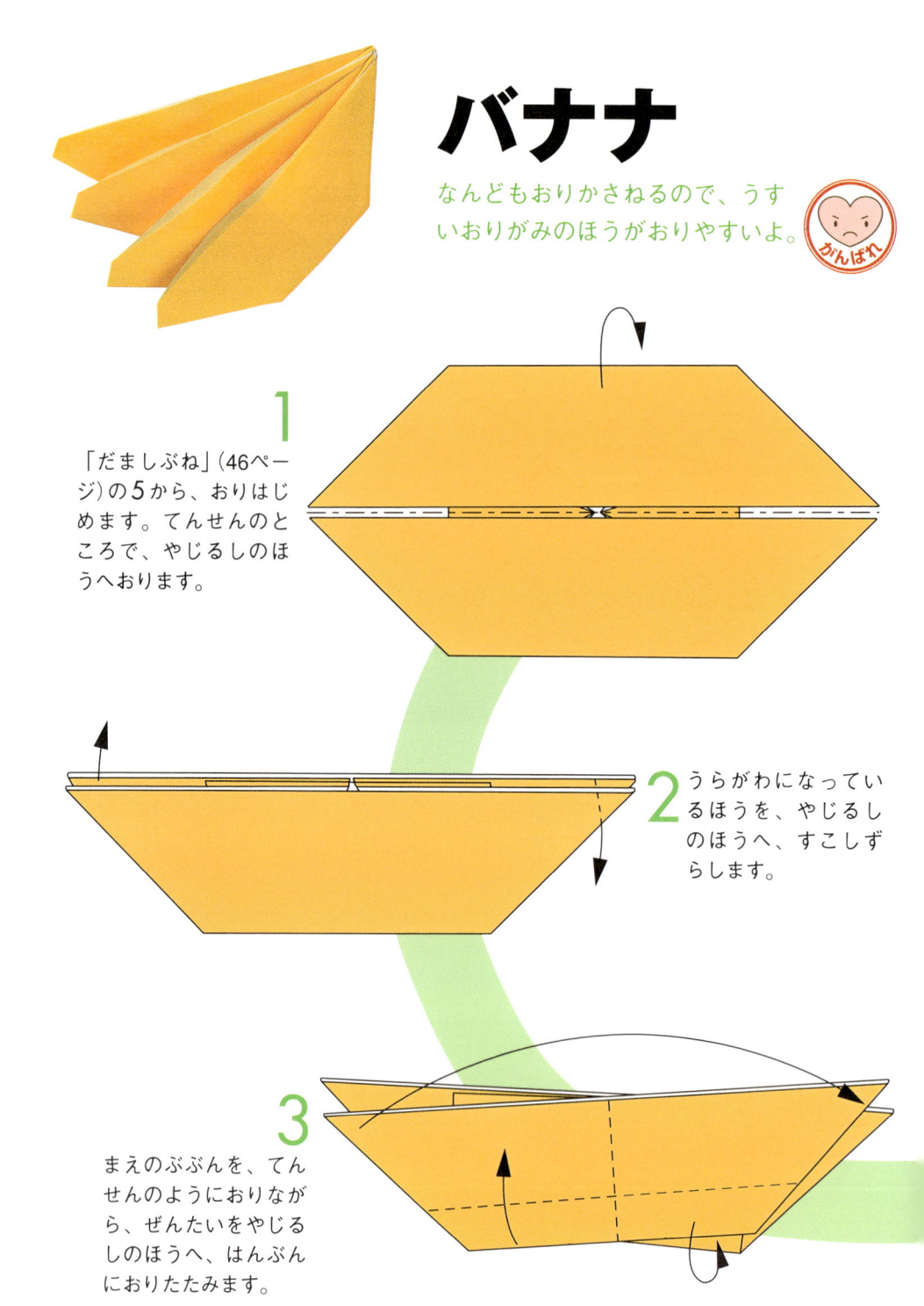

★できあがり★

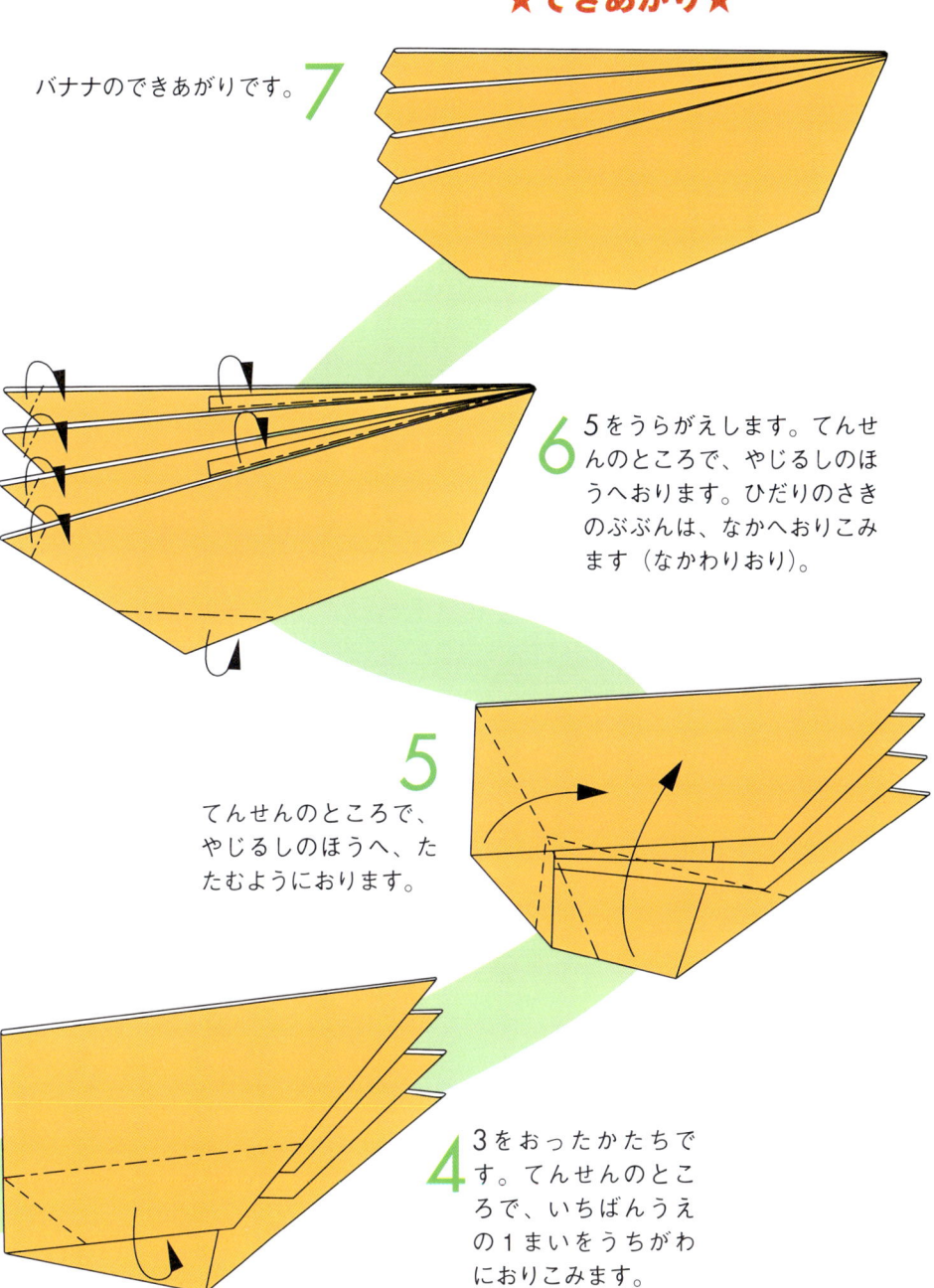

7 バナナのできあがりです。

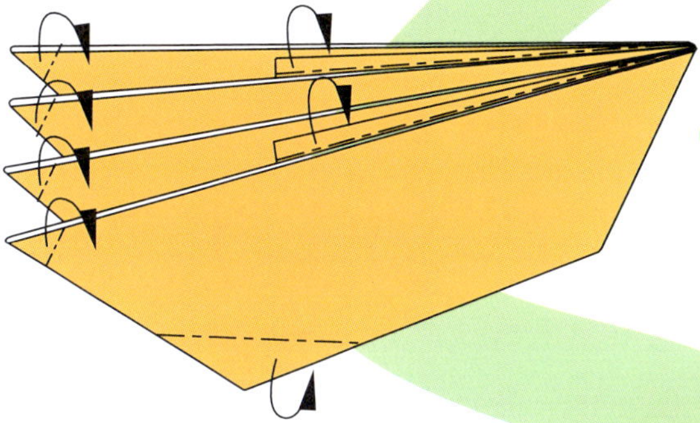

6 5をうらがえします。てんせんのところで、やじるしのほうへおります。ひだりのさきのぶぶんは、なかへおりこみます（なかわりおり）。

5 てんせんのところで、やじるしのほうへ、たたむようにおります。

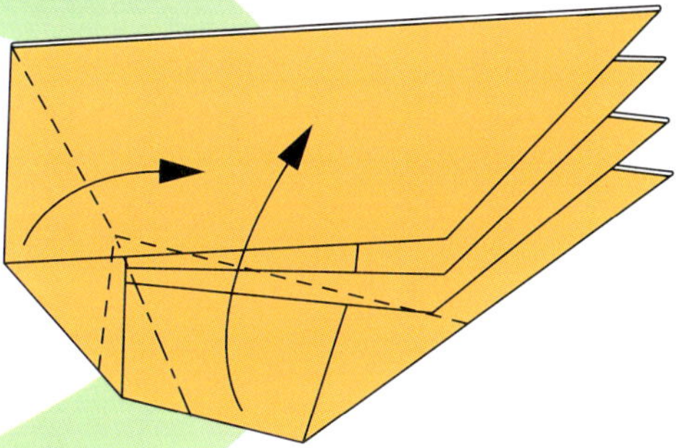

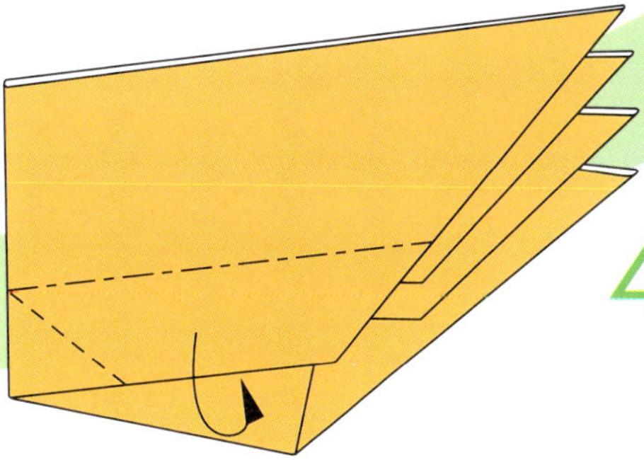

4 3をおったかたちです。てんせんのところで、いちばんうえの1まいをうちがわにおりこみます。

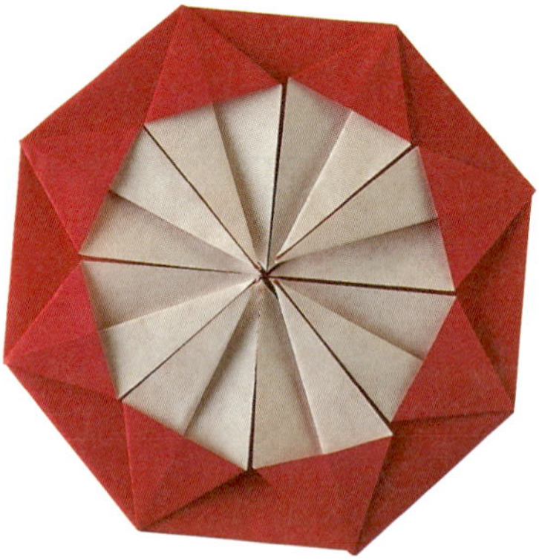

ダリア

くんしょうのように、りっぱなダリアのはながさいたよ。

1 「だましぶね」(46ページ)の5から、おりはじめます。てんせんのところでまんなかにおります。

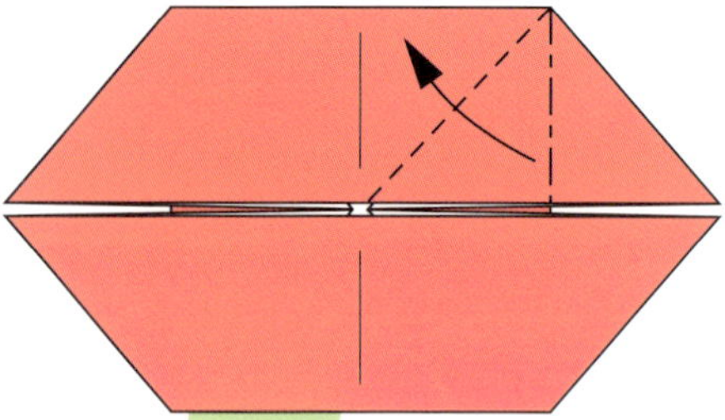

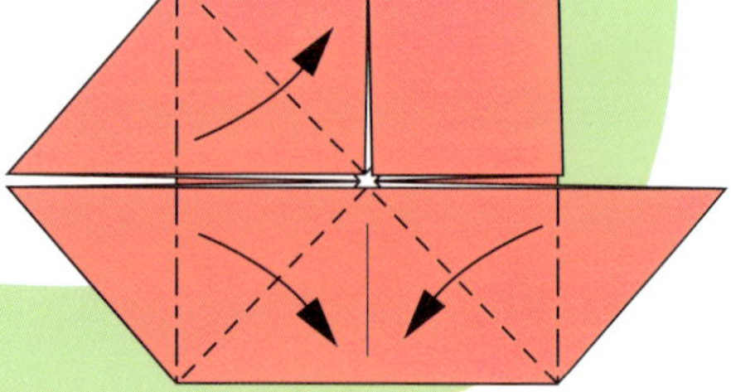

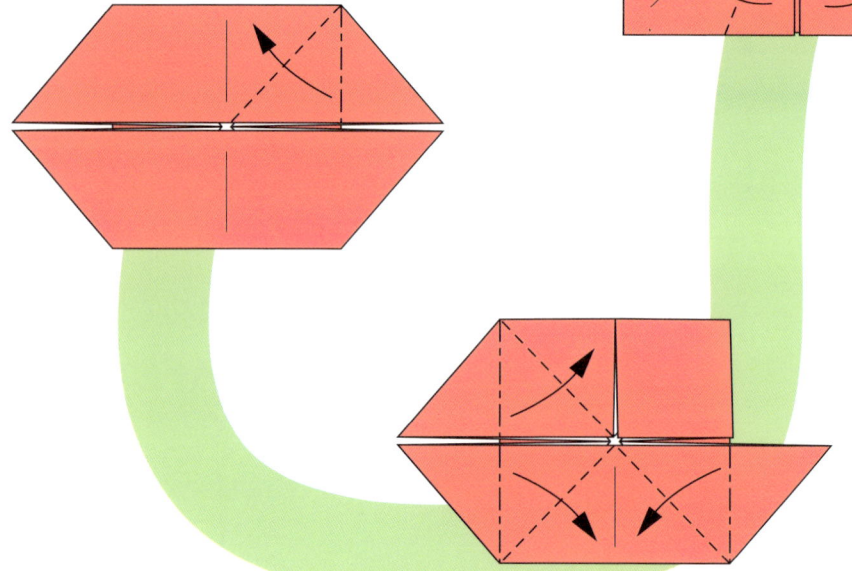

2 1をおったかたちです。ほかの3かしょも、おなじようにおります。

3 てんせんのところで、やじるしのほうへおります。

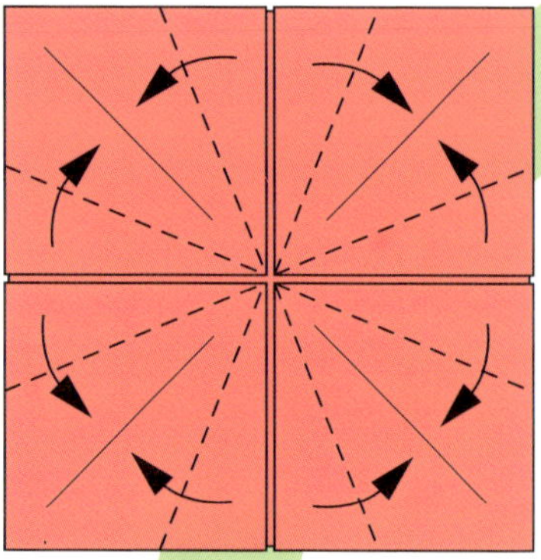

4 3をおったかたちです。さんかくのふくろを、やじるしのほうへひらきながら、てんせんのところでおります。

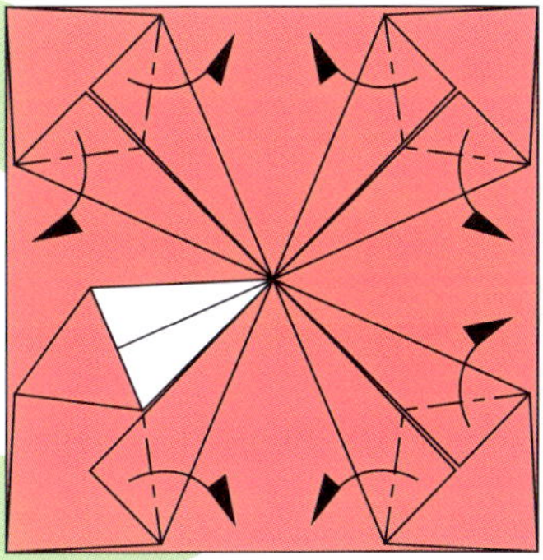

5 4をおったかたちです。ほかの7かしょも、おなじようにおります。

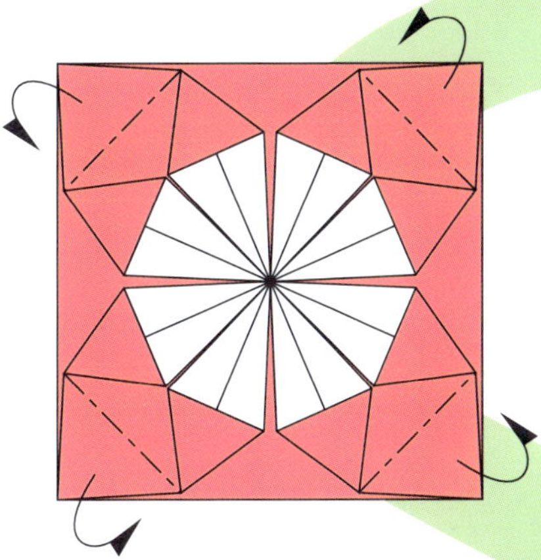

6 かどを、てんせんのところで、やじるしのほうへおります。

★できあがり★

7 ダリアのできあがりです。

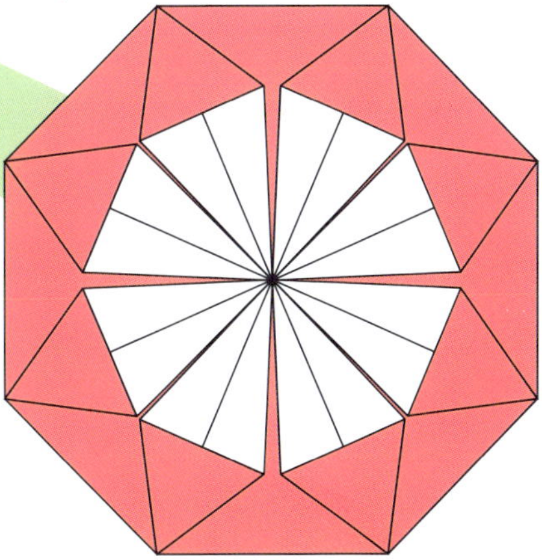

しゃしんの「つばき」は、おもてとうらにいろのついたおりがみでおりました。
はっぱの、おりかたは、「おちば」(174ページ) とおなじです。

つばき

あざやかなつばきは、あかやピンクでおるといいよ。

1 ずのように、おりめをつけてから、てんせんのところで、やじるしのほうへおります。

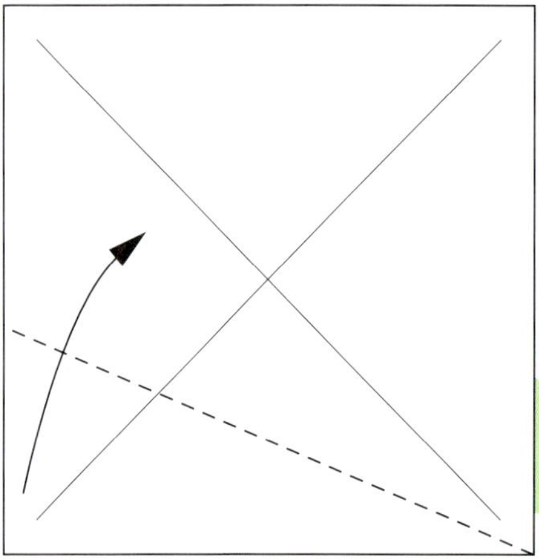

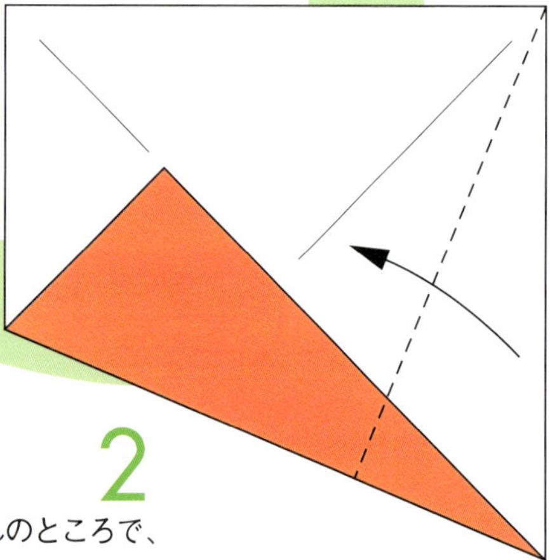

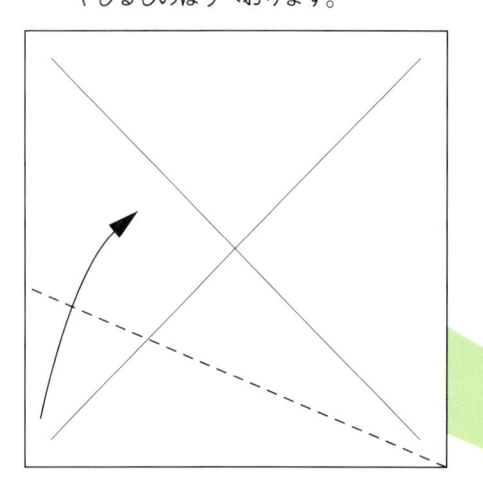

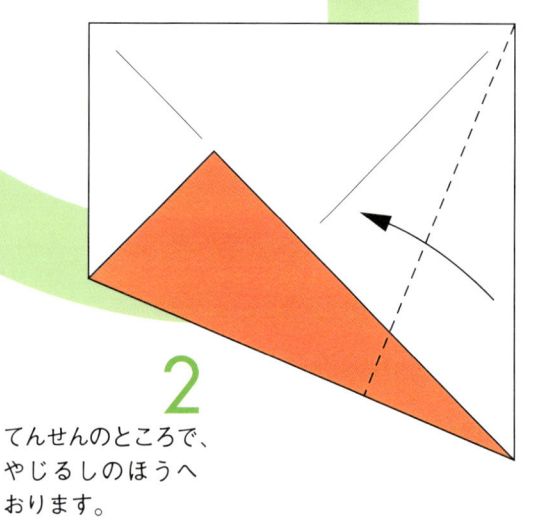

2 てんせんのところで、やじるしのほうへおります。

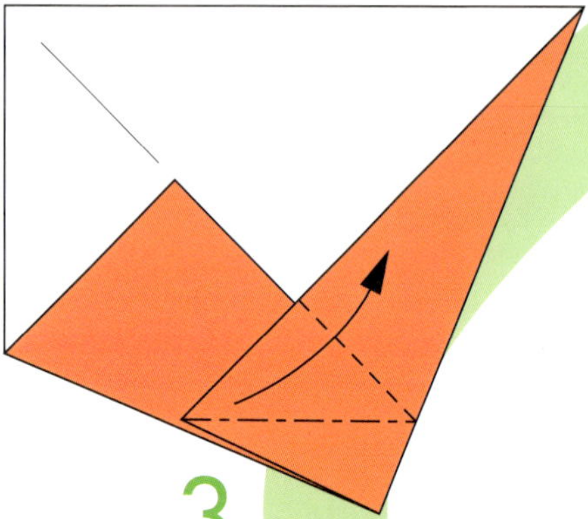

3 やじるしのほうへひらきながら、てんせんのところでおります。

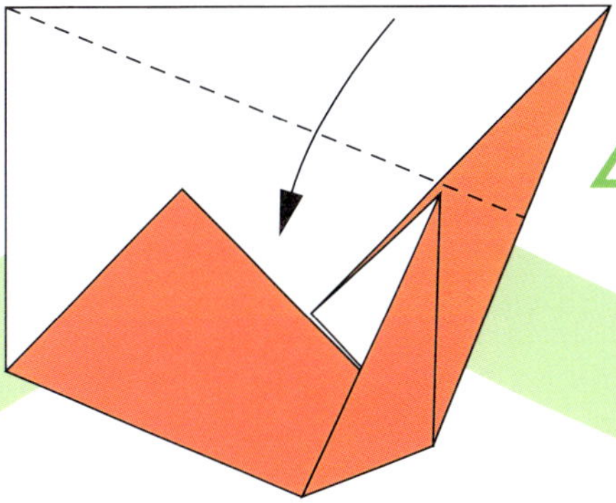

4 てんせんのところで、やじるしのほうへおります。

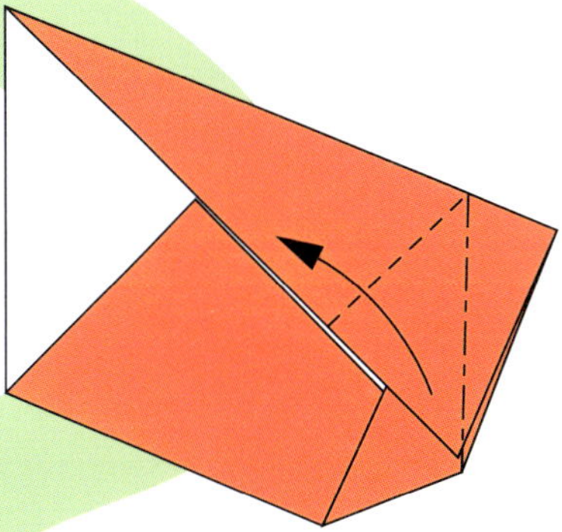

5 3とおなじように、やじるしのほうへひらきながら、てんせんのところでおります。

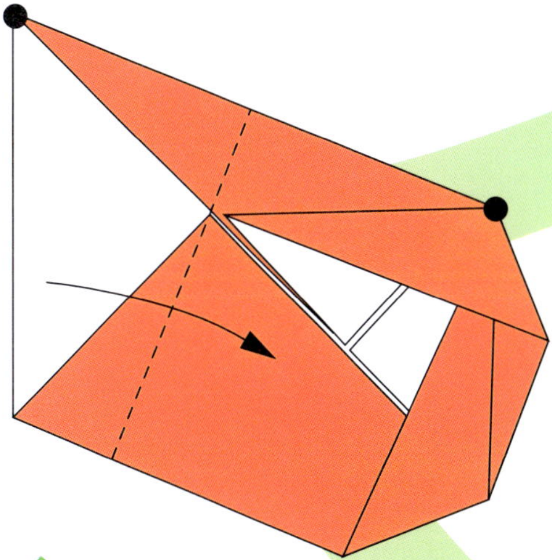

6 ●と●をあわせるように、てんせんのところで、やじるしのほうへおります。

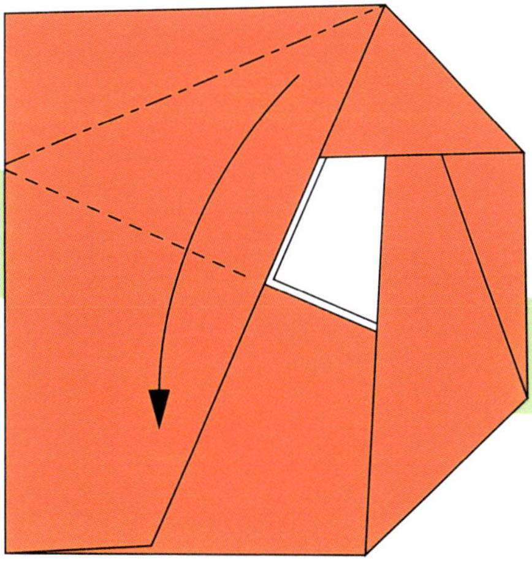

7 やじるしのほうへひらきながら、てんせんのところでおります。（184ページへつづく）

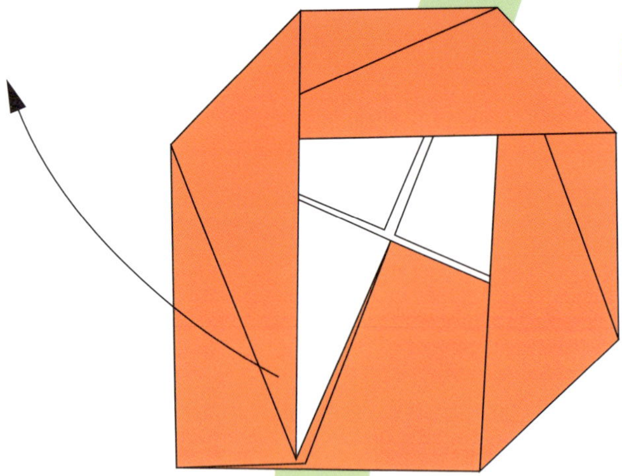

8 やじるしのほうへ、ひらきます。

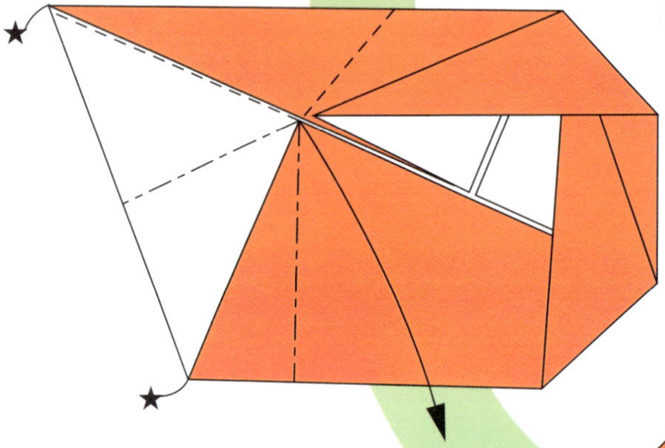

9 やじるしのほうへひらきながら、てんせんのところでおります。したの★のぶぶんを、うちがわにおりこみ、うえの★のぶぶんをあわせます。

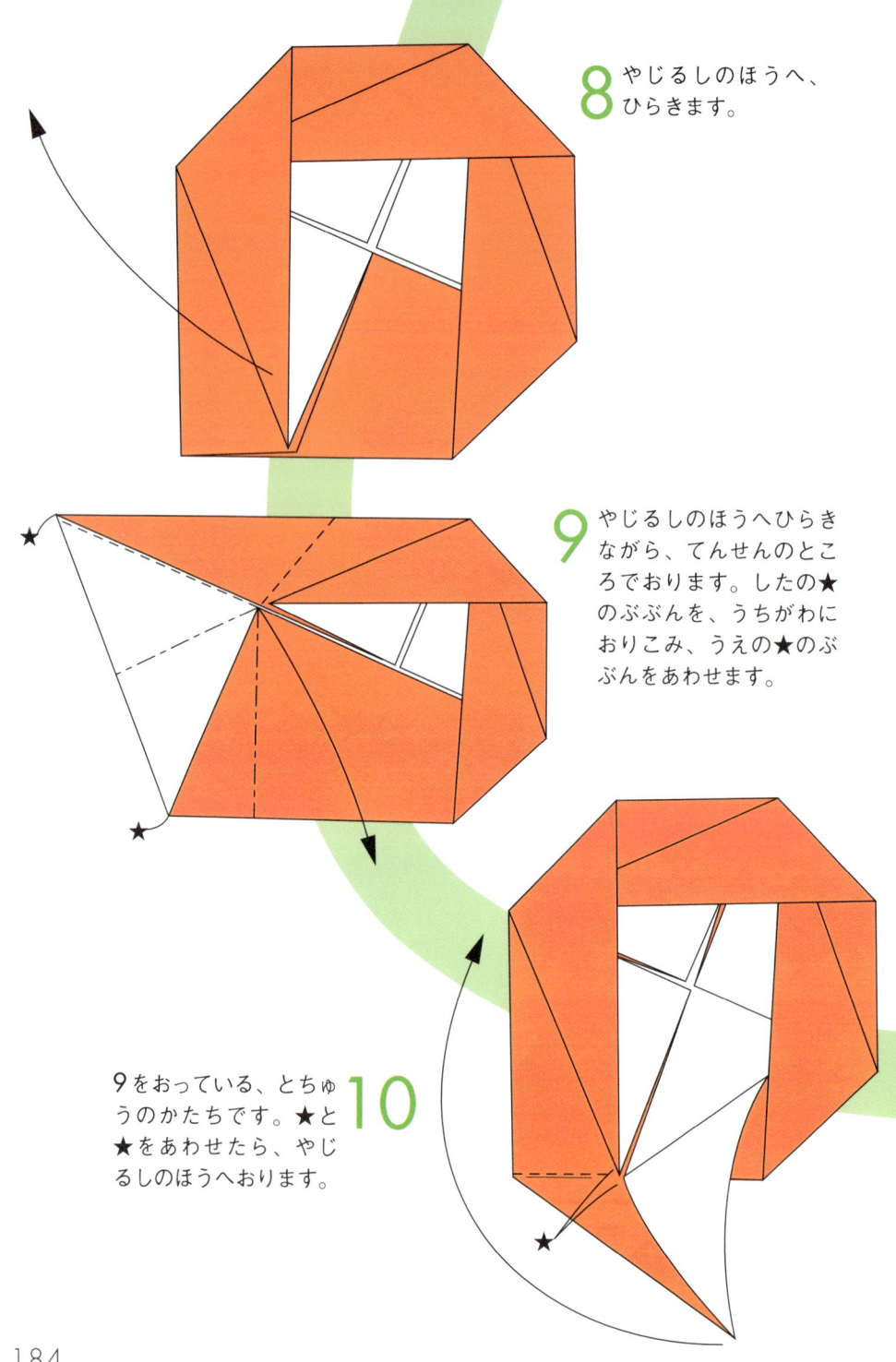

10 9をおっている、とちゅうのかたちです。★と★をあわせたら、やじるしのほうへおります。

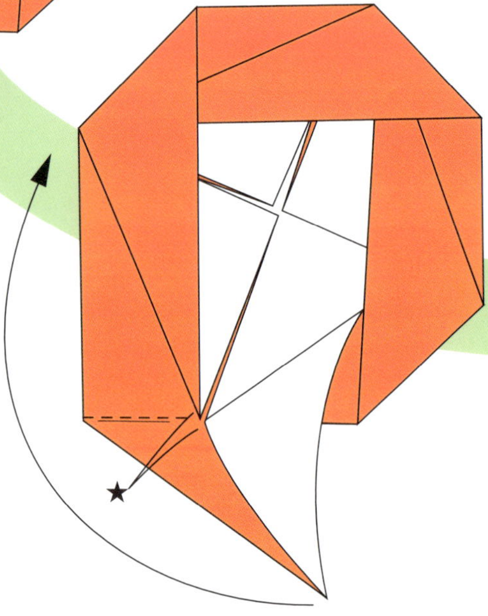

★できあがり★

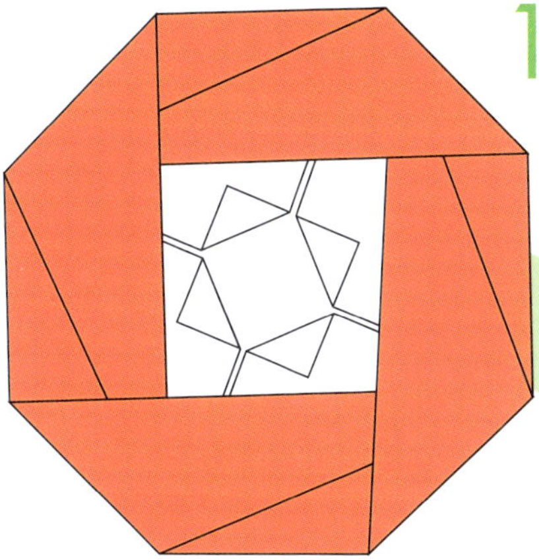

13 つばきのできあがりです。

てんせんのところで、やじるしのほうへおります。 12

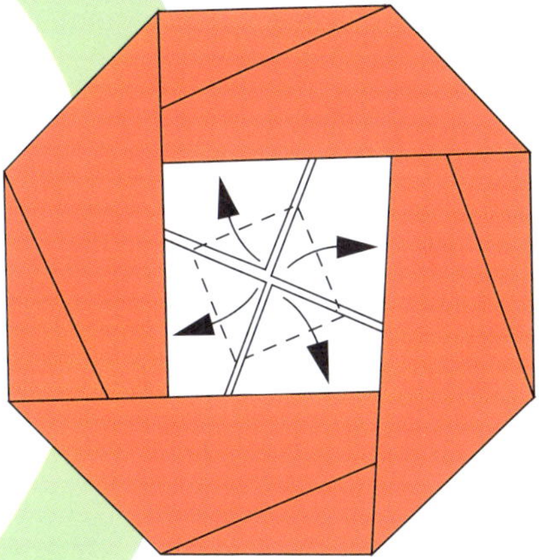

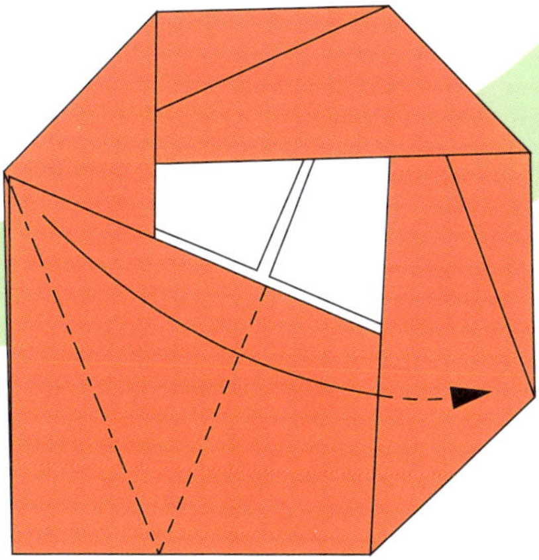

11 やじるしのほうへひらきながら、てんせんのところでおります。かどを、さんかくのうちがわにいれます。

あやめ

はなびらを、くるんとカールさせると、しぜんなかんじになるよ。

1 「つる」（12ページ）の5からおりはじめます。まえのしかくのふくろを、やじるしのほうへひらきながら、てんせんのところでおります。

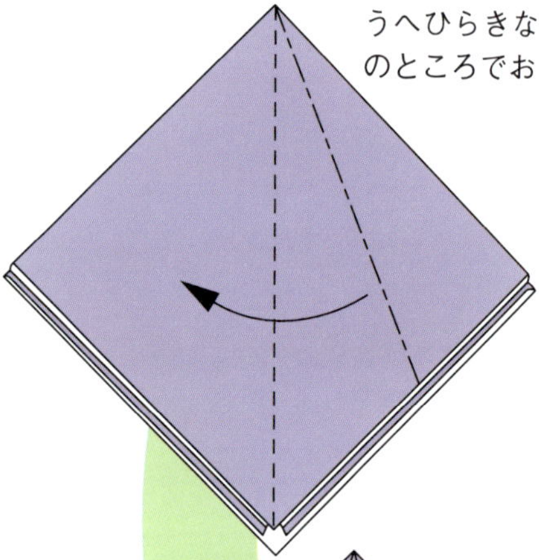

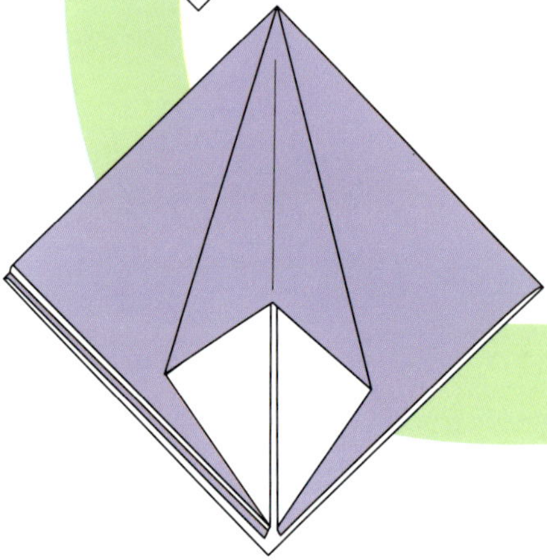

2 1をおっている、とちゅうのかたちです。

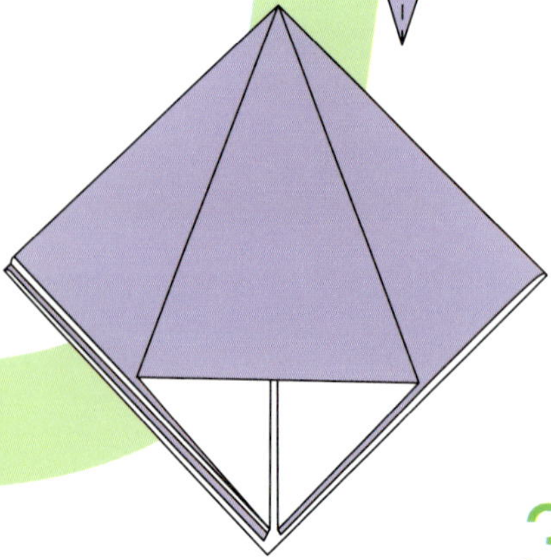

3 1～2をおったかたちです。ほかの3かしょも、おなじようにおります。

4 3のうえとしたを、ひっくりかえします。てんせんのところで、やじるしのほうへおります。うらがわも、おなじようにおります。

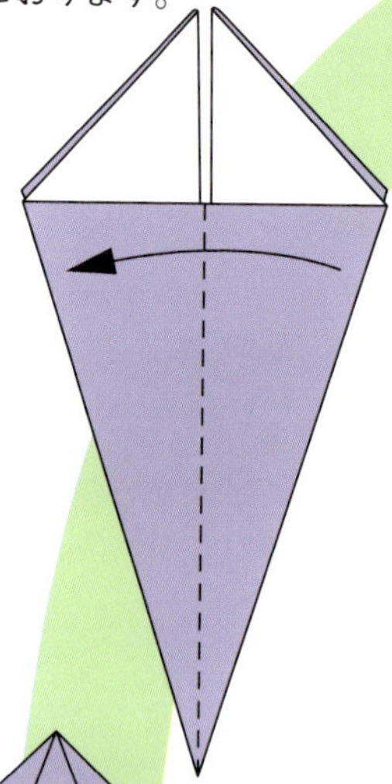

5 てんせんのところで、やじるしのほうへおって、おりめをつけます。

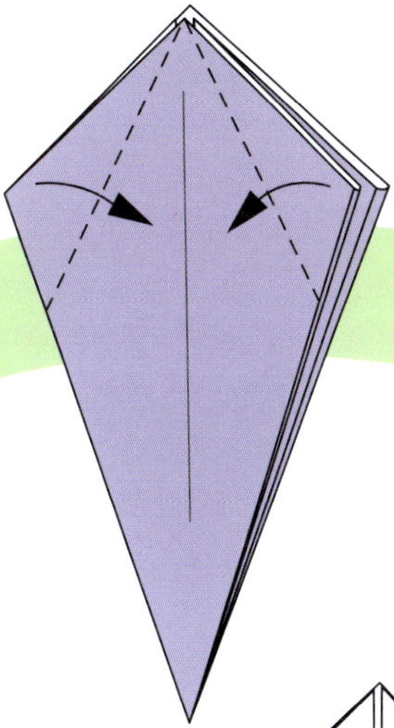

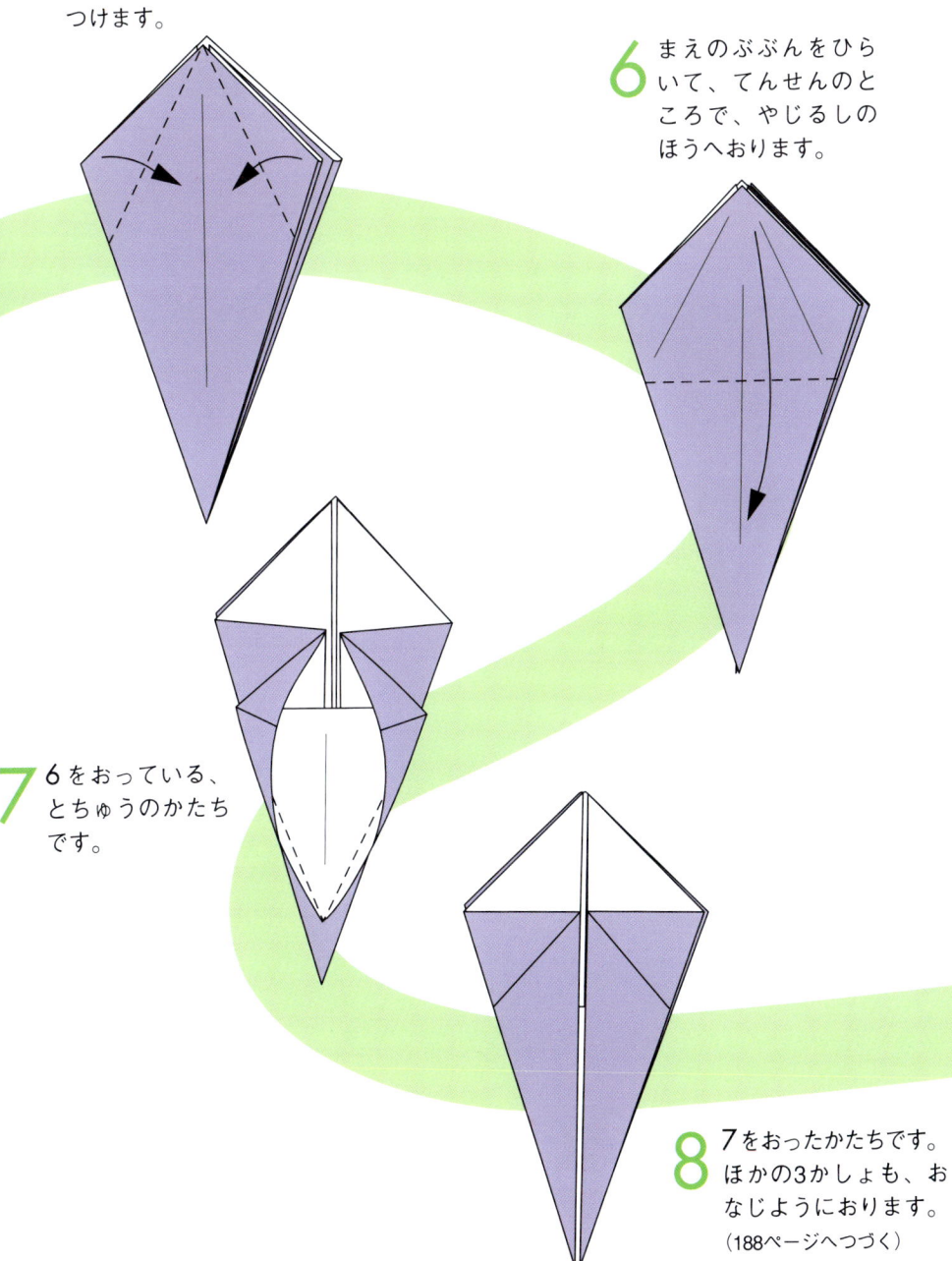

6 まえのぶぶんをひらいて、てんせんのところで、やじるしのほうへおります。

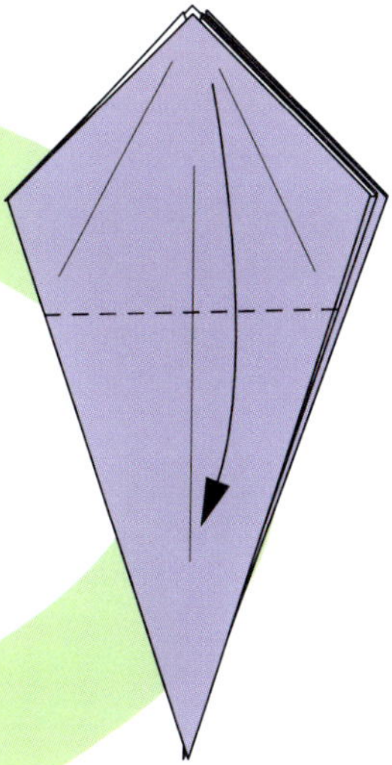

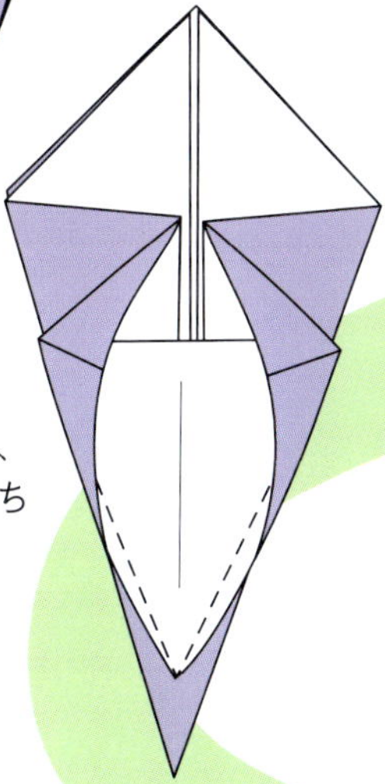

7 6をおっている、とちゅうのかたちです。

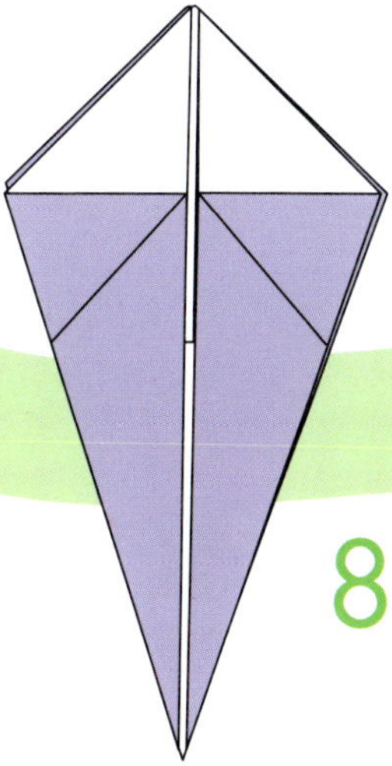

8 7をおったかたちです。ほかの3かしょも、おなじようにおります。
(188ページへつづく)

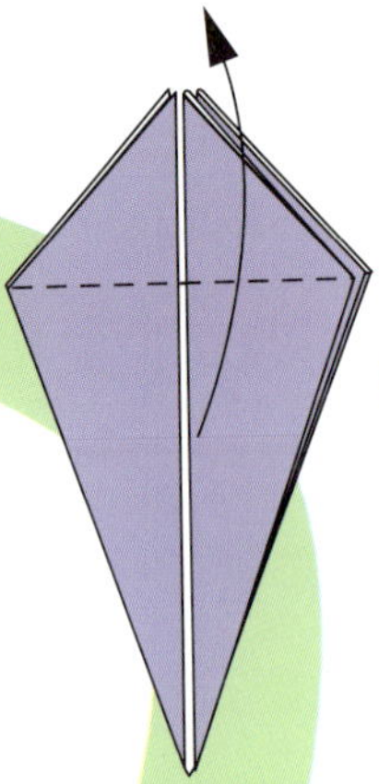

9 まえのさんかくを、てんせんのところで、やじるしのほうへおります。ほかの3かしょも、おなじようにおります。

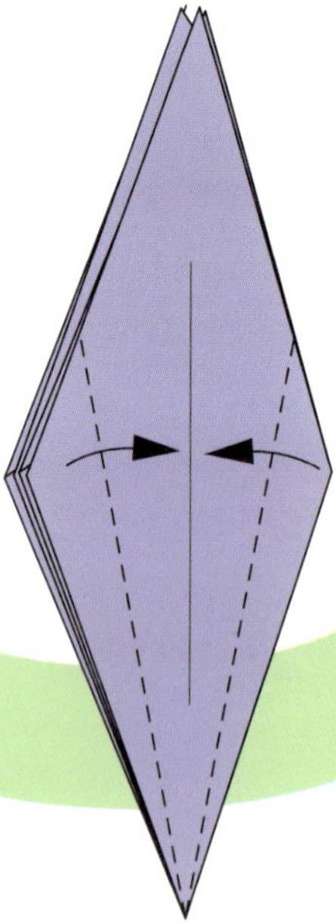

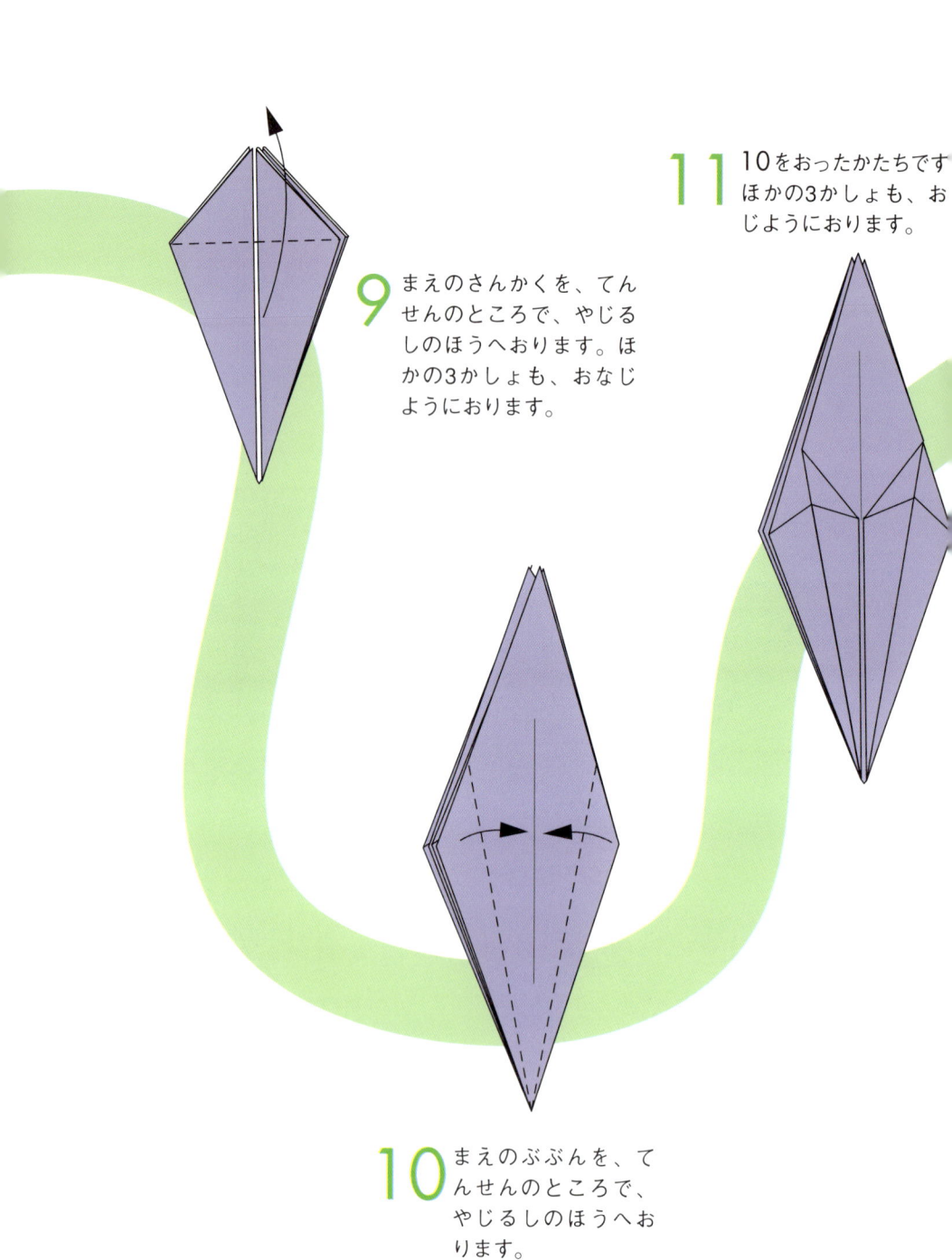

10 まえのぶぶんを、てんせんのところで、やじるしのほうへおります。

11 10をおったかたちです
ほかの3かしょも、お
じようにおります。

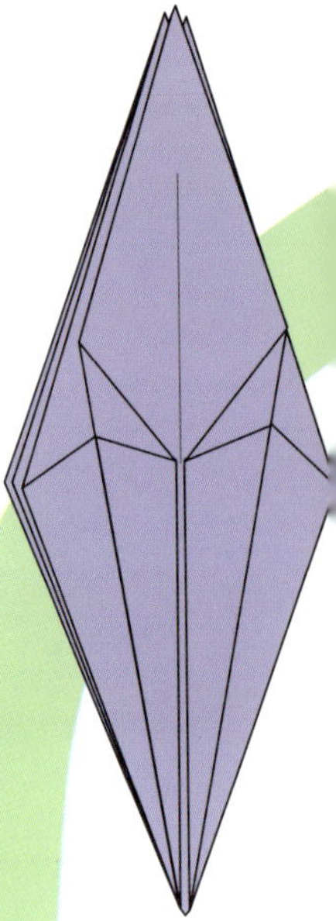

12

まえのぶぶんを、てんせんのところで、やじるしのほうへおります。

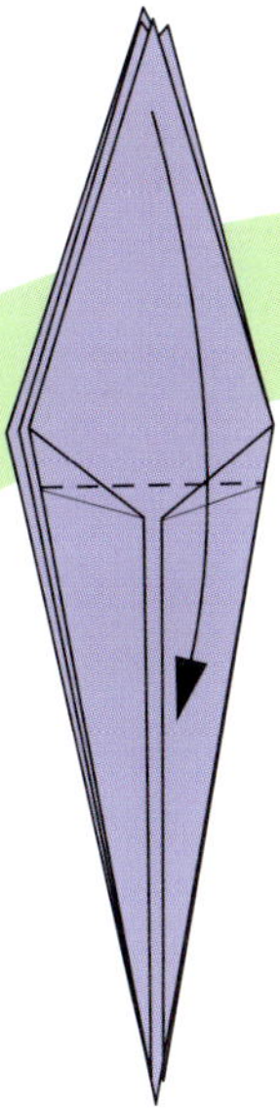

13

12をおったかたちです。ほかの3かしょも、おなじようにおります。

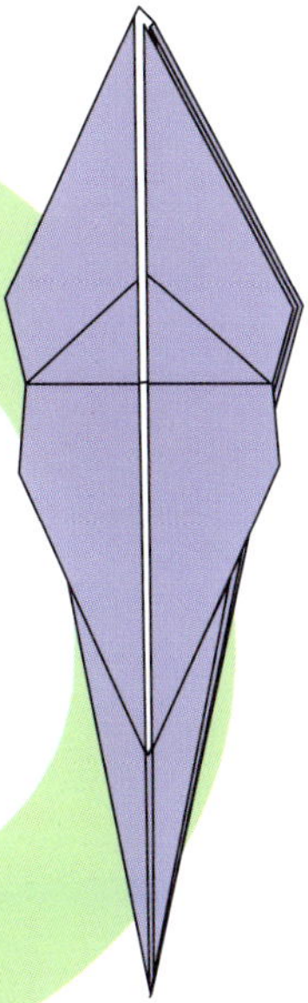

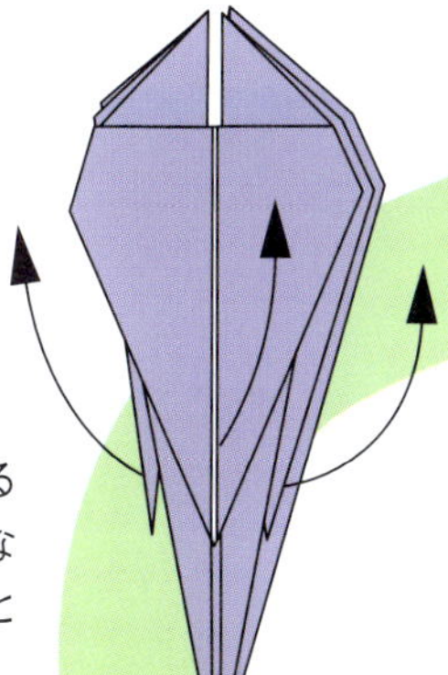

14

はなびらを、やじるしのほうへひらきながら、かたちをととのえます。

★できあがり★

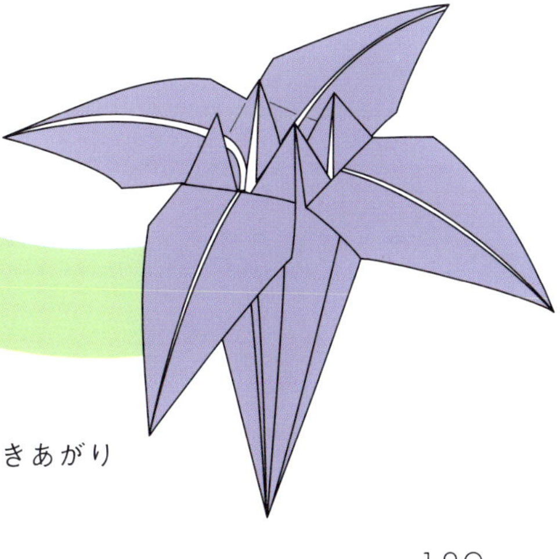

15

あやめのできあがりです。

50音順《おんじゅん》さくいん

あ

か

さ

た

な

は

ま

や

ら

装丁　大薮胤美（フレーズ）
イラスト　佐古百美
本文レイアウト　柳瀬和歌子（アド・クレール）
図版 DTP　アド・クレール
撮影　目黒 -MEGURO.8　梅澤 仁　早川利道　山根千絵
スタイリング　伊藤みき
モデル　西條万裕さん・瑛馬くん、
小宮真美さん・桜子ちゃん（Comoモデル）
編集・構成　大谷裕子
編集担当　松本可絵（主婦の友社）

※本書は『やさしいおりがみ』（2003 年発行）を再編集したものです。

決定版《けっていばん》　やさしいおりがみ

編者　主婦の友社
発行者　大宮敏靖
発行所　株式会社主婦の友社
〒141-0021 東京都品川区上大崎3-1-1 目黒セントラルスクエア
☎ 03-5280-7537（内容・不良品等のお問い合わせ）
☎ 049-259-1236（販売）
印刷所　TOPPANクロレ株式会社

■本のご注文は、お近くの書店または主婦の友社コールセンター（電話0120-916-892）まで。
＊お問い合わせ受付時間　月～金（祝日を除く）10:00～16:00
＊個人のお客さまからのよくある質問のご案内 https://shufunotomo.co.jp/faq/

ISBN978-4-07-411163-3

の-051031